Claudia Heyne, Jahrgang 1950, studierte Sozialwissenschaften an der Ruhr-Universität Bochum. Sie beschäftigt sich seit langem mit dem Thema des sexuellen Mißbrauchs und der Opferrolle der Frau. Seit 1992 arbeitet sie als freie Autorin für Presse, Rundfunk und Fernsehen.

Dieses Buch wurde auf chlor- und säurefreiem Papier gedruckt.

Vollständige Taschenbuchausgabe Oktober 1996
Droemersche Verlagsanstalt Th. Knaur Nachf., München
© 1993 Kreuz Verlag AG, Zürich
Umschlaggestaltung Alexander Urban, Wiesbaden
Druck und Bindung Clausen & Bosse, Leck
Printed in Germany
ISBN 3-426-77212-4

5 4 3 2 1

Claudia Heyne

Täterinnen

*Offene und versteckte
Aggression von Frauen*

Meinem Mann, dem ich viel verdanke

Inhalt

Vorwort 11

Teil I: Frauen, das friedliche Geschlecht? 17

1. Die Friedfertige und das Biest: Idealisierte Frauenbilder 19
2. Zweierlei Maß: Zur Bewertung weiblicher Aggression und Gewalt durch Frauen im Unterschied zur Bewertung männlicher Aggression und Gewalt 34
3. Zur Opfer-Täter-Dynamik: Von der Austauschbarkeit der Rollen und der Gleichzeitigkeit von Opfer- und Täterschaft 48
4. Von den Vorteilen der Opferrolle 64
5. Frauen und Aggression – Frauen und Gewalt 74
   a) Zum Verständnis der Begriffe Aggression und Gewalt 74
   b) Frauen und Aggression – Frauen und Gewalt 80
   c) Bedingungen und Formen offen destruktiver Aggression 91
   d) Bedingungen und Formen indirekter destruktiver Aggression 94
      – Delegation von Gewalt 96
      – Opferhaltung, Unterwerfung und Märtyrerrolle 99
      – Rückzug und Depression 101
      – Entwertung 102
      – Überforderung und perfektionistische Ansprüche 105
      – Überbehütung als Form der Kindesmißhandlung 106
      – Narzißtische Ausbeutung 108
      – Latenter Inzest 108

Teil II: Weibliche Aggression und Gewalt im gesellschaftlich-politischen Raum 113

1. Frauen als Sklavenhändlerinnen und -halterinnen 117

2. Teilhaberinnen der Macht:
   Weiße Frauen in den deutschen Kolonien 120

3. Frauen im bewaffneten Kampf 124
   a) Kriegerinnen 126
   b) Soldatinnen 128
   c) Kämpfende Frauen in Revolutionen und Bürgerkriegen 130
   d) Kämpfende Frauen in Befreiungsbewegungen der Dritten Welt 131
   e) Frauen im bewaffneten antifaschistischen Widerstand 134
   f) Frauen in terroristischen Organisationen 137

4. Täterinnen im Dritten Reich 146
   a) Rahmenbedingungen 146
   b) Die Beteiligung der Fürsorgerinnen an Entmündigung, Zwangsverwahrung, Einweisung in Konzentrationslager, Zwangssterilisationen und »Euthanasie« 161
   c) Die Beteiligung von Frauen an der »Vernichtung unwerten Lebens« 167
      – Allgemeines 167
      – Zur Frage der Freiwilligkeit der Arbeit und der Möglichkeit, sich der Arbeit in den Tötungsanstalten zu entziehen 172
      – Frauen in der Verwaltung des Tötungsprogramms 177
      – Transportbegleitung 182
      – Ärztinnen und Krankenschwestern im Tötungsprogramm der Nationalsozialisten 184

d) »Von Männern hätte man das eher erwartet« –
      Frauen als Täterinnen in den Konzentrationslagern 207
      – Frauen als Aufseherinnen in den
        Konzentrations- und Vernichtungslagern 208
      – Der Fall der Ilse Koch
        (Konzentrationslager Buchenwald) 223
   e) Die stille Gewalt der Denunziation 232

**Teil III: Die Macht der Mütter –
Macht der Ohnmächtigen** 243

1. Die Mütter: Gesellschaftliche Ohnmacht und
   persönliche Macht 245

2. Kindesmißhandlung durch Mütter 257

3. Sexueller Mißbrauch an Kindern:
   Frauen als Täterinnen 264
   – Zahlen über das Ausmaß sexuellen Mißbrauchs
     von Kindern durch Frauen 269
   – Sind Frauen nur Mittäterinnen von Männern? 277
   – Mißbrauchen Frauen eher Jungen als Mädchen? 280
   – Beziehungen zwischen Täterinnen und Opfern 281
   – Alter der mißbrauchten Kinder 283
   – Mißbrauchen Frauen »anders« als Männer? 283
   – Sexueller Mißbrauch in der Kindheit der
     Täterinnen 287
   – Formen des Mißbrauchs 288
   – Lebensumstände und Persönlichkeitsmerkmale
     sexuell mißbrauchender Frauen 312
   – Folgen des Mißbrauchs für die Opfer 325

4. Die sanfte Gewalt: Narzißtischer Mißbrauch 337
   – Vorüberlegungen 337
   – Narzißtischer Mißbrauch: Definition und
     Erscheinungsformen 341

- Rollenerwartungen an das narzißtisch
  mißbrauchte Kind 347
- Das Kind als ewiges Kleinkind – die Mutter
  als Herrscherin 348
- Das Kind als Mutterersatz – die Mutter
  als Kleinkind 349
- Das Kind als Partnerersatz – die Mutter
  als mächtige Partnerin 351
- Folgen der narzißtischen Ausbeutung für das Kind 352

Quellennachweis 357

Vorwort

Destruktive Aggression und Gewalt sind überall verbreitete Begleiterscheinungen menschlicher Existenz. Gewalt herrscht zwischen den Völkern, zwischen den Geschlechtern und zwischen den Generationen. Frauen und Männer aber, so jedenfalls wird es von Frauen immer wieder vertreten, sind sowohl an der Entstehung als auch an der Ausführung von Gewalttaten in sehr unterschiedlichem Ausmaß beteiligt. Frauen, so heißt es, sind das friedliebende, Männer hingegen das aggressive und gewalttätige Geschlecht.

Auf den ersten Blick scheint dies einleuchtend zu sein. Schließlich sind es überwiegend Männer, die Kriege führen; es sind Männer, die Frauen vergewaltigen, es sind Männer, die ihre Ehefrauen mißhandeln. Und es sind, so hätte ich vor Abfassung dieses Manuskriptes geschrieben, ganz überwiegend Männer, die Kinder sexuell mißbrauchen. Hier aber beginnen die Schwierigkeiten: Nachdem ich mich mit dem Thema des sexuellen Kindesmißbrauchs durch Frauen auseinandergesetzt habe, ist mir eine derart verkürzte Aussage nicht mehr möglich. Es scheint, daß die Zahl der Frauen, die sexuell mißbrauchen, um einiges höher liegt, als bisher angenommen wurde.

Von Frauen ausgehende Aggression und Gewalt aber wird nach meinem Eindruck gerade von denjenigen Frauen, die von der größeren Friedfertigkeit des weiblichen Geschlechts überzeugt sind, oft einfach nicht zur Kenntnis genommen. Die Tatsache beispielsweise, daß Mütter ihre Kinder ungefähr gleich häufig wie Väter körperlich und seelisch mißhandeln, hat in der Gewaltdiskussion unter Frauen bisher nur wenig Beachtung gefunden, und auch der Sachverhalt, daß Gewalt gegen alte Menschen überwiegend von Frauen begangen wird, ist meines Wissens bisher nicht aufgegriffen worden. Dabei handelt es sich hier nur um zwei der zahlreichen Beispiele, die belegen, daß Frauen dort, wo sie sich in einer überlegenen Position befinden, offensichtlich in ähnlicher Weise und in ähnlichem Ausmaß wie Männer ihre Macht Schwächeren gegenüber mißbrauchen.

Wir leben in einer von Männern dominierten Gesellschaft, in der Frauen – im gesellschaftlichen Durchschnitt gesehen – bis heute unterprivilegiert sind; Frauen verfügen über vergleichsweise wenig gesellschaftliche Macht. Dieser Sachverhalt wird von Frauen des öfteren mit der Annahme, daß Gewalttätigkeit in erster Linie eine männliche Eigenschaft sei, zu einem kausalen Argumentationsmuster verwoben, dessen Logik mir fragwürdig erscheint. Die Begriffe »männerdominiert« und »gewalttätig« werden so miteinander verknüpft, daß die Aussage nun lautet: Unsere Gesellschaft ist gewalttätig, *weil* sie männerdominiert ist. Hieraus ergibt sich implizit oder explizit, daß eine Gesellschaft, in der Frauen das Sagen hätten, friedlich und gewaltfrei wäre. Da die Wurzeln von destruktiver Aggression und Gewalt im Patriarchat liegen, sind Frauen nach diesem Verständnis für diese Phänomene zudem in keiner Weise verantwortlich zu machen. Dementsprechend findet sich in der einschlägigen Literatur ein Frauenbild, das stark idealisierte Züge aufweist und dem eine polarisierte Zuordnung guter Eigenschaften zum weiblichen wie schlechter Eigenschaften zum männlichen Geschlecht entspricht.

Soweit eingestanden wird, daß auch Frauen gewalttätig sind – dies läßt sich nicht durchgängig verleugnen –, wird ihr Verhalten entweder bagatellisiert oder aber als Folge bereits vorausgegangener Unterordnung und Gewalt durch Männer interpretiert. Was immer Frauen auch tun, so gewalttätig sie auch sein mögen – in dieser Lesart sind sie immer Opfer, und wer Opfer ist – so die irrige Prämisse –, kann nur unschuldig sein. Verloren geht bei dieser Sichtweise, daß in einer männerdominierten Gesellschaft nicht nur Frauen, sondern auch Männer Opfer von Unterdrückung und Gewalt werden: Patriarchat – dieser Begriff beinhaltet *auch* die Herrschaft von Männern über Männer. Verloren geht bei dieser Sichtweise das Wissen darum, daß bei weitem nicht alle Männer Unterdrücker und Gewalttäter sind; die Tatsache, daß auch Frauen sich auf vielfältige Art und Weise destruktiv, aggressiv und gewalttätig verhalten, gerät ebenso aus dem Blickfeld wie die Frage, ob Frauen diese Impulse möglicherweise nicht nur auf teilweise andere, nämlich indirekte Art ausleben. Die Frage schließlich, warum denn eigentlich Männer so oft derart gewalttätig sind, muß, wenn die Schuldfrage schon a priori beantwortet ist, nicht mehr daraufhin untersucht werden, ob zwischen der Gewalttätigkeit von Männern und dem Verhalten von Frauen irgendwelche kausalen Zusammenhänge bestehen könnten. Genau für diese Fragen aber interessiere ich mich.

Ein als gewalttätig diagnostiziertes System der Männerherrschaft, dessen Mitglieder zur Hälfte weiblichen Geschlechts sind, ist m.E. ohne die Mitwirkung von Frauen nicht existenzfähig. »Kulturelle Muster«, so meinte Harriet Goldhor Lerner einmal in bezug auf patriarchale, Frauen entwertende Gesellschaftssysteme, »lassen sich nicht ohne weiteres fest etablieren, wenn nicht gewisse Vorteile für alle damit verbunden sind ... Zu oft werden Männer als die alleinigen Nutznießer der Machtvorteile einer herrschenden Klasse beschrieben, obwohl die psychischen Kosten für ihre Situation auch nicht gering sind.«

Frauen sind beispielsweise immer noch und beinahe ausschließlich zumindest in den frühen Jahren für die Pflege und Erziehung der nachfolgenden Generation zuständig. Zwischen dem Charakter des Gesellschaftssystems und diesem Tatbestand muß es nach meiner Überzeugung einen Zusammenhang geben. Es ist nicht denkbar, daß Männer ohne das Zutun der Mütter (ich spreche von »Zutun«, nicht von *alleiniger* Verantwortung) zu dem werden, was sie sind. So machtlos die Mütter gesellschaftlich gesehen auch sein mögen: Im Verhältnis zum Kind haben sie gerade wegen der Arbeitsteilung zwischen den Geschlechtern, die ihre Benachteiligung als Frau mit konstituiert, wie auch wegen der sich aus dieser Arbeitsteilung ergebenden weitgehenden Abwesenheit der Väter im Erziehungsprozeß eine außerordentlich mächtige Position. Im Verhältnis zum Kind aber findet sich auf seiten vieler Mütter ein gerütteltes Maß an destruktiver Aggression und offener wie indirekter Gewalt.

Die verschiedenen Formen destruktiver Aggression und Gewalt scheinen mit dem Maß der zur Verfügung stehenden Macht zu korrespondieren. Wie aber verhalten sich Frauen in Hinblick auf Aggression und Gewalt, wenn sie über gesellschaftliche und/oder persönliche Macht verfügen? Ich habe diese Frage wie auch die Frage nach indirekten Formen von Aggression und Gewalt bei Frauen unter verschiedenen Blickwinkeln beleuchtet. Frauen, so der Eindruck, der sich für mich aus dem zusammengetragenen Material ergibt, sind, sobald sie über unmittelbare Macht verfügen, weder friedliebender noch weniger grausam als Männer. In Abhängigkeit von der jeweiligen Situation und dem Maß der ihnen zur Verfügung stehenden Macht bedienen sie sich eines breitgefächerten Arsenals direkter und indirekter Formen destruktiver Aggression und Gewalt, und letztere sind keineswegs harmlos, sondern möglicherweise und je nach Umständen sogar schädigender als offene Formen der Gewalt: Sie sind nicht ohne weiteres identifizierbar, und nicht selten kommen sie gar im Gewande der Fürsorge und Liebe daher. Gegenwehr ist unter dieser Voraussetzung schwierig, wenn nicht unmöglich.

Meiner Fragestellung liegt weder das Bemühen zugrunde, Gewalt, die von Männern ausgeht, zu entschuldigen – hierzu besteht keinerlei Anlaß –, noch das Interesse, Frauen und Mütter in übermäßiger und daher unzulässiger Weise für die Existenz von Aggression und Gewalt verantwortlich zu machen. Aber auch Frauen sind und waren Täterinnen, und es scheint mir von großer Bedeutung zu sein, dies nicht länger zu verleugnen.

Nach meinem Verständnis bewegen sich Männer und Frauen in einem Gesamtsystem, in dem die Geschlechterrollen sich wechselseitig bedingen und perpetuieren. Mein Anliegen ist es, dazu beizutragen, die Wirkungsmechanismen dieses Systems transparenter zu machen, damit es uns möglich wird, verändernd Einfluß zu nehmen. Dies setzt aber die Bereitschaft voraus, Realitäten auch dann zur Kenntnis zu nehmen, wenn sie wenig schmeichelhaft, unangenehm und ernüchternd sind.

Ich meine, daß für uns Frauen der Zeitpunkt gekommen ist, die Verantwortung für das eigene Handeln im Guten wie im Schlechten zu übernehmen. Einseitige Schuldzuweisungen an das männliche Geschlecht sind einer Verständigung zwischen Männern und Frauen nicht dienlich; sie stehen positiven Veränderungen hemmend im Weg. Welchen Sinn aber sollte die Auseinandersetzung zwischen den Geschlechtern haben, wenn nicht den, das Verhältnis zwischen Männern und Frauen befriedigender zu gestalten? Vielleicht ist es an der Zeit, den Dialog wieder aufzunehmen, und vielleicht vermag ein solcher Dialog mehr zu bewirken als die erbitterten Kämpfe der Vergangenheit.

Merzhausen, im März 1993   Claudia Heyne

Teil I:
Frauen, das friedliche Geschlecht?

1 Die Friedfertige und das Biest: Idealisierte Frauenbilder

»Es gibt ein gutes Prinzip, das die Ordnung, das Licht und den Mann, und ein schlechtes Prinzip, das das Chaos, die Finsternis und die Frau geschaffen hat« (Pythagoras, 6. Jhdt. v. Chr.).

»...seitdem Vaterrecht herrscht, ist das Zusammenleben der Menschen der Erde in Familie und Staat auf Gewalt aufgebaut ... Diesem männlich zerstörenden Prinzip ist das weiblich aufbauende Prinzip der gegenseitigen Hilfe, der Güte, des Verstehens und Entgegenkommens diametral entgegengesetzt« (Lida Gustava Heymann, 1917).

Das andere Geschlecht« – so nannte Simone de Beauvoir ihr 1949 erschienenes epochales Werk über »Sitte und Sexus der Frau«.[1] Das »andere« Geschlecht deshalb, weil der Mann in bezug auf die Geschlechter für sich in Anspruch nimmt, sich selbst als Subjekt, die Frau hingegen als Objekt zu definieren: Die Frau ist »nichts anderes, als was der Mann befindet; so spricht man auch von ihr als vom ›anderen Geschlecht‹... Sie wird bestimmt und unterschieden mit Bezug auf den Mann, dieser aber nicht mit Bezug auf sie; sie ist das Unwesentliche angesichts des Wesentlichen. Er ist das Subjekt, er ist das Absolute: sie die Andere.«[2] Fügt man dieser Aussage den eingangs zitierten Satz des Pythagoras hinzu, so ist die Frau nicht nur die »Andere«, sondern zugleich auch »die Schlechte«, in der sich alles Chaos und alle Finsternis der menschlichen Existenz verkörpern. Aus gutem Grund und bitterer Erfahrung haben sich Frauen, solange es eine Frauenbewegung gibt, gegen diese diskriminierende Zuordnung, die in Philosophie und Religion eine lange und unglückselige Tradition hat, zur Wehr gesetzt.

Solange die Frauenbewegung existiert, gibt es innerhalb dieser Bewegung jedoch zwei grundsätzlich verschiedene Positionen: »Der Gleichheitsgedanke der Aufklärung betonte die Ähnlichkeit von Mann und Frau, minimierte die Bedeutung biologisch bedingter Geschlechtsunterschiede und erklärte die Verschiedenheit der sozialen Geschlechtsrollen vor allem als Ergebnis unterschiedlicher Sozialisation.«[3] Demgegenüber gibt es in der feministischen Diskussion aber auch eine Strömung, die von einer wesensmäßigen Andersartigkeit der Frau ausgeht, dieses Mal jedoch mit umgekehrten Vorzeichen: Die Frau ist durch Fürsorge, Hingabe und Bezogenheit auf andere gekennzeichnet; sie ist liebes- und bindungsfähig, Leben gebend, Leben schützend und Leben erhaltend und daher in einem umfassenden Sinne konstruktiv und friedfertig. Das weibliche Prinzip ist nun das gute, das männliche das schlechte, das zerstörerische Prinzip. Männer sind aus dieser Sicht in Leistungsdenken und Konkurrenz verhaftet, auf Autonomie statt Bezogenheit orientiert, liebes- und bindungsunfähig und, vor allem, gewalttätig – und das in einem ebenso umfassenden Sinne, wie die Frau als friedfertig und konstruktiv gedacht wird: Nicht nur, daß der Mann im Unterschied zur Frau Kriege führt, er eignet sich auch die Natur auf ausbeuterische Weise an und ist bestrebt, sie auf eine Art zu beherrschen, als deren Konsequenz die Schöpfung selbst und mit ihr die Lebensgrundlagen der Menschheit der drohenden Vernichtung anheimfallen. Überall auf der Welt werden Frauen von Männern in allen Lebensbereichen unterdrückt. Die Opfer-Täter-Relation ist eindeutig definiert: Männer sind Täter, Frauen sind Opfer. Und: Frauen sind bessere Menschen. Diese These mag die Autorin Heide Mundzeck dazu veranlaßt haben, ihrem Buch den Titel zu geben: »Als Frau ist es wohl leichter, Mensch zu werden«[4] – eine Aussage, die ich, wäre ich ein Mann, als diskriminierend empfinden würde. Solcherlei gedankliche Umkehrung von frauendiskriminierenden Bewertungen, wie sie auch die eingangs zitierte Lida Gustava Heymann, eine Vertreterin des radikalen Flügels der bürgerlichen Frauenbewegung, vornimmt, ist jedoch ein fragwürdiges Unterfangen. Aus Schwarz wird Weiß, aus Weiß wird Schwarz – liegt das Problem nicht in genau dieser Art polarisierten Schwarzweißdenkens, das alle im wirklichen Leben bestehenden und erheblichen Differenzen zwischen Angehörigen des gleichen Geschlechts für nicht existent oder unwesentlich erklärt?

Auch bei Frauen stößt solche Art des Denkens auf Widerstand und Unbehagen: »Seit Frauen in der Öffentlichkeit Feder und Wort ergriffen haben«, schreibt beispielsweise Betty Mamozai in ihrem Buch »Komplizinnen«, »ist dieser Mythos – von den Frauen als dem guten, friedfertigeren, humaneren, besseren Geschlecht – in immer neuen Variationen aufgetaucht, als Beschwörungsformel, Banner, Leitmotiv.«[5]

Die Frau ist »anders«, nämlich moralisch höherwertig als der Mann – darauf läuft es hinaus. Entsprechende Aussagen von Frauen finden sich in verschiedenen Begründungszusammenhängen: Manchmal werden direkte Aussagen über die geringere Aggressivität und die größere Friedfertigkeit der Frau gemacht, die als wesensmäßige Gegebenheit verstanden wird oder sich aus der Mutterschaft (bzw. der Fähigkeit zur Mutterschaft) ableitet. An anderer Stelle finden sich indirekte Aussagen, in denen zunächst das Wesen des Mannes oder, abstrakter, »das Patriarchat« mit Gewalttätigkeit gleichgesetzt wird. Daraus ergibt sich implizit oder explizit, daß die Frau, die als Gegenpol des Mannes verstanden wird, qua Natur friedfertig ist: »Je stärker Männlichkeit als von Natur aus aggressiv gedacht wird, desto stärker wird Weiblichkeit als friedfertig konzipiert.«[6]

»›Homo homini lupus‹; wer hat nach allen Erfahrungen des Lebens und der Geschichte den Mut, diesen Satz zu bestreiten?« (Freud, Das Unbehagen in der Kultur). Bestritten bzw. abgewandelt wird er von denjenigen Frauen, für die »die Frau« Vertreterin alles Guten und »der Mann« Vertreter alles

Schlechten ist. In der neuen Version heißt er nun: »Der Mann ist des Menschen Wolf.« So lesen wir etwa bei Elisabeth Camenzind: »Die Geschichte des Patriarchats ist eine Geschichte der Aggression und der Kriege. Nach Carola Meier-Seethaler ist die patriarchale Gesellschaft vor drei- bis fünftausend Jahren gewaltsam durch Mord, Raub und Vergewaltigung eingeführt worden. Das Patriarchat hat sich gewissermaßen als Antithesis zur ursprünglich matrizentrischen Kultur der Frühzeit etabliert und ist seither in seiner destruktiven Haltung verblieben.«[7] Diese matrizentrische Kultur der Frühzeit wird als friedliche weibliche Kultur gedacht: »Wie könnte irgend jemand auch nur die Möglichkeit in Betracht ziehen, daß unsere gegenwärtige, d.h. patriarchalische Kultur... den früheren Kulturen überlegen sein könnte, die harmonisch... und egalitär waren.«[8] Hier wird ein Bild von Demokratie und Friedfertigkeit gezeichnet, das überall dann und überall dort, wo Gesellschaften matrizentrisch orientiert waren oder sein werden, allein aufgrund dieser Tatsache realisiert war bzw. realisiert werden wird. So folgert Elisabeth Camenzind denn auch: »Die männliche Aggression... bringt uns Frauen nichts als Leid und Ärger ein, sie vermiest uns das ganze Leben, das anders sein könnte. Wir Frauen werden seit Jahrtausenden permanent von Männern verfolgt, wir leben gewissermaßen täglich im Kriegszustand.«[9] Ohne Frage: Von Männern gegen Frauen gerichtete Aggression und Gewalt bringt den Frauen nichts als Leid und Ärger. Ohne Frage: Gewalt gegen Frauen ist durch nichts zu rechtfertigen. Und dennoch macht mich dieser Satz stutzig. Ganz abgesehen davon, daß männliche Aggression nicht nur Frauen Leid und Ärger bringt (wie viele der 60 Mio. Toten des Zweiten Weltkrieges waren männlichen Geschlechts?), stören mich die groben Verallgemeinerungen. Weder kann ich »*die* männliche Aggression« als eine Eigenschaft ausmachen, die ausnahmslos allen Männern zu eigen wäre, noch glaube ich, daß »wir Frauen« – also jede von uns – von »den Männern« auf eine Art verfolgt werden, die mit dem Begriff »Krieg« zutreffend gekennzeichnet wäre. Darüber hinaus verbirgt sich in diesem Zitat aber auch noch eine andere – implizite – Botschaft. Das Leben könnte anders sein: Gäbe es keine männliche Aggression mehr, gäbe es überhaupt keine Aggression mehr – zumindest keine destruktive Aggression. Der Rückkehr in das matrizentrische Paradies von Harmonie und Egalität stünde nichts mehr im Wege.

Liegt in der Bibel der Sündenfall und mit ihm die Vertreibung aus dem Paradies in der schuldhaften Verantwortung der verführerischen Frau, so liegt sie hier in der schuldhaften Verantwortung des gewalttätigen Mannes. Frauen haben zu Recht darauf hingewiesen, daß der Mythos von der Vertreibung aus dem Paradies die Verantwortung für das Elend unserer irdischen Existenz ganz in Übereinstimmung mit dem skandalösen Satz des Pythagoras den Frauen anlastet und daß es sich hier um eine jener männlichen Zuschreibungen handelt, von denen bei Simone de Beauvoir die Rede ist. Die umgekehrte Version wird jedoch nicht als nunmehr weibliche Zuschreibung betrachtet, sondern unkritisch mit der historischen Wahrheit, die so einfach nicht zu finden ist, in eins gesetzt.

Doch werfen wir einen genaueren (wenn auch nur exemplarischen) Blick auf verschiedene von Frauen vertretene Vorstellungen über die Friedfertigkeit und moralische Höherwertigkeit »der Frau«. Die Schriftstellerin Malvida von Meisenburg (1816–1903) beispielsweise schreibt in ihrem um 1879 erstmals veröffentlichten Buch »Kulturbilder«: »Und warum sollte es nicht der Probe wert sein, in diese Welt der noch so rohen männlichen Leidenschaften und Gesichtspunkte ein milderndes, versöhnendes Element einzuführen durch die Beteiligung von Frauen? ... Warum also die humanisierenden Elemente ausschließen?«[10] Und im »Neuen Frauenblatt« vom 12. Februar 1899 heißt es in dem Leitartikel mit dem Titel »Die Frauen und der Weltfriede« lakonisch: »Die Mission der Frau war stets die Liebe, der Friede, die Versöhnung«[11] – eine Vorstellung, die auch Simone de Beauvoir teilt. So findet sich das Stichwort »Aggression« in ihrem Werk »Das andere Geschlecht« erst gar nicht, und das Stichwort »Gewalt« taucht lediglich im Zusammenhang mit einer Textstelle auf, in der davon die Rede ist, daß Männern gewalttätiges Verhalten zugestanden wird, während Frauen darauf verzichten. An anderer Stelle heißt es dann eindeutig: »Der Frau ist schon von Natur aus der Weg der Gewalt verwehrt.«[12]

Anderen Frauen geht es neben der Gewaltfrage um Begriffe wie Macht und Wille zur Herrschaft. Sie werden dem Mann zugeordnet, haben im Leben der Frauen hingegen (angeblich) keine Bedeutung. So schreibt etwa Rheta Child Dorr im Zusammenhang mit dem Kampf um das Frauenstimmrecht im Jahre 1910: »Die Herrschaft der Männer beruht auf Macht, auf Gewalt. Alles Üble, alles Schlechte, alles Egoistische ist eine Form der Gewalt… Frauen werden die Gewalt nicht tolerieren«[13] – eine Meinung, die in Hinblick auf den Willen zur Macht auch heute noch recht ungebrochen vertreten wird: »Frauen kommen nicht aus einer Gruppe, die glaubt, Untergeordnete zu brauchen. Außerdem existiert bei ihnen im Unterschied zu den Männern nicht der Glaube, daß ihre Machtposition zur Erhaltung des eigenen Images nötig sei. …ich behaupte, daß Frauen durch ihre Teilnahme an der Macht zu einer vernünftigeren und angemesseneren Anwendung von Macht viel beitragen können.«[14]

Radikalere Töne schlägt Betty Reardon an: »Die ökologische Zerstörung ist, auf das Wesentliche reduziert, frauenfeindlich… Sie ist einfach ein weiteres Ergebnis des männlichen Dranges, das Weibliche zu zügeln und zu beherrschen…«[15] Hier wird dem Leser der Gedanke nahegelegt, Umweltzerstörung sei ein ausschließlich von Männern zu verantwortendes Problem, mehr noch: Umweltzerstörung sei letztlich ein Mittel im Geschlechterkampf. Eine Vorstellung, die mir wenig einleuchtend erscheint: Schließlich sind nicht nur Frauen von den Folgen der Umweltzerstörung betroffen. Außerdem möchte ich bezweifeln, daß Frauen, die jedenfalls in den hochindustrialisierten Ländern nicht selten ein Auto fahren, einen Kühlschrank besitzen und Konsumgewohnheiten haben, mit denen sie große Mengen schwer entsorgbaren Mülls produzieren (um nur einige wenige triviale Beispiele zu nennen), an der Umweltzerstörung tatsächlich nicht beteiligt sind. Ganz und gar unschuldig ist von uns allen, die wir in hochindustrialisierten Ländern leben, niemand.

Stark vereinfachend scheint mir auch die Vorstellung, »der Mann« habe den Drang, »das Weibliche« zu zügeln und zu beherrschen. Eine derart polarisierte Sichtweise erklärt den Mann zum »geborenen Täter«, die Frau hingegen zum unschuldigen Opfer einer Herrschsucht, die ihr selber wesensfremd ist. Werden solche Erklärungsmuster auf die politischen Gegebenheiten übertragen, ergeben sich daraus Gleichungen, die sich von den tatsächlichen Verhältnissen weit entfernen und deren Funktion mir in der Verleugnung der Realität zu bestehen scheint. So kommentierte etwa die Zeitschrift »Emma« den hohen Wahlsieg der Neuen Rechten bei den Landtagswahlen in Baden-Württemberg und Schleswig-Holstein 1992: »Jetzt wählt erstmals die vollpornographisierte Generation. Die, die früh und tief lernt, zu verachten. Menschenhaß, nicht Menschenliebe lautet die Parole. Männlichkeitswahn. Nationalismus. Faschismus. Eine Gliederung, die aufgeht. Und ihre Gründe hat« (Emma, Heft 5/92) – ganz so, als würde die Neue Rechte nicht auch von Frauen unterstützt und gewählt, ganz so, als wäre die NSDAP am Vorabend des Dritten Reiches nicht von Millionen von Frauen gewählt worden, ganz so, als wäre jeder Mann allein aufgrund seines Geschlechts für Sexismus, Rassismus und Nationalismus prädisponiert.

Auch dieses Argumentationsmuster hat Tradition. So stellte Lida Gustava Heymann schon 1917 fest: »Ein Europa mit Frauenwahlrecht wäre keinem Weltkrieg zum Opfer gefallen«[16] – eine Meinung, die angesichts der massenhaften Kriegsbegeisterung vieler Frauen zu Beginn des Ersten Weltkrieges erstaunt. Doch Lida Gustava Heymann war sich ihrer Sache sicher. 1922 schrieb sie: »...weibliches Wesen, weiblicher Instinkt sind identisch mit Pazifismus.«[17] Ähnlich sah dies auch Edith Havelock-Ellis, die in Großbritannien für die Beteiligung der Frauen an der

Regierung kämpfte: »Der Tag, an dem die Frauen neben den Männern in der Regierung sowie in der Verwaltung der äußeren Angelegenheiten ihrer Nation Platz finden werden, wird auch der Tag sein, der dem Krieg als Mittel zur Schlichtung von Streitigkeiten unter den Menschen den Tod verkündet. Weder Trompetengeschmetter noch Flaggenwehen wird die Frauen in den Wahnsinn gewissenloser Lebenszerstörung locken oder das absichtliche Töten mit einem anderen Namen als dem des Mordes umkleiden, ob es sich nun um das Hinschlachten vieler oder eines einzigen handelt.«[18] Frauen führen keine Kriege, Gewalt ist Männersache – diese These wird bis heute vertreten, von Marielouise Janssen-Jurreit etwa, die der Meinung ist, »daß Gewalt nie [!] von Frauen gegen Männer ausgeübt wurde, daß es keine bewaffneten Auseinandersetzungen zwischen ihnen gab – höchstens im Mythos der Amazonenkämpfe.«[19]

Sofern man sich nur auf die direkten Kampfhandlungen bezieht, ist Krieg, wer wollte das bestreiten, überwiegend eine Männerangelegenheit. Nur liegen die Dinge auch in diesem Fall nicht ganz so einfach, wie es auf den ersten Blick erscheinen mag. Zu fragen wäre beispielsweise, wie viele der Männer, die »man« in den Krieg schickt, tatsächlich auch Krieg führen wollen. Und: Auch Frauen haben zu allen Zeiten, freiwillig übrigens, als Kriegerinnen gekämpft, und auch Frauen haben zu allen Zeiten Kriege unterstützt – ein Umstand, der als Hinweis darauf verstanden werden könnte, daß Frauen nicht etwa in höherem Maße als Männer friedliebend sind, sondern es im Rahmen einer von beiden Geschlechtern akzeptierten Arbeitsteilung zwischen Mann und Frau den Männern überlassen, von ihnen gutgeheißene Kriegshandlungen auszuführen. Sind die Zuschreibungen »Krieg gleich männlich, Friedensliebe gleich weiblich« gedanklich aber erst einmal zur Voraussetzung erhoben worden, so bleibt für derartige Überlegungen kein Raum, und diejenigen Aspekte, die diesen Zusammenhang erhellen könnten, werden weitgehend ausgeblendet.

Einen besonderen Akzent erhält das Thema, wenn Frauen in

ihrer Eigenschaft als Mütter oder doch zumindest potentielle Mütter eine wesensmäßig gegebene Friedfertigkeit für sich reklamieren. Dieser Vorstellung verwandt ist die Idee, daß Frauen aufgrund ihrer biologischen Gegebenheiten der Natur unmittelbar zugehörige, nicht von ihr abgetrennte Wesen seien, die sich allein deshalb im Zustande einer natürlichen Verbindung mit dem Kosmos befänden. In diesem Sinne äußerte sich etwa Christa Reinig: »Sie [die Frau, C.H.] steht als Teil des Kosmos gegen den den Kosmos zerstörenden Mann.«[20] Doch zurück zu den Frauen, die die Friedfertigkeit des weiblichen Geschlechts mit der Mutterrolle begründen.

1911 postulierte die Feministin und Pazifistin Olive Schreiner: »Sie [die Frau] kennt die Geschichte des menschlichen Fleisches, sie weiß, was es kostet, er [der Mann] nicht... Menschenleiber sind die Kunstwerke von uns Frauen. Gebt uns die Macht, es zu hindern, und wir werden sie nie achtlos hinwerfen, um damit die Risse auszufüllen, die durch internationalen Ehrgeiz oder Habgier in den menschlichen Beziehungen entstanden sind.«[21] Ganz im Sinne dieser Erklärung wurde 1951 im Rahmen der Westdeutschen Frauenfriedensbewegung, die in den 50er und 60er Jahren gegen Wiederaufrüstung und atomare Bewaffnung protestierte, ein »Aufruf an alle Frauen, Mütter und Mädchen« formuliert, in dem es heißt: »Damit ein Volk frei von Kriegen sei, müssen seine Mütter den Frieden wollen und den Frieden leben... Millionenfach ist die Angst der Frauen und Mütter... Wir Frauen verabscheuen den Krieg, und keine Mutter kann darin gehindert werden, das Leben, das sie gegeben, mutig zu verteidigen... Liebe Mütter! Unsere Kinder wollen leben, sie warten auf uns, daß wir sie schützen vor dem Grauen, das ein kommender Krieg bringen würde.«[22] Aus der gleichen gedanklichen Tradition heraus begründeten auch viele der Frauen, die sich zu Beginn der 80er Jahre in der Frauenfriedensbewegung engagierten, ihren Protest ausdrücklich unter Bezugnahme auf ihre Rolle als Mutter: »Wir Frauen bringen die Kinder zur Welt und ziehen sie groß. Wir haben schon viel zu lange zugesehen, wie unsere Söhne zum Morden erzogen werden. Es wird Zeit, daß wir unsere Küchen verlassen und uns zusammentun, um uns und unseren Kindern den Frieden zu erstreiten.«[23]

Die mütterliche Verbundenheit mit dem Kind und die Vorstellung einer besonderen Verantwortung für den Frieden, die sich aus dieser Verbundenheit ergibt, erscheint uns heute als natürliches Phänomen. Insofern können wahrscheinlich viele Menschen dieser Art der Argumentation folgen. Wir sollten uns indes in Erinnerung rufen, daß unsere heutigen Vorstellungen über Mutterliebe und Kindheit historisch neueren Datums sind. Ausbeutung, Vernachlässigung und Mißhandlung von Kindern auch durch Mütter war weit verbreitet und alltägliche Realität[24] und ist es im übrigen bis heute in erschreckendem Ausmaße geblieben.

Ich glaube, daß eine gewisse Vorsicht immer dann geboten ist, wenn vom »Wesen des Menschen«, vom »Wesen der Frau« oder vom »Wesen des Mannes« die Rede ist. Vieles entpuppt sich bei genauerem Hinsehen als unhistorische Zuschreibung, deren Funktion darin besteht, die eigene Position zu untermauern, indem man/frau sich auf »ewig gültige Werte« bezieht, deren Abhängigkeit von historischen, sozialen und kulturellen Gegebenheiten wie auch vom eigenen Erkenntnisinteresse dabei aus dem Blickfeld gerät. Dies scheint mir auch bei den hier vorgestellten Positionen bezüglich »der Frauen« und ihrer Friedfertigkeit der Fall zu sein.

Erkennbar wird eine starke Idealisierung »der Frau« wie auch eine sich daraus ergebende pauschale Abwertung »des Mannes«. Um es noch einmal ausdrücklich zu betonen und Mißverständnissen vorzubeugen: Es gibt keinen Grund, männliche Aggression und Gewalt von Männern gegen Frauen zu rechtfertigen oder zu verharmlosen. Ich sehe aber auch keinen Anlaß, »die Männer« aufgrund pauschaler Verallgemeinerungen zu bezichtigen, von blindem Zerstörungsdrang getrieben zu sein. Und ebensowenig sehe ich irgendeinen Grund, aus der Tatsache, daß es (viel zu viele) Männer gibt, die sich gewalttätig und aggressiv verhalten, abzuleiten, daß Frauen deshalb unschuldige Opfer und bessere Menschen wären. »Woher sollen Frauen eigentlich diese wundervollen Fähigkeiten haben, mitten im Schoß der naturzerstörenden Patriarchate, in diesen Gesellschaften, in denen wohl nicht nur Männer schwerstens beschädigt sind?... Die Natur ist kein Ausweg. Wir können... nicht... den Ort wiederfinden wollen, an dem wir längst nicht mehr eingebettet sind. Die Natur... die im übrigen keineswegs Inbegriff von Friede, Gerechtigkeit, Gleichheit und Freiheit ist, kann uns nicht helfen...«[25] Auch Jessica Benjamin stellt in ihrem 1990 erschienenen Buch »Die Fesseln der Liebe« fest: »Um den Gegensatz der Geschlechter, der unser psychisches, kulturelles und soziales Leben durchdringt, in Frage zu stellen, ist es notwendig, nicht nur die Idealisierung der Männlichkeit zu kritisieren, sondern auch die reaktive Aufwertung der Weiblichkeit... Dies ist überhaupt eine Schwäche aller radikalen Politik gewesen: die Unterdrückten zu idealisieren, als ob deren Politik und Kultur von den Auswirkungen der Herrschaft ganz frei blieben, als ob die Menschen nicht an ihrer Unterjochung mitwirkten.«[26] Doch auch bei dieser Sicht der Dinge bleiben die Frauen idealisiert: Zwar wirken sie an ihrer Unterjochung mit, doch dies nur deshalb, weil ihr Leben nicht unberührt bleibt von den Auswirkungen der Männerherrschaft. Mit anderen Worten: Negative weibliche Eigenschaften, so sie denn überhaupt existieren, sind nichts originär Weibliches, sondern immer nur Reflex zuvor erfahrener Unterdrückung; die Verantwortung liegt – wie gehabt – bei den Männern, nur daß die Männer jetzt nicht mehr nur für die unmittelbare Unterdrückung der Frauen verantwortlich sind, sondern darüber hinaus auch noch dafür, daß sich die Frauen darauf verlegen, den Herrschaftsanspruch zu verinnerlichen und ihr Schäfchen ins trockene zu bringen, indem sie sich dem System der Männerherrschaft anpassen, an ihrer eigenen Unterjochung mitwirken und in diesem Sinne zu Komplizinnen der Männer werden. Immerhin ist dieser Standpunkt um einiges moderater als folgende Positionsbestimmung: In ihrem 1982 erschienenen Aufsatz »The Future – If There Is One – Is

Female« schreibt Sally Miller Gaerhart, beseelt von der Vision einer friedlichen, ökologisch orientierten Zukunft der Menschheit: »Wenigstens drei weitere Erfordernisse ergänzen die Strategie der Umweltschützer, wenn wir eine weniger gewalttätige Welt schaffen und bewahren wollen:
1. **Jede Kultur muß jetzt Schritte unternehmen, damit die Zukunft weiblich wird.**
2. **Die Verantwortung für den Fortbestand der menschlichen Gattung muß in allen Kulturen wieder in die Hände der Frauen gelegt werden.**
3. **Der Anteil der Männer muß auf ungefähr 10% der menschlichen Rasse reduziert und festgeschrieben werden.**«[27]

Männer haben ein Recht auf Leben also nur insoweit, als sie für die Fortpflanzung unentbehrlich sind – ansonsten sind sie überflüssig, ihre Zahl muß »reduziert« werden. Ich frage mich, was dieses Wort bedeuten soll. Abtreibung von 90% der männlichen Embryonen? In Indien, einem Land, in dem Frauen nur geringes Ansehen genießen, werden weibliche Embryonen in großer Zahl abgetrieben, weil Mädchen unerwünscht sind – Verhältnisse, die von engagierten Feministinnen zu Recht als Ausdruck sexistischen Denkens angeprangert werden. Sollen für Frauen, die sich unter umgekehrten Vorzeichen ebenso menschenverachtend verhalten, andere Maßstäbe gelten, nur weil sie Frauen sind? Wes Geistes Kind ist die Idee, Männer auf 10% der menschlichen Rasse zu »reduzieren«? »Reduzierung auf 10%« – die Endlösung der Männerfrage?

Es ist eine bittere Ironie, daß ausgerechnet eine Frau, die apodiktisch von der größeren Friedfertigkeit des weiblichen Geschlechts ausgeht, uns im Namen der Schaffung einer weniger gewalttätigen Welt ein Zeugnis unerbittlicher Aggressivität liefert. »Feindbilder«, schrieb Margarete Mitscherlich einmal, »dienen vermutlich immer dazu, von eigenen Aggressionen abzulenken und eigene Probleme zu kaschieren.«[28] Dem ist nichts hinzuzufügen.

1 de Beauvoir, Simone (1949): Das andere Geschlecht. Sitte und Sexus der Frau, Hamburg 1951, TB-Ausgabe Rowohlt 1968. Ich beziehe mich im Folgenden auf diese Ausgabe

2 ebd., S. 11

3 Schenk, Herrad (1983): Frauen kommen ohne Waffen: Feminismus und Pazifismus, München 1983, S. 77

4 Titel eines Buches von Heike Mundzeck: Gespräche mit Dorothee Sölle, Margarethe von Trotta, Heidemarie Wieczorek-Zeul. Rororo Frauen aktuell Bd. 5354

5 Mamozai, Martha (1990): Komplizinnen, Reinbek bei Hamburg 1990, S. 15

6 Großmaß, Ruth (1992): Starke Frauen, zänkische Weiber oder friedliche Urmütter? Zum Verhältnis von Aggression und Weiblichkeit, S. 119, in: Camenzind, Elisabeth und Knüsel, Kathrin (Hg.) (1992): Starke Frauen, zänkische Weiber? Frauen und Aggression, Zürich 1991, S. 119–134

7 Camenzind, Elisabeth (1992): Sollen, dürfen Frauen aggressiv sein?, S. 13 in: Camenzind, Elisabeth und Knüsel, Kathrin (Hrsg.) (1992), a.a.O., S. 11–43

8 Spretnak, Charlene (1982): The Politics of Women's Spirituality, New York 1982, S. 554; zit. n.: Keen, Sam (1991): Feuer im Bauch. Über das Mann-Sein, Hamburg 1992

9 Camenzind, Elisabeth (1992): a.a.O., S. 28

10 von Meisenberg, Malvida (1879): Kulturbilder. Gesammelte Werke Bd. 4, Berlin–Leipzig 1922, S. 62/63; zit. n. Mamozai, Martha (1990), a.a.O., S. 15

11 zit. n. Mamozai, Martha (1990), a.a.O., S. 15

12 de Beauvoir, Simone (1949), a.a.O., S. 665

13 Rheta Child Dorr (1910): What Eight Million Women Want, New York 1971, S. 327; zit. n. Janssen-Jurreit, Marielouise (1976): Sexismus. Über die Abtreibung der Frauenfrage, München 1976, S. 280

14 Miller, J.B. (1976): Die Stärke weiblicher Schwäche. Zu einem neuen Verständnis der Frau, Frankfurt 1977, S. 166/167

15 Reardon, Betty (1985): Sexism and the War System, New York 1985, S. 15; zit. n. Keen, Sam (1991), a.a.O., S. 268

16 zit. nach Janssen-Jurreit (1976), a.a.O., S. 266

17 Heymann, Lida Gustava (1917/1922): Weiblicher Pazifismus, in: Brinker-Gabler, Gisela (Hg.) (1980): Frauen gegen den Krieg, Frankfurt 1980, S. 65–70

18 Havelock-Ellis, Edith (1922): Neue Horizonte für Liebe und Leben, Wien–Leipzig 1922, S. XVIII; zit. n. Janssen-Jurreit (1976), a.a.O., S. 266

19 Janssen-Jurreit (1976), a.a.O., S. 55

20 Reinig, Christa (1972): Das weibliche Ich, in: Alternative, o.J., Nr. 108/109, S. 119

21 Schreiner, Olive (1911): Frauen zahlen die Hauptkosten, in: Brinker-Gabler, Gisela (Hg.) (1980), a.a.O., S. 48

22 siehe Hervé, Florence (Hg.) (1981): Frauenbewegung und revolutionäre Arbeiterbewegung. Texte zur Frauenemanzipation von 1948 bis 1980, Frankfurt 1981, S. 205/206; zit. n. Schenk, Herrad (1983), a.a.O., S. 103

23 Flugblatt der Münchener Gruppe »Frauen für den Frieden«, zit. n. Schenk, Herrad (1983), a.a.O., S. 103/104

24 siehe hierzu beispielsweise:
    – Ariès, Philippe (1976): Geschichte der Kindheit, München 1976
    – Badinter, Elisabeth (1980): Die Mutterliebe. Geschichte eines Gefühls vom 17. Jahrhundert bis heute, München 1981
    – de Mause, Lloyd (1974): Hört ihr die Kinder weinen. Eine psychogenetische Geschichte der Kindheit, Frankfurt 1977
    – Radbill, S.X. (1978): Mißhandlung und Kindestötung in der Geschichte, in: Helfer, R. & Kemper, H.C. (1974): Das geschlagene Kind, Frankfurt 1978

25 Thürmer-Rohr, Christina (1987): Wendezeit – Wendedenken – Wegdenken, S. 104, in: dies. (1987): Vagabundinnen. Feministische Essays, Berlin 1987, S. 93–105

26 Benjamin, Jessica (1988): Die Fesseln der Liebe. Psychoanalyse, Feminismus und das Problem der Macht, Basel–Frankfurt a.M. 1990, S. 12/13

27 Sally Miller Gaerhart (1982): The Future – If There Is One – Is Female, in: McAllister, Pam (Hg.) (1982): Reweaving the Web of Life, Philadelphia 1982, zit. n. Keen, Sam (1991), a.a.O., S. 271

28 Mitscherlich, Margarete (1991): Die Unfähigkeit zu kämpfen, S. 26. in: Emma, Heft 4 (April) 1991, S. 26–28

2 Zweierlei Maß: Zur Bewertung weiblicher Aggression und Gewalt durch Frauen im Unterschied zur Bewertung männlicher Aggression und Gewalt

In der patriarchalen Gesellschaft... muß zwischen männlicher und weiblicher Aggression unterschieden werden ... Weibliche Aggression als Gegenkraft gegen die Ohnmacht, gegen die Hilflosigkeit, gegen die Resignation. Weibliche Aggression als Schutz vor und als Vorbeugung von männlicher Gewalt.«[1]

Zweierlei Maß: Weibliche Aggression als sinnvolle Gegenkraft; weibliche Aggression als notwendige Gegenwehr; weibliche Aggression, die als präventiver Erstschlag sinnvoll ist – weibliche Aggression ist gerechtfertigt und konstruktiv, männliche hingegen destruktiv.

Oft wird ein und dasselbe aggressive Verhalten in der feministischen Diskussion über Gewalt entgegengesetzt beurteilt, je nachdem, ob es einem Mann oder einer Frau zugeordnet wird. Nicht selten wird aus der Diskussion aber auch einfach ausgeblendet, daß und in welchem Umfang Frauen sich aggressiv und gewalttätig verhalten. Wird solches Verhalten jedoch eingestanden, weil es beim besten Willen nicht zu leugnen ist, so wird es häufig in dem Sinne interpretiert, daß Frauen nur deshalb gewalttätig würden, weil das Maß der zuvor von Männern erfahrenen Gewalt einfach voll gewesen sei. Frauen sind demnach auch dann noch Opfer, wenn sie mißhandeln, mißbrauchen, quälen und töten. Männer hingegen sind die eigentlichen Verursacher von Aggression und Gewalt, die nicht nur *ihre* Gewalttätigkeit, sondern auch die der Frauen zu verantworten haben. Ich möchte einige Beispiele für diese Art von Interpretationsmustern nennen. Im September 1992 berichtete die Zeitschrift »Emma« von einer in Köln geplanten Fotoausstellung. Die Fotografin Bettina Flitner hatte nach dem Zufallsprinzip ausgesuchte Passantinnen angesprochen und ihnen die Frage gestellt: »Wer ist ihr ärgster Feind/ihre ärgste Feindin?« Ob nun tatsächlich alle Frauen einen Mann als ihren ärgsten Feind nannten, bleibt unklar. In der »Emma« werden jedenfalls nur solche Frauen zitiert: »Mein Feind«, sagte da etwa eine Frau, »ist mein Mann. Ich sag' immer, der ist schlimmer als Hitler. Der will noch ein Kind von mir, obwohl ich schon eine Tochter habe. Der ist Kranführer, so'n Schrank. Da müßte ich schnell machen.« Schnell machen? Wenn sie ihn umbringen wollte – das ist gemeint. Eine andere Frau: »Mein Feind ist mein Ex-Mann. In meiner Wohnung würde ich den aber nicht umbringen, das gäb' zu viel Dreck. Lieber in seiner eigenen. Da hat er überall so weißen Teppichboden. Dann hätte seine Neue auch was davon.« Damit die Frauen ihre Gefühle fotografisch in Szene setzen konnten, stellte Bettina Flitner ihnen Plastikwaffen zur Verfügung, mit denen sie sie sodann ablichtete. Die eine griff zur Pistole, die andere zur Doppelaxt. Phantasien, natürlich. Nichts als Phantasien, Gefühlen des Verletztseins entsprungen. Aber wenn ich versuche, mir vorzustellen, daß es eine vergleichbare Ausstellung gäbe, in der ein bewaffneter Mann öffentlich darüber phantasiert, wie er aus Rache und Eifersucht seine geschiedene Frau umzubringen gedenkt – dann bin ich mir sicher, daß diese Ausstellung in frauenbewegten Kreisen als typischer Fall von Männer-Gewaltphantasien und übelstem Machismo angesehen würde.

Ein weiteres Beispiel. Ich erinnere mich an einen dänischen Spielfilm, den ich Ende der 80er Jahre gesehen habe. Es ging um drei Frauen, die, ohne daß sie sich gekannt hätten und ohne daß es einen erkennbaren Anlaß gegeben hätte, in einer Boutique gemeinsam auf den Verkäufer losgehen und ihn brutal erschlagen: Diesen für alle anderen. Diesen, mit dem sie wirklich nichts zu schaffen hatten und der ihnen nie etwas zuleide getan hatte, für all diejenigen, die ihnen im Laufe ihres Lebens Verletzungen und Demütigungen zugefügt hatten. Ich erinnere mich: Nach der Vorstellung klatschte das Publikum, überwiegend aus Frauen bestehend, anhaltend Beifall. Ich stelle mir vor, ich würde einen Film über einen Vergewaltiger drehen; einen Film über einen Mann, der eine Frau ohne Anlaß vergewaltigt, eine Frau, die ihm nie etwas zuleide getan hat: Diese für alle anderen, die ihn im Laufe seines Lebens gedemütigt und verletzt haben. Ich stelle mir vor, das überwiegend männliche Publikum würde im Anschluß an die Vorstellung anhaltend Beifall klatschen. Ich versuche mir auszumalen, wie die Frauen, die einen »Mord ohne Anlaß« beklatschten, diesen Beifall empfinden und beurteilen würden. Ich nehme an, sie wären empört. Ich habe das Kino damals mit einem Gefühl großen Unbehagens verlassen.

In den letzten Jahren ist eine ganze Reihe von Frauen verfaßter Bücher erschienen, deren weibliche Hauptfiguren sich auf Gewalt verstehen, sei es, daß sie sich beispielsweise für erlittene Demütigungen durch einen Liebhaber, der nicht willens war, sich von seiner Frau zu trennen, durch ausgeklügelte Demütigungen, sadistische Quälereien und Vergewaltigung rächen[2], sei es, daß sie als Täterinnen blutrünstige Verbrechen begehen[3], sei es, daß sie als clevere Detektivinnen komplizierte Fälle auf ihre Art und unter Einsatz brutaler Gewalt lösen[4]: »Mir zuckte es in den Händen, ihm den Unterkiefer zu zerschmettern ... Los, rief ich und sprang auf ... Ich erreichte ihn in einem einzigen Satz und versetzte ihm einen so harten Handkantenschlag auf den Arm mit der Pistole, daß der Unterarmknochen brach ... Dann richtete ich die Smith & Wesson auf Tony ... Sein rechter Arm hing völlig verdreht nach unten – ich hatte ihm die Elle zertrümmert. ›Ihr Jungs seid nicht mehr als ein Haufen Dreck, und ich würde euch alle drei liebend gern erschießen. Der Staat würde eine Menge Geld sparen...‹«[5] Nicht gerade zimperlich, die Dame, und wäre sie von einem Mann erfunden worden, könnte ich mir getrost sagen, daß diese brutale Gestalt ein Ausbund seiner gewalttätigen Männerphantasie ist. Aber hier erfinden nicht Männer gewalttätige Frauen, nein, hier zelebrieren von Frauen gestaltete Frauenfiguren genüßlich oder en passant

Gewalttätigkeit und Mord; hier klären von den Autorinnen mit Körperkraft und Gewaltbereitschaft ausgestattete Detektivinnen nach eigenem Gusto und wenn nötig jenseits der Legalität auf oder unterlassen es mitunter auch in einfühlender Parteinahme für die von Männern geschundene Täterin. Demütigung – Rache – Rehabilitation: Nach diesem Muster sind die Täterinnen entworfen. Während sie zu Sadistinnen/Mörderinnen/Vergewaltigerinnen werden, weil sie zuvor von Männern allzusehr in ihrer Würde verletzt wurden, so dient der Typ der unabhängigen, emanzipierten, womöglich feministisch orientierten Detektivin einer gerechten Sache, beispielsweise indem sie einem Mädchen- und Drogenhändlerring das Handwerk legt.

Was darf, was soll man solchen Veröffentlichungen entnehmen? Schließlich handelt es sich bei diesen Figuren um fiktive Personen. Sind sie Wunschbilder (und in diesem Sinne auch Vorbilder), ausstaffiert mit all jenen Aggressionen wie mit der Fähigkeit, sie in Handeln umzusetzen, die die Autorin oder ihre Leserin zwar hat, gerne ausleben würde, aber nicht zu leben wagt? Handelt es sich also um imaginierte Selbstbilder? Oder wird hier ganz im Gegenteil die tatsächliche Ohnmacht durch phantasierte Macht kompensiert, geht es also in Wirklichkeit darum, den »Status der Wehrlosigkeit« auf hilflose Art wenigstens gedanklich zu überwinden?

Gedanken und Phantasien sind nicht unabhängig von Zeitläufen und geistigen Strömungen. Nicht jeder Gedanke ist zu jeder beliebigen Zeit denkbar, und wenn Gedanken und Phantasien auch keine einfachen Abziehbilder der Realität sind, so be- und erzeugen sie doch immerhin Denkbares, mithin Vorstellbares. Daher wird »durch die Literatur doch ein anderes Frauenbild vermittelt, das zumindest das Selbstbild der Frau nicht unberührt läßt«.[6]

»Mit Lust entdeckt: pornographische Frauenliteratur« – so kündete ein kleiner, feministisch orientierter Verlag eine Neuerscheinung an.[7] Pornographie, sonst als Ausdruck der Frauenverachtung geächtet, ist, wird sie nur von einer Frau geschrieben, ganz etwas anderes – Ausdruck der Befreiung nämlich. Hieß es bisher, die Behauptung, Frauen fänden an sexueller Unterwerfung Gefallen, sei Ausdruck perverser Männerphantasien, so wird der Spieß nun einfach umgedreht: Plötzlich erscheint als Ausdruck der Frauenunterdrückung, daß Männer Frauen absprechen, »Lust und Gewalt verbinden zu können«; sie sprechen ihnen ab, »daß die erotische Inszenierung von Gewalt eine weibliche Wunschvorstellung sein kann«.[8] Sagte eine *Frau*, sie könne der Verbindung von Gewalt und Erotik Lust abgewinnen, so drückt sich darin eine befreite weibliche Sexualität aus; sagt ein Mann das gleiche, ist es Ausdruck böswilliger Herrschsucht und Frauenverachtung.

Diese Art der Doppelbödigkeit findet sich auch in der Auseinandersetzung mit sadomasochistischen Beziehungen zwischen lesbischen Frauen: Während ein großer Teil der feministisch orientierten Frauen Sadomasochismus als Ausdruck einer menschenverachtenden Beziehungsqualität ablehnt[9], halten andere sadomasochistische Beziehungen für den »Bestandteil eines gesunden und positiven Lebensstils« und sadomasochistisch orientierte lesbische Frauen für eine »unterdrückte sexuelle Minderheit«.[10] In Pat Califias Buch »Sapphistrie«[11] geht es daher ebenso wie in dem Buch »Coming to Power« der Gruppe Samois[12] u.a. um detaillierte Anweisungen für sadomasochistische Praktiken, angefangen beim »Faustficken«, über Gruppensex, Anwendung von Klistieren, Schlagen, Fesseln, mit Rasierklingen Schnitte zufügen, Demütigen, Benutzen von Klammern an Brüsten und Genitalien wie Durchbohren von Brustwarzen und Genitalien bis hin zu sexuellen Praktiken, die die Verwendung von Urin und Kot mit einschließen. Die Zeitschrift »Emma« kommentierte die S/M-Debatte mit den Worten: »Spannend, weil Califia es wagt, so mit Weiblichkeitsrollen zu brechen! ... Im Zuge der Emanzipation und einer sich verändernden Lebensrealität greifen eben auch Frauen in der Erotik zur Gewalt und zur Macht.«[13] Was in Beziehungen zwischen einem Mann und einer Frau als Beweis tiefster Frauenverachtung verstanden wird, wird von sadomasochistisch orientierten Frauen – sind die Partner nur beide weiblichen Geschlechts – kurzerhand zum Ausdruck einer befreiten Form der Sexualität erklärt. Ähnlich verhält es sich übrigens auch in bezug auf den sexuellen Mißbrauch von Kindern: Was verwerflich ist, wenn Männer es tun, wird zur positiven Möglichkeit, wenn weibliche Pädophile es mit Mädchen tun.[14] So setzt sich in der BRD denn auch eine Gruppe weiblicher Pädophiler mit dem Namen »Kanalratten« für das »Recht auf Sexualität mit weiblichen Kindern« ein.[15]

Ganz pauschal versteht die amerikanische Autorin Ann Jones auch einen von einer Frau begangenen Mord als letzten Akt vorpolitischer Gewalt, als verständliche Reaktion auf die Beschneidung der Rechte der Frauen.[16] Kindestötung ist in ihren Augen eine »verzweifelte Art der Geburtenkontrolle«. Die Frauen, die ihre Kinder ermorden [zu Zeiten, in denen es noch keine sicheren empfängnisverhütenden Mittel gab, C.H.], »morden jedoch nicht nur, sie erklärten damit auch, zumindest symbolisch, daß eine Frau für ihre Sexualität nicht bestraft werden dürfe«.[17] Darf frau Kindestötungen wirklich derart leichtfertig begründen, auch rechtfertigen, da die Kindermorde sich als (logische?) Folge der Unterdrückung weiblicher Sexualität darstellen? Mir leuchtet ein, daß in vielen Fällen sicher ein Zusammenhang zwischen sexueller Ausbeutung (beispielsweise der Dienstmädchen durch ihre »Herrschaft«) und Kindestötung bestanden hat, ein Zusammenhang also zwischen Not und Gewalthandlung; Kindestötung als Ausdruck des Rechts auf eine freie Sexualität hingegen – diese Begründung erscheint mir unangemessen und zynisch.

Die Motive für den Mord/Totschlag an einem Kind sind darüber hinaus vielschichtiger und stehen bei weitem nicht immer in einem unmittelbaren Zusammenhang mit sexueller Ausbeutung. So nannten die Mütter, deren Fälle Trube-Becker untersuchte[18], als Motiv für die Tötung des Kindes beispielsweise: »Sie gibt nochmals an, eifersüchtig auf das Kind gewesen zu sein... Überall sei das Kind beliebt gewesen, auch bei ihrem

Ehemann. Deshalb habe das Kind ihr Leben verpfuscht«
(S. 165). Die Mutter hatte ihr nichteheliches fünfjähriges Kind
ertränkt. »Das Kind habe immer eingenäßt. Sie habe Haß auf
das Kind gehabt« (S. 189). Die Mutter hatte ihre dreijährige
Tochter geprügelt und getreten. Sie und ihr Verlobter hatten das
Kind geschlagen und getreten, bis es an einem Darmriß starb.
»Frau L. macht Eifersucht geltend. Der Ehemann habe das Kind
besonders geliebt« (S. 196). Frau L. hatte ihr zweijähriges Kind
geschlagen, getreten und dann gewürgt. Nebenniere und Bauchfell waren gerissen. »Frau K. gibt an, daß das Kind ihr lästig gewesen sei, weil es nicht sauber gewesen sei« (S. 197). Frau K.
hatte ihr dreijähriges Kind getreten und in den Unterleib geschlagen. Das Kind starb an den Folgen der Mißhandlung. »Das
Kind sei lästig gewesen, unsauber, habe viel geweint. Sie habe
nicht gewußt, was sie damit machen solle« (S. 201). Frau W.
hatte ihr zweijähriges Kind geschlagen und getreten, so daß es
an einem Leberriß verblutete.

Auch die Morde an Ehemännern werden von Ann Jones als
Folge männlicher Gewalt gesehen: Frauen waren und sind entrechtet und – dies die gedankliche Schlußfolgerung – im Grunde Sklavinnen ihrer Männer. Demzufolge handelt es sich bei
Frauen, die ihre Ehemänner umbringen, um Menschen, die sich
gegen die Sklaverei auflehnen – ein wahrlich berechtigtes Anliegen. Soll diese Sicht der Dinge aber auch für Lizzie Andrew
Borden gelten, eine Frau, die Vater und Stiefmutter mit einer
Axt erschlug, weil der Vater so geizig war? Ann Jones zu diesem Fall: »Und niemand erwähnte jene materiellen Dinge, die
eine Frau mit genügend Geld kaufen konnte: Unabhängigkeit,
Selbstbestimmung, ein freieres Leben«.[19] Auch Männer können
sich mit genügend Geld eine ganze Menge Freiheiten kaufen –
aber für sie hätte diese merkwürdige Rechtfertigung eines Doppelmordes sicher keine Gültigkeit.

Geradezu makaber jedoch erscheint der Kommentar zu einem
Fall, bei dem es um eine Massenmörderin geht, die mindestens
acht oder neun Männer (die Leichen waren so zerstückelt, daß

die genaue Zahl nicht festgestellt werden konnte) wie auch ihre Adoptivtochter ermordete. Bella Paulson, die durch einen Versicherungsbetrug an Geld gekommen war und sich eine Farm gekauft hatte, gab regelmäßig Anzeigen auf, in denen sie nach einem Ehemann Ausschau hielt. (Den vorherigen Ehemann hatte sie aller Wahrscheinlichkeit nach ebenfalls ermordet.) Die Bewerber, die sich zahlreich meldeten, brachte sie um, deren mitgeführtes Geld steckte sie in die eigene Tasche. Bella Paulsons »Geschäft«, so Ann Jones, »bestand aus Heirat und Mord«. Durch ihre Morde »kehrte sie mit einem Handstreich die bekannten Geschichten der jungen Damen, von niederträchtigen Verführern zugrunde gerichtet, und der hilflosen, von einem reichen Mann manipulierten Frauen um«[20] – und schon wären die Morde gerechtfertigt, hat Bella Paulson den Männern doch ordentlich eins ausgewischt. »Wenn aber die Ehe die einzig mögliche Karriere einer Frau ist, dann kann sie sie ebensogut auch zu ihrem Geschäft machen«[21] – das jedenfalls meint Ann Jones.

Die Gegenwart betreffend berichtet Ann Jones überwiegend von Frauen, die ihre Männer umbrachten, weil sie von ihnen mißhandelt worden waren. Einmal dahingestellt, ob der Zusammenhang zwischen Mißhandlung und Mord tatsächlich so monokausal ist, wie er hier dargestellt wird, unterschlägt Ann Jones durch ihre Art der selektiven Darstellung auch, daß natürlich längst nicht alle von Frauen an Erwachsenen begangenen Morde einen solchen Hintergrund haben.

So betrafen nur 32 der 94 von Trube-Becker untersuchten Fälle von Mord und Totschlag (86 Frauen als Täterinnen) die Tötung des Ehemannes, 3 Fälle betrafen Verwandte, 11 Fälle fremde Frauen, 10 Fälle fremde Männer; in 38 Fällen war das Opfer ein Kind.[22] Was den Mord an Ehemännern angeht, so trifft zwar zu, daß in etlichen Fällen die Gewalttätigkeit des Mannes eine Rolle spielte, jedoch ging es auch um ganz andere Interessen, beispielsweise darum, den Ehemann aus dem Weg zu räumen, damit die Frau ihren Liebhaber heiraten konnte, oder um Rache, weil der Ehemann »fremdging«. Unter den fremden Frauen als Opfer befindet sich z.B. die Ehefrau des Geliebten, die von der Frau mit Einverständnis des Ehemannes mittels einer Insulinspritze getötet wurde (S. 234), sowie die Geliebte des Ehemannes, die mit einem Beil erschlagen wurde (S. 235 f.). In den meisten der Fälle, in denen die Opfer fremde Personen waren, handelte es sich um Raubmorde. Es ging mithin um Motive, die in keinerlei Zusammenhang mit zuvor erfahrener Gewalt standen.

Ich erinnere in diesem Zusammenhang an die Morde in Wien-Lainz, an Michaela Roeder, an jene Krankenschwestern also, die ihnen anvertraute Menschen ermordeten – warum auch immer: jedenfalls nicht, weil sie von diesen kranken Menschen gedemütigt oder gar geschlagen worden wären.

In der Deliktgruppe »Mißhandlung von Kindern« sind Frauen – im Vergleich zu sonstigen Gewaltdelikten – auffallend stark vertreten. An Kindesmißhandlungen »sind ungefähr gleich oft Männer und Frauen beteiligt. Die Zahlen über den Anteil der Frauen schwanken in den Literaturangaben zwischen rund 70% und etwa 40%.«[23] Die polizeiliche Kriminalstatistik 1990 beziffert den Anteil der weiblichen Tatverdächtigen mit 38,2%.[24] Gemeinhin wird der insgesamt niedrige Anteil von Frauen an Gewaltdelikten als Beweis gewertet, daß Frauen tatsächlich weniger aggressiv und gewalttätig seien als Männer. Bezieht man jedoch ein, daß Frauen in dem Bereich, in dem sie körperlich überlegen sind und über Macht verfügen – im Verhältnis zu ihren Kindern nämlich –, in sehr viel höherem Maße zu Gewalttaten neigen, so ergibt sich für mich der Eindruck, daß die empirisch sichtbare »größere Friedfertigkeit« der Frauen möglicherweise nur dadurch zustande kommt, daß viele Frauen in zutreffender Einschätzung ihrer Kräfte auf die Anwendung körperlicher Gewalt verzichten, sofern sie es mit einem körperlich überlegenen Gegner zu tun haben, während sie diese Hemmung verlieren, wenn es sich um eine schwächere Person – beispielsweise ein Kind – handelt. Der hohe Anteil von Frauen an Fällen von Kindesmißhandlung ist meines Wissens in der feministischen Diskussion kaum zum Gegenstand der Auseinandersetzung gemacht worden, ebenso wie die Bedeutung der Tatsache, daß der Anteil der Frauen an kriminellen Delikten »in Industrieländern kaum zwanzig, in Dritte-Welt-Ländern kaum drei bis fünf Prozent«[25] ausmacht. Renate Kingma wertet diese Zahlen in gewohnter Weise als Beweis für die geringere Aggressivität von Frauen. Ich hingegen hätte in diesem Zusammenhang die Frage, ob an den Zahlen nicht ablesbar ist, daß der Anteil der Frauen an kriminellen Delikten in einem erkennbaren Zusammenhang zu ihrer gesellschaftlichen Rolle und ihrer in den Industrieländern im Vergleich zu Dritte-Welt-Ländern größeren gesellschaftlichen Macht steht.

Ausgeblendet wird beispielsweise auch, daß die in Indien häufig vorkommenden Mitgiftmorde (geschätzte Zahl 1991 weit über 10.000), die von Feministinnen zutreffenderweise als Ausdruck extremer Frauendiskriminierung verstanden werden, zu 70% von den Schwiegermüttern der Opfer begangen werden, ein Tatbestand, der die »Times of India« zu dem Kommentar veranlaßte, daß »in Indien Frauen die schlimmsten Feinde der Frauen sind«.[26]

Ausblendung der Täterschaft von Frauen findet sich auch im Zusammenhang mit der in afrikanischen und arabischen Ländern immer noch weit verbreiteten und von westlichen Feministinnen aufs schärfste angeprangerten Praxis der Klitorisbeschneidung. So schildert beispielsweise Marielouise Janssen-Jurreit über viele Seiten, wie im einzelnen die grausame Prozedur von *Frauen*, mitunter auch von den Müttern der Opfer, durchgeführt wird, kommentiert aber, ohne auf diesen Umstand weiter einzugehen, »daß dieser Ritus tatsächlich eine Methode zur Unterwerfung der Frau ist und auch als solche anerkannt wird…«[27] Dem wird wohl so sein; aber wie kommt es, daß sie kein Wort darüber verliert, daß es *Frauen* sind, die diese Verstümmelung vornehmen? Wie kommt es, daß es ihr keine Überlegung wert ist, warum Frauen bereit sind, diesen die

Sexualität anderer Frauen zerstörenden Eingriff vorzunehmen, und ob dies etwas mit gegen das eigene Geschlecht gerichteten Aggressionen, mit Neid, Konkurrenz und Eifersucht zu tun haben könnte? Es scheint, als würden solche Fragen überflüssig, wenn einmal festgestellt ist, daß das konkret sehr aggressive Verhalten von Frauen in einen allgemeinen Rahmen von Frauenunterdrückung einzuordnen ist, mithin keinen eigenständigen Charakter hat, sondern sozusagen als Ableger männlicher Gewalt zu verstehen ist, der von dieser erst hervorgebracht wurde.

Natürlich ist es sinnvoll und notwendig, gewalttätiges Verhalten von Frauen kontextbezogen zu beurteilen. Aber der »Kontext« ist kein monokausaler Ursache-Wirkungs-Zusammenhang (Frauen werden von Männern unterdrückt – deshalb werden sie aggressiv und gewalttätig – also liegen die Ursprünge der Frauengewalt in der Männergewalt), sondern immer ein kompliziertes Geflecht äußerer und innerer, ineinandergreifender und sich gegenseitig bedingender Ursachen. Und: Wenn zum Verständnis gewalttätigen Verhaltens von Frauen sinnvollerweise Kontextbezogenheit gefordert wird – warum wird dann von den gleichen Frauen, die dies fordern, so schnell der Vorwurf erhoben, man wolle Gewalt rechtfertigen, wenn eben diese Kontextbezogenheit auch auf gewalttätiges Verhalten von Männern Anwendung finden soll?

Zweierlei Maß, denn für Männer wie für Frauen gilt schließlich, daß gewalttätiges und aggressives Verhalten zunächst nur als Potential gegeben ist und daß es einer Vielzahl von Bedingungen bedarf, bis das Potential zur Realität gewalttätigen Handelns wird. Für diese Bedingungen interessiere ich mich, und zwar bei Frauen wie bei Männern, weil gewalttätiges Verhalten nur so verstehbar und damit veränderbar wird. Für diese Bedingungen interessiere ich mich, ohne daß dieses Interesse einer Entschuldigung oder gar Rechtfertigung gewalttätigen Verhaltens gleichzusetzen wäre – und auch dies gilt nicht nur für Männer, sondern auch für Frauen. Kein Mensch verhält sich ohne Anlaß gewalttätig. Jeder Gewalttäter/jede Gewalttäterin hat eine

Geschichte. Warum, so frage ich, darf nach dieser Geschichte nur dann gefragt werden, wenn es um gewalttätige Frauen geht, nicht aber, wenn es um gewalttätige Männer geht? Könnte eine der Ursachen für dieses »Frageverbot« nicht vielleicht darin zu suchen sein, daß durch Frauen erfahrene Gewalt – und ich meine nicht nur körperliche Gewalt – in der Entstehungsgeschichte gewalttätigen Verhaltens von Männern (neben einer Vielzahl anderer Gründe) ebenso eine Rolle spielt wie durch Männer erfahrene Gewalt (neben einer Vielzahl anderer Gründe) in der Entstehungsgeschichte gewalttätigen Verhaltens von Frauen? Liegt also eine der Ursachen für dieses »Frageverbot« darin, daß die Antwort auf die nicht gestellte Frage es mit sich bringen könnte, daß »wir Frauen« uns an den Gedanken gewöhnen müßten, nicht immer nur unschuldige Opfer, sondern auch Täterinnen zu sein?

Wenn Frauen gewalttätiges Verhalten von Frauen mit vorausgegangener Männergewalt begründen, so haben sie damit gewiß manches Mal recht. Und doch stellt dieser Zusammenhang nur eine Seite der Medaille dar und ist, wie jede halbe Wahrheit, die für die ganze genommen wird, am Ende falsch. Eine solche Argumentation enthebt uns Frauen der Verantwortung für das eigene Handeln; sie unterstellt, daß nur diese eine Handlungsmöglichkeit als Reaktion auf die erlittene Gewalt gegeben ist, und bestätigt so paradoxerweise gerade das, was vehement bestritten wird: Frauen würden durch den Mann, durch sein Handeln definiert. Wer so argumentiert, leugnet die Fähigkeit zur autonomen Entscheidungsfindung. Und: Eine solche Argumentation enthebt uns der Notwendigkeit, uns mit unliebsamen Selbstaspekten auseinanderzusetzen. Die Neigung zu aggressivem und gewalttätigem Verhalten ist keine Eigenschaft, die immer nur im anderen – in diesem Fall in den Männern – zu suchen ist; wir selber sind unter entsprechenden Umständen »zu jeder Art von Bosheit fähig; und selbstverständlich machen [wir] auch von dieser Fähigkeit Gebrauch«.[28]

1 Rutz, Charlotte (1992): Die verlorene Aggression der Mütter und die Schutzlosigkeit der Töchter, S. 197, in: Camenzind, Elisabeth und Knüsel, Kathrin (Hg.) (1992): Starke Frauen, zänkische Weiber? Frauen und Aggression, Zürich 1992, S. 195–202

2 Hahn, Ulla (1991): Ein Mann im Haus, Stuttgart 1991

3 beispielsweise in:
– Gercke, Doris (1988): Weinschröter, du mußt hängen, Hamburg 1988
– Noll, Ingrid (1991): Der Hahn ist tot, Zürich 1991
– Skafte, Katrin u. Erik (1990): Lauter ganz normale Männer, Frankfurt a.M. 1990

4 beispielsweise in:
– Paretsky, Sara (1982): Schadenersatz, München 1986
– Oliver, Maria Antònia (1988): Miese Kerle, Frankfurt 1992

5 Paretsky, Sara (1982), S. 259 f.; ähnliche Szenen finden sich beispielsweise auch bei Oliver (s. Anm. 4)

6 Suter-Richter, Heidrun (1992): Judith, eine Frau, die tötet, S. 116, in: Camenzind, E. und Knüsel, K. (1992), a.a.O., S. 99–117

7 Deja, Christine (1991): Frauenlust und Unterwerfung. Geschichte der O. & 9 1/2 Wochen, Freiburg 1991

8 Klappentext zu Deja, Christine (1991)

9 siehe hierzu z.B.:
Linden, R., Pagano, D., Russel, D. und Star, S. (1982): Against Sadomasochism, Palo Alto, Calif. 1982

10 siehe hierzu z.B.:
Coming to Power. Writings and Graphics on Lesbian S/M. Hrsg. von der Gruppe »Samois«, Boston, MA 1982, Samois: Who We Are

11 Califia, Pat (1982): Sapphistrie. Das Buch der lesbischen Sexualität, Berlin 1989

12 Coming to Power (1982), a.a.O.

13 Emma, Sonderband 3, Sexualität, September 1982

14 vgl. hierzu Califia, Pat (1989), S. 187 f. und Autonomer Frauenkalender »Tag für Tag« 1989, S. 155: Zwischen Angst und Lust

15 zur Gruppe »Kanalratten« siehe:
    – Braun, Sabine (1989): Feministische Erotik? Sexueller Mißbrauch, freie kindliche Sexualität und lesbische Liebe, in: Beiträge zur feministischen Theorie und Praxis, 1989: 25/26, S. 193–197
    – Kavemann, Barbara (1989): Was heißt hier radikal? – Die Lesben und die Pädophilie, in: Blattgold 3/1989

16 Jones, Ann (1980): Frauen, die töten, Frankfurt a.M. 1986

17 ebd., S. 70

18 Trube-Becker, Elisabeth (1974): Frauen als Mörder, München 1974

19 Jones (1980), a.a.O., S. 244 ff.

20 ebd., S. 166

21 ebd., S. 154

22 Trube-Becker (1974), a.a.O., S. 21

23 Olbing, H., Bachmann, K.D., Gross, R. (Hg.) (1989): Kindesmißhandlung. Eine Orientierung für Ärzte, Juristen, Sozial- und Erziehungsberufe, Köln 1989, S. 41

24 Polizeiliche Kriminalstatistik 1990, hrsg. vom Bundeskriminalamt

25 Kingma, Renate (1991): Mädchen sollen sauber und bescheiden sein. Zum Thema »Aggression bei Frauen«, Frankfurter Rundschau vom 22.6.1991, S. 46

26 alle Angaben aus: Brigitte, Heft 12/1992, S. 80–92

27 Janssen-Jurreit, Marielouise (1976): Sexismus. Über die Abtreibung der Frauenfrage, München 1976

28 Rhode-Dachser, Christa (1991): Expedition in den dunklen Kontinent. Weiblichkeit im Diskurs der Psychoanalyse, Berlin–Heidelberg–New York 1991, S. 237

3 Zur Opfer-Täter-Dynamik: Von der Austauschbarkeit der Rollen und der Gleichzeitigkeit von Opfer- und Täterschaft

Ein 14jähriges Mädchen wird von einer Gruppe von Männern eine ganze Nacht lang brutal vergewaltigt. Sie wird schwanger, bringt das Kind zur Welt, empfindet für den Jungen aber nur Abscheu und Haß. Das Kind wird auf dem Dachboden gefangengehalten, geschlagen, gedemütigt und verachtet. Als Vierjähriger wird der Junge von seiner Mutter die Treppe hinuntergeschubst; er schlägt mit dem Kopf auf die Fliesen des Bodens auf, er ist schwer verletzt. Er wird zu einem verängstigten, in seiner Entwicklung zurückgebliebenen Kind. Als die Mutter heiratet, wird er auf ihren Wunsch und gegen den Willen des Stiefvaters in ein Heim für Debile abgeschoben. Dem vereinsamten Jungen, der sich ein Leben lang nach der Liebe seiner Mutter gesehnt hat, der nicht versteht und nicht verstehen kann, warum sie ihn derart behandelt, gelingt die Flucht aus dem Heim. Eine Weile führt er auf einem Schiffswrack ein abgeschiedenes Leben unter primitivsten Bedingungen. Zufällig kommt es am Strand zu einer Wiederbegegnung zwischen der Mutter und ihrem inzwischen 15jährigen Sohn:

»**Komm, sagte sie und dämpfte ihre Stimme bis zu einem Murmeln, vergessen wir die Vergangenheit, ja? ... Ich habe sehr gelitten wegen dir... aber jetzt ist nichts mehr wie vorher, ich heirate wieder... Wir sind jetzt Freunde: sag Mama, Ludo... Und während seine Hand auf Nicoles Gesicht zitterte, hörte er sich ganz leise antworten: Mama. Ein Schluchzen steckte in seiner Kehle, lauter wiederholte er: Mama. Sie hatte die Augen geschlossen. Ludo sah seine Hand die Wangen, die Lippen, die Stirn dieser Frau strei-**

cheln, die ihm auch die geringste Zärtlichkeit, die geringste Liebe verweigert hatte. Das nie ausgesprochene Wort, das nie preisgegebene Geheimnis, der nie geschriene Schrei setzten in ihm Kräfte frei, die ihn blendeten, von einer zerreißenden Euphorie überwältigt, fing er an, Mama, Mama zu rufen, lauter und lauter, so daß Nicole erschrak. Läßt du mich los, sie erregte sich, ah, du bist doch wirklich verrückt, Ludo, verrückt wie dein Vater, total verrückt, doch er stieß noch immer Mama hervor wie einen Hilferuf und schien nicht mehr aufhören zu können. Sie kratzte und schrie, er hatte sie an die Wand mit seinen Gemälden gestoßen. Dicht vor sich sah er, wie seine Finger sich auf das Gesicht der Mutter drückten, sah die schreckensgeweiteten Augen zwischen den Fingern... Mama, Mama, rief er und schlug ihren Kopf auf den Stahl. Und da sie sich noch wehrte, ließ er seine Hand zum Hals gleiten, demaskierte verblüfft das Bildnis, das ihn seit der Kindheit gequält hatte, und trunken vor Freude drückte er zu, drückte mit aller Kraft zu ... Er betrachtete betäubt den Leichnam zu seinen Füßen... In panischer Angst kniete er nieder ... Jetzt würden sie gewiß kommen, jetzt würden sie ihm noch einmal die Mutter wegnehmen, jetzt würden sie ihn mitnehmen, den Irren für immer einsperren wollen, er würde sie nicht mehr sehen. Er mußte sich beeilen... Nicole hing schwer in seinen Armen. Sie würden im Bett der Sonne einschlafen, das Leben konnte sie nicht mehr trennen... Das Herz tat ihm weh, der Körper, er atmete immer schwerer und erschauerte angesichts der Gischt, die die Dunkelheit vor ihm weiß färbte. Ich habe Angst, murmelte er und umschlang seine Mutter mit beiden Armen; dann überließ er sich den Strudeln, die geradewegs auf die Brandungswelle zutrieben.«[1]

Wer ist in dieser Geschichte Opfer, wer ist Täter? Die Mutter ist Opfer einer brutalen Vergewaltigung. Das Kind, unschuldig zwar, aber ständige Quelle der Erinnerung an unerträgliche

Qual, ist Opfer seiner Mutter. Im Verhältnis zu ihrem Sohn ist Nicole selber grausame Täterin. Das geschundene Kind wiederum wird zum sein eigenes Handeln nicht verstehenden Täter, zum Mörder seiner Mutter. Gewalt erzeugt Gewalt, die Folgen der Gewalt entladen sich in erneuter Gewalt – ein Kreislauf, in dem die Rollen von Opfer und Täter von den Beteiligten wechselweise besetzt werden.

Dies scheint mir ein Charakteristikum aller Gewalt- und Unterdrückungsverhältnisse zu sein: Machtmißbrauch geht mit Unterdrückung und Gewalt einher; Unterdrückung und Gewalt erzeugen Haß, und aus dem Haß der Unterdrückten geht wiederum der Wunsch nach Befreiung als Wille zur Herrschaft hervor. Das Bedürfnis nach Macht entspringt in diesem Zusammenhang der Erfahrung von Ohnmacht und mündet gerade deshalb in Mißbrauch von Macht, weil die Position der Stärke in den Dienst der Kompensation erlittener Demütigung gestellt wird.

Auch wenn es sich hier nicht um einen Automatismus handelt, der aus ehemaligen Opfern zwingend zukünftige Täter und Täterinnen macht, so ist dieser Mechanismus doch häufig zu beobachten und – solange Opfer und/oder Täter ihn nicht verstehen und infolgedessen auch nicht unterbrechen können (selbst wenn sie dies wollten) – wenig beeinflußbar.

Die Dynamik von Opfer- und Täterschaft kommt auf verschiedenste Weise und unabhängig vom Geschlecht der Beteiligten zum Tragen, immer aber geht es um die Umkehr von Ohnmacht in Macht. Ich möchte einige Konstellationen nennen und anhand von Beispielen verdeutlichen.

1. **Innerhalb einer Beziehung zwischen zwei Menschen/Gruppen von Menschen werden die Rollen von Opfer und Täter in zeitlicher Abfolge ausgetauscht: Das Opfer wird mächtig, der Täter verliert seine Macht und wird zum Opfer des früheren Opfers.**

Die Geschichte der Revolutionen hat uns eindrücklich gezeigt, daß irgendwann noch jede der Bewegungen, die einmal angetreten waren, das Zusammenleben der Menschen gerechter zu gestalten, mit eben *den* Methoden um die Konsolidierung ihrer neugewonnenen Macht gekämpft hat, die einmal Anlaß und Ursache ihres Widerstandes, ihres Kampfes um Befreiung waren. Und je wohltönender die Rede vom »neuen Menschen« (dessen positive Eigenschaften die Unterdrückten sämtlichst sich selber zuordnen, während alles Schlechte und Verwerfliche dem Gegner zugeschrieben wird), desto größer die Neigung, dem »besseren Menschen« ans Licht der Welt zu verhelfen, indem man Andersmeinende über die scharfe Klinge der Erlösungsideologie springen läßt. Je nachdrücklicher also die Polarität zwischen »nur guten« Unterdrückten (den Frauen, den Arbeitern, den Schwarzen etc.) und »nur schlechten« Unterdrückern (den Männern, den Imperialisten/Kapitalisten, den Weißen etc.) betont und begründet wird, desto ausgeprägter letztlich die Bereitschaft, sich »des Schlechten« zu entledigen, indem man es nun seinerseits unterdrückt, dezimiert oder ausrottet – werden doch alle VertreterInnen der als »unwert« angesehenen Gruppen zu Un-Menschen erklärt, mit denen folglich nicht nach menschlichen Maßstäben zu verfahren ist.

Jurek Becker führt uns den Wechsel der Opfer/Täter-Positionen am Beispiel dreier ehemaliger KZ-Insassen vor, die einen Mann, den sie als ehemaligen Lageraufseher identifizieren, gefangenhalten und mißhandeln. »Sie, die Überlebenden, glaubten eine Legitimation für ihr Handeln zu besitzen, wie sie nur Opfern zusteht«[2] – diese »Legitimation« aber bewirkt, daß die Opfer dem Täter immer ähnlicher werden.

Hier würde ich auch einige der von Ann Jones beschriebenen Fälle einordnen – Fälle, in denen von ihren Männern mißhandelte Frauen die Männer schließlich umbrachten – wie etwa den Fall der Francine Hughes: »Am 9. März 1977 kam Francine Hughes von einem Abendkurs der Handelsschule nach Hause zurück... Francine sollte zu Hause bleiben, sagte [ihr Mann] und für ihn kochen, anstatt zur Schule zu rennen. Er verprügelte sie, wie schon so oft; und um seinem Standpunkt Nachdruck zu verleihen, zerriß er ihre Schulbücher und zwang sie dazu, sie in einer Abfalltonne zu verbrennen ... Fest entschlossen, einfach wegzufahren, lud Francine ihre Kinder ins Auto ... Francine trug einen Benzinkanister ins Schlafzimmer, goß den Inhalt rund um das Bett, in dem James schlief, verließ den Raum und warf ein brennendes Streichholz hinein.«[3] Ihr Mann kam in den Flammen ums Leben.

2. **Ein- und dieselbe Person kann in zeitlicher Abfolge in einer (früheren) Beziehung Opfer gewesen sein, in einer (späteren) Beziehung hingegen zum Täter/zur Täterin werden. Im Unterschied zu der ersten Konstellation wird Macht nicht gegen den ehemaligen Unterdrücker gewendet, sondern Schwächeren gegenüber ausgelebt.**

Nicole, das vergewaltigte Mädchen etwa, war Opfer der sie vergewaltigenden Männer, wurde später aber dem (unschuldigen) Kind gegenüber zur Täterin.

Ähnlich scheint es sich nicht selten auch bei sexuell mißbrauchenden Frauen/Müttern zu verhalten. So fand Saradjian in einer Studie über eine Gruppe sexuell mißbrauchender Mütter, die als Kind alle selber mißbraucht worden waren, »daß das mißbräuchliche Verhalten der Frauen in einem starken Zusammenhang mit dem Bedürfnis zu sehen ist, den sexuellen Mißbrauch, den sie in ihrer Kindheit selber erfahren hatten, zu reinszenieren. Wenn sie selber zum mächtigen, kontrollierenden Täter wurden, empfanden sie ein Gefühl von Kontrolle und schienen eine körperliche Befreiung von Spannungszuständen zu erreichen.«[4]

Auch bei Eltern, die ihre Kinder mißhandeln – darunter etwa die Hälfte Frauen –, kommt dieser Mechanismus zum Tragen: Eine von vielen Ursachen ist darin zu suchen, daß viele dieser Menschen in ihrer Kindheit selber geschlagen wurden. Ziegler, der in seinem Buch »Kinder als Opfer von Gewalt« einen Überblick über den Stand der wissenschaftlichen Forschung gibt, resümiert: »Bei praktisch allen Autoren kann... der Verweis darauf gefunden werden, daß die Lernvergangenheit, die individuellen Biographien Gewalt anwendender Eltern durch eine nicht minder starke Gewalterfahrung in der Kindheit geprägt ist.«[5]

Auf politisch-persönlicher Ebene schließlich läßt sich das Phänomen z.B. anhand des Rollenwechsels demonstrieren, den jene Frauen – in ihrer Heimat in aller Regel einfache, der Unterschicht entstammende Mädchen – vollzogen, die in den deutschen Kolonien über Heirat einen gesellschaftlichen Aufstieg erlebten, der sie der einheimischen schwarzen Bevölkerung gegenüber zu Herrinnen machte. Befanden sie sich im Deutschen Reich sowohl als Frauen wie auch als Angehörige der Unterschicht in einer gesellschaftlich ohnmächtigen Position, so wurden sie in den Kolonien zu Teilhaberinnen der Macht und Unterdrückerinnen der im Vergleich zu ihnen selbst Schwächeren.[6]

3. Ein und dieselbe Person kann *gleichzeitig* in der Beziehung zu einem Menschen/einer Gruppe von Menschen Opfer, in der Beziehung zu einem anderen Menschen/einer anderen Gruppe von Menschen jedoch TäterIn sein.

Dieser Gesichtspunkt scheint mir wichtig, da er über die Dichotomie von Opfer- und Täterschaft hinausweist, die häufig mit einer vereinfachenden Zuordnung von Schuld (Täter) und Unschuld (Opfer) einhergeht. Daß ein Mensch Opfer ist, bedeutet keineswegs, daß er nicht gleichzeitig auch TäterIn sein kann. Folglich ist die Zuschreibung des »Opferstatus« auch kein »Beweis« für die moralische Integrität des Opfers als gesamte Person.

Ich glaube, daß in diesem Zusammenhang falsche Verknüpfungen vorgenommen werden. So höre ich etwa in bezug auf mißhandelte Ehefrauen, die ihrerseits ihre Kinder schlagen, immer wieder: Sie schlagen die Kinder, weil sie selber geschlagen werden, und daher sind nicht sie selber, sondern ihre Männer für die Mißhandlung der Kinder verantwortlich. Aus dem (in dieser Vereinfachung unzutreffenden) Kausalzusammenhang zwischen Geschlagen-Werden und Selber-Schlagen wird also geschlossen, daß die »eigentliche« Schuld beim ersten Glied in der Kette der Mißhandlungen zu suchen ist. Nur: Wo finden wir das erste Glied? Bei dem prügelnden Mann? Auch er wird Gründe haben (die deshalb keine guten Gründe sind), die sowohl in der Beziehung zu seiner Frau als auch in seiner Lebensgeschichte liegen können. Folgte man der Logik dieser Argumentation, müßte man konsequenterweise die Gründe des Mannes ebenso gelten lassen wie die der ihr Kind mißhandelnden Frau, die durch den Hinweis auf die Gewalttätigkeit ihres Mannes entlastet werden soll. Wir müßten die Verantwortung immer weiter zurückverlegen, bis wir schließlich in guter katholischer Tradition irgendwann bei der Erbsünde landeten. So wenig ich aber entschuldigen möchte, daß ein Mann seine Frau schlägt – und wenn er noch so viele Gründe hätte –, so wenig möchte ich entschuldigen, daß eine Mutter ihr Kind schlägt. Es liefe darauf hinaus, die mehr oder weniger verständlichen Motive eines Menschen mit der Rechtfertigung seines Verhaltens zu verwechseln. Ich bin der Überzeugung, daß wir trotz aller Gründe und trotz einer möglicherweise prädisponierenden Lebensgeschichte für unser Handeln verantwortlich sind und diese Verantwortung auch übernehmen müssen.

Ähnlich sehe ich die Zusammenhänge bei einem von Mathews u.a. geschilderten Fall einer Frau, die von ihrem Mann schwer mißhandelt wurde, selber aber (und zwar, ohne daß der Ehemann hieran in irgendeiner Weise beteiligt gewesen wäre) ihre beiden Töchter im Kleinkindalter sexuell mißbrauchte.[7]

Die gleiche Konstellation findet sich auch in ganz anderen Zusammenhängen. So berichtet Margarete Buber-Neumann, die im Frauenkonzentrationslager Ravensbrück inhaftiert war: »Ich habe oft beobachten können, wie sich Frauen, die einen Lagerposten bekamen, im Laufe von Tagen in einen anderen Menschen verwandelten, wie aus einem bedrückten, duldenden, ›einfachen‹ Häftling eine selbstbewußte, kommandierende, anmaßende Herrscherin wurde, die kein Widerwort duldete, sich unterwürfig huldigen ließ, Strafen verhängte und sich ohne Skrupel an dem, was den Häftlingen ihres Blockes zustand, vergriff ... Manche Blockältesten eigneten sich in Kürze den Wortschatz der SS an, ahmten in Art und Auftreten die Blockleiterin nach, um sich Disziplin zu verschaffen, und waren bald nur noch ein ausführendes Organ der Lagerobrigkeit, mit einem Wort ›verhinderte Aufseherinnen‹.«[8] Ohne Zweifel waren diese Frauen in ihrer Eigenschaft als Inhaftierte eines Konzentrationslagers Opfer des Naziregimes. Aber sie wurden, sowie ihnen Macht über andere übertragen wurde, ihren Mithäftlingen gegenüber zu Täterinnen, die sich von den SS-Aufseherinnen kaum noch unterschieden.

Die KZ-Aufseherinnen wiederum waren in der Mehrzahl unterprivilegierte Frauen, die sich als Frauen und von ihrer gesellschaftlichen Position her in einer ohnmächtigen Lage befanden. In ihrer Funktion als Aufseherinnen hingegen waren sie mächtig und mißbrauchten diese Macht, indem sie die Häftlinge aufs grausamste quälten.

Ähnlich verhielt es sich bei den am Euthanasieprogramm der Nationalsozialisten beteiligten Krankenschwestern, die nicht nur als einfache, meist recht ungebildete Frauen, sondern auch in der Hierarchie der Vernichtungsanstalten ganz am Ende der Kette standen, den Anstaltsinsassen gegenüber jedoch mit einer Macht über Leben und Tod ausgestattet waren, von der viele von ihnen hemmungslosen Gebrauch machten.

Stella Goldberg schließlich war eine der Jüdinnen, die während des Dritten Reiches mit der Gestapo zusammenarbeitete. Ihre Aufgabe bestand darin, in der Illegalität lebende Juden aufzuspüren und an die Gestapo auszuliefern. Sie selber war aufgrund einer Denunziation durch eine andere, ebenfalls mit der Gestapo zusammenarbeitende Jüdin verhaftet und in der Haft schwer gefoltert worden. Da sie sich in der Szene der untergetauchten Juden bestens auskannte, machte man schließlich auch ihr den Vorschlag, mit der Gestapo zusammenzuarbeiten. Als Gegenleistung sollte die Deportation ihrer Eltern ausgesetzt werden.

Stella Goldberg erklärte sich bereit, sich in den Dienst der Gestapo zu stellen. Sie ist für den Tod mehrerer Dutzend, wahrscheinlich sogar mehrerer hundert Juden verantwortlich. Nach dem Krieg wurde sie von einem sowjetischen Militärtribunal zu zehn Jahren Haft, nach ihrer Entlassung aus der Haft in einem Strafverfahren der Westberliner Justiz wegen Beihilfe und Anstiftung zum Mord in einer unbekannten Zahl von Fällen erneut zu zehn Jahren Haft verurteilt. (Die Strafe wurde wegen der bereits verbüßten Haft ausgesetzt.) Als Jüdin war sie zweifellos Opfer, als Gestapo-Spitzel ebenso zweifellos Täterin. Peter Wyden, einer der überlebenden Berliner Juden, der sich mit seiner Familie in die USA retten konnte, schrieb ihre Geschichte nieder.[9] Er hatte Stella Goldberg in seiner Jugend gekannt und verehrt. »Ich weiß nicht, was ich getan hätte«, schreibt er, »wenn Männer in schwarzen Uniformen gesagt hätten, ich könne meine Eltern vor der Deportation retten. Ich weiß es einfach nicht, und heute bin ich dankbar dafür, daß ich nie in diese Situation gekommen bin.«[10]

Wer von uns wüßte schon, wie er sich in einer Extremsituation verhalten würde? Überhebliche Schuldzuweisungen sind gänzlich unangebracht; und doch enthebt uns die Tragik einer solchen Situation nicht per se der Verantwortung für unser Handeln.

4. Innerhalb ein und derselben Beziehung zwischen zwei Menschen/Gruppen von Menschen können die Beteiligten sich wechselweise zu Opfern machen oder TäterInnen sein.

Es geht hier um eine Konstellation, in der beide Seiten sich aggressiv und/oder gewalttätig verhalten. Beide Parteien haben in manchen Situationen Macht über den anderen und mißbrauchen diese Macht, und beide sind deshalb immer wieder auch Opfer. Auf politischer Ebene findet sich diese Konstellation z.B. in Bürgerkriegen, in denen es auf beiden Seiten zu Übergriffen, Folter, Mord und Massakern kommt. Aktuelles Beispiel für einen derartigen Konflikt ist der Bürgerkrieg in Angola, in dem beide Parteien sich in bezug auf Grausamkeiten in nichts nachstehen und wechselweise zu Opfern und Tätern werden. Es handelt sich also um eine Konstellation, in der die Machtverhältnisse nicht eindeutig geklärt sind und ein Machtkampf ausgetragen wird. Ich glaube, daß diese Konstellation im Beziehungsalltag zwischen erwachsenen Menschen häufig anzutreffen ist, und zwar vor allem in jenen Bereichen, in denen es um weniger schwerwiegende Formen direkter Aggression (z.B. verbale Aggressionen) und um Formen emotionaler Ausbeutung geht, aber auch in solchen Beziehungen, in denen *beide* Seiten zu Aggression und Gewalttätigkeit neigen.

So fand beispielsweise Allen in einer vergleichenden Untersuchung sexuell mißbrauchender Männer und Frauen, daß Gewalt in den Ehen/Beziehungen der mißbrauchenden Erwachsenen häufig anzutreffen war. Unerwartet war das Ergebnis insofern, als entgegen landläufigen Vorstellungen die Frauen nicht etwa nur Opfer von Mißhandlungen waren, sondern ein relativ großer Teil der Frauen angab, sich dem Partner gegenüber selber gewalttätig verhalten zu haben: »Das interessanteste Ergebnis besteht jedoch darin, daß mehr Frauen als Männer angaben, sich ihrem Partner gegenüber gewalttätig verhalten zu haben, und zwar insbesondere in Hinblick auf schwerwiegendere Formen der Mißhandlung. Dieses Ergebnis widerspricht dem gängigen Stereotyp über eheliche Beziehungen, daß die Frauen erheblich weniger gewalttätig sind als die Männer.«[11]

Was emotionale Ausbeutung angeht, denke ich an einige Fallbeschreibungen in der Studie von Mathews u.a. (Sexuell mißbrauchende Frauen). Bezüglich der Persönlichkeitsmerkmale der mißbrauchenden Frauen entwickelten sie drei verschiedene

Kategorien. Eine der Kategorien umfaßt diejenigen Frauen, die durch ihre Männer zum Mißbrauch genötigt wurden. Diese Frauen werden als passiv beschrieben und geben an, sich in der Beziehung zu ihrem Mann sehr ohnmächtig zu fühlen. Die Männer dieser Frauen werden als jähzornig und stark dominierend bezeichnet. Sie verhielten sich ihren Frauen gegenüber verbal aggressiv, einige schlugen sie auch. Insofern scheinen die Relationen von Opfer- und Täterschaft eindeutig.[12]

Mir fiel aber auf, daß eine ganze Reihe dieser Frauen angab, einen Mann geheiratet zu haben, den sie nicht nur nicht liebten, sondern der ihnen ganz und gar gleichgültig war. Sie empfanden sich selber als unattraktiv, fürchteten sich vor dem Alleinsein und meinten deshalb, es wäre besser, einen Mann zu heiraten, aus dem sie sich nichts machten, als gar nicht verheiratet zu sein. Ich kann dieses Verhalten zwar nachvollziehen, empfinde es aber als mißbräuchlich: Die Männer wurden von diesen Frauen emotional und materiell benutzt, ohne als Person gemeint zu sein; sie wurden von den Frauen funktionalisiert.

Ich will damit nicht etwa sagen, daß die Gefühlskälte der Frauen das aggressive Verhalten der Männer rechtfertigen könnte oder auch als (alleinige) Erklärung herangezogen werden kann. Hingegen ist offensichtlich, daß unter derartigen Voraussetzungen eine gute Beziehung nur schwerlich zustande kommen dürfte. Insofern scheinen die Frauen mir an der unguten Beziehungskonstellation nicht unbeteiligt, und insofern sind sowohl Täter- als auch Opferschaft auf beiden Seiten auszumachen.

Ähnlich verhält es sich im Falle eines mir persönlich bekannten Mannes, der sich um eine Frau bemühte, die er nicht wirklich anziehend fand – sie war ihm im Gegenteil unsympathisch – und auf die er nur deshalb zuging, weil er sich von ihr in der Vergangenheit einmal aus nichtigem Anlaß in seiner Männlichkeit gekränkt gefühlt hatte. Es ging ihm darum, sich zu rehabilitieren, indem er erreichte, daß diese Frau sich für ihn als Mann interessierte. Aber auch die Frau fühlte sich nicht wirklich von ihm angezogen – sie hatte eine geringschätzige Meinung von ihm und verachtete ihn im Grunde. Der Mann hatte jedoch in der Vergangenheit einmal ein eindeutiges sexuelles Angebot ihrerseits (damals hatte ihr gerade niemand anderes zur Verfügung gestanden) zurückgewiesen. Darüber war sie so gekränkt, daß sie sich zu rehabilitieren suchte, indem sie ihn für sich zu interessieren wünschte, um sich so ihrer sexuellen Attraktivität zu versichern, von der sie selber innerlich keineswegs überzeugt war. Auf diese Weise kam schließlich eine Beziehung zustande, in der beide Beteiligten sich gegenseitig ausbeuteten und ihr Selbstwertgefühl auf Kosten des jeweils anderen zu stabilisieren suchten, nur um eine narzißtische Kränkung »wiedergutzumachen«; eine Beziehung, in der beide gleichermaßen verletzt und emotional mißbraucht wurden, weil jeder dem anderen Verletzungen zufügte, die unter diesen Voraussetzungen geradezu zwangsläufig waren: Opfer- und Täterschaft waren nicht voneinander zu trennen; vielmehr bedingten sie sich wechselseitig.

5. **Ohnmacht und Macht, Zerstörung und Selbstzerstörung sind untrennbar miteinander verbunden. Der Täter selbst ist immer auch Opfer seines eigenen Handelns. Wer beleidigt, demütigt, ausbeutet, mißhandelt, mißbraucht, quält, tötet, erzeugt in seinen Opfern Haß. Er nimmt sich damit die Möglichkeit, geliebt und akzeptiert zu sein, eine Möglichkeit, ohne die ein menschlich befriedigendes Leben nicht denkbar ist. Wer mißhandelt, mißbraucht und quält, zerstört seine Fähigkeit zu menschlichem Mitgefühl und damit die Fähigkeit zu lebendigem Fühlen überhaupt. Wer Täter ist, zerstört immer auch seine eigene Würde und damit seine Menschlichkeit. Aber die Täter und Täterinnen sind die letzten, die dies zu sehen imstande wären.**

Einige mögliche Erklärungsansätze für die beschriebene Opfer-Täter-Dynamik sehe ich auf der Ebene der Lebensgeschichte von Opfern und Tätern – allerdings glaube ich, daß die persönliche Geschichte nur einen von mehreren Faktoren darstellt und sowohl auf die aktuelle Situation bezogen als auch mit den jeweils gegebenen gesellschaftlichen Realitäten verknüpft werden muß.

Frühe Traumatisierungen – z.B. schwere Demütigungen, Mißhandlung und sexueller Mißbrauch – haben oft eine ausgeprägte Identitätsunsicherheit zur Folge. Es handelt sich hier ja – insbesondere bei allen Formen körperlicher und sexueller Mißhandlung wie auch in jenen Fällen, in denen ein Kind in den Dienst der Bedürfnisbefriedigung seiner Eltern gestellt wird, ohne daß ihm das Recht auf eine autonome Persönlichkeitsentwicklung zugestanden würde – um Erfahrungen permanenter Grenzüberschreitungen; weder die Körpergrenzen noch die Persönlichkeitsgrenzen werden respektiert, die Grenze zwischen dem Ich und dem anderen bleibt daher undifferenziert. Wer auf derart ungetrennte Weise innerlich mit seinen Eltern und späteren Bezugspersonen verbunden ist, hat kein klares Gefühl für die eigenen Grenzen und kann sie deshalb vor Übergriffen anderer nicht schützen; insofern ist er in Gefahr, immer wieder zum Opfer zu werden. Gleichzeitig kann er aber auch die Grenzen anderer Menschen weder erkennen noch respektieren: Wer einen anderen Menschen aufgrund solch mangelhaft ausgebildeter Ichgrenzen nun auch seinerseits nicht als eigenständige Persönlichkeit wahrnehmen kann, wiederholt ihm gegenüber, was er selber einst erleiden mußte, indem nun er den anderen wie einen Teil seines Selbst behandelt. Er ist infolgedessen unfähig, zu erkennen, daß die eigenen Bedürfnisse/Wünsche/Gefühle mit denen des anderen nicht automatisch und selbstverständlich übereinstimmen. Aufgrund dieses Unvermögens fehlt diesen Menschen auch die Fähigkeit, sich in andere einzufühlen; mit diesem Mangel wiederum geht die Tendenz einher, sich über die Grenzen und Rechte anderer hinwegzusetzen – nicht etwa deshalb, weil man dies beabsichtigte, sondern weil man sie schlicht und ergreifend nicht wahrnehmen kann. Dieser

»Empathiedefekt«, der zur Folge hat, daß andere Menschen wie verfügbare Objekte behandelt werden, ist z.B. typisch für sexuell mißbrauchende Menschen.

Ein weiterer Grund dafür, daß aus Opfern Täter werden, mag darin zu suchen sein, daß frühe Traumatisierungen eine ausgeprägte Selbstwertproblematik zur Folge haben können. Wer ein Gefühl für den Wert der eigenen Person nicht hat verinnerlichen können, weil er keine Wertschätzung erfahren hat, bleibt in seinem Selbstwertgefühl unsicher und auf die Bestätigung durch andere angewiesen. Das labile, nur schwach entwickelte Selbstwertgefühl ist daher überaus verletzbar; bereits geringfügige Kränkungen reichen aus, um es ins Wanken zu bringen und starke Gefühle von Angst und Bedrohung hervorzubringen. Diese Affekte werden durch den Versuch abgewehrt, über wütende Vergeltungsschläge und Racheakte das bedrohte Selbstwertgefühl zu restaurieren. Es handelt sich also um einen Rehabilitationsversuch, in dem erlittene Ohnmacht in Umkehrung der Verhältnisse in Macht verwandelt wird.

Die Erfahrung von Mißhandlung und Mißbrauch bringt es mit sich, daß nicht nur die Opfer-, sondern auch die Täterseite in das innere Abbild einer zwiespältigen Erfahrung verwandelt wird, deren beide Seiten in Zukunft als Handlungsmuster zur Verfügung stehen.

Frühe traumatische Erfahrungen können zudem, wenn sie entsprechend schwerwiegend sind, nur bewältigt werden, indem die zu ihnen gehörenden Gefühle abgespalten werden. Folge dieser Spaltungen sind voneinander dissoziierte Ich-Zustände; hier entsteht die »Fähigkeit«, sich in je verschiedenen Gefühlszuständen zu bewegen, die emotional nicht miteinander verbunden und auch nicht miteinander zu vereinbaren sind.

So kann sich etwa eine Frau, die ihr Kind mißhandelt, zu einem Zeitpunkt mütterlich und fürsorglich verhalten, zu einem anderen Zeitpunkt hingegen demütigend und grausam, ohne daß dieser Widerspruch für sie erlebbar wäre. Sie mag intellektuell um den Widerspruch wissen, kann aber nicht fühlen, daß sie Verhaltensweisen an den Tag legt, die sie vor sich selber niemals rechtfertigen könnte, wenn sie ihr emotional zugänglich wären.

Auf diesem Hintergrund läßt sich vielleicht verstehen, warum der Wechsel von der Opfer- in die Täterposition so leicht vollzogen werden kann, ohne daß die betreffende Person in der Lage wäre, sich nicht nur als Opfer, sondern auch als TäterIn zu sehen. Eine Verknüpfung der unverbunden nebeneinander existierenden Ich-Zustände, eine Aufhebung der Spaltung würde voraussetzen, daß die abgespaltenen und damit unbewußten Emotionen einer bewußten Verarbeitung und Integration zugänglich gemacht werden können. Hier, so scheint es mir, handelt es sich um eine tragische Konstellation, denn die Notwendigkeit der Spaltung ergibt sich aus der Unerträglichkeit der erfahrenen Verletzungen und der mit ihnen verbundenen Emotionen, und der Sinn des Spaltungsvorganges besteht eben darin, das fragile Ich vor diesen allzu großen Schmerzen zu schützen. Paradoxerweise aber bringt dieser – bezogen auf seine Entstehungsgeschichte sinnvolle – Abwehrmechanismus es mit sich, daß die Opfer der Möglichkeit beraubt werden, sich und ihre Geschichte zu verstehen, und deshalb in ewiger Wiederholung immer wieder zu Opfern wie auch – unter nun umgekehrten Vorzeichen – zu Tätern und Täterinnen werden.

1 Queffélec, Yann (1985): Barbarische Hochzeit, Frankfurt 1987

2 Becker, Jurek (1986): Bronsteins Kinder, Frankfurt 1986

3 Jones, Ann (1980): Frauen, die töten, Frankfurt 1986, S. 329

4 Hanks, Helga und Saradjian, Jacqui (1991): Women who abuse children sexually: Characteristics of sexual abuse of children by women, S. 252, in: Human Systems: The Journal of Systemic Consultation & Management, 1991: 2, S. 247–262

5   Ziegler, Franz (1990): Kinder als Opfer von Gewalt. Ursachen und Interventionsmöglichkeiten, Freiburger Beiträge zur Psychologie, Band 6, Freiburg/Schweiz 1990, S. 18

6   Mamozai, Martha (1990): Kurz, aber gründlich – Kolonialismus auf deutsch, in: dies. (1990): Komplizinnen, Reinbek bei Hamburg 1990, S. 55–98
    Eine ausführliche Darstellung über weiße Frauen in den Kolonien findet sich in:
    Mamozai, Martha (1982): Schwarze Frau, weiße Herrin. Frauenleben in den deutschen Kolonien, Reinbek bei Hamburg 1982

7   Mathews, Ruth, Kinder-Mathews, Jane, Speltz, Kathleen (1989): Female Sexual Offenders. An Exploratory Study. The Safer Society Press, Orwell, VT, S. 16

8   Buber-Neumann, Margarete (1958): Als Gefangene bei Hitler und Stalin, Stuttgart 1958, S. 196

9   Wyden, Peter (1992): Stella, New York; deutsch: Göttingen 1993
    Alle Angaben sind dem Vorabdruck im »Spiegel«, Heft 43 (19.10.92), Heft 44 (26.10.92) und Heft 45 (02.11.92) entnommen.

10 Der Spiegel, Heft 45 vom 02.11.1992, S. 192

11 Allen, Craig M. (1991): Women and Men Who Sexually Abuse Children: A Comparative Analysis, The Safer Society Press, Orwell, VT, S. 47/48

12 Mathews u.a. (1989), a.a.O., S. 50 f.

4 Von den Vorteilen der Opferrolle

»Da legte Roman Bertini seinem Bruder Cesar einen Arm um die Schulter und sagte...: ›Als Verfolgte hatten wir immer recht, Verfolgte können nichts falsch machen. Aber mit der schönen Reinheit ist es nun aus... jetzt sind wir offen für Irrtümer, falsche Handlungen, Ungerechtigkeiten, Fehler – das, Cesar Bertini, ist der Preis, den wir für die Befreiung zu zahlen haben.«[1]

Nein, die Rolle des Opfers ist nicht in jedem Fall und von vornherein mit Vorteilen verbunden. Nein, nicht jedes Opfer ist an der Tat in irgendeiner Weise schuldhaft beteiligt. Ein Kind, das sexuell mißbraucht wird, eine Frau, die vergewaltigt wird, ein Mensch, der gefoltert wird, hat keinen schuldhaften Anteil an dem, was ihm widerfährt. Der Versuch, dem Opfer solcher Gewalttaten einen Teil der Verantwortung für das Geschehen anzulasten, verdoppelt die Demütigung, indem der erlittenen Qual die Bürde der Schuld hinzugefügt wird.

Die Erfahrung jedoch, zum ohnmächtigen Opfer gemacht und seiner Würde beraubt worden zu sein, bleibt nicht ohne Auswirkungen auf die Betroffenen. Im ungünstigsten Fall wird das Opfer zu einem »professional victim«, zu einem Menschen, der sich mit seinem Opferstatus ganz und gar identifiziert. Die Erfahrung, von Dritten unter Mißachtung der eigenen Grenzen in Bereichen, die den Kern der Existenz betreffen, auf destruktive Weise definiert worden zu sein, kann sowohl verhindern, daß eine positive Identität, deren Ordnung und Grenzen sich unter dem Primat der Selbstbestimmung hätten entwickeln können, überhaupt entsteht, als auch zum teilweisen oder völligen

Zusammenbruch der bestehenden Persönlichkeitsstruktur führen.

Gelingt es nicht, die traumatische Erfahrung zu verarbeiten und in ein neues Konzept der Persönlichkeit zu integrieren, tritt die Opferidentität im Sinne einer Ersatzstruktur an die Stelle positiver Identität: »Die ständige Beschäftigung mit der Opferrolle kann einen so suchthaften Charakter annehmen, daß das Opfer sich dem Leiden geradezu zwanghaft verschreibt. Ohne das Leiden fühlt ein solcher Mensch sich als Nichts.«[2]

Der Mensch, der einmal Opfer war und aus dieser Rolle nicht herausgefunden hat, ist also paradoxerweise auf die Erfahrung des Leidens angewiesen. Er nutzt den Handlungsspielraum, der ihm als erwachsenem Menschen zur Verfügung stünde, nicht aus und unternimmt gar nicht erst den Versuch, Einfluß zu nehmen, seine Grenzen zu schützen und sich gegen erneute Ausbeutung zur Wehr zu setzen. Vielmehr – und in den Konsequenzen folgenschwer – sucht er aufgrund des unverarbeitet gebliebenen Traumas genau solche Situationen, in denen er aller Wahrscheinlichkeit nach erneut zum Opfer wird, immer wieder auf.

Ist dieser Teufelskreis aber erst einmal in Gang gesetzt, so beginnt sich die Opferrolle mit einer Reihe von Vorteilen zu verbinden, die sich in der Summe zwar hemmend auf das Lebensglück des Opfers auswirken, weil sie der Aufrechterhaltung der negativen Identität dienen, die für das innerpsychische Gleichgewicht des in die Opferrolle Verstrickten jedoch einige wichtige Funktionen erfüllen.

Dies gilt auch für jene Fälle, in denen nicht Einzelpersonen, sondern ganze Gruppen von Menschen in Opfer und Täter gespalten werden, beispielsweise dann, wenn »die Frauen« als Opfer »der Männer« definiert werden. Wer sich aber diese schlichte Zweiteilung zu eigen macht und sich fortan nur noch als Opfer sehen kann – und das ist bei nicht wenigen Frauen der Fall –, erklärt sich damit selbst zum handlungsunfähigen Objekt, das in der Position eines unmündigen Kindes verharrt. Dieser bemerkenswerte Vorgang der Selbstentwertung scheint mir nur verständlich, wenn man bedenkt, daß die Rolle des »professional victim« nicht nur Nachteile, sondern auch eine ganze Reihe von Vorteilen mit sich bringt, von denen nun die Rede sein soll.

Der Vorteil der Unschuldsbehauptung
Die Spaltung der Welt in »gute Opfer« und »böse Täter« erlaubt es dem Opfer, alles Schlechte außerhalb der eigenen Person anzusiedeln und »das Böse«, also auch die dunklen Aspekte der eigenen Persönlichkeit, auf den Täter zu projizieren; in ihm können die abgespaltenen Aggressionen nun – durchaus mit Aggressionen – bekämpft werden. Diese Aggression wird jedoch nicht als eigener Impuls wahrgenommen, sondern als »logische« Konsequenz des aggressiven Täterverhaltens erlebt, die demzufolge auch vom Täter zu verantworten ist. Ich erinnere in diesem Zusammenhang an den Vorschlag der Radikalfeministin Gaerhart, den Anteil der Männer an der menschlichen Rasse auf 10% zu reduzieren, weil »die Männer« so gewalttätig und zerstörerisch sind.

Die »Externalisierung des Bösen« gelingt selbstredend um so besser, je mehr reale Aggression und Gewalttätigkeit auf der Täterseite auszumachen ist. Insofern wird der Täter/die Tätergruppe in Teilaspekten durchaus zutreffend wahrgenommen: Tatsächlich verhalten sich ja nicht wenige Männer Frauen gegenüber herrschsüchtig, ausbeuterisch und/oder gewalttätig. Dennoch ist diese Wahrnehmung verzerrt und insofern falsch, als a) der Täter/die Tätergruppe nur in *diesem* Aspekt wahrgenommen wird, die schlechten Eigenschaften mithin aus dem Zusammenhang isoliert und das Teil zum Ganzen erklärt wird, und b) die Wahrnehmung realer Aggression auf der Täterseite von dem mit seiner Rolle identifizierten Opfer wie eine Tarnkappe benutzt wird, die die eigenen Aggressionen hinter denen des Täters unsichtbar werden läßt. Infolgedessen erscheint das Opfer a priori als ganz und gar unschuldig, der Täter hingegen als allein schuldig.

Aus der Unschuldsbehauptung ergibt sich der Vorteil, daß das

Opfer sich nicht mit seinen eigenen Mängeln und Fehlern auseinandersetzen muß, sondern sich damit begnügen kann, den Täter zu bekämpfen oder ihn – und nur ihn – zu Einsicht und Umkehr aufzufordern.

Ist das Opfer aber ohne Fehl und Tadel, so befindet es sich mit seiner Sicht der Dinge auch von vornherein im Recht. Deshalb darf frau ein Opfer auch nicht kritisieren, ohne sich dem Vorwurf auszusetzen, sie begehe Verrat an der Sache der Frauen und wolle das Verhalten des Täters rechtfertigen. Wer nicht willig ist, sich an die Vorgaben zu halten, wird disqualifiziert und kurzerhand der Täterseite zugeschlagen.

Aus Unschuldsbehauptung und Kritikverbot ergibt sich eine Tendenz zu Manipulation und Kontrolle: Über Entwertung und moralischen Druck wird der Versuch unternommen, Einfluß darauf zu nehmen, was man/frau denken, fragen und kritisieren darf; Denkverbote und neue Tabus sind die Folge. Der Status des »professional victim« garantiert mithin ein hohes Maß an Unangreifbarkeit, wenn auch um den Preis einer geschlossenen und erstarrten Gedanken- und Gefühlswelt.

Der Vorteil, ein besserer Mensch zu sein
Ist die Unschuld des Opfers erst einmal vorausgesetzt, ergibt sich daraus zwangsläufig, daß das Opfer im Verhältnis zum Täter der bessere Mensch ist.

»Wer seine Übel zum Vorwurf machen will«, meinte Simone de Beauvoir einmal, »will sie nicht loswerden, sondern sich in ihnen breitmachen. Für die Frau liegt der höchste Trost darin, sich als Märtyrerin zu geben.«[3] Ich verstehe die Erhöhung des Opfers zur Märtyrerin als einen Versuch, erlittene Demütigung in Gewinn und Ohnmacht in Triumph zu verwandeln. So verständlich es auch sein mag, auf diese Weise einen Rest an Würde sichern zu wollen, so sehr wohnt diesem Vorgang die Gefahr inne, die Aufwertung der eigenen Person auf Kosten anderer zu realisieren und so zur Perpetuierung des Kreislaufs von erlittener Ohnmacht, Entwertung und Erzeugung neuer Ohnmacht beizutragen. Die Märtyrerin: »Sie war nicht wie die anderen. Mit ihr war ein Geheimnis verknüpft, ein sündiges, schändliches, dunkles Geheimnis ... Und darin fand sie ihren Stolz, um nicht zu sagen: ihren Hochmut. Ausgesondert, abgesondert und abseits gestellt worden sein, das hieß auch auserwählt zu sein!«[4] Und wer wollte schon – wenn er sich in der Opferrolle denn einmal eingerichtet hat – freiwillig darauf verzichten, sich zu den Auserwählten zählen zu dürfen, nur um sich in das unübersehbare Heer der ganz normalen Menschen einzureihen, die vielleicht zwar glücklicher oder auch nur zufriedener, aber nichts »Besonderes« sind?

Der Vorteil, keine Verantwortung für das eigene Handeln übernehmen zu müssen
Wer sich immer nur als Opfer sieht, wer davon überzeugt ist, daß das Verständnis der Welt durch die schlichte Zweiteilung in die Kategorien von Gut und Böse in ausreichendem Maße gesichert ist; wer glaubt, daß die Schuld für alles Übel immer nur auf der anderen, nicht aber auch auf der eigenen Seite zu suchen ist; wer meint, daß die negativen Seiten unserer Existenz, ob nun auf persönlicher oder aber gesellschaftlicher Ebene, ausschließlich dem männlichen Teil der Menschheit anzulasten sind – der lehnt es auch ab, Verantwortung für das eigene Handeln zu übernehmen. »Ein freies Individuum hält sich bei seinen Mißerfolgen an sich selbst, nimmt sie auf sich. Bei der Frau kommt aber immer alles von andern, der andere ist für ihr Unglück verantwortlich... Sie klagt das ganze männliche Universum an.« Der selbstbestimmt handelnde Mensch jedoch »erkennt sich in gleichem Maße wie die anderen für Gut und Böse verantwortlich... Er empfindet im Handeln die Zwiespältigkeit jeder Lösung. Recht und Unrecht, Gewinn und Verlust sind unentwirrbar ineinander verwoben.«[5] Doch was Simone de Beauvoir schon vor fast einem halben Jahrhundert so klarsichtig konstatierte, ist auch heute noch nicht zum gedanklichen Allgemeingut unter Frauen geworden.

Die Unschuld des Opfers scheint zum einen an seine Passivität gebunden. Doch auch der Zustand des (scheinbaren) Nichtstuns ist nicht frei von Verantwortung. Ganz im Gegenteil kann diese Haltung eben *die* Bedingung sein, die den Tätern ihr Handeln erst ermöglicht. Und keineswegs immer verhalten sich die, die in manchen Kreisen nur als Opfer wahrgenommen werden, nur passiv.

Wie verhält es sich beispielsweise in jenen Fällen, in denen die Taten von Männern die Billigung von Frauen fanden, wie etwa in der Zeit des Nationalsozialismus? Ist Billigung nicht weit mehr als passives Dulden? Billigung bedeutet in diesem Zusammenhang für mich, daß Männer sich mit ausdrücklichem Einverständnis von Frauen (wie auch in ausdrücklicher Gegnerschaft zu Frauen *und* Männern) äußerst aggressiv und gewalttätig verhalten haben. Billigung bedeutet, Mittäterin zu sein und folglich auch Mitverantwortung zu tragen.

Werden Frauen aber pauschal als Opfer des Nationalsozialismus (im Sinne eines »Systems von Männerherrschaft«) gesehen, so geraten Mittäterschaft wie auch direkte Täterschaft von Frauen nur zu leicht aus dem Blick. Die Zuweisung des Opferstatus überdeckt die (Mit-)Täterschaft, und wie zuvor die Tat wird in der Folge nun auch die Verantwortung an die Männer delegiert.

Auch im Bereich persönlicher Beziehungen ist das mit seiner Rolle identifizierte Opfer nicht immer unbeteiligt: »Wie unschuldig und glücklos ein Opfer von Gewalttätigkeit oder eines anderen traumatischen Erlebnisses auch sein mag, erfordert doch die Integration des Traumas, daß man sich die Frage stellt, ob man in irgendeiner noch so geringfügigen Weise selbst dazu beigetragen hat, daß man gequält wurde, und, wenn es so ist, den Grund dafür sucht.«[6] Man müsse sich, so Bruno Bettelheim, dessen bewußt werden, »was unerkannt und gegen den eigenen bewußten Willen in irgendeinem noch so geringen Maß mit dem Zerstörer zusammengewirkt hat«.[7]

Dieses »Zusammenwirken mit dem Zerstörer« möchte ich anhand eines Aspekts des sexuellen Kindesmißbrauchs verdeutlichen. Mißbrauch im frühen Kindesalter bringt für das Kind die Erfahrung einer sexualisierten Art von Nähe mit sich, die in aller Regel eine folgenschwere Verwechslung nach sich zieht: Da Nähe ohne Verknüpfung mit Sexualität für den mißbrauchten Menschen aufgrund seiner spezifischen Erfahrungen nicht vorstellbar ist, wird der Wunsch nach menschlicher Nähe und Wärme in Zukunft aller Wahrscheinlichkeit nach in Form eines sexuellen Angebotes zum Ausdruck gebracht werden, denn der Preis für Zuwendung bestand erfahrungsgemäß darin, sich in sexueller Hinsicht zur Verfügung zu stellen.

Die ehemals erzwungene und nun zwanghafte Verknüpfung von Sexualität und Nähe hat im Leben von Mißbrauchsopfern nicht selten promiskuitives Verhalten zur Folge, denn eine andere Art der Kontaktaufnahme steht als Handlungsmuster gar nicht zur Verfügung. Da das sexuelle Angebot unter diesen Umständen aber nicht in dem Wunsch nach Sexualität, sondern in der Hoffnung auf Zuwendung gründet, werden sexuelle Beziehungen auch zu solchen Menschen angeknüpft, mit denen man alles mögliche hat teilen wollen, nur nicht das Bett und den eigenen Körper – aber den bietet man an.

Fast zwangsläufig kommt es also zu einer Art von Beziehung, die das (ehemalige) Opfer mit dem Gefühl zurückläßt, erneut zum Opfer sexueller Ausbeutung geworden zu sein. Dieses Gefühl kann der Realität durchaus entsprechen, denn unglücklicherweise fällt die Wahl in der Regel auf einen Menschen, der die gleichen ausbeuterischen Persönlichkeitsstrukturen hat wie der frühere Täter/die frühere Täterin – nur gibt sich das Opfer der Ausbeutung nun selber anheim. Dies rechtfertigt sexuelle Ausbeutung nicht, aber das Problem besteht darin, daß die unausgesprochene innere Gleichung – ich biete Sexualität an, meine in Wirklichkeit jedoch Zuneigung – dem »Opfer« nicht bewußt und dem »Täter« nicht bekannt ist. So bleibt der Widerspruch zwischen innerem Erleben (wünsche mir Zuwendung) und äußerem Verhalten des Opfers (mache ein sexuelles

Angebot) beiden Beteiligten verborgen. Menschen, die auf diesem Hintergrund dazu neigen, Beziehungen zum anderen Geschlecht zu sexualisieren, sind sich dessen in der Regel nicht bewußt und würden mit Erstaunen reagieren, wenn man sie darauf hinweisen würde.

Der »Täter«, der mit seinem sexuellen Interesse auf das äußerlich sichtbare Verhalten eines äußerlich erwachsenen Menschen reagiert, müßte ein außerordentlich einfühlsamer Mensch sein, um wahrnehmen zu können, daß es sich bei dem sexuellen Angebot um ein Scheinangebot handelt und in Wirklichkeit etwas anderes gemeint ist. Weil das »Opfer« als Adressaten seiner Angebote im Rahmen des Wiederholungszwangs aber wie gesagt ausgerechnet solche Menschen auswählt, die dem Täter/der Täterin der Kindheit gleichen, ist dieses Einfühlungsvermögen nicht zu erwarten.

Kommt eine sexuelle Beziehung tatsächlich zustande, so wird sich das »Opfer« betrogen und ausgebeutet fühlen, sobald es bemerkt, daß es ein weiteres Mal »nur« zum Objekt sexuellen Begehrens geworden ist. Es bleibt ihm verborgen, daß der Fehler in der Gleichung nicht durch die falsche Antwort, sondern durch die falsch gestellte Frage zustande kommt. Wiederholt sich diese Erfahrung oft genug, wird ein solcher Mensch irgendwann von dem Gefühl durchdrungen sein, unentrinnbar und ohne eigenes Zutun immer von neuem zum Opfer gemacht zu werden.

Während das kleine Kind aufgrund seiner Abhängigkeit tatsächlich keine andere Wahl hatte, als sich mit den gegebenen Verhältnissen in irgendeiner Weise zu arrangieren, stünden dem erwachsenen Menschen andere Möglichkeiten zur Verfügung – wenn er sie denn nur nutzen würde: Im Unterschied zum Kind *hat* der Erwachsene ja Einfluß darauf, mit wem er Umgang pflegt, mit wem er sich auf eine sexuelle Beziehung einläßt und wie er diese Beziehung zu gestalten wünscht. Statt sich aber vor erneuter Ausbeutung zu schützen, reproduziert das »professional victim« seine Opferrolle, indem es nunmehr aktiv die Bedingungen seiner Ausbeutung reinszeniert, die Auswirkungen seines Handelns aber nicht (auch) sich selbst, sondern (ausschließlich) dem anderen anlastet. Das Opfer ist damit unfähig, seinen Anteil an dem Geschehen zu erkennen und die Verantwortung hierfür auch zu übernehmen.

Wir haben nur dann die Möglichkeit, Einfluß zu nehmen, wenn wir uns Rechenschaft darüber ablegen, inwieweit, warum und wie wir daran beteiligt sind, wenn sich die Erfahrung, Opfer zu sein, beständig wiederholt.

Wir werden nur dann den Kreislauf von Ohnmacht und Macht, von Unterdrückung und Gewalt zwischen den Geschlechtern und Generationen durchbrechen, wenn wir bereit sind, zu erkennen, daß wir auch dann für unser ausbeutendes, aggressives oder gewalttätiges Verhalten Dritten gegenüber verantwortlich sind, wenn wir selber Opfer waren oder sind.

Wir werden erst dann die fruchtlosen Grabenkämpfe zwischen den Geschlechtern, das unwürdige Pokern um Schuld und Unschuld überwinden und unsere Kräfte gewinnbringender einsetzen können, wenn wir uns Rechenschaft darüber ablegen, inwieweit, warum und wie wir Frauen die zerstörerischen Aspekte eines Gesellschaftssystems zu verantworten haben, das ohne Unterstützung und Billigung von Frauen gar nicht existenzfähig wäre.

Dies aber setzt die Bereitschaft voraus, Verantwortung für das eigene Handeln zu übernehmen, Risiken einzugehen und Fehler nicht länger immer nur anderen anzulasten. Es setzt die Bereitschaft voraus, »die Frau« nicht länger zum besseren Menschen zu stilisieren, die Bereitschaft, das schöne, aber unrealistische Bild zugunsten einer Lebendigkeit aufzugeben, deren Trägerinnen die Welt nicht in Schwarz und Weiß spalten müssen, sondern die Spannung zwischen Hell und Dunkel fruchtbar zu machen suchen.

1 Giordano, Ralph: Die Bertinis, Fischer TB, Frankfurt 1985

2 Wirtz, Ursula (1989): Seelenmord. Inzest und Therapie, Zürich 1989, S. 218

3 de Beauvoir, Simone (1949): Das andere Geschlecht. Sitte und Sexus der Frau, Hamburg 1968, S. 576

4 Edvardson, Cordelia (1984): Gebranntes Kind sucht das Feuer, München 1989, S. 9

5 de Beauvoir, Simone (1949), a.a.O., S. 575

6 Bettelheim, Bruno (1979): Erziehung zum Überleben. Zur Psychologie der Extremsituation, München 1982, S. 250

7 ebd., S. 251

5 Frauen und Aggression – Frauen und Gewalt

a) Zum Verständnis der Begriffe »Aggression« und »Gewalt«

Unter dem Begriff Aggression läßt sich »fast alles zusammenfassen: von der spitzen Bemerkung über Wut und Ärger bis hin zu Mord und Totschlag ... auch der ›Stoff‹, aus dem Aggressionen sind, kann sehr unterschiedlich sein. Impulse und Gefühle, Energien des Organismus, Handlungen, soziale Strukturen und Kriege können gemeint sein, wenn von Aggression die Rede ist.«[1]

Das lateinische »ad gredere«, etymologische Wurzel des Wortes Aggression, bedeutet nichts anderes als: auf etwas zuzugehen, sich anzunähern und insofern etwas zu ergreifen und in Besitz zu nehmen. In diesem Sinne ist Aggression als eine »aktive, zielgerichtete Tendenz« (Keller-Husemann 1983) zu verstehen, die dem Kind eine »spielerische, konstruktiv aggressive Erkundung und Erfassung der Realität«[2] ermöglicht. Aggression erscheint so als notwendige Lebensäußerung: »Aggression, als dynamischer Ausdruck des primären Bedürfnisses nach Eindrücken, nach Berührung, Kontakt und Beziehungen, ist notwendig zur Lebensverwirklichung. Sie ist der dynamische Faktor, der kohärentes und zielgerichtetes Handeln ermöglicht. Von daher ist die Aggression der Motor der gesunden wie defizitären und destruktiven Entwicklung. Sie trägt entscheidend zum Abgrenzungsprozeß der Symbiose bei und fördert die Entwicklung der eigenen Identität.«[3]

Geht man von diesem Verständnis aus, so handelt es sich bei destruktiven Formen der Aggression nicht um den Ausdruck eines im Menschen angelegten Zerstörungs- oder Todestriebes, sondern um eine pervertierte, verkrüppelte Form der ursprünglich konstruktiven, auf das Leben gerichteten Aggression. Da nun aber die sozialen wie individuellen Lebensbedingungen des Menschen nie ideal, sondern oft bedrückend oder schwierig sind, ist die Möglichkeit der Verkrüppelung konstruktiver Aggression in jedem Menschenleben gegeben. In diesem Sinne müssen wir davon ausgehen, »daß jeder Mensch ein großes Aggressionspotential in sich trägt und es fatal wäre, dieses Potential leugnen zu wollen«.[4]

Dennoch unterscheidet sich diese Vorstellung gravierend von der Annahme eines Aggressions- oder Todestriebes, hebt sie doch darauf ab, das Potential *nicht* zu verleugnen und gerade deshalb die Bedingungen, unter denen es zum Tragen kommt, sorgfältig zu beobachten und nach Möglichkeit zu verhindern.

(Die Theorie des angeborenen Todestriebes hingegen entlastet nicht nur von Verantwortung, sondern erspart uns auch eine differenzierte Analyse und Auseinandersetzung mit den gesellschaftlichen wie individuellen Entstehungsbedingungen destruktiver Aggression.)

Erst das Zusammenspiel von innerem Potential und äußeren Umständen bewirkt, daß aus der Möglichkeit destruktiven Handelns offene oder versteckte Gewalt tatsächlich hervorgeht.

Im Unterschied zu destruktiven Formen der Aggression ist die konstruktive Aggression eine integrative Ich-Funktion, ohne die Abgrenzungsfähigkeit und Individuation nicht denkbar sind. Wird der Prozeß der Abgrenzung und Identitätsbildung gestört, weil die konstruktive Aggression an ihrer freien Entfaltung gehindert wird, sind Mangel an Autonomie und damit einhergehend mangelnde Selbstbehauptungs-, Konflikt- und Durchsetzungsfähigkeit typische Folgen, die Frauen insofern in besonderem Maße betreffen, als aggressives Verhalten im konstruktiven wie im destruktiven Sinne bei ihnen weit weniger gefördert bzw. geduldet wird als bei Jungen und Männern.

Konstruktive Aggression stellt eine der Voraussetzungen für ein selbstbestimmtes Leben dar, denn »das Ich und das Nicht-

Ich müssen ständig von neuem entdeckt und wiederentdeckt werden. Das bedeutet, daß erst das aggressive Element es erlaubt, sich als Individuum zu erleben und eine individuelle Existenz zu beginnen.«[5]

Auch das Gefühl der Wut, von vielen Menschen als »schlechtes«, inakzeptables Gefühl erlebt, hat eine soziale Funktion. Es ist auf den anderen gerichtet und kann als Signal für Probleme in einer zwischenmenschlichen Beziehung verstanden werden – z.B. als Reaktion auf Kränkung, Verletzung, mangelhafte Befriedigung von Wünschen und Bedürfnissen oder als Signal für eine übertriebene Selbstaufgabe in einer Beziehung – und so als Mittel der Veränderung dienlich sein[6], denn »in der offenen Äußerung gerechtfertigter Wut und legitimen Protestes liegt ein Bekenntnis zur eigenen Würde und Selbstachtung«.[7] Fehlen Abgrenzungs- und Konfliktfähigkeit aber, können die elementaren Persönlichkeitsrechte und Bedürfnisse nicht ausreichend behauptet und befriedigt werden, so tritt an die Stelle von Würde und Selbstachtung die Erfahrung von Ohnmacht, die nun ihrerseits Gefühle von Wut und destruktiver Aggression, welche sich in offener oder versteckter Form Bahn brechen werden, hervorbringen kann.

Im Unterschied zur konstruktiven Aggression wird destruktive Aggressivität häufig als Verhalten verstanden, dessen *Ziel* in der Schädigung oder Verletzung anderer liegt. Diese Art der Definition scheint mir jedoch unzulänglich. Unberücksichtigt bleiben beispielsweise unbewußte Motive, die *entgegen* der erklärten Absicht zu einer Verletzung oder Schädigung führen. Unberücksichtigt bleiben auch all jene Verhaltensweisen, die in der Folge zwar schädigend, in der Intention jedoch ausdrücklich »wohlmeinend« sind. Ich denke hier etwa an Eltern, die körperliche Züchtigung oder strenge Strafen für pädagogisch sinnvoll halten und – so gesehen – keinerlei Schädigungsabsicht haben, sondern ganz im Gegenteil davon überzeugt sind, daß ihr Verhalten dem Interesse des Kindes dienlich ist.

Ähnlich verhält es sich beispielsweise auch bei den am »Euthanasie«-Programm der Nationalsozialisten unmittelbar beteiligten Ärztinnen und Krankenschwestern, die zum einen nicht selten der Ansicht waren, daß es im Sinne einer Erlösung von schwerem Leiden auch für die Opfer keine Schädigung darstellte, sie zu töten, und zum anderen ihr Verhalten von einem übergeordneten Standpunkt aus beurteilten; sie betrachteten ihr Handeln gerade deshalb nicht als schädigend, weil sie sich zum Wohle des »Volksganzen« an der Liquidierung »lebensunwerten Lebens« beteiligten. Das Problem besteht in derartigen Fällen darin, daß das, was einem Außenstehenden unzweifelhaft als Schädigung erscheint, von denen, die sie vollziehen, als Verhalten empfunden wird, das sich an hohen ethischen Maßstäben orientiert.

In anderen Fällen wiederum ist die Schädigung zwar Folge, nicht aber Absicht dessen, der eine destruktiv-aggressive Handlung begeht. So geht es etwa Erwachsenen, die ein Kind sexuell mißbrauchen, nicht darum, das Kind zu schädigen. Oft genug wird ja in diesem Zusammenhang von Tätern und Täterinnen geleugnet, daß ihr Verhalten überhaupt schädigend gewesen sein soll. Der Täter mißbraucht ein Kind nicht, weil er es verletzen will, sondern weil *er* schwerwiegende Probleme hat, die er auf destruktive und das Opfer schädigende Weise zu bewältigen sucht. Dennoch ist sexueller Kindesmißbrauch eine massive Form der Gewalt.

Schließlich hat auch eine Mutter, die in einer Situation grenzenloser Überforderung ihr Kind mißhandelt, nicht eigentlich die Absicht, das Kind zu schädigen. Es geht vielmehr um Impulse, die *sie* nicht kontrollieren kann und die sich nur deshalb gegen das Kind wenden, weil es »zur Verfügung steht« und ihr zudem unterlegen ist.

Ich verstehe Aggression im weiteren als ein dem Menschen innewohnendes, zunächst konstruktives Potential an Energie und Aktivität, das sich unter ungünstigen Umständen in Gefühle und Impulse destruktiver Qualität verwandelt, die in mehr oder weniger gewalttätigen Handlungen ihren Ausdruck finden.

Während »Aggression« im destruktiven Sinne also die innere Verfassung meint, die die Bereitschaft zu gewalttätigem Handeln einschließt, bezeichnen die Begriffe »Aggressivität« und »Gewalt« die in Handeln umgesetzte Form destruktiver Aggression.

»Gewalt«, schreibt Thea Bauriedl, »können wir heute aus meiner Sicht... nicht mehr als Ausdruck eines Aggressionstriebes und auch nicht als Ausdruck des ewigen Widerspruchs zwischen Individuum und Gesellschaft verstehen. Als neue, kreative Alternative stellt sich für mich das Verständnis von Gewalt als Ausdruck einer gestörten *Beziehung* oder gestörter, destruktiver Beziehungsphantasien dar.«[8] In diesem Sinne stellt auch Keller-Husemann fest, daß destruktive Aggression »kontaktvermeidende oder kontaktzerstörende Auswirkungen« (1983, S. 127) hat, wobei die offen agierte destruktive Aggression immerhin noch rudimentärer, wenn auch negativer Ansatz der Kontaktsuche ist. Werden destruktive Aggressivität und Gewalt im Kontext gestörter Beziehungen verstanden, so lassen sie sich auch als grenzverletzende oder -zerstörende, die Selbstbestimmungsrechte des anderen mißachtende Verhaltensweisen beschreiben, die in ein System sich gegenseitig bedingender Handlungen eingebunden sind. Diese Sichtweise bringt die Erkenntnis mit sich, »daß wir selbst immer auch Teil des Systems sind, in dem Gewalt ausgeübt wird. Das bedeutet: Wir müssen in uns selbst hineinhören, unsere eigenen Feindbilder, unsere Ausgrenzungs- und Diskriminierungstendenzen erkennen – nur dann kann sich etwas ändern. Das heißt auch, daß wir uns all der Strategien bewußt werden müssen, die wir gegen die Wahrnehmung unseres eigenen ›Schattens‹ einsetzen.«[9]

Mit destruktiver Aggressivität sind nicht nur offen ausagierte Formen unmittelbarer körperlicher und psychischer Aggressivität und Gewalt gemeint, sondern auch passiv aggressive Formen der Grenzverletzung wie auch jene Formen verdeckter Aggression, die nur schwer zu identifizieren sind, weil sie im Gewande der Liebe daherkommen.

Als vorläufige These möchte ich formulieren, daß die Wahl der Mittel – offene versus indirekte Formen von Aggressivität und Gewalt – in einem bestimmten Verhältnis zur gegebenen Macht steht. Ich vermute, daß offene Formen von Gewalt eher dort in Erscheinung treten, wo entweder ein klares Machtgefälle oder aber annähernd ein Gleichgewicht der Kräfte gegeben ist, indirekte und passive Formen der Gewalt hingegen eher das Mittel der Wahl sind, wenn sich ein Mensch in einer unterlegenen und ohnmächtigen Position befindet. In diesem Sinne stellt denn auch Herrad Schenk fest: »Da, wo die Beziehungen zwischen Männern und Frauen auf der Basis relativer Gleichheit aufgebaut sind, verhalten sich Frauen im allgemeinen direkter und offener aggressiv.«[10]

Die Entstehungsbedingungen destruktiver Aggressivität sind selbstverständlich nicht nur psychologischer Natur. Auch sozialen, politischen und ökonomischen Bedingungen kommt große Bedeutung zu. Als begünstigende Umstände benennt Rauchfleisch beispielsweise wirtschaftliche Unsicherheit, Angst vor sozialer Ausgrenzung, tiefe soziale Verunsicherung und Angst vor Natur- und Umweltkatastrophen.[11] *Wie* aber ein Mensch mit derartigen Problemen umgeht, hat viel mit seiner persönlichen Lebensgeschichte zu tun, die wiederum mehr oder weniger stark durch Muster geschlechtsspezifischer Sozialisation beeinflußt ist. Doch wenn Verletzungen, Traumatisierungen und schwerwiegende Frustrationen aller Art auch wesentliche Vorbedingungen des Entstehens destruktiver Aggression sind, so stehen Ausmaß und Ziel der destruktiven Aggression doch nicht in einfacher Relation zur Schwere der erlittenen Verletzung: »Verarbeitungsstrukturen, Handlungsmodelle, Gefühle unmittelbarer existentieller Bedrohung, das Vorhandensein oder Fehlen von Sinnhorizonten für das Erlebte und gegebene Kompensationsmöglichkeiten bestimmen die jeweilige Richtung, den Inhalt und das Zulassenkönnen eigener aggressiver Impulse. Erst genaue Analysen der konkreten Konstellation machen Zuordnungen möglich.«[12]

b) Frauen und Aggression – Frauen und Gewalt

»Von aggressionsloser Wehrlosigkeit bis zu omnipotenter Destruktivität reicht das Spektrum, innerhalb dessen Frauen Aggressivität zu- oder abgesprochen wird... Insgesamt gewinnt man den Eindruck relativer Beliebigkeit in bezug auf das Maß an Aggression, das Frauen zugeschrieben oder zugebilligt wird.«[13] Dies gilt jedoch nicht nur für die Zuschreibungen von Männern: Auch die Positionen von Frauen sind teilweise diametral entgegengesetzt. Heißt es bei Simone de Beauvoir etwa: »Der Frau ist schon von Natur aus der Weg der Gewalt verwehrt«[14], so vertritt beispielsweise Alice Schwarzer die genau gegenteilige Meinung: »...ich glaube nicht an die angeborene Friedfertigkeit der Frauen! Ich glaube nicht daran, daß Frauen von ›Natur aus‹ besser sind als Männer. Ich glaube nicht, daß es in einer Gesellschaft, in der Frauen die (oder mehr) Macht hätten, automatisch auch friedfertiger zugehen würde!« Frauen sind »bestenfalls aufgrund ihrer Prägungen und Lebensumstände menschlicher und schlimmstenfalls nur gut, weil sie eben nicht die Macht zum Bösen haben.«[15]

Und während Lida Gustava Heymann davon überzeugt war, daß »...weibliches Wesen, weiblicher Instinkt... identisch mit Pazifismus« sind[16], meint Doris Lessing: »Ich glaube eigentlich nicht, daß Männer den Krieg mehr lieben als Frauen, denn wenn Sie Frauen in Machtpositionen betrachten, benehmen sie sich durchaus wie Männer ... Die weißen Frauen in Rhodesien... haben während der ganzen großen Konfliktzeit mit Begeisterung – und Sie können mir glauben, sie liebten es – gekämpft. Grundsätzlich: Wenn Sie Frauen in bestimmte Situationen bringen, lieben sie den Krieg wie die Männer.«[17]

Widersprüchlich sind auch die in diesem Zusammenhang an Männer gerichteten Vorwürfe: Heißt es einerseits, Frauen seien – ob nun aufgrund ihrer Natur oder ihrer Sozialisation – weit weniger aggressiv als Männer, und demzufolge sei die Behauptung, Frauen seien ebenso aggressiv wie Männer, eine frauenfeindliche Zuschreibung von Männern, so heißt es andererseits, Frauen seien ganz im Gegensatz zu der von Männern behaupteten größeren Friedfertigkeit in Wahrheit selbstverständlich zu aggressivem Verhalten fähig und die gegenteilige Behauptung zeige nur, daß Männer Frauen zu unterdrücken suchen, indem sie sie auf bequeme Friedfertigkeit verpflichten.

Im einzelnen lassen sich in bezug auf die Frage des Verhältnisses von Frauen zu Aggression und Gewalt drei grundsätzlich voneinander abweichende Positionen ausmachen. Bevor ich mich ihnen zuwende, möchte ich aber vorweg einige Anmerkungen zur Problematik empirischer Befunde machen.

Marielouise Janssen-Jurreit beispielsweise, die für ihr Buch »Sexismus« verschiedene Studien bezüglich der Aggressivität von Männern und Frauen zu Rate zog, kommt zu dem Schluß: »Ein Vergleich der Ergebnisse läßt keinen Zweifel daran, daß Männer und Knaben sich in allen getesteten Bereichen aggressiver als Mädchen und Frauen verhalten.«[18] So weit – so gut. Nur: Hilft diese Feststellung wirklich weiter? Was sollen, was können wir ihr entnehmen?

Empirische Befunde dieser Art beziehen sich auf meßbare oder statistisch erfaßbare Formen aggressiven Verhaltens (das letztere ist beispielsweise bei den als Beleg für die größere Friedfertigkeit der Frauen gern und häufig zitierten Kriminalstatistiken der Fall) oder aggressiver Einstellungen. Einmal abgesehen von der Frage, ob nicht auch in diesem Bereich die Vorannahme, daß Frauen friedfertiger *sind* als Männer (vgl. Kapitel »Sexueller Kindesmißbrauch durch Frauen«), zur Folge haben könnte, daß manche Fragen gar nicht erst gestellt werden, sind z.B. indirektere und passive Formen destruktiver Aggression auf diese Weise kaum zu erfassen.

Zudem geben empirische Befunde lediglich beschränkte Auskunft: »So ist es« – mehr kann man ihnen – vereinfacht gesagt – nicht entnehmen. *Warum* die Dinge aber so sind, wie sie sind, und ob sie *nur* so sein können, wie ihre augenblickliche Erscheinungsform vermuten läßt – darüber erfährt man wenig.

Aus empirischen Befunden über unterschiedlich stark ausgeprägte aggressive Verhaltensweisen und Einstellung der Geschlechter läßt sich z.B. nicht auf das bei beiden Geschlechtern gegebene *Potential* destruktiver Aggression schließen. Die Befunde besagen lediglich, daß bestimmte Ausdrucksformen destruktiver Aggression unter bestimmten soziokulturellen Bedingungen bei Männern häufiger auszumachen sind als bei Frauen. Sie besagen aber weder etwas darüber, ob Frauen unter Sozialisationsbedingungen, die denen der Männer vergleichbar wären, nicht in gleichem Maße dieselben Formen destruktiver Aggressivität an den Tag legen würden wie Männer, noch besagen sie etwas darüber, ob Frauen nicht möglicherweise andere Mittel und Wege finden, destruktive Aggressionen auszuleben.

These I: Frauen sind natürlicherweise friedliebender und weniger aggressiv als Männer.
Die Natur ist, so scheint es, ganz so eindeutig nicht, wie es denen, die diese Auffassung vertreten, lieb wäre. Jacqui A. Shykoff beispielsweise stellt in ihrem Aufsatz »Aggression aus biologischer und soziobiologischer Sicht« fest: »Zusammenfassend können wir sagen, daß Aggression in der Natur vielfältig ist... Manchmal unterdrücken die Männchen die Weibchen, manchmal unterdrücken die Weibchen die Männchen, manchmal unterdrücken Weibchen und Männchen sich gegenseitig. Schließlich ist es unmöglich zu beurteilen, ob in der Natur die Männchen oder die Weibchen aggressiver sind. Wir brauchen umfassendere, objektivere Studien dafür.«[19]

Häufig wird im Zusammenhang mit der »natürlichen« Friedfertigkeit der Frau auf biologisch gegebene Geschlechtsunterschiede zwischen Männern und Frauen hingewiesen, so beispielsweise auf die größere Körperkraft der Männer wie auch auf die Bedeutung des männlichen Geschlechtshormons Testosteron.

An größerer Körper- und Muskelkraft allein kann es allerdings nicht liegen, daß ein Mensch destruktiv-aggressives Verhalten zeigt, denn weder läßt sich dieses Verhalten bei *allen* Männern feststellen, die über mehr Körperkraft verfügen als Frauen, noch verhalten sich beispielsweise *alle* Frauen ihren Kindern gegenüber gewalttätig, obwohl sie sich zumindest für eine ganze Anzahl von Jahren ihren Kindern gegenüber in einer körperlich überlegenen Position befinden. Auffallend ist hingegen, daß Frauen an Kindesmißhandlungen etwa gleich häufig wie Männer beteiligt sind. Die körperliche Überlegenheit scheint bei der Neigung zu gewalttätigem Verhalten zwar eine Rolle zu spielen, doch tut sie dies nicht »aus sich heraus«, sondern nur dann, wenn größere Körperkraft gegeben wie destruktive Aggression vorhanden ist und andere Verarbeitungsmöglichkeiten dem entsprechenden Menschen nicht zur Verfügung stehen.

Auch der Einfluß von Testosteron ist so einfach nicht auszumachen: Zum einen schütten auch weibliche Kreaturen dieses Hormon aus – dies wird aber, so Shykoff, »manchmal ignoriert, interessanterweise nur bei der Interpretation von Daten über Aggressivität zwischen den Geschlechtern«.[20] Zum anderen hat schon Erich Fromm darauf hingewiesen, daß in Tierexperimenten zwar nachgewiesen werden konnte, daß das Hormon das Kampfverhalten männlicher Tiere stimuliert, doch konnte auch gezeigt werden, daß kastrierte Mäuse, die einige Zeit nach der Operation nicht mehr wie vor der Kastration kämpften, »nicht zu kämpfen aufhörten, wenn man ihnen nach der Operation keine Ruhe gönnte, sondern sie weiterhin darauf konditionierte, ihre täglichen Kämpfe durchzuführen. Dies weist darauf hin, daß das männliche Hormon eine *Stimulation* des Kampfverhaltens bewirkte, daß es aber nicht die *Vorbedingung* darstellte, ohne die es nicht dazu kommen konnte.«[21]

Selbst jene Wissenschaftler aber, die einen Zusammenhang zwischen Hormonen und Aggressivität für gegeben halten, messen dieser Tatsache nur eine untergeordnete Bedeutung bei. Der Anthropologe David Gilmore, der sich mit Männlichkeitsrollen, -Idealen und -Leitbildern verschiedenster Kulturen auseinandersetzte, stellt zu dieser Frage fest: »Nach Auswertung der neuesten wissenschaftlichen und klinischen Literatur kommt Konner in seinem anerkannten Überblick zu dem Schluß, daß Testosteron... Männer für eine etwas höhere Stufe der Aggressivität als Frauen prädestiniert ... Jedoch bestimmt die Biologie nicht unser gesamtes Verhalten, wie Konner freimütig zugibt, nicht einmal einen großen Teil davon...«[22]

Erwähnenswert scheint mir in diesem Zusammenhang auch ein Hinweis, den Herrad Schenk gibt: »Die Kastration von Gewaltverbrechern... verhinderte zwar die Wiederholung sexueller Gewaltakte, hatte aber keine Auswirkungen auf die Auftrittswahrscheinlichkeit nicht-sexueller Gewaltakte.«[23] Dieser Sachverhalt unterstützt m.E. die Annahme, daß der Zusammenhang zwischen männlichem Geschlechtshormon und allgemein höherer Bereitschaft zu destruktivem und gewalttätigem Verhalten in dieser Einfachheit nicht gegeben ist, umgekehrt also der bei Frauen im Verhältnis zum Östrogen niedrigere Anteil des Testosterons im Hormonspiegel auch keine Erklärung für ein natürlicherweise friedfertigeres Verhalten zu bieten vermag.

These II: Männer und Frauen verfügen über ein gleich großes Aggressionspotential, doch sind Frauen aufgrund ihrer geschlechtsspezifischen Sozialisation im Ergebnis friedlicher als Männer.

Weit verbreitet ist die Vorstellung, daß Männer und Frauen zwar über ein gleich großes Aggressionspotential verfügen, Frauen letztendlich aber dennoch friedfertiger sind als Männer, weil sie aufgrund geschlechtsspezifischer Sozialisationsbedingungen und Rollenzuweisungen mit diesem Aggressionspotential anders umgehen und daher im Ergebnis weniger als Männer zu destruktivem Handeln neigen.

So faßt etwa Christiane Schmerl die Ergebnisse der empirischen Aggressionsforschung in Hinblick auf die Geschlechtsunterschiede folgendermaßen zusammen: »Insgesamt gesehen hat es nicht den Anschein, als ob die in vielen Kulturen beobachtete größere Aggressivität der Männer durch angeborene oder hormonelle Unterschiede bedingt sei, sondern daß hier vielmehr soziale Einflüsse bestimmend sind. Für die Entwicklung unterschiedlicher Verhaltensweisen bei Mädchen und Jungen bzw. Frauen und Männern werden heute im wesentlichen soziale Einflüsse in Kindheit, Jugend und Erwachsenenalter verantwortlich gemacht, mit denen sich die Sozialisationsforschung beschäftigt. Für die zum heutigen Zeitpunkt nachweisbaren Unterschiede bleibt festzuhalten, daß diese nirgendwo ab der Geburt vorhanden sind, sondern sich erst mit fortschreitendem Alter einstellen.«[24]

In die gleiche Richtung weisen die Untersuchungsergebnisse von Gilmore. Er bietet einen Überblick über Männlichkeitsbilder verschiedener Gesellschaften und Kulturen und untersucht, in welcher Weise sich die Übernahme dieser Ideale vollzieht. Männlichkeit, so sein Fazit, ist nichts Naturgegebenes, sondern eine kulturell erzwungene Anpassung, die, betrachtet man sie im Rahmen ihres Entstehungszusammenhangs, im Dienste des Überlebens der Spezies Mensch ursprünglich eine sinnvolle Funktion erfüllte. »Männer«, so Gilmore, sind »von Natur aus nicht so grundlegend verschieden von Frauen... und [müssen] zur Selbstbehauptung und Aggressivität erst motiviert werden...«[25]

Wenn Frauen und Männer sich aber in bezug auf ihre grundlegende Ausstattung nicht wesensmäßig voneinander unterscheiden, müssen wir davon ausgehen, daß auch Frauen, würden sie in gleicher Weise wie Männer sozialisiert – würde man von ihnen also Selbstbehauptung und Aggressivität statt Anpassung an Weiblichkeitsideale, Unterordnung und Friedfertigkeit fordern –, in gleichem Maße wie Männer destruktiv-aggressive Verhaltensweisen entwickeln würden.

Aggressivität und Gewalt wären demnach nur dann und nur so lange an das männliche Geschlecht gebunden, wie sie diesem in besonderer Weise zugeschrieben und demzufolge auch abverlangt, ja aufgezwungen werden. Ist dem aber so, wäre die (angenommene) größere Friedfertigkeit des weiblichen Geschlechts im Grunde ein Privileg, das den Frauen ohne eigenes Verdienst – wenn auch um den Preis ihrer gesellschaftlich untergeordneten Position – gewissermaßen in den Schoß fällt. Tatsächlich liegt ja ein gewisser Widersinn darin, einerseits festzustellen, daß größere Aggressivität des männlichen wie größere Friedfertigkeit des weiblichen Geschlechts ein Ergebnis von Sozialisationsprozessen sind, andererseits aber »den Männern« das Ergebnis dieser nicht aus freiem Entschluß übernommenen Geschlechtsrolle vorzuhalten, während frau sich selbst aufgrund eines ebenfalls nicht aus freiem Entschluß übernommenen Rollenverhaltens ein »besserer Mensch« dünkt.

Für mich ergeben sich aus der hier diskutierten These einige Fragen. *Wenn* der Einfluß der Sozialisation auf das Verhalten der Geschlechter einen derart großen Einfluß hat, dann müssen Frauen als Mütter an diesem Prozeß entscheidenden Anteil haben. Je rigider die Rollenzuweisungen ausfallen, desto rigider stellt sich auch die Arbeitsteilung zwischen den Geschlechtern dar; und tatsächlich sind es ja bis heute die Frauen, in deren Zuständigkeitsbereich die Erziehung der Kinder aufgrund dieser Arbeitsteilung ganz überwiegend fällt. Folglich haben sie auch Anteil an der Weitergabe der kulturell erwünschten Geschlechtsrollen-Stereotypen. So vielschichtig die Gründe für das Entstehen destruktiver Aggressivität auch sind, und so unerläßlich es ist, das Verhalten der Mütter auf den gegebenen gesellschaftlichen Kontext zu beziehen (beispielsweise darauf, daß die Väter als Bezugspersonen für die Kinder selten zur Verfügung stehen und die Mütter mit der ganzen Verantwortung für die Erziehung der Kinder alleingelassen sind), so zwingend ist doch auf der anderen Seite der Gedanke, daß Geschlechtsrollen und mit ihnen die destruktiv-aggressive Seite der Männlichkeit ohne das Zutun der in den ersten Lebensjahren des Kindes wichtigsten Bezugsperson gar nicht tradiert werden *können*.

»Männlichkeits- und Weiblichkeitsvorstellungen, Lebens- und Verhaltensformen von Männern und Frauen sind« – so Karin Windaus-Walser – »m.E. immer bereits das *Produkt eines zivilisationsgeschichtlich gemeinsamen Interaktionsprozesses zwischen den Geschlechtern.* Die Situation, in der Männer von Frauen unbeeinflußt hätten agieren können, hat es historisch *zu keiner Zeit und an keinem Ort* jemals gegeben.«[26]

Eine weitere Frage ergibt sich aus der Annahme, daß sich das Aggressionspotential von Frauen und Männern nicht grundsätzlich voneinander unterscheidet. Wenn dem so ist, gleichzeitig aber nicht davon auszugehen ist, daß Mädchen und Frauen weniger Kränkungen und Verletzungen erfahren als Jungen und Männer (ganz im Gegenteil wird ja häufig vorausgesetzt, daß die Herrschaft der Männer über die Frauen für letztere mit einem höheren Maß an Kränkungen, Verletzungen und Traumatisierungen verbunden ist) und Mädchen wie Frauen darüber hinaus der offene Ausdruck von Aggression weitgehend versagt wird – wo bleiben dann die destruktiv-aggressiven Gefühle und Impulse der Frauen?

Anzunehmen, sie verfügten über konstruktivere Verarbeitungsmechanismen als Männer, hieße, entweder zu der Vorstellung zurückzukehren, die Psyche von Männern und Frauen unterliege grundsätzlich verschiedenen Gesetzmäßigkeiten, oder aber davon auszugehen, daß Frauen trotz aller Unterdrückung und Einschränkung, die die Entwicklung einer unabhängigen Persönlichkeit behindern, über genau jene reifen Verarbeitungsmechanismen autonomer Individuen verfügen, die allein sicherstellen könnten, daß aus Demütigung und Traumatisierung keine destruktive Aggression erwächst – eine widersinnige Annahme.

Frauen kehren, so eine oft gegebene, nicht unzutreffende, m.E. jedoch unzureichende Antwort, destruktive Aggressionen gegen die eigene Person. »Weiblich ist es«, meint z.B. Karin Lehner, »alles auf sich zu nehmen und mit sich selbst ins Gericht zu gehen, verdeckte Wut und Haß, Neid und Rachegelüste, die eigentlich anderen gelten, gegen sich selbst wirksam werden zu lassen.«[27] Dies ist die gerade im Zusammenhang mit den bei Frauen häufig vorkommenden Depressionen gängige Erklärung. Ein zweiter, weiter differenzierender Ansatz führt uns zu der dritten, auch von mir vertretenen These.

These III: Frauen verfügen nicht nur über ein gleich großes Aggressionspotential wie Männer, sondern verhalten sich auch in vergleichbarem Maße destruktiv-aggressiv. Die Äußerungsformen destruktiver Aggression können sowohl gegen andere wie auch gegen die eigene Person gerichtet sein. Zum Teil handelt es sich um offene, zum Teil um verdeckte und indirekte Formen destruktiver Aggression. Die Folgen indirekter Aggressivität müssen für die Betroffenen nicht weniger schädlich sein als die Folgen offen destruktiver Handlungen.

Mit Margarete Mitscherlich gehe ich davon aus, daß »bei beiden Geschlechtern von Geburt an aggressive Potentiale vorhanden [sind] und... jederzeit geweckt werden« können[28] und daß »Frauen... sicherlich von Natur aus nicht weniger... aggressiv sind als Männer«.[29] Während Margarete Mitscherlich aber ganz allgemein davon ausgeht, daß »die Aggression der Frau indirekter«[30] ist, möchte ich diese Aussage dahingehend differenzieren, daß destruktive Aggressivität bei Frauen nur zum Teil auf indirekte und versteckte Weise in Erscheinung tritt, zum Teil, unter bestimmten Bedingungen und öfter, als wir es wahrhaben wollen, jedoch offen ausagiert wird.

Doch zunächst noch einmal zu den Voraussetzungen der Entstehung destruktiver Aggression bei Frauen.

Im Rahmen eines feministisch orientierten Ansatzes, der die von Männern gegen Mädchen und Frauen begangenen Gewaltakte besonders betont, müßte davon auszugehen sein, daß Mädchen in weit höherem Maße als Jungen traumatischen Erfahrungen ausgesetzt sind. Abweichend von dieser Einschätzung gehe ich jedoch davon aus, daß Jungen und Mädchen in vergleichbarem *Ausmaß*, jedoch auf teilweise unterschiedliche *Art und Weise*, verletzt und zugerichtet werden.

Bedeutet es für Mädchen und Frauen eine grundsätzliche Kränkung, aufgrund ihres Geschlechtes einen geringeren Wert zugesprochen zu bekommen und/oder in ihren aktiven, kreativen, im positiven Sinne »männlichen« Seiten eingeschränkt zu werden, so müssen Jungen und Männer aufgrund immer noch wirksamer Männlichkeitsideale auf die Entfaltung all jener Eigenschaften verzichten, die im positiven Sinne als weiblich gelten. *Beide* Geschlechter werden auf Rollen festgelegt, die mit Verletzungen und Verzicht verbunden sind; daher »kann kein Zweifel daran bestehen, daß stereotype Vorstellungen von Männlichkeit und Weiblichkeit einen einengenden und hemmenden Einfluß auf die Persönlichkeitsentwicklung haben«.[31] Zu den Verletzungen und Einschränkungen, die die Festlegung auf eine dem Individuum nicht gerecht werdende Geschlechtsrolle mit sich bringt, summieren sich die je nach persönlicher Biographie unterschiedlich schwerwiegenden Kränkungen und Traumatisierungen, die Kinder und später Erwachsene beiderlei Geschlechts im Laufe ihrer Geschichte in unterschiedlichsten Zusammenhängen erleiden.

Ich gehe also sowohl von einem vergleichbaren Aggressionspotential als auch von einem vergleichbaren Ausmaß an Verletzung und Traumatisierung bei beiden Geschlechtern aus.

Das weibliche Rollenstereotyp gestattet es Mädchen nun aber weit weniger als Jungen, Aggressionen konstruktiver wie erst recht destruktiver Natur offen zum Ausdruck zu bringen. »Insgesamt sind Frauen vielleicht deshalb ›weniger aggressiv‹, weil Aggression in unserer Kultur ein wichtiges Gestaltungsmerkmal von Männlichkeit ist.« Frauen kultivieren »bestimmte Formen der Aggression deshalb nicht..., weil sie als männlich gelten«.[32]

Fehlt aber der Raum für die »konstruktiv aggressive Erkundung und Erfassung der Realität« (Keller-Husemann), sind fehlende Abgrenzungsfähigkeit, Mangel an Selbstbehauptungs- und Durchsetzungsfähigkeit sowie fehlende Konfliktfähigkeit – kurz: ein schwaches Ich und ein ungenügendes Maß an Autonomie – die Folge. Gerade diese Konstellation begünstigt aber m.E. die Entstehung destruktiver Aggressivität, die nicht etwa

Ausdruck von Stärke, sondern Ausdruck von Ich-Schwäche und Unsicherheit ist.

Zum einen gilt, daß Konflikte – und Aggressionen sind immer mit Konflikten verbunden – mit um so rigideren Mitteln (wie z.B. Verleugnung, Spaltung und Projektion) abgewehrt werden müssen, je schwächer und deshalb gefährdeter das Ich ist. Das aggressive Potential aber entfaltet »sich vor allem dann in zerstörerischer Form..., wenn wir es von unserem bewußten Erleben abspalten«.[33]

Zum anderen haben unscharfe Ich-Grenzen im zwischenmenschlichen Bereich zur Folge, daß nicht nur das Gefühl für die eigenen Grenzen, sondern auch das Gefühl für die Grenzen anderer unklar bleibt. Kann der andere jedoch nicht als eigenständige Person wahrgenommen werden, so kommt es fast zwangsläufig zu Grenzverletzungen, die ich im Sinne der Unfähigkeit, den anderen als »Person im eigenen Recht« zu sehen und sein Selbstbestimmungsrecht zu respektieren, als destruktive Aggressivität verstehen möchte.

Wie können wir also einerseits betonen, daß Frauen häufig unter einem ausgeprägten Mangel an Autonomie leiden, gleichzeitig aber davon ausgehen, daß Frauen zwar wegen dieses Mangels an Ich-Stärke keine ausreichende Konfliktfähigkeit entwickelt haben, dennoch aber angeblich nicht unter den bekannten Folgen von Ich-Schwäche – nämlich der Entwicklung destruktiv-aggressiver Impulse und Verhaltensweisen – leiden? Und wie ließe sich begründen, daß diese Impulse sich vorzugsweise gegen die eigene Person richten, wenn Abwehrmechanismen wie Spaltung und Projektion doch gerade darauf zielen, »das Böse« außerhalb der eigenen Person anzusiedeln, um es in Gestalt von Sündenböcken dort dann zu bekämpfen?

Ich kehre an dieser Stelle zu meiner Ausgangsüberlegung zurück, daß auch Frauen sich unter bestimmten Bedingungen und öfter als vielfach an- und wahrgenommen in offener Form destruktiv-aggressiv verhalten. Wie aber sehen diese Bedingungen aus?

c) Bedingungen und Formen offen destruktiver Aggression

Gewiß sind die Bedingungen für die Entstehung von Gewalt vielschichtig. Gewiß ist aber auch nur dort, wo Menschen in irgendeiner Weise über Macht verfügen, offene Gewalt als Mittel der Machtausübung oder als Mittel in einem Machtkampf denkbar: Macht geht nicht notwendig mit Machtmißbrauch einher; aber nur wer Macht hat, kann sie auch mißbrauchen. Die Rolle des Gewalttäters wäre demnach keine eigentlich männliche Rolle, sondern die des seine Macht mißbrauchenden Menschen.

Sofern Frauen über gesellschaftliche und/oder persönliche Macht verfügen – so meine erste These – neigen auch sie Schwächeren gegenüber (bzw. im Rahmen eines Machtkampfes auch in etwa Ebenbürtigen gegenüber) oft und ebenso wie Männer zu offenen Formen aggressiven und gewalttätigen Verhaltens. Dies scheint mir dann der Fall zu sein,

a) wenn Frauen *innerhalb* des Rahmens der ihnen zugewiesenen Geschlechtsrolle über ein Mehr an Macht verfügen als ihr Gegenüber, die Grenzen ihrer Rolle aber insofern überschreiten, als sie *Schwächeren* gegenüber die dieser Rolle zugeordnete Friedfertigkeit aufkündigen. Dies trifft beispielsweise zu
– für diejenigen Frauen, die am Sklavenhandel beteiligt waren,
– für die weißen Frauen in den Kolonien, die der schwarzen einheimischen Bevölkerung gegenüber als Herrinnen auftraten und an ihrer Unterdrückung beteiligt waren,
– für die Frauen, die in den Konzentrationslagern der Nationalsozialisten als Aufseherinnen tätig waren und Häftlinge mißhandelten, folterten und töteten,
– für Frauen, die in anderen Zusammenhängen folterten, beispielsweise jene spanischen Polizeibeamtinnen, die an der Folterung weiblicher ETA-Mitglieder beteiligt sind[34],
– für die Frauen, die in den Konzentrationslagern inhaftiert waren, jedoch einen Lagerposten innehatten und nun ihrerseits andere Häftlinge drangsalierten,

- für die Krankenschwestern und Ärztinnen, die sich im Rahmen des »Euthanasie«-Programmes der Nationalsozialisten an der Vernichtung »unwerten Lebens« beteiligten,
- für Frauen, die ihre Kinder mißhandeln,
- für Frauen, die Kinder sexuell mißbrauchen,
- für Frauen, die töten, ohne daß dies auf einen vorübergehenden Verlust der Impulskontrolle zurückzuführen wäre (also beispielsweise Fälle von Raubmord; Morde, deren Motiv in dem Wunsch nach materiellen oder psychischen Vorteilen zu suchen ist; Krankenschwestern, die von ihnen abhängige kranke oder alte Menschen töteten, etc.),
- für Frauen, die in sexuellen Beziehungen sadistisches Verhalten praktizieren wie in S/M-Beziehungen oder im Zusammenhang mit sexuellem Kindesmißbrauch,
- für Frauen, die sich in verschiedensten Zusammenhängen im psychischen Sinne sadistisch verhalten. Unter Sadismus verstehe ich hier den Wunsch, einen anderen Menschen zu verletzen und zu demütigen und möglichst absolute Gewalt oder Macht über ihn zu erlangen. Derartige Verhaltensweisen spielen beispielsweise im Verhalten der KZ-Aufseherinnen, im Verhalten mancher der am »Euthanasie«-Programm beteiligten Ärztinnen und Krankenschwestern, im Zusammenhang mit sexuellem Kindesmißbrauch und Kindesmißhandlung, u.U. aber auch in Beziehungen zwischen Erwachsenen eine Rolle,
- Frauen, die ihnen zur Pflege anvertraute alte Menschen mißhandeln.

b) wenn Frauen die ihnen zugewiesene Geschlechtsrolle, meist im Zusammenhang mit einer entsprechenden Ideologie, hinter sich lassen, also beispielsweise
- Frauen, die politische Macht innehaben, wie etwa Regentinnen,
- Frauen, die sich freiwillig an bewaffneten Auseinandersetzungen beteiligen (Soldatinnen, Widerstandskämpferinnen,

Frauen in Befreiungsbewegungen, Terroristinnen; es geht mir bei dieser Aufzählung *nicht* um die Frage, ob und wann bewaffnete Kämpfe legitim sind/sein können, sondern lediglich um die Tatsache, daß auch Frauen unter entsprechenden Bedingungen zu Mitteln offener Gewalt greifen).

c) wenn Frauen mit der Tendenz zu destruktiver Aggressivität mit PartnerInnen zu tun haben, die ihnen in etwa ebenbürtig sind, also beispielsweise Frauen, die selber zu gewalttätigem Verhalten neigen und mit einem Partner/einer Partnerin leben, der/die diese Neigung teilt.

Formen offen-destruktiver verbaler Aggression
Eine Form destruktiver Aggressivität, die besonders Frauen nachgesagt wird, ist der verbale Angriff. Worte können schlimmer verletzen als körperliche Mißhandlung. Worte können tiefer und nachhaltiger entwürdigen als physischer Schmerz. Worte zielen, wenn sie als Waffe eingesetzt werden, in das Zentrum der Persönlichkeit.

»...es sei ein Kinderspiel, in der Hitze des Gefechts tapfer zu sein. Schrecklich aber, viel schlimmer als der körperliche Schmerz sei, wenn die Soldaten einen mit ›schlimmen Wörtern‹ beschimpften.«[35] Diese Auskunft erhielt die Journalistin Eileen MacDonald nicht nur von jungen, an der »Intifada« beteiligten Palästinenserinnen, sondern auch von Frauen der IRA und von der italienischen Revolutionärin Susanna Ronconi.

Ob Frauen sich tatsächlich in weit höherem Maße als Männer verbal aggressiv verhalten, wie es etwa Kiener für erwiesen hält[36], mag dahingestellt sein. *Daß* sie jedoch nicht selten zu Mitteln verbal-destruktiver Aggressivität greifen, ist kaum zu leugnen und veranlaßte Harriet Goldhor Lerner zu der Bemerkung: »Die negativen Bezeichnungen und Typisierungen, mit denen Frauen belegt werden, die kein Blatt vor den Mund nehmen, sind mehr als nur grausame sexistische Stereotypen; sie verweisen auf eine schmerzhafte Realität. Wörter wie ›keifen‹,

›nörgeln‹, ›jammern‹ und ›zetern‹... und die Verhaltensweisen, die mit ihnen verbunden sind, spiegeln das Verfahrene einer Lebenssituation, in der ein großes Maß an Emotionen freigesetzt wird und doch alles beim alten bleibt.«[37]

Schreien, beschimpfen, bloßstellen, hetzen, demütigen, entwerten und herabsetzen, lächerlich machen, hänseln und verspotten, dauernde Kritik und dauernde Vorwürfe, Ironie und Sarkasmus – all dies sind Mittel destruktiver verbaler Aggression, die von Frauen sowohl im Verhältnis zu Kindern (meist im Zusammenhang mit körperlichen Mißhandlungen) als auch im Verhältnis zu Erwachsenen, insbesondere Partnern, eingesetzt werden. Ein erschütterndes Zeugnis seelischer und körperlicher Kindesmißhandlung, die sich mit vielfältigen Formen destruktiver verbaler Aggression verband, legte beispielsweise die Schriftstellerin Claire Goll in ihrem autobiographischen Roman »Der gestohlene Himmel« ab.[38]

d) Bedingungen und Formen indirekter destruktiver Aggression

Wenn Frauen persönliche Macht über Schwächere – beispielsweise Kinder, möglicherweise auch PartnerInnen – haben, mit ihrer weiblichen Rolle jedoch so stark identifiziert sind, daß ihnen Formen konstruktiver Aggressivität nicht zur Verfügung stehen und offen destruktive Aggressivität sich verbietet, greifen sie – so meine zweite These – in höherem Maße als Männer zu Formen indirekter und passiver Aggressivität. So geht beispielsweise auch die Psychoanalytikerin Rosmarie Barwinski Fäh »von der Hypothese aus, daß vordergründige Friedfertigkeit oft eine versteckte und deshalb um so massivere, weil gestaute Aggression verdeckt«[39], und der Psychologe und Aggressionsforscher Udo Rauchfleisch stellt zu dieser Frage fest: »Gewalt äußert sich aber vielfach bei Frauen in einer anderen Art als beim Mann – nicht in Form von Brachialgewalt, sondern versteckter und indirekter... Frauen haben ihre eigene Art, gewalttätig zu sein.«[40]

Indirekte Formen der Aggression stellen nach meinem Verständnis einen Kompromiß dar: Sie machen es der betreffenden Frau möglich, destruktiv-aggressive Impulse auf verdeckte Art auszuagieren, gleichzeitig aber der Rolle der friedfertigen Frau sowohl dem äußeren Anschein nach als auch im eigenen Bewußtsein treu zu bleiben.

In zwischenmenschlichen Beziehungen erübrigt sich auf diese Weise die Notwendigkeit klarer Abgrenzungen; offene Konflikte, die unweigerlich mit dem gefürchteten Gefühl des Getrenntseins einhergehen würden, können so umgangen werden. Dem äußeren Anschein nach wird der Kontakt nicht zerstört; daher kann die Angst vor dem Verlust der Beziehung in Grenzen gehalten werden. In Hinblick auf die innere Realität hingegen hat die verdeckte Aggressivität die gleichen kontaktzerstörenden oder kontaktvermeidenden Wirkungen wie offene Formen destruktiver Aggressivität. Darüber hinaus ermöglichen indirekt ausgedrückte und daher verschleierte Aggressionen es auch, Schuldgefühle im Zusammenhang mit den eigenen Aggressionen einzudämmen.

Verdeckte Aggressivität kann – gerade auf dem Hintergrund ausgeprägter Ohnmachtserfahrungen – in offene Formen der Gewalt umschlagen. Hierzu scheint es besonders dann zu kommen, wenn das Maß der erlittenen Demütigungen und Verletzungen so groß ist, daß es zu einem plötzlichen und vorübergehenden Verlust der Impulskontrolle kommt und die angestauten Aggressionen mit unmittelbarer Gewalt durchbrechen. Die Frage, wer in der Beziehung der Schwächere ist, stellt sich dann gar nicht.

Indirekte Formen destruktiver Aggression erfüllen auch dann ihren Zweck, wenn Frauen sich durchaus aggressiv und gewalttätig verhalten *wollen*, ihnen die Möglichkeit, dies zu tun, aber nicht zur Verfügung steht.

Einige Formen verdeckt-destruktiver Aggressivität möchte ich näher erläutern.

Delegation von Gewalt
In der Delegation eigener destruktiv-aggressiver Gefühle und Impulse an andere, die die Macht und die Möglichkeit haben, offen destruktive Handlungen auszuführen, sehe ich eine Sonderform verdeckter Aggressivität. Ich greife zur Erklärung ein wenig aus.

Gilmore[41] hat darauf hingewiesen, daß die Arbeitsteilung zwischen den Geschlechtern und mit ihr die Geschlechterrollen und -Stereotypen damit in Zusammenhang zu bringen sind, daß Menschen in der Regel unter wenig paradiesischen Zuständen ihre Existenz fristen mußten. Der Zugang zu Ressourcen gestaltete sich oft schwierig und war – wie beispielsweise bei der Jagd – mit großer körperlicher Anstrengung und Gefahr verbunden. Da die Frauen aufgrund häufiger Schwangerschaften, langer Stillzeiten und der Jahre andauernden Hilflosigkeit und Abhängigkeit der Kinder stark gebunden waren und zudem im Durchschnitt über weniger körperliche Kräfte verfügten, wurde die Jagd ebenso wie die Verteidigung der Gemeinschaft gegen Angriffe und Gefahren von außen den Männern zugewiesen. In diesem Zusammenhang erfüllten und erfüllen die den Männern kulturell aufgezwungenen Männlichkeitsideale ihre Funktion: Sie bereiten die (zukünftigen) Männer auf die Übernahme der ihnen zugedachten und an sich recht unattraktiven Aufgaben vor, indem sie die zur Erfüllung dieser Aufgaben notwendigen Eigenschaften wie Ausdauer, Kühnheit, Selbstdisziplin, Verachtung von Gefahr und Aggressivität kultivieren.

Erst in der jüngeren Vergangenheit sind zumindest in den Industrienationen geringere Körperkraft und biologische Bindung der Frau durch Schwangerschaft und Geburt zu einem untergeordneten Faktor geworden. Die ursprünglich aus diesen Bedingungen folgende Arbeitsteilung zwischen den Geschlechtern, die einmal Ausgangspunkt der komplizierten Differenzierung von Geschlechterrollen war, wäre daher heute weitgehend überflüssig. Nachdem diese Arbeitsteilung aber über Jahrtausende eine Funktion erfüllt hat, mag es seine Zeit dauern, bis die veränderten Bedingungen bewirken, daß sich auch obsolet gewordene Geschlechterrollen und -Stereotypen verändern.

Solange dies nicht oder nur ansatzweise der Fall ist, sind offene Aggressivität und Gewalt für viele Männer bis heute untrennbar mit ihrer Geschlechtsrolle verbunden und werden nach wie vor mehr oder weniger idealisiert und kultiviert.

Diese Arbeitsteilung ist mit allen ihren Konsequenzen aber nicht nur von Männern, sondern seit je auch von vielen Frauen akzeptiert worden. Soweit und wo dies der Fall ist, folgt daraus, daß offen aggressive und gewalttätige Handlungen beispielsweise in Form von kriegerischen Auseinandersetzungen auch dann in den Zuständigkeitsbereich von Männern fallen, wenn Frauen diese Akte der Gewalt ausdrücklich gutheißen und unterstützen, wie es etwa zu Beginn des Ersten Weltkrieges der Fall war.

Aus der Tatsache, daß Frauen in der Geschichte der Menschheit in weit geringerem Umfang als Männer an bewaffneten Auseinandersetzungen beteiligt waren, läßt sich daher m.E. nicht auf ihre größere Friedfertigkeit schließen. Ich sehe hier vielmehr ein System sich gegenseitig bedingender Einstellungen und Verhaltensweisen, innerhalb dessen Männer und Frauen – sofern sie sich den entsprechenden Rollenstereotypen verpflichtet fühlen – zusammenwirken, indem die einen aufgrund der beiderseits akzeptierten Arbeitsteilung tun, was auch dem Willen der anderen entspricht und ihre Billigung findet.

Auf diesen Vorgang beziehe ich mich, wenn ich den Begriff der »Delegation von Gewalt« verwende.

Einen Beitrag für diese These sehe ich beispielsweise darin, daß Frauen in dem Maße, in dem weltanschauliche Überzeugungen und staatstragende Ideologien eine Auflösung starrer Geschlechterrollen zur Folge haben, in Kriegssituationen und bewaffneten Auseinandersetzungen in erheblicher Zahl selber zur Waffe greifen. Dies war etwa der Fall in einer ganzen Reihe von Befreiungsbewegungen, in antifaschistischen Widerstandsbewegungen und in terroristischen Organisationen. Dies war auch während des Zweiten Weltkrieges in der Sowjetunion der Fall: Dort kämpften auf freiwilliger Basis insgesamt »mehr als eine Million Frauen an allen Fronten, im Hinterland und bei den Partisanen«[42] – eine Zahl, die man nicht mehr mit dem Begriff »Ausnahme« erklären kann.

Delegation von Gewalt gab und gibt es aber auch in ganz anderen Zusammenhängen. So waren während der Zeit des Dritten Reichs beispielsweise nur bestimmte Gruppen von Frauen – etwa die Fürsorgerinnen – an der Selektion derer beteiligt, die von den Nationalsozialisten zwangssterilisiert wurden. Aus manchen Stellungnahmen läßt sich jedoch entnehmen, daß auch andere Gruppierungen von Frauen (z.B. Erzieherinnen) ausdrücklich daran interessiert waren und sogar darum baten, an den Selektionen beteiligt zu werden. Insofern führten diejenigen Männer, die die Zwangssterilisation letztlich durchführten und gemeinhin allein dafür verantwortlich gemacht werden, lediglich aus, was auch dem Willen dieser Frauen entsprach. Hätten diese Frauen die entsprechenden Kompetenzen gehabt – sie hätten sich freiwillig und gerne aktiv beteiligt (siehe Kapitel über Täterinnen und Mittäterinnen im Dritten Reich).

Im Zusammenhang mit den gegenwärtigen Ausschreitungen gegen Ausländer in Deutschland meint der Aggressionsforscher Udo Rauchfleisch denn auch, daß Skinheads und Neonazis sozusagen im Auftrag einer Mehrheit auf immer brutalere Art prügeln und töten[43], und der Leiter der Verfassungsschutzbehörde von Mecklenburg-Vorpommern, Volkmar Seidel, sagte, »zwei Drittel der Rostocker Randalierer seien Heranwachsende, die ›quasi als Exekutivorgane des elterlichen Frustes‹ mitmachten. Die jungen Leute setzten Äußerungen der Eltern wie ›Ausländer nehmen uns den Arbeitsplatz weg‹ in unreflektierte Taten um.«[44]

Auch im Alltagsleben spielt das Prinzip der Delegation von Gewalt eine Rolle. Wer kennt nicht den bedrohlichen Satz »Na warte, bis der Papa kommt«? Die Mutter, die dem Kind Prügel androht, wird zwar selber nicht unmittelbar gewalttätig, hält es aber für rechtens, ein Kind zu schlagen, und delegiert die eigentliche Handlung in Übereinstimmung mit den Überzeugungen des Vaters an den Mann, weil sie in seinen »Zuständigkeitsbereich« fällt.

Eine andere Form der Delegation von Gewalt findet sich in jenen Fällen, in denen Frauen ganz ausdrücklich die Schädigung oder Vernichtung eines anderen Menschen anstreben, aber nicht unmittelbar über die Möglichkeit verfügen, es selber zu tun. In dieser Situation bedienen sich manche Frauen des Mittels staatlicher Gewalt oder greifen auf Menschen zurück, die aufgrund persönlicher Machtbefugnisse an ihrer Stelle die gewünschten Gewaltakte vollziehen.

Ersteres war beispielsweise bei solchen Frauen der Fall, die während des Nationalsozialismus das staatliche Instrumentarium der Willkürherrschaft nutzten, indem sie Menschen denunzierten, mit denen sie in persönliche Auseinandersetzungen verstrickt waren oder die ihnen in bezug auf materielle Vorteile im Wege standen. Kiener definiert Denunziation als »eine Anzeige, die aus unlauteren Motiven – etwa aus Neid, Rachsucht, Hinterlist, Liebedienerei, persönlichem Vorteil – erfolgt und unter Umständen falsche oder entstellte Sachverhalte enthält«.[45] Einige wenige dieser Fälle, bei denen die Opfer zu Tode kamen, habe ich im Kapitel über Täterinnen und Mittäterinnen im Dritten Reich dokumentiert. Ilse Koch schließlich, Ehefrau des Kommandanten des Konzentrationslagers Buchenwald, ist ein Beispiel für eine Frau, deren unmittelbare Möglichkeiten zur Gewaltanwendung begrenzt waren, die sich aber die Befugnisse ihres Mannes und ihre Stellung als Frau des Kommandanten zunutze machte, um jede von ihr gewünschte Grausamkeit mittels Dritter durchzusetzen.

Opferhaltung, Unterwerfung und Märtyrerrolle
»Als Frauen«, schreibt Margarete Mitscherlich, »neigen wir nach wie vor dazu, unsere untergründige Aggression in Vor-

wurfs- und Opferhaltungen umzuwandeln und dadurch eine für uns wie für die Betroffenen wenig erfreuliche passive Aggression auszuüben.«[46] »Alles« für den anderen zu tun, sich seinen Wünschen und Bedürfnissen anzupassen und sich ihm zu unterwerfen – diese Haltung ist unweigerlich mit Selbstaufgabe verbunden. Was aber hat Selbstaufgabe mit Aggressivität zu tun?

Selbstaufgabe ist Ausdruck mangelnder Abgrenzungsfähigkeit; darüber hinaus verfolgt aber derjenige, der sich selber aufgibt, durchaus eigene Interessen und ist daher auch nicht nur Opfer. Wer sich im Rahmen einer Beziehung aufgibt, versucht auf diese Art, die Anerkennung des anderen zu erlangen. Wenn ich ihm alle Wünsche von den Augen ablese...; wenn ich mich seinen Bedürfnissen ganz und gar anpasse...; wenn ich mich gegen Ungerechtigkeiten und Demütigungen nicht zur Wehr setze...; wenn ich alle eigenen Wünsche aufgebe... – dann, ja dann wird der andere mich endlich wahrnehmen, anerkennen und lieben.

Wer sich selber aufgibt, will etwas dafür haben – und zwar um jeden Preis, selbst um den der Selbstzerstörung. Wer sich unterwirft, will den anderen zu einer Art der Anerkennung zwingen, die der andere von sich aus zu geben nicht bereit ist. Wer sich unterwirft, macht eine innere Gleichung auf: Ich erkenne dich an, indem ich mich deinem Willen unterwerfe und alles tue, was du willst; dafür aber mußt auch du tun, was *ich* will – mich nämlich deinerseits anerkennen.

Wer herrschen will, zwingt dem anderen seinen Willen offen und unmißverständlich auf. Wer sich unterwirft, will dem anderen seinen Willen ebenfalls aufzwingen, tut dies aber mittels einer versteckten und nur schwer erkennbaren Art der Aggression, die wie ihr Gegenteil in Erscheinung tritt. Beide haben das gleiche Motiv, nämlich anerkannt werden zu wollen und insofern Macht über den anderen zu gewinnen; beide benutzen die gleichen Mittel, um ihr Anliegen durchzusetzen, nämlich Zwang. Beide überschreiten und verletzen die Grenzen des anderen: der, der herrschen will, indem er den anderen wie einen

Teil seiner selbst behandelt, ihn sich also einverleibt – ganz so, als wäre der andere kein von ihm getrenntes Wesen mit einem eigenen Willen, eigenen Wünschen und eigenen Bedürfnissen; der, der sich unterwirft, indem er sich selber durch die Unterwerfung zu einem Teil des anderen zu machen sucht, also in ihn eindringt – ganz so, als wäre der andere kein von ihm getrenntes Wesen mit einem eigenen Willen, eigenen Wünschen und eigenen Bedürfnissen.[47]

Keiner von beiden kann den anderen als eigenständige Person wahrnehmen und respektieren: »Was als masochistischer Verzicht, als Phantasie über Vergewaltigung, über Ausgeliefertsein an weibliche oder männliche Willkür erscheint, verhüllt sehr häufig eigene abgewehrte Bedürfnisse, die sich von Machtansprüchen, Bemächtigungs- und Kontrollbedürfnissen, von Wünschen, sich einzumischen, einzudringen und alles für sich zu behalten, ableiten.«[48]

Rückzug und Depression
Häufig wird Depression als gegen die eigene Person gerichtete Aggression verstanden: »Weiblich ist es, alles auf sich zu nehmen und mit sich selbst ins Gericht zu gehen, verdeckte Wut und Haß, Neid und Rachegelüste, die eigentlich anderen gelten, gegen sich selbst wirksam werden zu lassen.«[49]

Depression ist ein Zustand, der unkenntlich macht, worum es eigentlich geht: »Depression dient bei Frauen oft dazu, Aggressionen zu binden und ihre Ursachen zu verschleiern.«[50] Würden die Ursachen der Aggression nicht verschleiert, käme es voraussichtlich zu einem Konflikt – und genau das soll vermieden werden.

Gleichzeitig wird durch die Depression selbst aber auch ein Teil der Aggression ausgedrückt, um die es ursprünglich ging. Ein Mensch, der sich in eine Depression zurückzieht, bricht den Kontakt zu anderen Menschen ab; er wird für andere unerreichbar. Dies läßt sich als Schutzmechanismus verstehen, beinhaltet aber auch eine massive Entwertung all derjenigen, die sich um den depressiven Menschen bemühen. Die Unerreichbarkeit drückt aus, daß alle Versuche, in Kontakt zu treten, vergebliche Liebesmüh sind und daß der andere insofern ganz und gar unwesentlich ist.

Schließlich beinhaltet der Rückzug in die Depression auch Anklage und stummen Vorwurf, indem auf diese Weise unmißverständlich zum Ausdruck gebracht wird, wer der Täter und wer das Opfer und damit der bessere Mensch ist.

Andere, weniger massive Formen des Beziehungsabbruchs wie inneren Rückzug und Verstummen verstehe ich als moderatere Variationen des gleichen Themas.

Entwertung
Ständige Entwertung des anderen (Kinder, Partner, Freunde etc.) stellt eine weit verbreitete Form indirekter Aggressivität dar. Ich verstehe Entwertung als beziehungszerstörendes Verhalten, das die Funktion hat, Konflikten aus dem Weg zu gehen.

Oft gründet die Entwertung anderer in einem Mangel an Selbstwertgefühl und stellt einen Versuch dar, das labile Gefühl des eigenen Wertes zu stabilisieren: Je massiver ich einen anderen Menschen entwerte, desto bedeutender und wertvoller kann ich mich im Vergleich zu ihm dünken; je mehr Wert ich dem anderen abspreche, desto mehr neigt sich die Waage zu meinen eigenen Gunsten – allerdings notwendig auf Kosten eines anderen.

Zwischen Entwertung und Gewalttätigkeit besteht ein enger Zusammenhang: Ist der andere oder eine ganze Gruppe (die Juden, die Männer, die Frauen, die Kapitalisten, die Asozialen, die Ausländer etc.) hinreichend abgewertet, kann er ausgegrenzt werden. Ist er aber erst einmal zur persona non grata erklärt und seiner Menschenwürde beraubt, muß er auch nicht mehr nach menschlich-ethischen Maßstäben behandelt werden. Der Schritt hin zur offenen Gewaltanwendung ist dann nur noch klein und unter Umständen schnell getan.

Vollzieht sich dieser Prozeß in einer Frau, die nach ihrem

Rollenverständnis nicht selber zu offener Gewaltanwendung greifen wird, wird voraussichtlich das Prinzip der Delegation von Gewalt wirksam – so geschehen etwa in Rostock im August 1992: Bei den Überfällen auf das Asylbewerberheim standen Tausende – unter ihnen nicht wenige Frauen – am Rande und feuerten ihre Mannschaft an: »Skins, haltet durch!«[51]

Vollzieht sich dieser Prozeß hingegen in einer Frau, die die traditionell weibliche Friedfertigkeit ablehnt und zu überwinden trachtet, so wird sie voraussichtlich keine Hemmungen haben, schließlich selber Gewalt anzuwenden: »Wir sagen natürlich«, so Ulrike Meinhof in einem Interview aus dem Jahre 1969, »die Bullen sind Schweine, wir sagen, der Typ in der Uniform ist ein Schwein, das ist kein Mensch, und so haben wir uns mit ihm auseinanderzusetzen. Das heißt, wir haben nicht mit ihm zu reden, und es ist falsch, überhaupt mit diesen Leuten zu reden, und natürlich kann geschossen werden.«[52]

In zwischenmenschlichen Beziehungen steht Entwertung – darauf hat Rosmarie Barwinski Fäh hingewiesen – in einer engen Verbindung zu Gefühlen von Neid und Eifersucht: »Neid spielt sich zwischen zwei Personen ab und bezieht sich auf den Drang, die Eigenschaften oder Dinge zu besitzen, worüber eine andere Person verfügt, man selber aber nicht. Das Ziel von tiefem Neid ist deshalb, die begehrten Eigenschaften zu... rauben oder gar zu zerstören. Mit der Zerstörung des Neidobjektes ist der Grund des Neides aus der Welt geschafft. Eifersucht hingegen bezieht sich immer auf drei Personen und hat das Ziel, das Liebesobjekt für sich zu gewinnen und die Rivalin bzw. den Rivalen auszustechen.«[53]

Beides – symbolische oder auch reale Schädigung der beneideten Person wie auch der Rivalin – gelingt mittels der Entwertung. Ich denke in diesem Zusammenhang beispielsweise an eine mir persönlich bekannte Familie, in der der Vater die Tochter sexuell mißbrauchte; obwohl die Mutter vorgab, von dem Mißbrauch nie etwas gewußt zu haben, setzte sie ihre Tochter in bezug auf deren Weiblichkeit dauernden und massiven verbalen Entwertungen aus. Die Zerstörung, die sie damit in ihrer Tochter anrichtete, war sehr real: Das Mädchen übernahm und verinnerlichte das von ihrer Mutter gezeichnete Bild und konnte sich über lange Jahre nur als unweiblich, häßlich und unattraktiv wahrnehmen.

Auch Ignorieren und Nichtbeachten stellen massive Formen der Entwertung dar. Ich nenne als Beispiel den Fall einer Frau, die sich in einer Gaststätte mit einem Mann verabredet hatte, an dem sie sexuell interessiert war. Sie gab ihr Interesse zwar verdeckt, aber dennoch deutlich zu erkennen, stieß jedoch nicht auf Gegenliebe. Darüber war sie so erbost, daß sie während des noch andauernden Gesprächs mit einem sehr jungen Mann am Nebentisch Blickkontakt aufnahm, so daß dieser sich eingeladen fühlte, an ihren Tisch überzuwechseln. Kaum war er dort angekommen, brach sie das Gespräch mit ihrem Bekannten abrupt ab, wandte sich dem Neuankömmling zu und würdigte den Mann, mit dem sie verabredet gewesen war, keines Wortes und keines Blickes mehr. Sie gab ihm also deutlich zu verstehen, daß er weniger wert sei als irgendein hergelaufener, beliebiger, nicht einmal richtig erwachsener Mann – mit einem Wort: ein Nichts.

Um den Versuch der symbolischen Vernichtung eines anderen Menschen ging es auch bei einer Frau, die ihren Sohn ein Leben lang in großer Abhängigkeit zu halten gesucht hatte und sehr eifersüchtig reagierte, als er heiratete. Zu Weihnachten überhäufte sie den Sohn mit Geschenken, die unangemessen intimen Charakter hatten; seine Frau hingegen wurde in keiner Weise bedacht. Selbst die beigefügte Grußkarte war nur an den Sohn gerichtet und von der Mutter mit einer Formulierung eingeleitet, wie man sie üblicherweise aus Liebesbriefen kennt. Ihre aggressiven Impulse der Ehefrau gegenüber brachte die Mutter durch Nichtbeachtung unmißverständlich zum Ausdruck: Nach ihrem Gefühl gehörte *sie* an die Seite ihres Sohnes, und da sie die Rivalin anders nicht aus der Welt zu schaffen wußte, griff sie zum Mittel der symbolischen Vernichtung, indem sie die Schwiegertochter wie Luft – also gewissermaßen als gar nicht existent – behandelte.

Derartige Formen indirekter, aber deutlich spürbarer Aggression in Form massiver Entwertung erfüllen den Zweck, den zugrundeliegenden Konflikt zu umgehen, ohne deshalb auf den Ausdruck der aggressiven Gefühle verzichten zu müssen.

Die indirekte Form der Aggression garantiert, daß dem anderen keine Angriffsfläche geboten wird, da die Aggressivität des Verhaltens nicht ohne weiteres erkennbar ist; sie erzeugt aber, weil sie dennoch spürbar wird, nicht selten im Adressaten aggressive Gefühle und Impulse. Der Effekt besteht also u.a. darin, daß der Schwarze Peter erfolgreich dem anderen zugeschoben wird, sofern dieser das »Spiel« nicht durchschaut, auf die Entwertung mit reaktiver Aggressivität reagiert und dem passiv Aggressiven so die Möglichkeit in die Hand gibt, sich selber nun als Opfer, den ursprünglich Angegriffenen jedoch als Täter wahrnehmen zu können.

Überforderung und perfektionistische Ansprüche
Ständige Überforderung und perfektionistische Ansprüche einem Kind oder Partner gegenüber bringen zum Ausdruck, daß der andere nicht als »Person im eigenen Recht« akzeptiert werden kann, sondern ohne Rücksicht auf seine Grenzen und Fähigkeiten in den Dienst der Befriedigung eigener Bedürfnisse gestellt wird. So sollen Kind oder Partner etwa stellvertretend für die Mutter/Partnerin etwas darstellen und müssen daher die von ihr definierten Ansprüche erfüllen, oder das Kind/der Partner soll durch die an ihn gestellten Ansprüche eine Entschädigung für das eigene Scheitern bieten.

Eine besondere Art der Überforderung ergibt sich, wenn die Mutter ihr Kind zum Partnerersatz macht, ihm also eine Rolle aufdrängt, der es nicht gerecht werden kann. Lebt die Mutter mit ihrem Mann/Partner zusammen, so drückt sich allein in der Wahl des Kindes als Partnerersatz eine tiefe Abwertung des erwachsenen Partners aus, dem mit dieser Wahl bedeutet wird, daß er so unzulänglich ist, daß er sogar durch ein Kind ohne weiteres ersetzbar ist.

Als indirekte Form der Aggression verstehe ich die genannten Verhaltensweisen deshalb, weil die Mißachtung der Persönlichkeitsrechte anderer, die für eigene Zwecke funktionalisiert werden, notwendig permanente Grenzverletzungen zur Folge hat. Perfektionistische Ansprüche sind eine massive Form der Zurückweisung, denn das Gegenüber hat kaum eine Chance, als der wahrgenommen und akzeptiert zu werden, der er wirklich ist.

Ursächlich kann der Zusammenhang zwischen Feindseligkeit dem Kind/Partner gegenüber und der Existenz perfektionistischer Ansprüche auch darin bestehen, daß das Kind/der Partner im Grunde abgelehnt wird, ohne daß die Mutter/Partnerin sich diese Ablehnung jedoch eingestehen könnte. Wenn es nicht gelingt, die feindseligen Gefühle ganz und gar zu verdrängen oder im Rahmen einer Reaktionsbildung in ihr Gegenteil (Overprotection) zu verkehren, bietet sich die »Lösung« an, Ursache und Wirkung umzukehren und im *anderen* nach scheinbar rationalen Gründen für die Ablehnung zu suchen – und die sind allemal zu finden, wenn man einen Menschen nicht mit den Augen der Liebe betrachtet. Im Erleben der Mutter/Partnerin beruht die Ablehnung dann darauf, daß das Kind/der Partner nicht so ist, wie er sein sollte. Wäre er nur anders, könnte sie ihn auch lieben. In dem Versuch, den anderen nach ihren Vorstellungen zu modeln, erhebt sie nun perfektionistische und nicht erfüllbare Ansprüche, so daß sich die »Ursache« der Ablehnung immer wieder neu bestätigt.[54] Die eigene Feindseligkeit wird so erfolgreich, wenn auch auf Kosten des Gegenübers, nach außen verlagert, eine Auseinandersetzung mit dem zugrundeliegenden Konflikt wird ebenso erfolgreich umgangen.

Überbehütung als Form der Kindesmißhandlung
Auch Vernachlässigung und Verwahrlosung im Verhältnis zu Kindern stellen eher indirekte Äußerungsformen destruktiver

Aggression dar, sind wegen ihrer emotional negativen Tönung aber dennoch leichter aggressiven Gefühlen und Impulsen zuzuordnen als das Phänomen der Überbehütung und Überversorgung von Kindern, das nach Meinung des Deutschen Kinderschutzbundes »mißhandelnden Charakter annehmen [kann] und eine Schädigung der kindlichen Entwicklung bedeutet«.[55]

Der Überbehütung liegt – ebenso wie perfektionistischen Ansprüchen – oft eine negative Einstellung zum Kind zugrunde: In Umkehr dieser nicht bewußten, uneingestandenen Ablehnung unterliegt die überbehütende Mutter der Zwangsvorstellung, daß ihrem Kind ständig äußere Gefahren drohen, vor denen sie es schützen muß. Es handelt sich bei diesem Vorgang also um einen nach außen verlagerten Kampf gegen die eigenen Aggressionen.

D.M. Levy nennt folgende Merkmale, die für das Verhalten überbehütender Mütter typisch sind: exzessiver Kontakt zum Kind, das Kind wird überdurchschnittlich lange in kleinkindlicher Obhut behalten, Versuch, das Kind in besonderer Abhängigkeit zu behalten, sowie ein Übermaß an Kontrolle oder aber das Fehlen jeglicher Kontrolle.[56]

Findet sich ein Übermaß an Kontrolle – werden dem Kind also sehr enge Grenzen bezüglich seiner inneren und äußeren Autonomie gesetzt –, so behandelt die Mutter das Kind, als wäre es ein Teil ihres Selbst, über den sie beliebig verfügen kann. Fehlt hingegen jede Kontrolle – setzt sie dem Kind also gar keine Grenzen –, so behandelt sie sich selber, als wäre sie ein unabgegrenzter Teil des kindlichen Selbst, über den das Kind beliebig verfügen kann. In beiden Fällen handelt es sich um eine Grenzfindungsproblematik, die zur Folge hat, daß Grenzen mißachtet und verletzt werden. Da rigide Grenzen und fehlende Grenzen letztlich zwei Seiten derselben Medaille sind, kommt es zudem zu sprunghaften Wechseln zwischen einem Übermaß an Kontrolle und grenzenloser Nachsicht – eine Situation, die für das Kind in hohem Maße verwirrend ist und sich auf seine Entwicklung schädigend auswirkt.

Überbehütung und -versorgung machen dem Kind altersgemäße Erfahrungen der Abgrenzung schwer bis unmöglich, schaffen extreme Abhängigkeiten und beschneiden das Kind in seiner inneren und äußeren Autonomie. Die Persönlichkeit des Kindes wird in ihrer Entfaltung behindert und im Extremfall zerstört. Ich sehe Überbehütung als eine jener Formen indirekter Aggressivität, die ihrem äußeren Erscheinungsbild nach das gerade Gegenteil der Destruktivität – nämlich Liebe – zu sein scheint und deshalb nur schwer zu identifizieren ist.

Narzißtische Ausbeutung
Unter narzißtischer Ausbeutung eines Kindes oder Partners fasse ich all jene Beziehungskonstellationen, in denen die Bedürfnisbefriedigung des/der Ausbeutenden im Vordergrund steht und das Gegenüber in seinen Persönlichkeitsrechten beständig manipuliert und mißachtet wird, weil es im Erleben des/der Ausbeutenden einzig für seine Zwecke zur Verfügung zu stehen hat. Ich gehe davon aus, daß diese Form des Mißbrauchs insbesondere im Verhältnis zwischen Müttern und Kindern anzutreffen ist und der Persönlichkeit des Kindes schweren Schaden zufügt. Dem narzißtischen Mißbrauch als indirekter Form der Aggression ist ein eigenes Kapitel gewidmet.

Latenter Inzest
Narzißtischer Mißbrauch und sexueller Mißbrauch verquicken sich oft miteinander und gehen Hand in Hand. Während der narzißtische Mißbrauch aber nicht in sexuellem Mißbrauch kulminieren muß, ist in der Darstellung des sexuellen Mißbrauchs der narzißtische Mißbrauch in aller Regel deutlich erkennbar. Dies gilt auch für latente Formen des Inzestes zwischen Müttern und Kindern – insbesondere Söhnen –, bei denen es nicht zu offen ausagierten sexuellen Beziehungen kommt, die narzißtisch mißbräuchliche Beziehung zwischen Mutter und Kind aber eine sexuelle Färbung erhält, die die ambivalente Abhängigkeit zusätzlich festigt. In diesem Sinne würden latent inzestuöse Beziehungen eine Sonderform narzißtischer Ausbeutung

darstellen. Die schädigenden Konsequenzen des latenten Inzestes müssen denen offener Formen sexuellen Kindesmißbrauchs in keiner Weise nachstehen. Dem Thema »latenter Inzest« ist in dem Kapitel über sexuell mißbrauchende Frauen ein gesonderter Abschnitt gewidmet.

1 Großmaß, Ruth (1992): Starke Frauen, zänkische Weiber oder friedliche Urmütter? Zum Verhältnis von Aggression und Weiblichkeit, S. 121, in: Camenzind, Elisabeth und Knüsel, Kathrin (Hg.) (1992): Starke Frauen – zänkische Weiber? Frauen und Aggression, Zürich 1992, S. 119–134

2 Keller-Husemann, Ursula (1983): Destruktive Sexualität. Krankheitsverständnis und Behandlung der sexuellen Perversion, München–Basel 1983, S. 126

3 ebd., S. 125

4 Die alltägliche Gewalt in uns. Ein Gespräch mit dem Psychologen und Aggressionsforscher Udo Rauchfleisch, S. 66, in: Psychologie Heute, 1993: 20 (1), Januar 1993, S. 64–69
siehe auch: Rauchfleisch, Udo (1992): Allgegenwart von Gewalt, Göttingen 1992

5 Lehner, Karin (1992): Die Entwicklungslinie der Aggression aus affekttheoretischer Sicht, S. 141, in: Camenzind und Knüsel (1992), a.a.O., S. 135–151

6 vgl. Goldhor Lerner, Harriet (1985): Wohin mit meiner Wut? Neue Beziehungsmuster für Frauen, Zürich 1987, S. 7 f.

7 ebd., S. 49

8 Verstehen und trotzdem nicht einverstanden sein. Ein Gespräch mit der Psychoanalytikerin Thea Bauriedl, S. 66, in: Psychologie Heute, 1993: 20 (2), Februar 1993, S. 30–37
siehe auch: Bauriedl, Thea (1992): Wege aus der Gewalt, Freiburg 1992

9 Rauchfleisch, Udo (1993): Die alltägliche Gewalt in uns, a.a.O., S 67

10 Schenk, Herrad (1983): Frauen kommen ohne Waffen. Feminismus und Pazifismus, München 1983, S. 97

11 Rauchfleisch, Udo (1993), a.a.O., S. 66

12 Großmaß, Ruth (1992), a.a.O., S. 129

13 ebd., S. 119

14 de Beauvoir, Simone (1949): Das andere Geschlecht. Sitte und Sexus der Frau, Reinbek bei Hamburg 1968, S. 665

15 Schwarzer, Alice (1980) in »Emma«, Heft 12/1980, S. 21; zit. n. Schenk, Herrad (1983), a.a.O., S. 89

16 Heymann, Lida Gustava (1917/22): Weiblicher Pazifismus, S. 66, in: Brinker-Gabler, Gisela (Hg.): Frauen gegen den Krieg, Frankfurt 1980, S. 65–70; zit. n. Schenk, Herrad (1983), a.a.O., S. 88

17 Lessing, Doris (1981): Gespräch mit Gabriele Dietze, in: Neue Rundschau, Heft 3/1981, S. 10/11; zit. n. Schenk (1983), a.a.O., S 88/89

18 Janssen-Jurreit, Marielouise (1976): Sexismus. Über die Abtreibung der Frauenfrage, München–Wien 1976, S. 492 f.

19 Shykoff, Jacqui A. (1992): Aggressionen aus biologischer und soziobiologischer Sicht, S. 58, in: Camenzind und Knüsel (1992), a.a.O., S. 45–59

20 ebd., S. 55

21 Fromm, Erich (1973): Anatomie der menschlichen Destruktivität, Reinbek bei Hamburg 1977, S. 213

22 Gilmore, David D. (1990): Mythos Mann. Rollen, Rituale, Leitbilder, München–Zürich 1991, S. 24
    Gilmore bezieht sich auf:
    Konner, Melvin (1982): Die unvollkommene Gattung, Basel u.a. 1983
    sowie auf: Archer, John und Lloyd, Barbara (1985): Sex and Gender, Cambridge 1985, S. 138 f.

23 Schenk, Herrad (1983), a.a.O., S. 93. Schenk bezieht sich auf:
    Meyer-Bahlburg, Heino F.L. (1980): Geschlechtsunterschiede und Aggression: Chromosomale und hormonale Faktoren, in: Bischof, Norbert und Preuschoff, Holger (Hg.) (1980): Geschlechtsunterschiede. Entstehung und Entwicklung, München 1980, S. 123–145

24 Schmerl, Christiane (1981): Geschlechtsunterschiede, in: Rexelius

und Grubitzsch (Hg.): Handbuch psychologischer Grundbegriffe, Hamburg 1981, S. 379

25 Gilmore, David D. (1990), a.a.O., S. 253

26 Windaus-Walser, Karin (1988): Gnade der weiblichen Geburt? Zum Umgang der Frauenforschung mit Nationalsozialismus und Antisemitismus, S. 112, in: Feministische Studien. Radikalität und Differenz, 1988: 6 (1), November 1988, S. 102–115

27 Lehner, Karin (1992), a.a.O., S. 146

28 Mitscherlich, Margarete (1985): Die friedfertige Frau. Eine psychoanalytische Untersuchung zur Aggression der Geschlechter, Frankfurt 1987, S. 181

29 ebd., S. 43

30 ebd., S. 19

31 Goldhor Lerner, Harriet (1988): Das mißdeutete Geschlecht. Falsche Bilder der Weiblichkeit in Psychoanalyse und Therapie, Zürich 1991, S. 56
Auf den »Preis der Männlichkeit« haben u.a. hingewiesen:
– Hollstein, Walter (1988): Nicht Herrscher, aber kräftig. Die Zukunft der Männer, Hamburg 1988
– Goldberg, Herb (1977): Der verunsicherte Mann, Düsseldorf–Köln 1977
– Schnack, Dieter und Neutzling, Rainer (1990): Kleine Helden in Not. Jungen auf der Suche nach Männlichkeit, Reinbek bei Hamburg 1990

32 Großmaß, Ruth (1992), a.a.O., S. 129

33 Rauchfleisch, Udo (1993): Die alltägliche Gewalt in uns, a.a.O., S. 66

34 MacDonald, Eileen (1991): Erschießt zuerst die Frauen, Stuttgart 1992, S. 36

35 ebd., S. 100

36 Kiener, Franz (1983): Das Wort als Waffe. Zur Psychologie der verbalen Aggression, Göttingen 1983, S. 196 und 205 f.

37 Goldhor Lerner, Harriet (1985), a.a.O., deutsch 1987, S. 13

38 Goll, Claire (1941): Der gestohlene Himmel, überarbeitete Neuauflage Frankfurt/M.–Berlin 1991

39 Barwinski Fäh, Rosmarie (1992): Schwangerschaft hinter der Couch. Von der Feindseligkeit der Töchter ihren Müttern gegenüber am Beispiel der Reaktionen von Patientinnen auf die Schwangerschaft ihrer Psychoanalytikerin, S. 203, in: Camenzind und Knüsel (1992), a.a.O., S. 203–219

40 Rauchfleisch, Udo (1993), a.a.O., S. 67

41 Gilmore, David (1990), a.a.O.

42 Schenk, Herrad (1983), a.a.O., S. 26

43 Rauchfleisch, Udo (1993), a.a.O., S. 64

44 »…und jetzt bricht der Haß aus«, Badische Zeitung vom 28.8.1992

45 Kiener, Franz (1983), a.a.O., S. 44

46 Mitscherlich, Margarete (1985), a.a.O., S. 9

47 zum Verhältnis von Herrschaft und Unterwerfung siehe:

Benjamin, Jessica (1988): Die Fesseln der Liebe. Psychoanalyse, Feminismus und das Problem der Macht, Basel–Frankfurt 1990

48 Lehner, Karin (1992), a.a.O., S. 145

49 ebd., S. 146

50 Goldhor Lerner, Harriet (1988), a.a.O., S. 187

51 Polizei erwartet »heißes« Wochenende in Rostock. Badische Zeitung vom 25.8.1992

52 Salewski, W. und Lenz, P. (1978): Die neue Gewalt und wie man ihr begegnet, Zürich 1978, S. 126; zit. n. Kiener (1983), a.a.O., S. 51/52

53 Barwinski Fäh, Rosmarie (1992), a.a.O., S. 209

54 vgl. Richter, Horst Eberhard (1963): Eltern, Kind, Neurose. Die Rolle des Kindes in der Familie, Reinbek bei Hamburg 1969, S. 47 f.

55 Hilfe statt Gewalt – Erklärung des Deutschen Kinderschutzbundes zur gewaltsamen Beeinträchtigung von Kindern in Familien, Hannover 1989, S. 12 f.

56 Levy, M. (1957): Maternal Overprotection, New York 1957

Teil II:
Weibliche Aggression und Gewalt im gesellschaftlich-politischen Raum

Wenn Frauen – so lautete meine These – über gesellschaftliche und/oder persönliche Macht verfügen, neigen auch sie Schwächeren gegenüber (bzw. im Rahmen eines Machtkampfes auch in etwa Ebenbürtigen gegenüber) in nicht unerheblichem Maße zu offenen Formen aggressiven und gewalttätigen Verhaltens unterschiedlicher Schweregrade. Immer geht es dabei in irgendeiner Weise um den Versuch, Ohnmacht in Macht umzukehren, um den Wunsch, zu herrschen, zu siegen und zu unterwerfen.

Im politisch-gesellschaftlichen Raum lassen sich verschiedene Varianten dieses Sachverhaltes ausmachen:

1. **Frauen, die politische Macht und Führungspositionen innehaben oder -hatten, unterscheiden sich in ihrem Umgang mit Macht und Gewalt nicht von Männern in entsprechenden Ämtern:** »Daß Frauen das Zepter der Macht mit mehr Sanftmut schwingen als ihre männlichen Kollegen, ist ein Ammenmärchen... Indira Gandhi verhängte über Indien den Ausnahmezustand und führte Krieg gegen Pakistan. Jiang Qing war federführend, als es darum ging, während der Kulturrevolution Hunderttausende in die Verbannung und in den Tod zu treiben ... Sirimavo Bandaranaike schreckte nicht davor zurück, einen gegen ihre Regierung gerichteten Putsch blutig niederzuschlagen. Auch Maggie Thatcher reagierte im Falkland-Konflikt knallhart und mit Waffengewalt... Golda Meir überfiel 1973 im ›Jom-Kippur-Krieg‹ die West-Bank und verleibte sie Israel ein. – Keine besonders ruhmreiche Bilanz.«[1]

2. Frauen, die an Sklavenhandel und Sklavenhaltung beteiligt waren, Frauen, die als weiße Herrinnen in den deutschen Kolonien zu Teilhaberinnen der Macht gegenüber der einheimischen schwarzen Bevölkerung wurden, Frauen, die während des Dritten Reiches als Aufseherinnen in den Konzentrationslagern tätig waren oder sich aktiv am »Euthanasie«-Programm der Nationalsozialisten beteiligten, blieben ihrer weiblichen Rolle insofern treu, als sie diese Rolle nicht grundsätzlich in Frage stellten, sondern akzeptierten oder hinnahmen, daß sie sich Männern gegenüber in einer persönlich und/oder gesellschaftlich unterlegenen Position befanden. Sie sprengten die Grenzen ihrer Rolle aber insofern, als sie Unterordnung, Anpassung und Friedfertigkeit Schwächeren gegenüber aufkündigten und ihre Macht in dem beschränkten Bereich, in dem sie über Macht tatsächlich verfügten, in gleicher Weise wie Männer mißbrauchten.

3. Frauen, die sich als Soldatinnen, in Revolutionen und nationalen Befreiungskriegen, im antifaschistischen Widerstand oder als Mitglieder terroristischer Gruppierungen freiwillig an bewaffneten Auseinandersetzungen beteiligten und beteiligen, stellen – in der Regel im Rahmen einer politischen Ideologie, die die Idee der Gleichstellung der Geschlechter einschließt – das weibliche Rollenstereotyp selbst und mit ihm die Arbeitsteilung zwischen den Geschlechtern in Frage und betrachten daher die Anwendung von Gewalt und die Teilnahme an bewaffneten Auseinandersetzungen nicht länger als »Männerangelegenheit«.

Dies gilt nicht für jene Frauen, die im Rahmen eines traditionellen Rollenverständnisses in Kriegszeiten um ihrer Männer und Kinder willen zu den Waffen greifen oder sich in »Notzeiten« vorübergehend um einer politischen Überzeugung willen (z.B.

Landesverteidigung, Erhalt von Kolonialbesitz etc.) an kriegerischen Auseinandersetzungen beteiligen, nach dem Ende der Kämpfe aber freiwillig wieder in ihre angestammte Rolle zurückkehren: Diese Frauen entwickeln lediglich in Ausnahmesituationen und der Not gehorchend ein von ihrer sonstigen Einstellung abweichendes Verhältnis zum bewaffneten Kampf.

In aller Regel jedoch wird der Einsatz von Gewalt mittels einer entsprechenden Ideologie zum legitimen Mittel der Auseinandersetzung erhoben: Die Gewalt dient der »gerechten Sache«, wird zum einzig möglichen Mittel der Auseinandersetzung erklärt und ist insofern von der gegnerischen Seite zu verantworten, als der Gegner nur diese Sprache »versteht«, der eigenen Partei in der Wahl der Mittel also keine Alternative läßt.

Es geht mir in diesem Zusammenhang nicht darum, ein Urteil darüber zu fällen, ob und unter welchen Umständen Gewalt als legitimes Mittel der politischen Auseinandersetzung anzusehen wäre. Mir liegt aber daran, darauf hinzuweisen, daß eine Spaltung in Freund und Feind, Schwarz und Weiß, Gut und Böse in jedem Fall eine der Voraussetzungen für die Anwendung von Gewalt als Mittel politischer Auseinandersetzung darstellt. Nur die Entwertung, Ausgrenzung und Entmenschlichung des Gegners kann – von reinen Notwehrsituationen einmal abgesehen – einen Menschen dazu befähigen, sich das Recht über Leben und Tod anderer Menschen anzumaßen. Die Anwendung von Gewalt setzt nach meiner Überzeugung unabhängig von der »guten Sache«, um derentwillen sie gerechtfertigt scheint (und die im übrigen immer und zu allen Zeiten von *beiden* Seiten geltend gemacht wird), eine innere Dynamik sowohl voraus als auch in Gang, die sich nur zu leicht verselbständigt und noch die gerechteste Sache letztendlich in ihr Gegenteil zu verkehren vermag.

1 Frauen als Sklavenhändlerinnen und -halterinnen

Sklavenhandel und Konquista, die Epoche der portugiesischen und spanischen Eroberungen in fremden überseeischen Ländern, wird uns »immer noch... als die Geschichte großer Männer präsentiert. In Wirklichkeit aber waren Frauen der Eroberernationen mit von der Partie... Die kolonialen Komplizinnen kamen aus allen gesellschaftlichen Rängen, Ständen und Schichten, und sie waren genauso gierig, brutal und rassistisch wie Männer« – so das Fazit von Martha Mamozai bezüglich der Beteiligung von Frauen an diesem wenig rühmlichen Kapitel europäischer Geschichte.[2]

Frauen beispielsweise, die im Portugal ihrer Zeit im öffentlichen Leben kaum in Erscheinung traten, genossen als Angehörige der in den Kolonien herrschenden Elite »neues Ansehen, und wo Titel und Besitz... an ihre Person gebunden waren, teilten sie Macht, Herrschaft und Reichtum direkt mit den Männern«.[3] Diese Bedeutung erhielten die weißen Portugiesinnen aufgrund des in ihrer Heimat geltenden Erbrechtes. Sie »erbten zu gleichen Teilen wie Männer und hatten das Recht, über ihren eigenen Besitz, ihre Mitgift und eventuelle Erbschaften zu bestimmen.«[4] Um zu verhindern, daß die portugiesischen Männer sich mit Afrikanerinnen einließen, wurden z.B. in der Gegend des Sambesistromes große Ländereien zu Kronland erklärt, das an Portugiesinnen vergeben wurde, sofern sie sich verpflichteten, einen reichen Portugiesen zu heiraten. Erbberechtigt waren nur die Töchter, sofern auch sie wiederum einen weißen Portugiesen heirateten.

Portugiesische Frauen *hielten* nicht nur – beispielsweise die Erbinnen der Kronländereien, die Donas de Zambesia – afrikanische Sklavinnen und Sklaven unter unmenschlichen Bedingungen, manche von ihnen beteiligten sich auch am Sklavenhandel. Und »königliche Depeschen des späten 17. und frühen 18. Jahrhunderts in Bahia (Brasilien) dokumentieren, daß Frauen als Sklavenbesitzerinnen selbst von der Prostitution ihrer Sklavinnen gelebt haben«.[5]

Als Sklavenhändlerin war beispielsweise Dona Maria de Crusz, Tochter eines früheren Gouverneurs aus Calabar (heute Nigeria) tätig: Sie besaß zwei Sklavenschiffe und handelte noch 1826 mit Menschen. Auch Königin Elisabeth I. von England und Irland war in den Sklavenhandel verwickelt. Den Piraten der englischen Krone war es gelungen, im Sklavenhandel eine führende Position zu erobern. Elisabeth I. mißbilligte diese Expeditionen zwar offiziell, doch verbot sie den Sklavenhandel nicht, obwohl es in ihrer Macht gestanden hätte. Ganz im Gegenteil teilte sie den Profit mit den See- und Menschenräubern und ernannte im Gegenzug beispielsweise John Hawkins zum Schatzmeister und Vizeadmiral der königlichen Flotte.

Frauen als Sklavenhalterinnen gab es indes nicht nur in den von Portugal eroberten Gebieten. Auch in den amerikanischen Südstaaten lebten nicht wenige Frauen wie die 36jährige Eliza Lucas Pinckey, die im Jahre 1758 nach dem Tod ihres Mannes die Leitung der Plantage übernahm und ihre Ländereien mit schwarzen Sklavinnen und Sklaven bewirtschaftete.

In die von Spanien eroberten Gebiete wurden aufgrund des durch die Ausrottungsfeldzüge gegen die indianische Bevölkerung entstandenen Arbeitskräftemangels ebenfalls afrikanische Sklaven importiert. Viele der dort ansässigen Spanier ließen ihre Frauen aus der Heimat nachkommen. Die Kreolinnen, in der neuen Welt geborene Frauen spanischer Abkunft, standen häufig in dem Ruf, »noch herzloser und grausamer gegen ihre Sklavinnen und Sklaven zu sein als ihre Ehemänner«[6], wie etwa Dona Catalina de los Rios de Lisperguer aus Chile, die den »Tod von vierzig Indianerinnen und Indianern, von denen viele die Male barbarischer Tortur trugen«[7] zu verantworten hatten.

Schließlich hielten sich auch unzählige kirchliche Institutionen, unter ihnen viele Frauenklöster im iberischen Amerika, eigene Sklaven, mit deren Hilfe sie ihre zum Teil riesigen Ländereien bewirtschafteten.

1 Wandel, Elke (Hg.) (1991): Witwen und Töchter an der Macht. Politikerinnen der Dritten Welt, Reinbek bei Hamburg 1991, S. 208/209

2 Mamozai, Martha (1990): Am Anfang war die Gewalt – Sklavenhandel und Konquista, S. 33, in: dies., Komplizinnen, Reinbek bei Hamburg 1990, S. 33–54
Ich folge im weiteren der Arbeit von M. Mamozai

3 ebd., S. 36/37

4 ebd., S. 35

5 ebd., S. 37

6 ebd., S. 46

7 ebd., S. 46

2 Teilhaberinnen der Macht: Weiße Frauen in den deutschen Kolonien

Auch die weißen Frauen in den deutschen Kolonien erlebten einen im Vergleich zu ihrer Situation im Reich rasanten gesellschaftlichen Aufstieg. So bestand etwa der größte Teil der weiblichen weißen Siedlungsbevölkerung Südwestafrikas aus jungen Frauen, die infolge des Mischehenverbotes über die Deutsche Kolonialgesellschaft und den Frauenbund der Deutschen Kolonialgesellschaft zwecks Heirat nach Südwestafrika gesandt worden waren. In der Regel handelte es sich um »einfache Mädchen«, meist Haushälterinnen, Köchinnen und landwirtschaftliche Arbeitskräfte, die auf diese Weise zu Herrinnen aufstiegen. »Die deutschen Frauen revanchierten sich für diese mit der Heimat vergleichsweise bessere soziale Stellung mit einem glühenden Nationalismus…«[1] Ihr Verhältnis der einheimischen schwarzen Bevölkerung gegenüber war von Überheblichkeit und Rassismus geprägt, so daß sie auch vor Gewalttaten nicht zurückschreckten.

Da sich die einheimische Bevölkerung oft weigerte, für die Kolonialherren zu arbeiten, herrschte chronischer Arbeitskräftemangel, der – und das hießen auch die weißen Herrinnen gut – in der Regel behoben wurde, indem die Einheimischen zur Zwangsarbeit genötigt wurden. Der schwarzen Bevölkerung war zudem durch eine Verordnung aus dem Jahre 1907 durch das Verbot von Landerwerb und Viehhaltung die traditionelle Existenzgrundlage entzogen worden.

Der Farmer Ludwig Cramer beispielsweise, der sich von den auch bei ihm durch Zwang zur Arbeit gepreßten Einheimischen bedroht fühlte und auf dessen Farm es außerdem wiederholt zu Viehdiebstählen gekommen war, prügelte seine Arbeitskräfte auf bestialische Weise, um die Vorfälle »aufzuklären«. Es waren vor allem Frauen – einige unter ihnen schwanger –, die den Mißhandlungen, in deren Folge es auch zu Todesfällen kam, ausgesetzt waren. Ida Cramer, die Ehefrau des Farmers, assistierte ihrem Mann bei den Mißhandlungen, indem sie den Opfern vor dem Prügeln die Oberkleider aufschnitt. Es kam zu einem Prozeß, der Ida Cramer dazu veranlaßte, eine Verteidigungsschrift zu veröffentlichen. »Wäre ich ein Mann gewesen«, läßt sie uns wissen, »hätte ich die ganzen Weiber über den Haufen geschossen«[2] – ein Beispiel, das das Prinzip der Delegation von Gewalt eindrücklich belegt. Ida Cramer billigte die Mißhandlungen, die ihr Mann ausführte, nicht nur – sie hätte, wäre sie denn durch ihr Geschlecht und ihre Rolle nur nicht gebunden gewesen, auch vor weitergehenden Gewaltakten, ja selbst vor Mord nicht zurückgeschreckt.

Ida Cramer war kein Einzelfall. Auch andere Frauen verhielten sich den Einheimischen gegenüber gewalttätig. So erschlug die Farmerin Elisabeth Ohlsen den »Klippkaffern« Deubib mit einem Ast – sie wurde freigesprochen –, und Maria von Weiher, des vorsätzlichen Mordes an einem Einheimischen schuldig gesprochen, kam mit einer geringen Strafe davon.[3]

Neben solchen spektakulären Fällen war es vor allem die alltägliche Gewalt, das Prügeln von Dienstboten, zu dem sich viele Frauen freimütig bekannten. Magdalene von Prince »wurde von den Afrikanern gefürchtet, weil sie als Herrscherin ihrer Großplantage auch gern selbst zur Peitsche griff«, Maria Karow stellte fest, daß die Eingeborenen »nur durch Prügel zu bändigen« sind, Lydia Höpker verteilte »selbstverständlich Ohrfeigen«, und Margarethe von Eckenbrecher gab zu, auch Dienstboten geprügelt zu haben.[4]

Auch Kolonialkrieg und Völkermord fanden in den Reihen der Frauen Unterstützung. So erinnert sich Emma Dorn an die Zeit des großen Aufstandes der Herero und Nama in Südwestafrika: »...unsere braven Jungen hatten keine Verluste, aber ihre Gewehre räumten unter dem Gegner tüchtig auf, wir sahen jeden Mann fallen...«[5] Zur Erinnerung: Im Jahre 1892, acht

Jahre nachdem die Kolonie Südwest zum deutschen Schutzgebiet erklärt worden war, betrug die Zahl der Hereros ca. 80.000. »Nach einer offiziellen Statistik von 1909/1910 lebten noch 19.962 von ihnen. Etwa 3.000 war die Flucht nach Betschuanaland gelungen. Alle anderen waren entweder erschossen oder in die Wüste getrieben worden und sind dort elend zugrunde gegangen.«[6]

Im Deutschen Reich fand die koloniale Frage unter Frauen indessen ebenfalls Unterstützung. Hier engagierte sich der »Frauenbund der Deutschen Kolonialgesellschaft« u.a. mit seiner Zeitschrift »Kolonie und Heimat« dafür, den Kontakt zwischen Heimat und Kolonien zu festigen. Sein erklärtes Ziel war es, »deutschem Familiengeist und deutscher Art und Sitte eine sichere Pflanz- und Pflegestätte zu bereiten und zu erhalten«.[7]

Der »Frauenbund der Deutschen Kolonialgesellschaft« existierte auch nach dem Ersten Weltkrieg, als die Kolonien lange verloren waren, noch weiter, die Zahl der Mitglieder erreichte Mitte der zwanziger Jahre sogar einen Höchststand. Der Machtantritt der Nationalsozialisten bereitete dem Frauenbund keinerlei Probleme. In seinem Jahresbericht 1933/34 stellt der Frauenbund fest: »Eine grundlegende Umstellung unserer Arbeit war nicht erforderlich.« Vielmehr habe der Bund »ein viel größeres Verständnis in Deutschland gefunden als jemals zuvor... Das verdanken wir einzig unserem Führer Adolf Hitler, der unserem Volk die Augen geöffnet hat über den Begriff der Volksgemeinschaft, die alle bewußt deutschen Menschen umfaßt, auch unsere Landsleute jenseits der Grenzen des deutschen Reiches...«[8]

Übrigens: Auch sozialdemokratische Frauen befürworten deutschen Kolonialbesitz. Marie Juchacz, zeitweilig verantwortlich für die Schriftleitung der Frauenzeitschrift »Die Gleichheit«, schrieb im Jahre 1919: »Auch in unseren Reihen rang sich der Gedanke durch, daß ein Siebzig-Millionen-Volk mit starker industrieller Entwicklung Kolonien braucht...«[9]

1 Mamozai, Martha (1990): Kurz, aber gründlich – Kolonialismus auf deutsch, S. 76, in: dies., Komplizinnen, Reinbek bei Hamburg 1990, S. 57–98
Ich beziehe mich im folgenden auf die Arbeit von M. Mamozai
Eine ausführliche Darstellung findet sich bei: Mamozai, Martha (1982): Schwarze Frau, weiße Herrin. Frauenleben in den deutschen Kolonien, Reinbek bei Hamburg 1989

2 Cramer, Ida (1913): Weiß oder Schwarz, Lehr- und Leidensjahre eines Farmers in Südwest im Lichte des Rassenhasses, Berlin o.J., S. 119; vgl. Mamozai (1990), a.a.O., S. 61 ff.

3 Mamozai, Martha (1990), a.a.O., S. 66

4 ebd., S. 74/75

5 Dorn, Emma: Frauenschicksale in Südwest zur Zeit des großen Aufstandes, in: Kolonie und Heimat, VI. Jg., Nr. 36 und 37 (1990), zit. n. Mamozai; a.a.O., S. 90

6 Mamozai, Martha (1990), a.a.O., S. 62

7 Maag, Anne (1930): Einrichtung von Lesemappen und Büchereien in Südwestafrika, in: Jahresberichte, Frauenbund der Deutschen Kolonialgesellschaft, Berlin 1930, S. 19; zit. n. Mamozai (1990), a.a.O., S. 92

8 Jahresbericht 1933/34, Frauenbund der Deutschen Kolonialgesellschaft, S. 7; zit. n. Mamozai, S. 92

9 Juchacz, Marie (1919): Friedensvertrag und Kolonialarbeit, S. 60, in: Mansfeld, Alfred (Hg.): Sozialdemokratie und Kolonien, Berlin 1919; zit. n. Mamozai, S. 94

3 Frauen im bewaffneten Kampf

Ob als Kriegerinnen und Soldatinnen, in Revolutionen oder Bürgerkriegen, in den nationalen Befreiungsbewegungen der Dritten Welt, im antifaschistischen Widerstand oder in terroristischen Organisationen heute: Immer und zu allen Zeiten hat es Frauen gegeben, die sich aus unterschiedlichsten Gründen an bewaffneten Kämpfen beteiligt haben.

Krieg ist Männersache; greifen Frauen aber dennoch zur Waffe, dann tun sie es – so will es ein gängiges Vorurteil – um einer guten und gerechten Sache willen, die den Einsatz von Gewalt als unumgängliches und legitimes Mittel der Auseinandersetzung zu rechtfertigen vermag. Nur: Wer definiert, was eine »gerechte Sache« eigentlich ist? Es herrscht ja durchaus keine Einigkeit darüber, und unglücklicherweise beanspruchen in einem bewaffneten Konflikt in aller Regel *beide* Seiten dieses Etikett für sich. Auch Frauen waren – aber dies wird selten erwähnt – in einer ganzen Reihe bewaffneter Auseinandersetzungen auf beiden Seiten als Kämpferinnen anzutreffen – so etwa zur Zeit der Französischen Revolution[1], während des amerikanischen Bürgerkriegs[2], im mexikanischen Unabhängigkeitskrieg[3], im Spanischen Bürgerkrieg[4], während des Befreiungskampfes im ehemaligen Rhodesien[5] und im Vietnamkrieg[6].

Wenn Frauen also zur Waffe greifen, dann tun sie dies – so müßte es in Abwandlung obiger Aussage und unter vorläufiger Nichtbeachtung anderer Motive genauer heißen –, weil sie *die* Sache, für die zu kämpfen sie sich entschieden haben, für eine gerechte Sache halten.

In manchen Fällen scheint die Frage, ob bewaffneter Widerstand gerechtfertigt ist, eine einfache Antwort zu ermöglichen. Es fällt sicher schwer, abzustreiten, daß bewaffneter Widerstand gegen den deutschen Faschismus nicht legitim gewesen sein sollte. Und doch sehe ich selbst hier gewisse Probleme: Daß die Gegenseite unzweifelhaft großes Unrecht begeht, bedeutet schließlich noch lange nicht, daß diejenigen, die sich gegen dieses Unrecht zur Wehr setzen, a priori »gute Menschen« sind, die immer und ausschließlich von edlen Motiven geleitet würden. Dies wird aber häufig vorausgesetzt oder unterstellt: Steht man/frau nur auf der richtigen Seite, kann man/frau sozusagen nichts Falsches mehr tun – eine Einstellung, die die Gefahr der Mystifizierung und Idealisierung des bewaffneten Kampfes wie seiner Akteure und Akteurinnen mit sich bringt. Dies ist mir im Zusammenhang mit Schilderungen von kämpfenden Frauen z.B. im Spanischen Bürgerkrieg, in Befreiungsbewegungen und Gruppen, die sich selber als revolutionär verstehen, des öfteren aufgefallen. Gewalt ist nach meinem Dafürhalten unter *allen* Umständen ein furchtbares Mittel der Auseinandersetzung; daß Gewalt möglicherweise das einzige Mittel der Gegenwehr sein kann, macht sie bestenfalls unumgänglich, niemals aber gut, und dies gilt auch dann, wenn Frauen sich dieses Mittels bedienen. Die unkritische »Heldinnenverehrung«, die in manchen Publikationen anklingt, bereitet mir Unbehagen.

Frauen, die sich an bewaffneten Auseinandersetzungen beteiligen, brechen zweifellos mit ihrer traditionellen Geschlechtsrolle; dennoch hat diese Grenzüberschreitung mitunter einen paradoxen Charakter. Im Ergebnis kann sie nämlich dazu führen, daß Frauen die abgelehnten weiblichen Rollenklischees lediglich mit bestimmten Stereotypen der männlichen Rolle vertauschen. So mußten etwa die von Ingrid Strobl interviewten Frauen, die im Spanischen Bürgerkrieg auf seiten der Republikaner kämpften, unter Beweis stellen, daß sie genauso mutig, tapfer, stark, ausdauernd, hart und selbstlos wie die Männer zu kämpfen verstanden, indem sie diese Eigenschaften in noch höherem Maße als Männer an den Tag legten. Diese Art von Gleichberechtigung läuft darauf hinaus, daß Frauen genau diejenige (Männer-)Rolle übernehmen, die anderen Frauen als Sinnbild des Chauvinismus par excellence erscheint: die Rolle des ruhmreichen, heldenhaften Kriegers.

Doch sehen wir uns einige der Schauplätze, auf denen Frauen an bewaffneten Auseinandersetzungen beteiligt waren oder sind, ein wenig genauer an.

a) Kriegerinnen

Frauen als Kriegerinnen – dieses Phänomen mag eher als Ausnahme erscheinen; bei genauerem Hinsehen lassen sich jedoch erstaunlich viele Beispiele finden, die belegen, daß es so selten gar nicht war.

Von den Germanen beispielsweise ist überliefert, daß Frauen an Kämpfen unmittelbar beteiligt waren. So heißt es etwa über die Schlacht von Aquae Sextiae (102 v. Chr.) bei Plutarch: »...der Kampf tobte gegen die Frauen genauso wild wie gegen die Männer selber... Mit Beil und Degen stürzten sie sich auf ihre Gegner, gräßliche Schlachtrufe ausstoßend...«[7] Auch an der Schlacht gegen Marius nahmen Cimbern- und Teutonenfrauen teil; Frauen beteiligten sich am gegen die Römer gerichteten Aufstand der britischen Fürstin Boadicea, und galicische Frauen fochten an der Seite ihrer Männer gegen die Römer.[8]

Im Mittelalter verteidigten die »Frauen von Gaillac ihre Stadt gegen die Soldaten von Simon de Montfort. Sie hieben denen, die sich am First der Stadtmauer festzuhalten versuchten, die Hände ab.«[9] Die Holländerin Kenau Hasselaer befehligte während der Belagerung Haarlems durch die Spanier 1573 ein Korps weiblicher Soldaten; unter dem Oberbefehl von Maria Pita nahmen die galicischen Bäuerinnen am Kampf gegen die Engländer, die la Coruna belagerten, teil, und Augustina Domenech stellte während der Belagerung von Saragossa durch die Franzosen (1808/1809) nicht nur ein Korps aus weiblichen Freiwilligen auf, sondern leitete auch Ausfälle gegen die Franzosen.[10]

Auch in Deutschland dienten um 1760 unter Friedrich II. Frauen, und im Kampf gegen die französischen Okkupanten gab es im Jahre 1813 gar eine »weiße Legion«, die nur aus Frauen bestand.[11] In Frankreich kämpften während des Revolutionskriegs gegen Preußen und Österreich Frauen mit, einzelne von ihnen noch bis zum Ende des Krieges im Jahre 1815.[12] Die Liste ließe sich mühelos um eine Vielzahl weiterer Beispiele verlängern.[13]

Als »professionelle Kriegerinnen von Amts wegen« bezeichnet Samuel jene Königinnen, Prinzessinnen und ihnen Gleichgestellte, die an der Spitze ihrer Truppen fochten, Herrscherinnen also, die zur Verteidigung ihres Reiches gezwungen waren, aber auch kriegerische und eroberungslüsterne Königinnen wie etwa Dsingu, Kaiserin von Japan (um 200 n.Chr.), die sich nach dem Tod ihres Mannes zu einem erfolgreichen Eroberungsfeldzug nach Korea aufmachte, oder Tamara, Königin von Georgien (1185 – 1215), die nicht nur wegen ihrer Schönheit und Klugheit, sondern auch wegen der Eroberungszüge, die sie an der Spitze ihrer Truppen unternahm, berühmt war.[14]

Auch »Kriegerinnen aus Neigung« fanden sich zu vielen Zeiten und an vielen Orten – Frauen, die sich als Mann ausgaben und in verschiedenen Armeen an zahlreichen Schlachten teilnahmen[15], und selbst unter die Seefahrerinnen und Piratinnen wagten sich immer wieder Frauen.[16]

Überall und immer wieder gab es auch Frauen, die in ganzen Gruppen an Kriegen und bewaffneten Auseinandersetzungen teilnahmen, ob nun in Kurdistan, der Mongolei, Afghanistan, Indien oder China, in Neuseeland und Australien, in Südamerika oder Afrika.[17]

Besondere Aufmerksamkeit verdient das Heer der Kriegerinnen des Königreiches Dahome (heute Volksrepublik Benin): Wahrscheinlich schon seit dem 17. Jahrhundert und bis zur französischen Eroberung Dahomes im Jahre 1894 standen Kriegerinnen im Dienste der Könige des afrikanischen Staates – vermutlich in Folge des aufgrund des Sklavenhandels akuten Männermangels.

Formell gegründet wurde das Kriegerinnenkorps im Jahre 1815. Für die Kriegerinnen galt ein strenges Keuschheitsgebot, wohl deshalb, um Einschränkungen durch mögliche Schwangerschaften auszuschließen. Die Kriegerinnen waren leidenschaftliche Kämpferinnen, die sich selber folgendermaßen charakterisierten: »Wir sind keine gewöhnlichen Frauen, wir sind wie Männer, stärker als Männer; wir sind Furien, Panther.«[18] Ausgerüstet waren die Kriegerinnen, deren Zahl mehrere Tausend betrug (die Schätzungen schwanken zwischen 3.000 und 10.000) mit Gewehren, Säbeln und Beilen. Das Frauenheer war eine Elitetruppe, die unter dem Oberbefehl einer Generalin und weiblicher Offiziere stand. Die Kriegerinnen von Dahome waren an mindestens 13 Kriegen beteiligt. In der Zeit zwischen den Kriegen gingen sie auf Beutezug in die angrenzenden Gebiete. Wer Widerstand leistete, wurde getötet, wer nicht getötet wurde, in Gefangenschaft und Sklaverei verschleppt.

Die Existenz des Frauenheeres von Dahome dokumentiert, daß Frauen an Krieg und Heldentum durchaus interessiert sind und Männern darin in nichts nachstehen müssen, sofern man ihnen nur einräumt, diese Rolle übernehmen zu können.

b) Soldatinnen

Soldat sein zu können: dies war für so manche Frau ein Traum von Freiheit und Gleichheit, der sich mit der Vorstellung verband, das einengende Korsett der weiblichen Rolle ablegen zu können – ein Motiv, das Annette von Droste-Hülshoff in einem Gedicht zum Ausdruck bringt und das uns bei Frauen, die an bewaffneten Kämpfen teilgenommen haben, immer wieder begegnet:

> Wär' ich ein Jäger auf freier Flur,
> Ein Stück nur von einem Soldaten,
> Wär' ich ein Mann doch mindestens nur,

So würde der Himmel mir raten;
Nun muß ich sitzen so fein und klar,
Gleich einem artigen Kinde,
Und darf nur heimlich lösen mein Haar
Und lassen es flattern im Winde.

Soldatinnen im modernen Sinne gab es am häufigsten in der Sowjetunion. Mädchen und Jungen konnten sich im Rahmen der kommunistischen Jugendorganisationen seit 1927 auf freiwilliger Basis militärisch ausbilden lassen.[19] Zum wirklich wichtigen Faktor wurden die Frauen jedoch erst nach dem deutschen Angriff auf die Sowjetunion, als die Zahl derer, die sich freiwillig zur militärischen Landesverteidigung meldeten, sprunghaft anstieg. Die militärische Ausbildung für Frauen wurde damals zur Pflicht erhoben. Es gab etliche selbständige Fraueneinheiten; 1.300 Frauen wurden als Scharfschützinnen ausgebildet, die im Laufe des Krieges etwa 12.000 deutsche Soldaten getötet haben sollen, und Frauen fanden sich auch unter den Piloten von Kampfflugzeugen: Insgesamt existierten drei selbständige Frauenfliegerregimenter mit je ca. 30 Flugzeugen. Die Gesamtzahl der Frauen, die für die Sowjetunion an den Fronten, im Hinterland und bei den Partisaninnen kämpften, betrug mehr als eine Million. Mit dem Ende des Zweiten Weltkrieges allerdings wurden die meisten Frauen wie schon zuvor nach der Revolution von 1917 aus der Roten Armee entlassen.

Auch in Polen und Jugoslawien haben während des Zweiten Weltkrieges Frauen gekämpft. In Titos Nationaler Befreiungsarmee beispielsweise schlugen sich zwischen 1941 und 1944 mehr als 100.000 Partisaninnen; 2.000 Frauen kämpften im Offiziersrang[20], und 20% der Jugendkampfbrigaden bestanden aus Mädchen.[21]

Heute finden sich Frauen zwar in vielen Ländern der Welt im Militär, aber die Kampfeinheiten sind nach wie vor eine Männerdomäne. Dies liegt aber, so scheint es mir, nicht daran, daß es keine Frauen gäbe, die bereit wären, in Kampfeinheiten zu dienen, sondern daran, daß »man« ihnen dies verwehrt bzw. nur in Notzeiten, in denen der Beitrag von Frauen unverzichtbar ist, gestattet. Eine Million Frauen, die während des Zweiten Weltkrieges in der Sowjetunion an bewaffneten Kämpfen teilnahmen, 100.000 Frauen in Jugoslawien – bei Zahlen dieser Größenordnung handelt es sich nicht mehr um Ausnahmen. Sie sind ein Hinweis darauf, daß Frauen dort, wo die staatstragende Ideologie (bzw. die Ideologie der »Bewegung«) es erlaubt, genauso (gern oder ungern) wie Männer das Kriegshandwerk erlernen und ausüben. Kein Wunder also, daß auch in der heutigen Frauenbewegung eine Fraktion existiert, die den Ausschluß der Frauen aus dem Militär als sexistische Diskriminierung begreift und folglich dafür eintritt, sämtliche Militärlaufbahnen auch für Frauen zu öffnen.

c) Kämpfende Frauen in Revolutionen und Bürgerkriegen

Schon an der Französischen Revolution nahmen Frauen aller Schichten aktiv teil[22], und Théroigne de Méricourt, eine militante Kämpferin der ersten Revolutionsjahre, richtete 1792 »eine Petition an die Nationalversammlung, in der die Aufstellung spezieller Frauenlegionen gefordert wurde«, eine Forderung, die vor Ausbruch des Krieges gegen Preußen und Österreich von Frauendelegationen aufgegriffen wurde, die vor der Nationalversammlung erschienen und das Recht verlangten, Waffen tragen zu dürfen.[23]

Im mexikanischen Unabhängigkeitskrieg kämpften Frauen sowohl auf seiten der Aufständischen wie auch auf seiten der Königstreuen; allerdings fanden sich auf seiten der Rebellen wesentlich mehr Kämpferinnen.[24] Während der Unruhen um 1848 »kämpften auf den Barrikaden in Berlin, Dresden, Wien, Rastatt und anderswo« zahlreiche Frauen mit[25], und Kämpferinnen fanden sich auch während des amerikanischen Bürgerkriegs 1861–1865 auf beiden Seiten.[26] Bekannt ist, daß 1871 in den Reihen der Kommunarden von Paris viele Frauen kämpften[27], und die Rolle der russischen Frauen während der Revolution von 1917 »ist so allgemein bekannt und zugänglich, daß sich Einzelheiten erübrigen«.[28] Bekannt ist schließlich auch, daß während des Spanischen Bürgerkriegs (1936 bis 1939) vor allem zu Beginn viele Frauen kämpften, die meisten – jedoch nicht alle – auf seiten der Republikaner.[29]

d) Kämpfende Frauen in Befreiungsbewegungen der Dritten Welt

Ob beim Vietcong oder bei den Sandinisten Nicaraguas, im Befreiungskampf der Palästinenser, in Angola, Mozambique, Südafrika oder im ehemaligen Rhodesien – überall in den Befreiungsbewegungen war oder ist der Anteil kämpfender Frauen relativ hoch.

Immer wieder wird der Kampf gegen Armut, Ausbeutung, Unterdrückung und Entrechtung von den Frauen, die sich dem bewaffneten Kampf einer Befreiungsbewegung anschließen, als Grund für ihre Entscheidung genannt. Die Gewalt, so das Hauptargument, gehe ursprünglich von den jeweiligen Unterdrückern aus, die nur durch den bewaffneten Kampf dazu gezwungen werden könnten, ihren Herrschaftsanspruch aufzugeben und das Feld zu räumen.

In vielen Fällen ist der Kampf der Frauen darüber hinaus ein Kampf um Gleichberechtigung, ein Kampf gegen die zusätzliche Unterdrückung und Entrechtung, der sie als Frauen ausgesetzt sind. Frauen, die sich revolutionären Bewegungen anschließen, kämpfen also auch für ihre ureigensten Rechte, weil sie im Rahmen der von der Bewegung angestrebten gesellschaftlichen Umwälzungen auf eine Verbesserung ihrer gesellschaftlichen Situation hoffen.

Beide Motive sind nachvollziehbar; dennoch kann ich mich des Eindrucks nicht erwehren, daß der Schritt hin zur Teilnahme am bewaffneten Kampf eine Eigendynamik in Gang setzt, die die Ziele teilweise konterkariert. Die Ästhetisierung von Gewalt beispielsweise ist eines der Phänomene, die mich irritieren.

»Lavinia fühlte im Chaos ihrer Venen die Macht aller Rebellionen ihres aufrührerischen, unbeherrschbaren Landes, die in ihrem Innern tobten und die... über das biblische ›Du sollst nicht töten‹ Sieger blieben. Da wußte sie plötzlich, daß sie den letzten Bogen aller Kreise schließen mußte, den letzten Grund aller Widersprüche durchbrechen, ein für allemal Partei ergreifen mußte. Wie der Blitz glitt sie zur Seite, ging... in Stellung und zog mit hartem unbarmherzigen Finger den Abzug durch..., und ohne zu denken, mit verstreuten Bildern aus ihrem Leben vor Augen... drückte sie die Waffe fest an sich und schoß das ganze Magazin leer... Lavinias Geist tanzt jetzt im Abendwind, ihr Körper düngt die Felder und macht sie fruchtbar... Die Fackel ist entzündet, niemand wird sie mehr löschen können.«[30]

Mit diesen lyrischen Worten beschreibt Gioconda Belli in ihrem Erfolgsroman »Bewohnte Frau« eine Aktion der Guerilla, deren Ziel die Befreiung politischer Gefangener war. Mit Härte und Unbarmherzigkeit hat Lavinia ihren Sieg erkauft: Sie hat den Preis für den Sieg der gerechten Sache in der Währung des Gegners bezahlt; die Bedingung für ihren Sieg besteht darin, daß sie dem Gegner ähnlich wird. Vielleicht gibt es einen solchen Sieg nur um einen solchen Preis. Aber wenn dem so ist – gäbe das Wissen um den Preis uns nicht weit eher Anlaß zu stummer Trauer als zu einem literarischen Erguß, der die Tragik der Situation mit allzu schönen Worten verschleiert?

Unbehagen beschlich mich auch beim Lesen eines Berichtes über die Frauen der Intifada, des Aufstandes der Palästinenserinnen gegen die militärische Besetzung der West-Bank und des Gazastreifens: nicht deshalb, weil ich bezweifeln wollte, daß ihnen bitteres Unrecht geschieht, oder weil ich mir ein Urteil darüber anmaßen wollte, ob dieser Kampf berechtigt ist. Nein, es geht um ganz etwas anderes. Es geht um die Kinder.

»Man hört Schüsse und Rufe im Lager – die Soldaten sind da. Die Mutter tritt ihren achtjährigen Sohn… Der Junge springt errötend auf und rennt hinaus. Die Dolmetscherin erklärt: Sie sagte: Schande – geh hinaus und kämpfe mit deinen Brüdern und Schwestern.«[31] Am Aufstand ist jede(r) beteiligt, »von steinchenwerfenden Kleinkindern bis zur Achtzigjährigen«. Die Kinder und Jugendlichen werden von vielen Müttern systematisch dazu erzogen, sich an den Kämpfen zu beteiligen. »Als sie zwei war«, berichtet eine Mutter von ihrer vierjährigen Tochter, »begann sie Steine zu werfen, aber sie war verwirrt und schleuderte sie auf jedes Auto. Man mußte ihr die richtigen Ziele beibringen.«[32] Bei anderer Gelegenheit wohnte die Journalistin Eileen MacDonald einer Filmvorführung vor Kindern aller Altersstufen bei. Zunächst wird im Film die Bewaffnung der »Shebab« gezeigt, jener Armee junger, mindestens zur Hälfte aus Mädchen bestehender Menschen, die die israelischen Soldaten mit Steinen und Molotowcocktails angreifen. Die Soldaten nahen heran. In der ersten Reihe der Demonstranten steht eine Frau in traditionellen Gewändern: »Sie gab ein Zeichen, und die Kinder sprangen vor und schleuderten ihre Geschosse. Die Frau trieb sie an, leitete sie von den Salven der Soldaten fort, doch hielt sie sie auch nahe genug, um ihre Ziele zu treffen.«[33] Der Sinn der Filmvorführung, so eine der palästinensischen Frauen, bestehe darin, »die Kinder zu Kampf und Heldentum aufzufordern«.[34]

Kann der Kampf für eine Sache, und sei sie noch so gerecht, tatsächlich entschuldigen, daß selbst Kleinkinder für die Zwecke der Erwachsenen benutzt werden?

»Die Intifada«, sagte jene Mutter, die ihrer zweijährigen Tochter beibrachte, in welche Richtung sie die Steine werfen müsse, »ist nämlich mein Sohn. Ich würde ohne ihn untergehen. Nichts anderes ist wichtig – ohne ihn würde ich sterben.«[35] Ist wirklich nichts anderes wichtig? Was macht das Leben als Kindersoldat aus diesen jungen Menschen? Was wird aus Kindern, die sich, weil sie Angst haben, zu den Demonstrationen zu gehen, von einer 14jährigen sagen lassen müssen: »Es ist deine Pflicht, Steine zu werfen und zum Märtyrer zu werden. Das ist deine nationale Pflicht.«[36]? Welche Folgen wird es für die gerechte Gesellschaft der Zukunft, um derentwillen dieser Kampf ausgefochten wird, haben, daß die Jüngsten und Abhängigsten – die Kinder – von ihren Müttern in einen Kampf hineingezwungen wurden, lange bevor sie fähig gewesen wären, eine freie Entscheidung zu treffen? »Ich frage mich oft«, sagt eine der Mütter, »was wir den Kindern antun. Wir haben sie mit drei Jahren zu Kämpfern gemacht. Wir behandeln sie nicht wie Kinder, und sie verhalten sich nicht so... Ich frage mich, wie sie wohl als Erwachsene werden. Ich weiß, sie werden voller Haß und Bitterkeit sein, wenn wir nicht siegen.«[37] Was aber, wenn sie auch dann voller Haß und Bitterkeit sein werden, wenn sie siegen?

e) Frauen im bewaffneten antifaschistischen Widerstand

Lange schien es, als hätten Frauen am antifaschistischen Widerstand nur wenig Anteil gehabt. Kaum ein Werk, das ihre Beteiligung erwähnte, geschweige denn einer ausführlichen Würdigung für wert erachtete. Dies hat sich geändert: Nach jahrelangen Recherchen legte die Journalistin Ingrid Strobl 1989 eine Arbeit über Frauen im antifaschistischen Widerstand vor[38]. Ihr Fazit: »Von Madrid bis Bialystok, von Belgrad bis Amsterdam kämpften Frauen mit der Waffe in der Hand gegen die faschistischen Invasoren.«[39] Ob in Frankreich, Jugoslawien oder Griechenland, in Österreich, Holland oder der Sowjetunion – überall waren sie dabei –, und auch im jüdischen Widerstand in Osteuropa spielten sie eine bedeutende Rolle.

Der Anteil der Frauen an den bewaffneten KämpferInnen belief sich in Österreich auf ca. 18%, in Frankreich auf etwa 14%. In den Niederlanden waren zwar eine ganze Reihe von Frauen im Widerstand aktiv, doch beteiligten sie sich an bewaffneten Aktionen nur selten. In Jugoslawien kämpften 100 000 Partisaninnen, und der Anteil der Mädchen an den Jugendkampfbrigaden lag bei etwa 20%. Zahlreiche Frauen kämpften im Spanischen Bürgerkrieg auf seiten der Republikaner; infolge eines Dekretes von November 1936, das den Frauen den Frontdienst untersagte, kehrten viele von ihnen jedoch nach Hause zurück; trotzdem gab es an der Front auch nach Erlaß des Dekretes noch eine ganze Reihe von Kämpferinnen. In Jugoslawien, Griechenland und Spanien existierten reine Frauenbataillone, und einige Frauen waren auch in Führungspositionen vertreten.

Während die Frauen im Spanischen Bürgerkrieg an der Front kämpften, bestanden die Aufgaben derjenigen Frauen, die in den besetzten Ländern im Widerstand gegen den Hitler-Faschismus aktiv waren, in der Durchführung von Sabotageaktionen, Attentaten und Bombenanschlägen sowie der Liquidierung von Gestapo- und SD-Funktionären wie auch solcher Personen aus den eigenen Reihen, die im Verdacht standen, Verräter zu sein.

»Anders war die Situation für die Partisan/inn/en in Osteuropa und der Sowjetunion... Sie konnten keine Rücksicht darauf nehmen, ob ein Angehöriger der deutschen Armee... vielleicht nicht damit einverstanden war, daß er in diesem fremden Land... auf Menschen schießen mußte, die auf der anderen Seite des Schützengrabens vielleicht genauso zitterten vor Angst wie er selbst.«[40] So erzählte eine Partisanin in einer Sendung von Radio Moskau weinend, »daß sie einmal einen deutschen Tank beschossen hatte, und dabei sah sie einen ganz jungen deutschen Soldaten mit einem lieben, offenen Gesicht, er zitterte vor Angst – und er starb. Sie sagte, da war ihr bewußt geworden, daß nicht alle deutschen Soldaten Nazis waren. Aber sie konnte es sich nicht leisten, solche Unterschiede zu machen.«[41]

Fidela Fernandez de Velasca Perez, genannt Fifi, Kämpferin im Widerstand gegen den Franco-Faschismus, kannte solche

Skrupel nicht: »Warum sollte ich denn Probleme gehabt haben mit dem Schießen, es war Krieg, wir mußten die Faschisten aufhalten. Ich habe auf alles geschossen, was sich bewegt hat... Ich war schon immer so, ich wollte immer kämpfen. Weiberkram hat mich noch nie interessiert.«[42] Gewinnt man bereits hier den Eindruck, daß die Rechtfertigung von Gewalt einer Frau vielleicht allzu leicht über die Lippen kommt, so verdichtet sich dieser Eindruck bei dem folgenden Bericht einer jener Frauen, die während des Zweiten Weltkrieges in der Sowjetunion als Scharfschützinnen eingesetzt waren, zu deutlichem Unbehagen: »Wir mähten die Faschisten nieder wie reifes Korn... 15 unserer Scharfschützen vernichteten 1080 Faschisten innerhalb 20 Tagen.« Sie selber hatte 309 dieser Faschisten »niedergemäht«, und sie beendet ihren Bericht mit den Worten: »Es scheint mir, daß in der Gegenwart die Hauptaufgabe jedes ernsten jungen Menschen ist, die Faschisten unerbittlich auszurotten...«[43] Lyudmilla Pavlitschenko kämpfte bei der Verteidigung Odessas gegen die deutschen Aggressoren gewiß für eine gerechte Sache. Aber unterscheidet sich ihre Art der Berichterstattung tatsächlich von der einer Emma Dorn (die sich nach heutigem Verständnis ebenso gewiß auf der »falschen Seite« engagierte) über die Niederschlagung des Hereroaufstandes in Südwestafrika: »...unsere braven Jungen hatten keine Verluste, aber ihre Gewehre räumten unter dem Gegner tüchtig auf, wir sahen jeden Mann fallen...«[44]?

Wes Geistes Kind ist eine Frau, die Wörter wie »niedermähen«, »vernichten« und »unerbittlich ausrotten« wählt, um die Tötung von Menschen zu beschreiben? Mit welcher Wahrscheinlichkeit ist zu erwarten, daß ein Mensch, der zu solcher Unerbittlichkeit fähig ist, dies nur dann ist, wenn es sich um einen Gegner handelt, der offensichtlich allergrößtes Unrecht begeht? Ließe sich nicht auch umgekehrt fragen, ob die Fähigkeit, »den Gegner« derart pauschal zu entmenschlichen, nicht genau jene Voraussetzung darstellt, die die notwendige Bedingung jeder Anwendung von Gewalt, jeder kriegerischen Auseinandersetzung ist, ganz gleich, auf welcher Seite jemand kämpft? Lyudmilla Pavlitschenko lebte in der Sowjetunion Stalins. Galt nicht auch in der stalinistischen Innenpolitik, bei der es nach Meinung vieler keineswegs um eine »gerechte Sache« ging, das Prinzip, den Gegner – in diesem Fall »Klassenfeinde« aller Art – »unerbittlich auszurotten«? Ich sehe einigen Anlaß für die Befürchtung, daß Denken und Handeln in beiden Fällen die gleiche Quelle gehabt haben könnten.

f) Frauen in terroristischen Organisationen

Das Problem beginnt schon bei der Frage, welche Organisationen in diesem Abschnitt zu nennen wären. Die Frauen, die in der RAF (Rote Armee Fraktion), in der französischen »Action direct«, in den italienischen »Roten Brigaden« oder der »Prima Linea« kämpften, waren schließlich ebenso wie die Frauen des militärischen Flügels der IRA oder der ETA im Baskenland mit dem gleichen Anspruch angetreten wie die Kämpferinnen in den Befreiungsbewegungen der Dritten Welt. Vielleicht verläuft, wie Martha Mamozai meint, die Trennungslinie dort, wo Menschen zum Mittel des bewaffneten Kampfes greifen, obwohl sie nicht unter einer widerrechtlich an die Macht gekommenen Diktatur leben und die Möglichkeiten ziviler und demokratischer Auseinandersetzungen bei weitem nicht ausgeschöpft sind.[45] In diesem Sinne verstehe ich die genannten Gruppen als terroristische Organisationen.

Der Anteil der Frauen ist in diesen Gruppen mitunter ungewöhnlich hoch: Für die RAF beispielsweise beträgt er 50%, und auch unter deren Sympathisanten überwiegen die Frauen mit 80% bei weitem.[46] In anderen Organisationen wie der italienischen »Prima Linea« oder baskischen ETA wird der Anteil der bewaffneten Kämpferinnen auf etwa 10% geschätzt[47]; die IRA schwieg sich im Gespräch mit Eileen MacDonald zu dieser Frage aus.

Zwei Motive für den bewaffneten Kampf werden von diesen Frauen immer wieder genannt: die Existenz sozialer Ungerechtigkeit und politischer Unterdrückung wie die Erfahrung, als Frau in besonderem Maße benachteiligt zu sein. Der politische Kampf ist daher für Mitglieder dieser Gruppen untrennbar mit dem Kampf um Emanzipation verbunden; in den Organisationen selber gilt der Gleichheitsgrundsatz zwischen den Geschlechtern.

Terroristische Organisationen unterscheiden sich weder in den von ihnen genannten Zielen noch in den von ihren Mitgliedern angegebenen Motiven von Befreiungsbewegungen. Sie beziehen die gleichen Argumente jedoch auf eine in keiner Weise vergleichbare politische und soziale Situation. Derart losgelöst von konkreten gesellschaftlichen Verhältnissen aber werden die Begründungen unvermeidlich falsch und verwandeln das aus ihnen abgeleitete Handeln, das als Akt der Befreiung gedacht war, in einen Akt der Willkür und des Terrors.

Zu den Mitteln der Auseinandersetzung zählen Sabotageaktionen, Brandstiftungen, Erpressung von Geldern, Banküberfälle, Entführungen, die Ermordung von »Statthaltern« des als unterdrückerisch oder quasi-faschistisch verstandenen Systems wie u.U. auch von Personen aus den eigenen Reihen, die unter dem Verdacht stehen, Spitzeldienste zu leisten; aber auch Aktionen wie die der italienischen »Prima Linea«, die in der Turiner Akademie für Industriemanagement 190 Studenten und Lehrer als Geiseln nahm und zehn ihrer Geiseln in die Knie schoß: »Es sollte eine Warnung sein an alle zukünftigen Manager, die ›Unterdrücker des Volkes‹.«[48]

Die Anwendung von Gewalt wird nach einem immer gleichen Denkmuster gerechtfertigt: Die Mitglieder solcher Gruppen halten sich selber für friedfertige Menschen, die sich aufgrund der herrschenden Verhältnisse bedauerlicherweise gezwungen sehen, zum Mittel der Gewalt zu greifen.

»Das ist der einzig mögliche Weg – die spanische Regierung versteht nur die Sprache der Gewalt«, sagte etwa eine der ETA-

Aktivistinnen[49], und Susanna Ronconi, ehemaliges Mitglied der »Roten Brigaden« und Mitbegründerin der »Prima Linea«, die auf höchster Ebene an den Mordplänen und der Exekution von sechs Männern beteiligt war und für schuldig befunden wurde, drei Menschen ermordet zu haben (darunter auch einen Genossen, der im Verdacht stand, Polizeispitzel zu sein), meint: »Ich sah und sehe mich nicht als gewalttätige Person, aber ich glaubte, daß die Anwendung von Gewalt unter bestimmten Bedingungen, wenn die eine Klasse die Macht hat und die andere nicht, legitim ist.«[50]

Während aber Susanna Ronconi der Überzeugung ist, daß man sich an Gewaltausübung nie gewöhnen könne, weil man normale menschliche Emotionen empfinde, stellt eine Aktivistin der ETA fest, sie empfinde Befriedigung, wenn die Anschläge erfolgreich waren: »Diese Schweine, das hatten sie nur verdient. Ja, ich habe Bomben gelegt, die Menschen töteten.«[51]

Ist der bewaffnete Kampf selbst erst einmal für legitim erklärt, ergibt sich daraus zwangsläufig, daß alles, was »der Kampf« an Handlungen mit sich bringt, ebenfalls als gerechtfertigt erscheint. Persönliche Verantwortung oder gar Schuld gibt es demzufolge nicht: »Es besteht kein Grund für irgendwelche Schuldgefühle, wenn man an einer revolutionären Aktion beteiligt ist – absolut kein Grund. ... Es gibt... keine persönliche Schuld... Die Verantwortung für den Mord liegt bei der Bewegung.«[52]

Daß bei Anschlägen auch Unbeteiligte zu Schaden oder gar zu Tode kommen, wird billigend in Kauf genommen, wie etwa im Jahre 1987, als bei einem Bombenanschlag auf ein Quartier der Guardia Civil elf Menschen, darunter vier Kinder, den Tod fanden. »Die Frauen und Kinder«, meint eine der ETA-Aktivistinnen, »haben dort nichts zu suchen, aber wenn sie dort sind, gehören sie zur Organisation und zu den Unterdrückern unseres Volkes. Also sind sie legitime Opfer.«[53] Auch die in der IRA kämpfenden Frauen sind der Meinung, daß an der Tötung von Zivilisten in jedem Fall die Briten schuld seien. Die IRA habe immer rechtzeitig gewarnt, aber die Briten hätten die Warnungen bei zahlreichen Gelegenheiten nicht beachtet, denn »es liegt im Interesse der Briten, daß Menschen verletzt werden... Das tun sie, damit sie uns die Schuld gegen können«.[54]

Frauen, die in derartigen Organisationen tätig sind, scheinen sich als Elite zu sehen. Da ist von »sehr hoch entwickeltem Bewußtsein« die Rede, da wird die Organisation als »Speerspitze« bezeichnet, da wird festgestellt, daß diejenigen, die zum bewaffneten Kampf vorstoßen, »politisch fortschrittlicher« seien. Der eigenen Grandiosität scheinen ebensowenig Grenzen gesetzt zu sein wie der Entmenschlichung und Abwertung des Gegners – aber das sind wohl zwei Seiten der gleichen Medaille.

Ich will nicht abstreiten, daß viele dieser Frauen ein hohes Maß an Ungerechtigkeit und Unterdrückung erfahren haben. Ich bestreite aber, daß ihre Antwort einer Lösung der zugrundeliegenden Probleme dienlich sein kann. Ganz im Gegenteil scheint mir ihr Verhalten – ebenso wie bei der oben zitierten sowjetischen Scharfschützin – Ausdruck des Problems zu sein, gegen das sie zu kämpfen meinen.

Frauen im bewaffneten Kampf – Schlußbemerkungen
Frauen – dieses Fazit legt das zusammengetragene Material nahe – entschließen sich aus sehr unterschiedlichen Gründen dazu, den bewaffneten Kampf als Mittel der Auseinandersetzung zu wählen. In manchen Fällen sind Machtgelüste oder Raffgier die ausschließlichen Motive.

Oft aber kämpfen Frauen aus der Erfahrung von Armut, Ausbeutung und Unterdrückung heraus für eine »gute Sache«, für soziale und politische Gerechtigkeit. Auch dann sind die Mittel der Auseinandersetzung mitunter fragwürdig: Die Eigendynamik des bewaffneten Kampfes bringt es mit sich, daß komplexe Realitäten auf einfache Widersprüche reduziert werden müssen und die Welt in Gut und Böse aufgespalten wird. Vielleicht kann ein Mensch im bewaffneten Kampf aus freien Stücken nur töten, wenn er sich entschließt, sich selbst und seine Sache für (nur)

»gut«, den Feind aber für (nur) »böse« zu halten. Unter dieser Voraussetzung ist er dann in der Lage, die eigenen Gefühle, die mit dem Tötungsvorgang verbunden sind, abzuspalten und jedes Einfühlungsvermögen in den Gegner zu anästhesieren. Je ungebrochener die Überzeugung, daß die eigene Sache gerechtfertigt ist, desto größer scheint die Neigung zu sein, jedes Mittel, das dem Zweck dienlich sein könnte, für legitim zu erachten. Andere Menschen, u. U. auch Kinder, werden der Sache dann geopfert oder im Dienste der Sache funktionalisiert.

Gar nicht so selten haben Frauen aber auch auf seiten der politischen Reaktion gekämpft, weil sie deren Sache – ebenso wie die Frauen der Gegenseite die ihre – für die »gerechte Sache« hielten. Frauen schließlich, die in terroristischen Organisationen aktiv sind, definieren ihre Ziele und damit ihre Aktionen ebenfalls als »gerechte Sache«, befinden sich mit ihrer Sicht der Dinge aber oft im Widerspruch zur Mehrheit der Bevölkerung.

Im Rahmen von revolutionären und sozialkritischen Bewegungen kämpfen Frauen häufig auch um eine Verbesserung ihrer gesellschaftlichen Stellung und um Gleichberechtigung zwischen den Geschlechtern. Gar nicht so selten haben Frauen aber auch deshalb an bewaffneten Kämpfen teilgenommen, weil ihnen das Leben eines Mannes – einschließlich der ihm zugedachten Rolle des Eroberers, Soldaten und Kriegers – besser gefällt als das ihnen zugedachte Frauenschicksal. Diese Frauen brechen zwar mit ihrer weiblichen Rolle, wechseln aber sozusagen nur die Seite und unterscheiden sich nach meinem Eindruck wenig oder gar nicht von entsprechend identifizierten Männern.

Krieg und bewaffneter Kampf sind – empirisch gesehen – überwiegend Männerangelegenheit. Daraus läßt sich aber nicht ohne weiteres schließen, daß Frauen an Krieg und bewaffnetem Kampf nicht interessiert wären. Einerseits läßt sich auch von der Mehrzahl der Männer, die im Kriegsfall eingezogen werden, nicht behaupten, daß sie an Kampf und Töten Gefallen finden: »Dafür spricht vor allem eine vielzitierte Untersuchung aus dem Zweiten Weltkrieg. Sie macht deutlich, daß die physische Präsenz eines Soldaten am Ort der Kampfhandlung keineswegs bedeutet, daß er sich aktiv am Kriegsgeschäft beteiligt: in keinem Gefecht hatten mehr als 15% bis 20% der Soldaten von ihrer Waffe Gebrauch gemacht, obwohl sie Gelegenheit dazu gehabt hätten, d.h., sie hatten weder geschossen noch eine Handgranate geworfen. Von Gefecht zu Gefecht waren es die gleichen Männer, die ihre Waffen benutzten.«[55]

Andererseits ist aber in dem Maße, wie starre Geschlechtsrollen durchlässiger werden und/oder die staatstragende Ideologie dies erlaubt, eine recht große Zahl von Frauen durchaus dazu bereit, sich als Soldatinnen an Kriegen zu beteiligen. Das Beispiel der Sowjetunion belegt dies eindrücklich. Wenn Frauen in den heutigen Armeen dennoch relativ selten und fast nie in Kampfeinheiten anzutreffen sind, so liegt dies m.E. nicht so sehr an mangelndem Interesse als vielmehr daran, daß ein Teil der Frauen sich in von Männern dominierten Gesellschaften mit der Arbeitsteilung zwischen den Geschlechtern identifiziert, ein anderer Teil hingegen, der die Rolle der Soldatin durchaus für erstrebenswert hält, nur dann und nur so lange in dieser Rolle geduldet wird, wie »man« darauf angewiesen ist und die Mitwirkung von Frauen deshalb für unverzichtbar hält.

1. Graham, Ruth (1977): Loavs and Liberty: Women in the French Revolution, S. 245, in: Bridenthal, Renate und Koonz, Claudia (Hg.): Becoming Visible. Women in European History, Boston 1977, S. 236–254

2. Tanner, Leslie (Hg.) (1970): Voices from Women's Liberation, New York 1970, S. 91

3. Mamozai, Martha (1990): Komplizinnen, Reinbek bei Hamburg, S. 165. Mamozai bezieht sich auf:
Kentner, Janet (1975): The socio-political role of women in the Mexican War of Independence 1810–1921, Ann Arbor 1975

4. Mamozai (1990), S. 164

5 siehe Interview mit Doris Lessing, in: Schenk, Herrad (1983): Frauen kommen ohne Waffen. Feminismus und Pazifismus, München 1983, S. 88/89

6 Samuel, Pierre (1979): Amazonen, Kriegerinnen und Kraftfrauen, München 1979, S. 180

7 zit. n. Schenk (1983), S. 21

8 Samuel (1979), S. 170

9 ebd., S. 333, Anmerkung 4

10 ebd., S. 131 f., dort finden sich weitere Beispiele

11 ebd., S. 134

12 Schenk (1983), S. 23

13 siehe Samuel (1979); siehe z.B. auch: Beard, Mary (1946): Die Frau als Macht in der Geschichte, Schwäbisch Gmünd 1951

14 Samuel (1979), S. 138/139; weitere Beispiele siehe: Beard (1946/1951)

15 ebd., S. 146 ff.

16 zu Seefahrerinnen und Piratinnen vgl. ebd., S. 157 ff.

17 ebd., S. 169 ff.

18 ebd., S. 189; zum Frauenheer von Dahome siehe S. 185 ff.

19 Seidler, Franz (1978): Frauen zu den Waffen? Koblenz–Bonn 1978, S. 210–215

20 Strobl, Ingrid (1989): Sag nie, du gehst den letzten Weg. Frauen im bewaffneten Widerstand gegen Faschismus und deutsche Besatzung, Frankfurt 1989, S. 74

21 ebd., S. 80

22 siehe Graham (1977), a.a.O.

23 Schenk (1983), S. 23

24 siehe Kentner (1975), a.a.O.

25 Schenk (1983), S. 24; Schenk verweist auf die Augenzeugenberichte in der »Frauen-Zeitung« von Louise Otto, die zwischen 1849 und 1850 erschien.

26 Tanner, Leslie (Hg.) (1970), S. 91

27 Samuel (1979), S. 133 unter Verweis auf: Thomas, Edith (1963): Les petroleuses, Paris 1963

28 ebd., S. 135

29 Mamozai (1990), S. 164, siehe auch: Strobl, Ingrid (1989), a.a.O.

30 Belli, Gioconda (1988): Bewohnte Frau, München 1991, S. 373/374

31 MacDonald, Eileen (1991): Erschießt zuerst die Frauen; deutsch Stuttgart 1992, S. 81

32 ebd., S. 93

33 ebd., S. 94

34 ebd.

35 ebd., S. 93

36 ebd., S. 96

37 ebd., S. 87

38 Strobl, Ingrid (1989): Sag nie, du gehst den letzten Weg. Frauen im bewaffneten Widerstand gegen Faschismus und deutsche Besatzung, Frankfurt 1989

39 ebd., S. 32

40 ebd., S. 26

41 ebd., S. 120

42 ebd., S. 49

43 Luydmilla Pavlitschenko, Leutnant in der Roten Armee, während eines internationalen Studentenkongresses in Washington im September 1942. Nachdruck der Rede in: Freies Deutschland (Organ der deutschen Emigranten), Mexiko, Nr. 12, Oktober 1942, S. 32; zit. n. Mamozai (1990), S. 170

44 Dorn, Emma: Frauenschicksale in Südwest zur Zeit des großen Aufstandes, in: Kolonie und Heimat, VI. Jahrgang, Nr. 36 und 37; zit. n. Mamozai (1990), S. 90

45 vgl. Mamozai (1990), S. 166/167

46 MacDonald (1992), S. 227

47 ebd., S. 198 und S. 27

48 ebd., S. 191

49 ebd., S. 26

50 ebd., S. 196

51 ebd., S. 31

52 ebd., S. 32

53 ebd., S. 42

54 ebd., S. 157

55 Schenk (1983), S. 64/65. Schenk bezieht sich auf:
Marshall, S.L.A. (1947): Soldaten im Feuer; deutsch Frauenfeld 1959. Zu ähnlichen Ergebnissen kommen Untersuchungen aus dem Korea-Krieg; siehe: Egbert (1958); zit. in Schenk (1983), S. 65

4 Täterinnen im Dritten Reich

a) **Rahmenbedingungen**

Frauen waren im Dritten Reich von politischen und gesellschaftlichen Entscheidungen weitgehend ausgeschlossen. »Nationalsozialistische Herrschaft war die Herrschaft von Männern«, heißt es in einem Aufsatz von Dagmar Reese und Carola Sachse kurz und bündig.[1] Inwiefern also ist es dann sinnvoll, in einem Buch über das Verhältnis von Frauen zu Aggression und Gewalt ausgerechnet eine Epoche zum Gegenstand des Interesses zu machen, in der Frauen derart machtlos waren?

Zum einen – aber dies ist ein »indirekter« Zusammenhang – ist für mich eine allgemeine Mitverantwortung von Frauen an den Verbrechen des Nationalsozialismus allein dadurch gegeben, daß Millionen von ihnen sich für dieses System begeisterten und es auf verschiedenste Weise unterstützten. Zum anderen waren auch Frauen im Dritten Reich in einem unmittelbaren Sinne Täterinnen – im Zusammenhang mit dem »Euthanasie«-Programm der Nationalsozialisten, als KZ-Aufseherinnen, als Denunziantinnen und – in einem weiter gefaßten Sinne – in ihrer Funktion als Fürsorgerinnen z.B. im Zusammenhang mit Zwangssterilisationen.

Die Vorstellung vom Nationalsozialismus als »System von Männerherrschaft«, »Männerbund« (Rita Thalmann) oder »Männerdiktatur« (Margret Lück) führt m.E. leicht zu schwerwiegenden Mißverständnissen, die den Blick für die Beteiligung von Frauen an den Gewalttaten des Nationalsozialismus verstellen.

»*Die* Frau im Nationalsozialismus«, ein allgemeines und für alle Frauen zutreffendes »Frausein im Dritten Reich«[2], hat es wohl nie gegeben. Was es tatsächlich gab, war eine bestimmte Frauenpolitik, derzufolge Frauen von Macht- und Führungspositionen ausgeschlossen wurden. Was es gab, war eine bestimmte Ideologie, die für alle Frauen im Nationalsozialismus gelten sollte und für viele von ihnen schwerwiegende Konsequenzen hatte. Dennoch aber spielten Frauen als Individuen völlig verschiedene und nicht miteinander vergleichbare Rollen.

Einmal abgesehen von gravierenden sozialen Unterschieden gab es fanatische Nationalsozialistinnen, Verblendete, Begeisterte. Es gab indifferente und uninteressierte Frauen; es gab Frauen, die mit den Ideen des Nationalsozialismus nicht übereinstimmten, ohne daß dies nach außen kenntlich gewesen wäre; es gab Mitläuferinnen, Rädchen im Getriebe, ohne deren Kollaboration das System sich nicht hätte etablieren und halten können; es gab Mittäterinnen und Täterinnen, und schließlich gab es Frauen, die zu Opfern des Regimes wurden oder Widerstand leisteten. Die Frage übrigens – Opfer oder Täterin? –, die im Kontext der Auseinandersetzung mit Frauen im Dritten Reich immer wieder auftaucht, scheint mir falsch gestellt, denn daß eine Frau unter einem bestimmten Gesichtspunkt Opfer (der Umstände, der frauenfeindlichen NS-Ideologie, der nationalsozialistischen Gewaltherrschaft etc.) ist, schließt keinesfalls aus, daß sie in einem anderen Zusammenhang oder gar gleichzeitig zur Täterin wird. Bedrückendes Beispiel sind jene Frauen, die als KZ-Häftlinge – und insofern zweifellos Opfer – Lagerposten übernahmen und den Aufseherinnen an Grausamkeit ihren Mithäftlingen gegenüber oft in nichts nachstanden.[3]

Der Nationalsozialismus als System von Männerherrschaft – dieser Gedanke läßt das innere Bild säuberlich polarisierter Lager entstehen: Auf der einen Seite »die Männer«, denen nationalsozialistische Verblendung und (Gewalt-)Herrschaft zugeordnet werden, auf der anderen Seite »die Frauen«, die, da von Macht und Herrschaft ausgeschlossen, unbeteiligt und nicht oder zumindest weniger verantwortlich erscheinen.

Frauen hatten, an der Zahl der Ämter und Funktionen gemessen, im Dritten Reich keine nennenswerte gesellschaftliche Macht. Das heißt jedoch nicht, daß sie als Individuen und in bestimmten Zusammenhängen überhaupt keine Macht besessen hätten. Im Zusammenhang mit der Durchführung von Zwangssterilisationen, der Ausrottung Hunderttausender im Rahmen des »Euthanasie«-Programms, als Aufseherinnen in den Konzentrationslagern und im Rahmen einer Willkürherrschaft, die Denunziation mit oft tödlichen Folgen außerordentlich erleichterte, hatten Frauen sehr konkrete Macht über Leben und körperliche Unversehrtheit einer Vielzahl von Menschen. Zudem gab es trotz aller Ideologie auch Frauen, die entgegen den offiziell propagierten Vorstellungen Ämter innehatten, die nicht unbedeutend waren und ihnen Handlungsspielraum und Einfluß gewährten, den sie ganz im Sinne des Nationalsozialismus nutzten.

Mit denjenigen Frauen, die zu Täterinnen wurden, hat man und auch frau sich bisher wenig auseinandergesetzt. Neueren Datums ist die These von der Mittäterschaft der Frauen, von Christina Thürmer-Rohr in die Debatte gebracht. Hier wird die Frage nach der Verantwortung von Frauen endlich gestellt, jedoch in dem Sinne beantwortet, daß die Schuld der Frauen darin besteht, daß sie sich durch das patriarchale System und seine Ideologie haben korrumpieren lassen. Eigentlicher Täter und hauptverantwortlich für den Nationalsozialismus bleibt auch in diesem Konzept der Mann.[4]

Erst in den letzten Jahren sind vereinzelt Arbeiten veröffentlicht worden, die sich mit der aktiven Täterschaft von Frauen befassen, ohne daß deren Handeln immer schon vorweg im Sinne der Mittäterschaftsthese verstanden würde; erst in jüngster Zeit hat eine sehr kontrovers geführte Auseinandersetzung mit der Frage nach originärer Verantwortung und Schuld von Frauen in bezug auf den Nationalsozialismus begonnen.[5] »Bei widerständigem oder rebellischem Verhalten«, meint Karin Windaus-Walser, »fällt es uns leicht, eigene weibliche Motive zu unterstellen und für uns zu beanspruchen. Wenn Frauen reaktionäre Ziele verfolgen, sind wir es dagegen gewohnt, stets das männliche Geschlecht und *dessen* Motive dafür verantwortlich zu machen... Anstelle von Trauer über die eigene Verstrickung des weiblichen Geschlechts in den nationalsozialistischen Vernichtungshorror scheint in Teilen der neuen Frauenbewegung das Bedürfnis vorzuherrschen, im weiblichen Menschen das Schöne und Gute zuweilen kultartig zu feiern und eine per se humane Mütterlichkeit in Manifesten zu beschwören.«[6]

»Nationalsozialismus als System von Männerherrschaft« – ein solcher Begriff legt die Vorstellung nahe, der Nationalsozialismus hätte das Denken, Fühlen und Wollen »der Männer« (die es als monolithischen Block ebensowenig gab wie »die Frauen«) repräsentiert und ihren (Herrschafts-)Interessen gedient. Allzu leicht entsteht hier der Eindruck, daß Männer, wenn schon nicht immer Täter, so doch zumindest Profiteure des Systems waren, wohingegen Frauen, wenn schon nicht immer nur ganz und gar unschuldige Opfer, doch allein schon aufgrund ihres Frauseins die in höherem Maße Unterdrückten und Geschädigten waren. Zutreffender scheint mir, daß das nationalsozialistische Regime, von einer großen Anzahl Männern (*und* Frauen) begeistert unterstützt, gleichzeitig für eine ebenfalls große Zahl von Männern ein Gewaltsystem darstellte, in das sie genauso erbarmungslos hineingezwungen wurden wie diejenigen Frauen, die mit seinen Zielsetzungen nicht konform gingen.

Verloren geht bei der Charakterisierung des Nationalsozialismus als »System von Männerherrschaft« auch die Bedeutung der Tatsache, daß Frauen im Dritten Reich von Machtpositionen *ausgeschlossen* wurden, *obwohl* es gar nicht so wenige gab, die an entsprechenden Positionen interessiert gewesen wären. So heißt es etwa in dem bereits oben zitierten Aufsatz von Dagmar Reese und Carola Sachse in bezug auf die rassehygienischen Vorstellungen im Nationalsozialismus: »Die moderne Rassenhygiene war sowohl als Wissenschaft wie in ihrem Verhältnis zu Staat und Gesellschaft von Männern geprägt... Das Bündnis von rassenhygienischer Wissenschaft und antinatalistischer Politik im NS-Regime war ein ebenso historisch bedingtes wie aktiv verteidigtes Männerbündnis. NS-Frauenorganisationen bzw. deren ›Führerinnen‹ waren an der Ausformulierung dieser Politik nicht beteiligt. Vertreterinnen dieser Organisationen, *die sich als Frauen kompetent fühlten, bei der Formulierung nationalsozialistischer Geburtenpolitik mitzuwirken, wurden von ärztlichen Standesvertretern, Ministerialbürokratien und NSDAP-Parteipolitikern ausgeschlossen...«*[7] [Hervorhebung von mir.] Es *gab* also Frauen, die gerne und willig mitgewirkt hätten – hätte man es ihnen nur nicht verwehrt.

Statt dies zur Kenntnis zu nehmen und zum Gegenstand der Auseinandersetzung zu machen, dient dieser Sachverhalt als Beweis dafür, daß Frauen für die Rassehygienepolitik der Nationalsozialisten nicht verantwortlich zu machen sind und sie daher auch keinerlei Schuld an den katastrophalen Auswirkungen dieser Politik trifft.

Gemeint ist möglicherweise, daß diese Politik anders ausgesehen hätte, wenn Frauen an ihrer Gestaltung beteiligt gewesen wären. Angesichts der Tatsache allerdings, daß es auch unter Frauen – und erst recht unter denjenigen, die sich »als Frauen kompetent fühlten, bei der Formulierung nationalsozialistischer Geburtenpolitik mitzuwirken« – glühende Vertreterinnen des Gedankens der Rassehygiene gab, erscheint mir diese Vermutung wenig gerechtfertigt. Anläßlich einer Erzieherinnentagung des Nationalsozialistischen Lehrerbundes beispielsweise formulierten die anwesenden Frauen als eine ihrer zukünftigen Aufgaben die »Erfassung aller Minderwertigen, um bewußte Rassenhygiene für das kommende Geschlecht unseres Volkes treiben zu können. Aus den Reihen der Hilfsschullehrerschaft klingt immer lauter die Bitte: Gebt uns das Recht des Vorschlagens zur Sterilisation, denn wir kennen die Kinder und die Gefahr, die sie in unsere Zukunft tragen – wir werden 100% der Hilfsschulkinder vorschlagen.«[8] Schlüssig wäre obige Argumentation, wenn die überwiegende Mehrheit der Frauen sich in Opposition zum Nationalsozialismus und seiner Rassehygienepolitik befunden hätte und Frauen sich deshalb der Mitarbeit *verweigert* hätten. Dies war aber nicht der Fall. Es gab zwar Widerstand, aber es gab auch genügend Frauen und Frauenorganisationen, die die Rassehygienepolitik der Nationalsozialisten unterstützten, so beispielsweise auch der »Reichsbund deutscher Hausfrauen«: »Noch ehe in den offiziellen NS-Frauenzeitschriften von den Sterilisationsprogrammen überhaupt die Rede war, propagierte die ›Deutsche Hausfrau‹ schon eugenische Maßnahmen, indem sie ›Mein Kampf‹ zitierte und ihre Leserinnen aufrief, sich dem ›bevölkerungspolitischen Feldzug‹ für die Sterilisation aller ›fortpflanzungsunwürdigen‹ Personen anzuschließen.«[9]

Die Charakterisierung des Nationalsozialismus als »System von Männerherrschaft« verschleiert m.E. dreierlei: Sie verschleiert, daß der Nationalsozialismus *auch* Herrschaft von Männern über Männer war, sie verschleiert die Tatsache, daß er von Millionen von Frauen gewollt und unterstützt wurde, und sie verschleiert die Tatsache, daß es eine nicht geringe Zahl von Frauen gab, die an Macht- und Führungspositionen interessiert waren und den entsprechenden Einfluß nur deshalb nicht hatten, weil man ihnen den Zugang zur Macht *verwehrte*.[10] Den zweiten Aspekt möchte ich ein wenig genauer beleuchten.

Kollaboration von Frauen im Dritten Reich
Über die Frage, ob Frauen Hitler an die Macht gebracht haben, ist in der Vergangenheit eine erbitterte Auseinandersetzung geführt worden. In bezug auf das Wahlverhalten von Frauen muß man diese Frage dahingehend beantworten, daß Frauen die NSDAP in ungefähr dem gleichen Maße wählten wie Männer.

Seit der Einführung des Frauenstimmrechtes zur Zeit der Weimarer Republik waren die Wählerstimmen getrennt nach Geschlechtern ausgezählt worden. Bis zu den Reichstagswahlen 1930 liegen daher relativ genaue Zahlen vor, aus denen sich ergibt, daß die Differenz zwischen männlichen und weiblichen Stimmen für die NSDAP zwischen 1924 und 1928 nur zwischen 0,5 und 0,8 Prozentpunkten schwankte:

Stimmen für die NSDAP bei den Reichstagswahlen nach Geschlecht

04.05.1924   m 13,5% w 13,0% Differenz 0,5 Prozentpunkte
07.12.1924   m 4,4% w 3,8% Differenz 0,6 Prozentpunkte
20.05.1928   m 2,6% w 1,8% Differenz 0,8 Prozentpunkte
Bei den Reichstagswahlen am 14.9.1930, bei denen die NSDAP 6.409.610 Stimmen erhielt, gaben 17,4% der Männer und 15,3% der Frauen ihre Stimme der NSDAP.[11] Für die letzten drei Wahlen (31.7.32, 6.11.32 und 5.3.33) liegen nur noch für einige Gemeinden Sonderauszählungen nach Geschlecht vor. Soweit Material vorhanden ist, ergibt sich daraus, daß sich die Differenz zwischen männlichen und weiblichen Stimmen für die NSDAP wieder verringerte, und im Verlaufe des Jahres 1932 wurde die NSDAP »von beiden Geschlechtern etwa gleich stark gewählt«.[12] Bei den Reichstagswahlen am 5.3.1933 erhielt die NSDAP insgesamt 17.277.328 Stimmen.

In Massen strömten Frauen auch in die pro-nationalsozialistischen Frauenorganisationen. So hatten sich dem Deutschen Frauenwerk, dem Dachverband aller zugelassenen Frauenorganisationen, 6–8 Millionen Frauen angeschlossen[13], die NS-Frauenschaft hatte 2 Millionen Mitglieder[14], und sie gewann »die Unterstützung eines breitgespannten Netzwerkes von Organisationen, von denen man diese Kooperation gar nicht erwartet hatte«.[15] Von den 120.000 Lehrerinnen waren 83.000 im Nationalsozialistischen Lehrerinnenbund organisiert.[16] Claudia Koonz fühlt sich aufgrund dieser Zahlen dazu veranlaßt, festzustellen, daß »die Beteiligung von sechs bis neun Millionen Frauen an den nationalsozialistischen Frauenaktivitäten... einfach geleugnet« werde.[17]

Von vielen Frauenorganisationen wurde dem Prozeß der Gleichschaltung nur wenig Widerstand entgegengesetzt. Sie waren vor die Alternative gestellt worden, sich entweder auf die Ziele des Nationalsozialismus zu verpflichten oder sich aufzulösen. »Verpflichtung auf die Ziele des Nationalsozialismus« –

das bedeutete unter anderem, alle Jüdinnen aus der Organisation auszuschließen. Der Bund deutscher Frauenvereine (BDF) wurde zwar 1933 aufgelöst; praktisch alle der über 60 Mitgliedsorganisationen mit insgesamt rund 750.000 Mitgliedern existierten jedoch weiter, nachdem sie ihre Mitglieder jüdischer Abstammung ausgeschlossen und sich staatlicher Aufsicht unterstellt hatten.[18]

Der Allgemeine Deutsche Lehrerinnenverband (ADLV), der 40.000 Mitglieder hatte, löste sich auf, »drängte aber (seine) nichtjüdischen Mitglieder, sich nationalsozialistischen Organisationen anzuschließen...« (Koonz, S. 163). Ebenso verhielten sich der Verein katholischer deutscher Lehrerinnen und der Verein deutscher evangelischer Lehrerinnen. Der Verband der Studentinnenvereine löste sich auf, bildete aber anschließend den »Altmitgliederbund des Verbandes der Studentinnenvereine Deutschlands«, in dem nur noch arische Mitglieder zugelassen waren (Koonz, S. 163).

Auch die Ärztinnen beschlossen, »sich hinsichtlich der Arierfrage den neuen Verhältnissen anzupassen« (Koonz, S. 163). Die Dozentinnen schließlich, deren sowieso schon geringe Zahl sich aufgrund von Emigration und vorzeitiger Versetzung in den Ruhestand von 74 auf 30 reduziert hatte, gründeten auf Initiative der Reichsfrauenführerin den »nationalsozialistischen Dozentinnenbund«, an dessen Gründungskongreß 22 Dozentinnen teilnahmen. Seine Forschungsgebiete »sollten eine Art theoretische Grundlage für die praktische Arbeit der deutschen Frauen im Dritten Reich bilden«.[19]

Kirchlich organisierte Frauen leisteten ebenfalls erhebliche Unterstützung: Agnes von Grone beispielsweise, »Führerin von mehr als zwei Millionen Protestantinnen, distanzierte sich von jeder Verbindung zur ›Bekennenden Kirche‹. Damit stellte sie sich auf die Seite jener evangelischen Bischöfe, die am 27.1.1934 ein Treuebekenntnis zu Hitler abgelegt hatten«.[20] Eine Vielzahl weiterer Beispiele für die Kollaboration von Frauen findet sich bei Koonz (1991).[21]

Erst auf diesem Hintergrund wird ersichtlich, daß es sich bei den Frauen, die im unmittelbaren Sinne Täterinnen wurden, nicht um Einzelbeispiele nationalsozialistischer Überzeugungstäterinnen handelt. Die Täterschaft von Frauen spielte sich in einem Klima der Unterstützung des Nationalsozialismus auch durch Frauen – und leider eben nicht nur einiger weniger Frauen – ab. Wir werden, wenn es um die konkrete Tatbeteiligung geht, sehen, daß es sich bei den Täterinnen um »ganz normale Frauen« handelte, die, überzeugt von nationalsozialistischen Ideen, die Grenze zwischen Normalität und Gewalttätigkeit ohne nennenswerten Widerstand überschreiten konnten. Was, so frage ich hier noch einmal, bedeutet die Analyse des Nationalsozialismus als »System von Männerherrschaft«, wenn eine so große Zahl von Frauen dieses System aktiv unterstützte? Was heißt »System von Männerherrschaft«, wenn es zwar einerseits zutrifft, daß Frauen aus vielen Bereichen des öffentlichen Lebens verdrängt wurden und ihnen Macht- und Führungspositionen genommen wurden (sofern sie diese denn überhaupt innegehabt hatten), gleichzeitig jedoch ersichtlich ist, daß viele von ihnen Macht und Einfluß nur zu gerne behalten hätten und sich zumindest in den Bereichen, die für ihr konservatives Verständnis frauenspezifisch waren, gerne und freiwillig an der Gestaltung nationalsozialistischer Politik beteiligt hätten? Verbittert waren diese Frauen nicht über die Ideen des Nationalsozialismus, sondern darüber, daß man sie daran hinderte, diese Ideen mitzuformulieren und in die Tat umzusetzen.

Bei oberflächlicher Betrachtung der NS-Strafprozesse der Nachkriegszeit kann es durchaus so erscheinen, als wären Frauen an den im Nationalsozialismus begangenen Gewaltverbrechen nur in sehr geringem Maße beteiligt gewesen. Tatsächlich tauchen Frauen als Angeklagte verhältnismäßig selten auf. Um dies zutreffend einordnen und beurteilen zu können, ist es jedoch nötig, nach dem richtigen Bezugsrahmen zu fragen.

In der NSDAP beispielsweise konnten Frauen zwar Mitglied

werden, sie konnten aber keine wichtigen Funktionen übernehmen. Verbrechen und Unrecht durch NSDAP-Funktionäre *konnten* demzufolge nur von Männern begangen werden, denn nur sie waren in den entsprechenden Positionen anzutreffen.

Auch in anderen Zusammenhängen tauchen Frauen nicht oder – in absoluten Zahlen gemessen – nur in geringer Zahl als Täterinnen auf, so im Bereich der Justiz und im Rahmen von Strafprozessen gegen Mitglieder der Ärzteschaft; auch hier muß berücksichtigt werden, daß Frauen in den entsprechenden Berufen nur sehr schwach oder gar nicht vertreten waren. Im Justizbereich beispielsweise betrug der Anteil der Frauen sowieso nur 3%[21]; davon abgesehen durften Frauen ab 1936 keine Richterämter mehr bekleiden und nicht als Staatsanwältinnen arbeiten. Dies galt auch für die Frauen, die Mitglied der NSDAP waren.[22] Nur 2.500 (5,4%) der insgesamt 46.000 Ärzte und Ärztinnen waren Frauen.[23] Folglich tauchen in Strafprozessen, bei denen Ärzte wegen medizinischer Experimente oder im Zusammenhang mit dem »Euthanasie«-Programm der Nationalsozialisten angeklagt waren, nur relativ wenige Frauennamen auf. Die Zahl der angeklagten Ärztinnen müßte man jedoch prozentual auf die absolute Zahl von Ärztinnen (2.500) beziehen, um diesen Prozentsatz sodann mit dem prozentualen Anteil männlicher Täter an der Gesamtzahl der Ärzte (43.500) zu vergleichen. Würden sich die prozentualen Anteile von Tätern und Täterinnen tatsächlich wesentlich voneinander unterscheiden? Entsprechende Zahlen liegen meines Wissens nicht vor.

Wer über die bisher vorliegenden spärlichen Arbeiten hinaus etwas über Täterinnen im Nationalsozialismus erfahren will, müßte sich daranmachen, in den Prozeßakten der Nachkriegszeit nach Spuren zu suchen, ein Arbeitsvorhaben, das bisher nur ganz punktuell in Angriff genommen worden ist und den Rahmen dieses Buches gesprengt hätte. Selbst dann aber würde nur die Spitze des Eisberges sichtbar, denn viele NS-Täter wurden nie zur Verantwortung gezogen: »In allen den genannten Verfahren ist aus den Urteilsbegründungen ersichtlich, daß man sich seitens der Verfahrensbeteiligten darüber im klaren sein mußte und offensichtlich auch war, daß es sich bei den Angeklagten nicht um Einzeltäter, sondern um einen verschwindend geringen Teil des an den einzelnen Verbrechenskomplexen beteiligten Personenkreises handelte« – so Adalbert Rückerl, der 1966 Leiter der Zentralen Stelle der Landesjustizverwaltungen zur Aufklärung nationalsozialistischer Verbrechen in Ludwigsburg wurde.[24]

Das NS-Regime hat auch für Frauen eine ganze Reihe von Bedingungen und Voraussetzungen geschaffen, die aggressives und gewalttätiges Verhalten wie auch die Möglichkeit, die Ausführung gebilligter Gewalttaten an Dritte zu delegieren, begünstigten.

Die Rolle, die Frauen im Rahmen ihrer Tätigkeit als KZ-Aufseherinnen spielten, scheint mir in diesem Zusammenhang besonders wichtig. Wer sich mit den von Frauen in diesem Bereich verübten Greueltaten beschäftigt hat, kann nicht länger davon ausgehen, daß Gewalttätigkeit und Grausamkeit grundsätzlich männerspezifische Verhaltensweisen sind. Ganz offensichtlich ist der Part des Gewalttäters nicht an das (biologische) Geschlecht, sondern – neben den persönlichen Voraussetzungen, die ein jeder mitbringt – an die soziale Rolle und das Maß der verfügbaren Macht gebunden.

Auch die Frage, ob Frauen Gewalt tatsächlich an Männer delegiert haben und welcher Formen indirekter Gewalt sie sich dabei bedient haben, scheint mir wichtig. Ich werde sie im Zusammenhang mit der »Euthanasie«, der Rolle, die Fürsorgerinnen gespielt haben, dem Phänomen der Denunziation sowie am Fall der Ilse Koch im Abschnitt über Frauen als Täterinnen in den Konzentrationslagern aufrollen.

»Keineswegs«, schreiben Dagmar Reese und Carola Sachse in bezug auf die Frauenforschung zum Nationalsozialismus, »wird davon ausgegangen, daß Frauen frei sind von Schuld, doch bindet sich das Ausmaß ihrer Schuld an den Zugang zu

Wissen, zu politischer Macht und gesellschaftlicher Einflußnahme.«[25] Das Ausmaß der Schuld, dies entnehme ich daraus, soll an den persönlich und historisch gegebenen Bedingungen gemessen werden. Soweit dies richtig ist, müßte dieser Maßstab dann allerdings für Männer wie Frauen gleichermaßen gelten: Bei weitem nicht jeder Mann hatte während des Dritten Reiches Zugang zu Wissen, politischer Macht und gesellschaftlicher Einflußnahme. Das ist das eine.

Das andere: Wir alle handeln, wann und wo immer wir leben, unter gegebenen Bedingungen. Wir werden hineingeboren in Herrschaftssysteme, werden von ihnen geprägt, lange bevor wir irgendeinen Einfluß auf sie nehmen könnten. Wir sind Objekte dieser Bedingungen, insofern sie unser Denken und Fühlen beeinflussen und uns Rollen zuweisen, die wir uns nicht ausgesucht haben und denen nicht ohne weiteres zu entkommen ist. Wir sind und bleiben aber Subjekte, insofern wir in einem Rahmen, den wir vorgefunden haben, auf die eine oder andere Weise handeln. Dieses Handeln haben wir, wie auch immer seine Vorbedingungen aussehen mögen, zu verantworten. Wäre dies nicht so, hätten Menschenrechte nie formuliert werden können, Rechte, die unveräußerlich sind und eine ethisch bindende Wirkung haben. Insofern kann die Bezugnahme auf Machtlosigkeit einerseits, staatlichen Zwang andererseits letztlich nicht entlasten. Der Verweis auf die Bedingungen unseres Handelns vermag, wenn er gründlich genug vorgenommen wird, zu erklären, warum ein Mensch sich so verhält, daß er schuldig wird. Diese Erklärung kann die Schuld u.U. mindern, die ethischen Kategorien selbst jedoch nicht außer Kraft setzen.

Ich meine, daß es hier oft zu einer Diffusion zweier Ebenen kommt, die man nicht miteinander verwechseln darf: Die Frage nach der Schuld – die Frage also, wie Handeln an ethischen Maßstäben zu messen und demzufolge zu bewerten ist – ist eine andere als die Frage nach den Bedingungen schuldhaften Handelns. Werden diese Ebenen nicht auseinandergehalten, so gerät die Frage nach den Bedingungen schuldhaften Handelns (bzw.

die Antwort auf diese Frage) leicht zur Ent-schuldigung. Es ginge nicht darum, dem weiblichen Geschlecht Schuld zuzuweisen, meinen Dagmar Reese und Carola Sachse[26]. »Den Frauen« Schuld zuzuweisen – darum kann es tatsächlich nicht gehen. Aber auch Frauen machen sich schuldig, und es sollte möglich sein, dies aufzuzeigen, ohne sich dem Vorwurf ausgesetzt zu sehen, die Sache der Frauen zu verraten. Auch Frauen haben sich im Dritten Reich auf eine Art und Weise verhalten, die mir unentschuldbar scheint. Dem sollten wir uns stellen.

1 Reese, Dagmar und Sachse, Carola (1990): Frauenforschung zum Nationalsozialismus. Eine Bilanz, S. 105, in: Gravenhorst, Lerke und Tatschmurat, Carmen (Hg.) (1990): Töchter fragen. NS-Frauengeschichte, Freiburg 1990, S. 73–106

2 Buchtitel einer Veröffentlichung:
Thalmann, Rita (1987): Frausein im Dritten Reich, Frankfurt–Berlin 1987

3 vgl. hierzu: Buber-Neumann, Margarete (1949): Als Gefangene bei Stalin und Hitler, München 1949

4 vgl. hierzu: Windaus-Walser, Karin (1988): Gnade der weiblichen Geburt? Zum Umgang der Frauenforschung mit Nationalsozialismus und Antisemitismus, in: Feministische Studien. Radikalität und Differenz, 6. Jahrgang, Nov. 1988, Nr. 1, S. 102–115

Zur »Mittäterschaftsthese«:

Thürmer-Rohr, Christina (1987): Querdenken – Gegenfragen – Einspruch. Zündstoff feministischer Forschung, in: dies.: Vagabundinnen. Feministische Essays, Berlin 1987, S. 141–153

dies. (1987): Aus der Täuschung in die Ent-Täuschung. Zur Mittäterschaft von Frauen, in: dies. (1987): Vagabundinnen, S. 38–56

5 zur Auseinandersetzung um die aktive Beteiligung von Frauen – Beiträge deutscher Autorinnen:
Müller-Münch, Ingrid (1982): Die Frauen von Majdanek. Vom zerstörten Leben der Opfer und der Mörderinnen, Reinbek bei Hamburg 1982

Ebbinghaus, Angelika (Hg.) (1987): Opfer und Täterinnen. Frauenbiographien des Nationalsozialismus, Nördlingen 1987

Schmidt, Dorothea (1987): Die peinlichen Verwandtschaften. Frauenforschung zum Nationalsozialismus, in: Schmidt, D. (Hg.) (1987): Normalität oder Normalisierung. Geschichtswerkstätten und Faschismusanalyse, Münster 1987, S. 50–65

Windaus-Walser, Karin (1988): Gnade der weiblichen Geburt? Zum Umgang der Frauenforschung mit Nationalsozialismus und Antisemitismus, in: Feministische Studien. Radikalität und Differenz, 6. Jahrgang, Nov. 1988, Nr. 1, S. 102–115

Bock, Gisela (1989): Die Frauen und der Nationalsozialismus. Bemerkungen zu einem Buch von Claudia Koonz, in: Geschichte und Gesellschaft 15, 1989, S. 563–579

Mamozai, Martha (1990): Dulden – Hinschauen – Mitmachen: Komplizinnen im deutschen Faschismus, in: dies., Komplizinnen, Reinbek bei Hamburg 1990, S. 99–153

Gravenhorst, Lerke und Tatschmurat, Carmen (Hg.) (1990): Töchter fragen – NS-Frauengeschichte, Freiburg 1990

Reese, Dagmar (1991): Homo Homini Lupus – Frauen als Täterinnen? in: Internationale wissenschaftliche Korrespondenz zur Geschichte der deutschen Arbeiterbewegung, 27. Jg., Heft 1 (März 1991), S. 27–34

Schwarz, Gudrun (1992): Verdrängte Täterinnen. Frauen im Apparat der SS ⟨1939 – 1945⟩, in: Wobbe, Theresa (Hrsg.) (1992): Nach Osten. Frankfurt a. M., S. 197 – 227

6 Windaus-Walser, Karin (1990): Frauen im Nationalsozialismus. Eine Herausforderung für die feministische Theoriebildung, S. 60 in: Grabenhorst, L. und Tatschmurat, C. (1990), S. 59-72

7 Reese, Dagmar und Sachse, Carola (1990), S. 93

8 NSLB – Nationalsozialistischer Lehrerbund (Bayreuth), Erzieherinnentagung (01). Weibliche Erziehung im NSLB, Leipzig 1934, S. 67; zit. nach: Schmidt, Dorothea (1987), S. 59

9 Koonz, Claudia (1987): Mütter im Vaterland. Frauen im Dritten Reich, Freiburg 1991, S. 189

Zu den Frauen, die die Rassehygienepolitik der Nationalsozialisten vertraten und auch dementsprechend handelten, gehörten z. B.:

– die Sozialpolitikerin Käthe Petersen, die Oberinspektorin Johanna Dunkel, die Oberin Röhrsen und die Inspektorin Ebermann, die leitende Positionen in der Hamburger Fürsorge innehatten; siehe:

Rothmaler, Christiane (1987): Die Sozialpolitikerin Käthe Petersen zwischen Auslese und Ausmerze, in: Ebbinghaus, Angelika (Hg.) (1987): Opfer und Täterinnen, Frauenbiographien des Nationalsozialismus, Nördlingen 1987, S. 76–90

– Helene Wessel, siehe:

Ebbinghaus, Angelika (1987): Helene Wessel und die Verwahrung, S. 154, in: dies. (1987), S. 152–173

– die Psychologin Hildegard Hetzer, siehe:

Walter, Paul (1992): Der Fall Hetzer, in: Psychologie Heute, Heft 12, Dezember 1992, S. 15/16

– die Wohlfahrtspflegerin Ilse Geibel, siehe:

Mitrovic, Emilja (1987): Fürsorgerinnen im Nationalsozialismus: Hilfe zur Aussonderung, S. 15, in: Ebbinghaus (1987), S. 14–36

10 siehe hierzu vor allem Koonz (1991)

11 Falter, Jürgen, Lindenberger, Thomas und Schumann, Siegfried (1986): Wahlen und Abstimmungen in der Weimarer Republik: Materialien zum Wahlverhalten 1919–1933, München 1986, S. 83

Alle Angaben sind dieser Arbeit entnommen, siehe S. 41 und 81 ff.

12 Falter (1986), S. 82

zu den Reichstagswahlen 1932 und 1933 siehe:

Bremme, Gisela (1956): Die politische Rolle der Frau in Deutschland, Göttingen, S. 73 ff, und Statistik S. 243 ff.

13 Koonz (1991), S. 218

14 ebd.

15 ebd., S. 265

16 ebd., S. 261

17　ebd., S. 16

18　ebd., S. 28

19　Thalmann (1987), S. 103

20　Mamozai, Martha (1990): Komplizinnen, Reinbek bei Hamburg, S. 109

　　Auf die Unterstützung der Nationalsozialisten durch kirchliche Kreise geht Koonz (1991) ausführlich ein.

21　Koonz (1991), S. 164

22　ebd.

23　ebd., S. 163

24　Rückerl, Adalbert (1982): NS-Verbrechen vor Gericht – Versuch einer Vergangenheitsbewältigung, Heidelberg 1982, S. 123

25　Reese, Dagmar und Sachse, Carola (1990), S. 105

26　ebd., S. 106

b) Die Beteiligung der Fürsorgerinnen an Entmündigung, Zwangsverwahrung, Einweisung in Konzentrationslager, Zwangssterilisationen und »Euthanasie«

Fürsorge und Wohlfahrt waren im Dritten Reich aufgrund eines Rollenverständnisses, das den sozialen Bereich in die Zuständigkeit von Frauen verwies, typisch weibliche Arbeitsfelder. Die Frauen, die hier tätig waren, leisteten durch Erfassung und Beurteilung bestimmter Personengruppen und Personen Vorarbeiten, die zu Entmündigung, Bewahrung in Anstalten sowie Einweisung in »Jugendschutzlager« und Konzentrationslager führen konnten. Sie waren an der Selektion derjenigen, die aus erbbiologischen oder »sozialen« Gründen zwangssterilisiert wurden, beteiligt. Am »Euthanasie«-Programm der Nationalsozialisten waren sie insofern mittelbar beteiligt, als diejenigen, die in eine »Bewahranstalt« eingewiesen wurden, einer späteren

Deportation in eine der Vernichtungsanstalten preisgegeben waren. In manchen Fällen sorgten die Fürsorgebehörden aber auch ganz direkt für die Einweisung in eine der Vernichtungsanstalten. So sagte beispielsweise Anna Gastler, eine der im Prozeß um die Vernichtungsanstalt Meseritz-Obrawalde angeklagten Krankenschwestern, aus: »Damit über den Personenkreis der Patientinnen kein falsches Bild entsteht, möchte ich anführen, daß ich mich auch an Frauen und Mädchen erinnern kann, die von der Fürsorge in unsere Anstalt eingewiesen worden waren.«[1] Jugend- und Fürsorgeämter wiesen z.B. auch jüdische »Mischlingskinder«, die zuvor in Pflegefamilien oder Heimen gelebt hatten, in die sogenannte »Mischlingsabteilung« der Vernichtungsanstalt Hadamar ein.[2]

Von Entmündigungen konnte im Dritten Reich jeder betroffen sein, der als geistig behindert, asozial oder verwahrlost galt. »In der Regel schrieb die Fürsorgerin einen Bericht und begründete die Notwendigkeit der Entmündigung in einem Antrag an das Amtsgericht.«[3] War jemand erst einmal entmündigt, wurde er in vielen Fällen in eine »Bewahranstalt« eingewiesen, in Hamburg etwa in die Anstalt Farmsen, in der er dann der Aufsicht der dort tätigen Fürsorgerinnen unterstand. Ab März 1941 »begannen die Hamburger Wohlfahrtsanstalten, darunter auch das Versorgungsheim Farmsen, mit der Deportation ›erbbiologisch geringwertigen Menschenmaterials‹ in psychiatrische Anstalten, in denen die Patienten planmäßig getötet wurden«.[4]

Auch an Einweisungen in Jugendkonzentrationslager waren die Fürsorgeerziehungsbehörden beteiligt: Von den ersten 500 der in das Jugendkonzentrationslager Uckermark eingewiesenen Jugendlichen beispielsweise waren 288 ehemalige Fürsorgezöglinge.[5] Aufgabe der Fürsorgeerziehungsbehörden war es, zu prüfen, bei welchen der über 16 Jahre alten Heimzöglinge ein Antrag auf Unterbringung im »Jugendschutzlager« zu stellen sei.[6] Als Einweisungsgrund reichte beispielsweise »sexuelle Verwahrlosung« aus.[7]

In besonderem Maße waren die Fürsorgerinnen jedoch an den

Zwangssterilisationen im Dritten Reich beteiligt, und beileibe nicht immer taten sie nur ihre »Pflicht«. Die Wohlfahrtspflegerin Ilse Geibel beispielsweise »rief ihre Schülerinnen auf, ›Blutleere und Bindungslosigkeit‹ zu überwinden, ›Gemeinnutz vor Eigennutz‹ zu stellen, an den ›Führer, dies unfaßbar große Geschenk‹ zu denken... Sie erklärte: ›Gesundheitsfürsorge ist [durch die Rasse] neu geadelt...‹ Sie rief zu einem ›Aufklärungsfeldzug‹ auf, damit die Wohlfahrtspflegerinnen die ›Auslese des besten Erbguts‹ befördern könnten.«[8] Diese Auslese haben viele Fürsorgerinnen gründlich betrieben. Die »meisten von ihnen beharren auf der Behauptung, nichts gewußt zu haben, obwohl die Euthanasie und die Zwangssterilisation in den NS-Zeitungen und im Rundfunk öffentlich diskutiert wurden und sie selbst die Daten für die Sterilisationsanzeigen gesammelt und die Personen erfaßt haben.«[9]

Das »Gesetz zur Verhütung erbkranken Nachwuchses« vom 14.7.1933 verpflichtete die im Sozial- und Gesundheitswesen Tätigen, »genetisch minderwertige« Personen bei den Gesundheitsämtern zu melden. Die Anzahl der Personen, die zwangssterilisiert wurden, beziffert Gisela Bock für die Zeit von 1934 bis 1945 auf etwa 360.000.[10] Bis Januar 1934 waren fast 100.000 Anträge auf Sterilisation gestellt worden; 43.000 dieser Anträge betrafen Frauen, 41.700 Männer. Zu diesem Zeitpunkt waren bereits 27.900 Sterilisationen bei Frauen und 28.000 bei Männern durchgeführt worden.[11] Über die Sterilisationsanträge entschieden eigens eingerichtete »Erbgesundheitsgerichte«, die mit je einem Arzt, einem Gesundheitsbeamten und einem Berufsrichter besetzt waren.

Betroffene des »Gesetzes zur Verhütung erbkranken Nachwuchses« waren geistig zurückgebliebene (»schwachsinnige«) Menschen, psychisch Kranke, Menschen, die an Epilepsie oder Veitstanz litten, aus erblichen Gründen blind oder taub waren oder schwere körperliche Mißbildungen aufwiesen. Zu den Mißbildungen, die einen Antrag auf Sterilisation nach sich ziehen konnten, gehörten auch Klumpfuß, Hasenscharte oder Wolfsrachen. Ebenfalls betroffen waren Alkoholiker, Menschen mit abweichendem sexuellen Verhalten und Prostituierte, die aufgrund von »moralischem Schwachsinn« zur Anzeige gebracht wurden.[12] In Hamburg wurden über die Schulfürsorgerinnen auch alle Hilfsschüler und alle ehemaligen Hilfsschüler in die Erfassung einbezogen.[13]

»Die ›erbbiologische Erfassung‹ der Bevölkerung wurde über die Einrichtungen des Gesundheits- und Wohlfahrtswesens organisiert, an deren vorderster Front Frauen standen. Es waren Gesundheits- und Familienfürsorgerinnen, die in die Familien gingen, Berichte anfertigten, also den unmittelbaren Kontakt mit den Betroffenen hatten und häufig die ersten Schritte zu deren Erfassung und späteren Aussonderung in die Wege leiteten.«[14] Die Fürsorgerinnen »erhielten den Auftrag, Ermittlungen für die erbbiologische Bestandsaufnahme und die Sippenforschung durchzuführen. Aufgrund ihrer Angaben wurden Sippentafeln erstellt und nach der Definition des Erbgesundheitsgesetzes erbbiologisch ›minderwertige‹ Familien erfaßt.«[15]

Die Arbeit der Fürsorgerinnen bestand aber nicht nur darin, die Vorinformationen zu sammeln. Vielmehr wurden sie auch selber tätig. Sie hatten »nach eigenem Urteil und eigener Einschätzung regelmäßig Sterilisationsvorschläge zu machen. Ihre Vorarbeit war unerläßlich, …ihre Anwesenheit bei den Gerichtsverhandlungen und den Operationen wurde von ihnen selbst gefordert.«[16]

Erfassung – Aussonderung – Zwangsarbeit – Zwangseinweisung – Deportation – Vernichtung: ein lückenloser Ablauf, dessen Funktionieren nicht denkbar gewesen wäre ohne ideologische und praktische Unterstützung der daran beteiligten Fürsorgerinnen. Wenn es auch sein mag, daß zu Beginn des Dritten Reiches den im Fürsorgebereich tätigen Frauen die Konsequenzen ihrer Arbeit nicht immer und nicht in vollem Umfang bewußt gewesen sein mögen, so ist es doch kaum vorstellbar, daß gerade denjenigen, die aufgrund ihrer Arbeit Einblick in diese Abläufe gewinnen konnten, verborgen geblieben sein sollte, in welches Räderwerk sie da eingespannt waren.

Widerstand hat es in nennenswertem Umfang dennoch nicht gegeben. Die Fürsorgerinnen taten ihre Arbeit, und ich fürchte, nicht wenige von ihnen taten sie aus Überzeugung. Einen Hinweis darauf sehe ich – neben den Ausführungen Ilse Geibels und den im vorigen Abschnitt zitierten Äußerungen von Frauen zur Frage der »Rassehygiene« – z.B. darin, daß die Anwesenheit der Fürsorgerinnen bei den Gerichtsverhandlungen über Sterilisationsanträge und bei den Operationen »von ihnen selbst gefordert« wurde. Wie sollte zudem eine Fürsorgerin, die das, was sie tut, innerlich ablehnt, überzeugende Anträge auf Entmündigung, Zwangssterilisation, Einweisung in ein Jugendschutzlager etc. zustande bringen? Gemessen an der »Erfolgsquote« bei den Anträgen auf Sterilisation müssen die Berichte überzeugend ausgefallen sein.

Die Fürsorgerinnen hatten, auch wenn sie öffentlich nicht groß in Erscheinung traten, sehr viel Macht über andere Menschen. Von ihrem Urteil, ihrem Bericht konnte es abhängen, ob ein Mensch seine Freiheit und sein Selbstbestimmungsrecht verlor. Von ihrem Urteil konnte die körperliche Unversehrtheit, womöglich das Leben eines anderen Menschen abhängen; von ihrem Urteil konnte abhängen, ob ein Mensch seine Fruchtbarkeit verlor oder behielt.

Mir scheint, daß die Vernichtung der Fruchtbarkeit und Zeugungsfähigkeit ausgerechnet in einer Gesellschaft, in der der Mutterschaft ein derart großer Wert beigemessen wurde, der psychischen Vernichtung der Betroffenen nahekommt. Ist die aktive Unterstützung einer solchen Tat ohne das Vorhandensein eines ausgeprägten, wenn vielleicht auch nicht eingestandenen Schädigungswillens überhaupt vorstellbar?

Wäre es nicht auch denkbar, daß die »stille Macht«, die man den Fürsorgerinnen übertragen hatte, sie dazu verleiten haben könnte, eigene destruktive Aggressionen auf indirekte, nicht ohne weiteres ersichtliche und für sie ungefährliche, da staatlicherseits gedeckte Art gegen diejenigen Menschen zu richten, die ihnen ausgeliefert waren? Wenn dieser Gedanke zutrifft, dann gehörten die Fürsorgerinnen zu jenen Frauen, die die direkte Ausübung offener Gewalt, für die sie die unabdingbare Vorarbeit erbracht hatten, billigend an Dritte delegierten.

1 Anna Gastler im Verfahren vor dem Landgericht München I, AZ. 112 Ks 2/64, zit. n.:

   Koch, Franz (1984): Die Beteiligung von Krankenschwestern und Krankenpflegern an Massenverbrechen im Nationalsozialismus, in: Geschichte der Krankenpflege. Versuch einer kritischen Aufarbeitung. Hg. vom Medizinischen Informations- und Kommunikationszentrum Gesundheitsladen e.V., Berlin 1984

   Das Urteil in diesem Verfahren (LG München I vom 12.3.1965, 112 Ks 2/64) ist abgedruckt in: Rüter-Ehlermann, Adelheid und Rüter, C.F. u.a. (1968–1981): Justiz und NS-Verbrechen. Sammlung deutscher Strafurteile wegen nationalsozialistischer Tötungsverbrechen 1945–1966, Amsterdam 1968–1981, Band XX, laufende Nr. 587, S. 694–714

2 Scholz, Susanne und Singer, Reinhard (1986): Die Kinder in Hadamar, S. 233 in:
   Roer, D. und Henkel, D. (Hg.) (1986): Psychiatrie im Faschismus. Die Anstalt Hadamar 1933–1945, Bonn, S. 214–236

3 Meister, Barbara und Langholf, Reinhard (1987): Zweckmäßige Asozialenbehandlung. Entmündigung in der nationalsozialistischen Fürsorgepolitik, S. 181, in: Ebbinghaus, Angelika (1987), S. 179–190
   Ich beziehe mich bei den folgenden Ausführungen bzgl. Entmündigung auf diese Arbeit.

4 ebd., S. 189

5 siehe hierzu: Hepp, Michael (1987): Vorhof zur Hölle. Mädchen im »Jugendschutzlager« Uckermark, S. 195, in: Ebbinghaus (1987), S. 191–216

6 ebd., S. 195

7 ebd., S. 197

8   Koonz, Claudia (1987): Mütter im Vaterland. Frauen im Dritten Reich, Freiburg 1991, S. 229

Mitrovic, Emilja (1987): Fürsorgerinnen im Nationalsozialismus: Hilfe zur Aussonderung, S. 15, in: Ebbinghaus, Angelika (Hg.) (1987): Opfer und Täterinnen. Frauenbiographien des Nationalsozialismus, Nördlingen 1987, S. 14–36

10 Bock, Gisela (1986): Zwangssterilisationen im Nationalsozialismus. Studien zur Rassenpolitik und Frauenpolitik. Opladen 1986, S. 238: Diese Zahl bezieht sich auf die Grenzen von 1937. »Zusammen mit den Sterilisationen außerhalb der Grenzen von 1937 betrug die Summe etwa 400.000.« (ebd., S. 238). In dem entsprechenden Kapitel setzt Gisela Bock sich sehr ausführlich mit der quantitativen Dimension der Zwangssterilisation auseinander.

11 Koonz (1991), S. 227

12 vgl. hierzu:
    – Bock (1986), S. 302 ff.
    – Lifton, Robert Jay (1986): Ärzte im Dritten Reich, Stuttgart 1988, S. 31
    – Mitrovic (1987), S. 28
    – Koonz (1991), S. 227

13 Mitrovic (1987), S. 28

14 Ebbinghaus (1987), S. 8

15 Mitrovic (1987), S. 27

16 Rothmaler, Christiane (1987): Die Sozialpolitikerin Käthe Petersen zwischen Auslese und Ausmerze, S. 80, in: Ebbinghaus (1987), S. 76–90

c) Die Beteiligung von Frauen an der »Vernichtung lebensunwerten Lebens«

Allgemeines
An der »Vernichtung lebensunwerten Lebens« waren Frauen auf vielerlei Art und Weise direkt und indirekt beteiligt. Sie ar-

beiteten als Verwaltungskräfte in den Vernichtungsanstalten, sie fungierten als Transportbegleiterinnen, sie selektierten oder leisteten Beihilfe zur Selektion. Als Ärztinnen und Krankenschwestern waren sie an den Massentötungen durch Vergasung beteiligt, und viele von denen, die in den Vernichtungsanstalten, in den sogenannten »Kinderfachabteilungen« und in psychiatrischen Anstalten arbeiteten, in denen mit Medikamenten getötet wurde, brachten eigenhändig eine große Zahl hilfloser Menschen um.

Der »Reichsausschuß zur wissenschaftlichen Erfassung von erb- und anlagebedingten schweren Leiden«, der mit der Organisation der »Kindereuthanasie« befaßt war, wurde 1939 gegründet; am 18.3.1939 »ergeht ein streng vertraulicher Runderlaß des Reichsministers des Inneren, …der den Kreis der betroffenen Kinder festlegt…«[1] Betroffen waren Kinder, die an »Idiotie«, Mongolismus, Mißbildungen jeder Art und Lähmungen litten.[2] Später umfaßte der Kreis der betroffenen Kinder aber auch Grenzfälle und leichte Behinderungen, bis schließlich selbst jugendliche Kriminelle auf der Tötungsliste standen.[3] Kinder, die bereits in Anstalten untergebracht waren, wurden nicht im Rahmen der »Kindereuthanasie«, sondern im Zusammenhang mit der sogenannten Aktion T4 (»Erwachseneneuthanasie«, s.u.) umgebracht.

Die Beurteilung der Fälle durch »Sachverständige« des Reichsausschusses erfolgte allein aufgrund von Fragebögen, die durch Ärzte und Hebammen auszufüllen waren. Fiel das Urteil negativ aus, wurden die Kinder zur Tötung freigegeben.

Ende 1939 nahm die »Kinderfachabteilung« Görden den Tötungsbetrieb auf. »Schließlich entstand innerhalb der vorhandenen Anstalten ein Netzwerk von 30 Tötungsanstalten in ganz Deutschland, Österreich und Polen.«[4] Die Kinder wurden mit Tabletten und Spritzen getötet; in vielen Fällen ließ man sie aber auch einfach verhungern. Die beteiligten Krankenschwestern erhielten für ihre Tätigkeit vom Reichsausschuß in der Regel eine Sonderzuwendung.[5] Lifton schätzt die Zahl der getöteten Kinder auf 5.000, geht jedoch davon aus, daß die Gesamtzahl wahrscheinlich höher war.[6] Das »Kindereuthanasie«-Programm wurde vom offiziellen Abbruch des T4-Programms im August 1941 nicht erfaßt: »Viele Kinderfachabteilungen... entstehen sogar erst nach dem ›Stop‹«[7], so z.B. die »Kinderfachabteilung« in der psychiatrischen Anstalt Lubliniec (Oberschlesien), in der die Sterblichkeit in der Abteilung B der Kinderklinik 94% betrug.[8]

Im Sommer 1939 beauftragte Hitler den Leiter der Kanzlei des Führers (KdF), Bouhler, und seinen Begleitarzt, Dr. Brandt, mit der Durchführung der »Euthanasie«. Am 21.9.1939 erging ein Erlaß der Gesundheitsabteilung des Reichsministeriums des Inneren bezüglich der Erfassung aller Heil- und Pflegeanstalten sowie der gemeinnützigen, karitativen und privaten Einrichtungen, die entsprechende Abteilungen hatten. Bereits im Oktober 1939 gingen die ersten Meldebögen in badischen und württembergischen Anstalten ein. Beurteilt wurden die Meldebögen von jeweils drei dafür bestellten »Gutachtern« und einem Obergutachter. Einziges Kriterium für die Auswahl »...ist die Frage, ob der Patient zu produktiver Arbeit fähig ist oder nicht«.[9]

Im Januar 1940 nahm die Tötungsanstalt Grafeneck ihren Betrieb auf. Es folgten Brandenburg, Hartheim und Sonnenstein. Grafeneck wurde am 10.12.1940 geschlossen, weil »die Anstalten, die für unsere Station in Frage kamen, keine Kranken mehr liefern konnten«.[10] An die Stelle von Grafeneck tritt Hadamar. Die Anstalt Brandenburg wurde ebenfalls geschlossen und zog nach Bernburg um. Dort begannen die Tötungen im Dezember 1940.

Die zur »Euthanasie« Bestimmten wurden in diesen Anstalten vergast. Bis zum offiziellen Ende des Euthanasie-Programms, das aufgrund von Unruhen in der Bevölkerung und Protest aus kirchlichen Kreisen im August 1941 bekanntgegeben wurde, waren in diesen sechs Tötungsanstalten 70.273 Menschen ermordet worden.

Im Herbst 1940 wurden zur besseren Tarnung sogenannte

»Zwischenanstalten« eingerichtet: »Die Patienten kommen nicht mehr direkt zum Vergasungsort, sondern werden zunächst in eine der Zwischenanstalten ›verlegt‹, wo sie einige Zeit bleiben, ehe man sie in eine der Tötungsanstalten bringt.«[11]

Im Juli 1940 begann die systematische Tötung jüdischer Patienten, im April 1941 die Aktion 14 f 13: Mißliebige KZ-Häftlinge wurden über Meldebögen und Ärztekommissionen zur Vernichtung ausgemustert.[12] Die Ausgesonderten – »körperlich Kranke, Polen, Juden, ›Wehrunwürdige‹, ›Rassenschänder‹, ›Berufsverbrecher‹ usw. usw.«[13] wurden nach Bernburg, Sonnenstein und Hartheim transportiert und dort vergast.

Im August 1941 kam es – wie bereits erwähnt – aufgrund von Protesten zu einem angeblichen Euthanasie-Stop. Aufgegeben wurde jedoch »lediglich der sichtbare Teil des Programms: Die Vergasung von Patienten im großen Stil... überall wurden die Tötungen in einer zweiten Phase fortgesetzt, die in Nazi-Dokumenten gelegentlich als ›wilde Euthanasie‹ bezeichnet wurde, weil die Ärzte – vom Regime ermuntert oder sogar beauftragt – nun in eigener Initiative handeln und über Leben und Tod entscheiden konnten.«[14] »Die Tötungen erfolgten nun in fast allen Anstalten Deutschlands durch Einspritzen oder Eingeben überdosierter Betäubungs- und Einschläferungsmittel... Es wurden aber auch jetzt noch Transporte zusammengestellt und zum Zwecke der Tötung in besondere Anstalten... gebracht.«[15] Hier nun verändert sich auch die Rolle der Ärztinnen und Krankenpflegerinnen; spätestens von diesem Zeitpunkt an sind sie an den Tötungen ganz unmittelbar beteiligt.

1942 wurden auch die Anstalten Tiegenhof bei Gnesen und Meseritz-Obrawalde in Pommern Vernichtungsanstalten. Nachdem die polnischen Patienten getötet worden waren, wurden dort aus dem Altreich herantransportierte deutsche Anstaltsinsassen umgebracht. In Tiegenhof und Meseritz-Obrawalde wurden insgesamt mindestens 16.000 Menschen ermordet. In beiden Anstalten waren deutsche Krankenschwestern beschäftigt und an den Massenmorden unmittelbar beteiligt.[16]

Im Unterschied zu den Zwangssterilisationen gab es für das »Euthanasie«-Programm nie eine gesetzliche Grundlage, sondern lediglich eine im Oktober 1939 unterzeichnete und auf den 1.9.39 vordatierte Ermächtigung Hitlers.[17] Der Name des Erwachsenentötungsprogramms – Aktion T4 – rührt daher, daß sich die Zentrale für das Programm in der Tiergartenstraße 4 in Berlin befand.

1 Klee, Ernst (1983): »Euthanasie« im NS-Staat. Die »Vernichtung lebensunwerten Lebens«, Frankfurt 1985, S. 80
   Ich folge in der weiteren Darstellung weitgehend der Arbeit von Klee.

2 ebd., S. 80

3 Lifton, Robert Jay (1986): Ärzte im Dritten Reich, Stuttgart 1988, S. 61

4 ebd., S. 57

5 Klee (1983), S. 305 f; s.a. Abschnitt »Kinderfachabteilungen«

6 Lifton (1986), S. 61

7 Klee (1983), S. 379

8 ebd., S. 414

9 ebd., S. 118

10 Aussage einer Pflegerin vom 7.6.48, Verfahren Ks 6/49 StA Tübingen gegen Angeschuldigte im Grafeneck-Komplex
   zit. nach: Klee (1983), S. 291

11 Klee (1983), S. 263

12 ebd., S. 346
   Ein Beispiel für eine »Diagnose« des KZ-Arztes Mennecke: »Fanatischer Deutschenhasser und asozialer Psychopath. Diagnose: Eingefleischter Kommunist, wehrunwürdig, Zuchthausstrafe wegen Hochverrats.«

13 ebd., S. 350

14 Lifton (1986), S. 112

15 Rüter-Ehlermann, Adelheid und Rüter, C.F. (1968–1981): Justiz und NS-Verbrechen. Sammlung deutscher Strafurteile wegen nationalsozialistischer Tötungsverbrechen 1945–1966, Amsterdam 1968–1981, Band I, lfd. Nr. 017, Heil- und Pflegeanstalt Hadamar, S. 313, Urteil des LG Frankfurt a.M. vom 21.3.1947, 4 Kls 7/47

16 Klee (1983), S. 401 ff.

17 ebd., S. 100

Zur Frage der Freiwilligkeit der Arbeit und der Möglichkeit, sich der Arbeit in den Tötungsanstalten zu entziehen
Die Ärztinnen und Krankenschwestern, die an den Tötungsprogrammen beteiligt waren, waren zu ihrer Arbeit keineswegs gezwungen worden. Hierzu Pauline Kneissler, die in Grafeneck, Hadamar und Irsee-Kaufbeuren unmittelbar an den Tötungsaktionen beteiligt war: »Dann eröffnete uns Herr Blankenburg im Beisein von Dr. Bohne, welche Aufgabe uns erwarte. Er stellte uns vor die Tatsache, daß wir zur Durchführung einer Euthanasieaktion einberufen seien. Es wurde uns dabei vorgestellt, daß wir als erfahrene Pfleger aus den Heil- und Pflegeanstalten die Krankheitsbilder ja genau kennen und beurteilen könnten, daß es für die Schwerstkranken eine Erlösung sei, wenn man ihr Leben vorzeitig beende.«[1] »Jedem Tier würde ja der Gnadentod gegeben. Dies leuchtete mir wohl ein...«[2] Den Schwestern wurde sodann ausdrücklich erklärt, »daß wir zurücktreten könnten und es würden uns dadurch keinerlei Nachteile entstehen«.[3] »Wir wurden dann gefragt, ob wir mitarbeiten wollten und nach einer Viertelstunde Bedenkzeit vereidigt.«[4] Da die Aussagen anderer Beteiligter in diesem Punkte übereinstimmen, stellt das Landgericht Frankfurt im Hadamar-Urteil fest: »Das Gericht hat festgestellt, daß es weder beabsichtigt noch üblich war, Personen gegen ihren ausdrücklich erklärten Willen zur Beteiligung an der Tötungshandlung als Täter oder Gehilfe durch schwere Drohungen zu erzwingen.«[5]

Den Beteiligten war zudem bekannt, daß es keineswegs nur darum ging, schwer leidenden Menschen den »Gnadentod« zu gewähren: »Inzwischen ist nämlich klargeworden, daß jeder, der damals an diesen Tötungen beteiligt war, genau wußte, daß es dabei gar nicht um den leidenden Menschen, sondern um die Vernichtung von angeblich Lebensunwerten oder rassisch Minderwertigen ging.«[6]

Es wäre den an den Tötungen beteiligten Ärztinnen und Krankenschwestern durchaus möglich gewesen, ihre Mitarbeit zu verweigern. Dies ist durch eine ganze Reihe von Beispielen belegt.[7] Geweigert hat sich beispielsweise die Oberpflegerin Grunau in Meseritz-Obrawalde; sie wurde daraufhin nach Stettin versetzt. »Die Stationspflegerin Wieczorek soll gegenüber der Zeugin Schmidt geäußert haben, daß sie im Falle einer Weigerung ›um eine Gehaltsstufe zurückgestuft‹ werde.«[8] Geweigert haben sich auch drei Pflegerinnen, die sich in der »Kinderfachabteilung« Waldniel an den Tötungen beteiligen sollten. Der Arzt nahm die Weigerung zur Kenntnis und akzeptierte sie.[9] Die Liste der Beispiele ließe sich problemlos verlängern.

Die an den Tötungsaktionen beteiligten Ärztinnen und Krankenschwestern haben sich also freiwillig zur Mitwirkung entschlossen. Wie aber kann es zu einer solchen Entscheidung kommen? Neben Gründen, die in der Persönlichkeitsstruktur der betreffenden Frauen zu suchen wären, scheint mir, daß eine wesentliche Voraussetzung für die Bereitschaft, sich in die Tötungsmaschinerie der Nationalsozialisten einspannen zu lassen, in der prinzipiellen Übereinstimmung mit der Vorstellung von der Existenz minderwertigen und höherwertigen Lebens zu suchen ist. Von »minderwertig« bis zu »lebensunwert« ist es dann irgendwann in der Konsequenz nur noch ein kleiner Schritt.

Tatsächlich fand der Nationalsozialismus auch in der Schwesternschaft breite Unterstützung. Einen Einblick gewährt eine in der Zeitschrift »Dienst am Leben« nachgezeichnete Kontroverse[10]: Eine Schwester Hildegard beispielsweise läßt uns wissen, daß »der Nationalsozialismus uns vor dem Untergang bewahrt [hat]: ... In den Jahren nach dem Kriege hat das Volk an seiner Seele das Elend gespürt, das ein artfremder schmutziger Geist ihm gebracht hat. Und nur aus diesem Elend heraus konnte es die Notwendigkeit und die Erlösung empfinden, die es heute der reinen, gesunden Zeit verdankt.« Den konfessionellen Schwestern wirft Schwester Hildegard vor, »außerhalb des Volksganzen« zu stehen: »Sie sehen nicht ein, daß der Nationalsozialismus Totalitätsansprüche zu stellen hat...«

Eine freiberufliche Schwester fühlt sich daraufhin berufen, ihre evangelischen Mitschwestern »ganz entschieden in Schutz [zu] nehmen, ...wer ...einen Einblick in die wirklichen Verhältnisse... gewonnen... hat, der muß unbedingt erkennen, daß die konfessionellen Schwestern fest auf dem Boden des Nationalsozialismus stehen«. Eine evangelische Schwester schließlich entgegnet: »Wie gerne möchte ich Schwester H.G. einmal eine evangelische Schwesternschaft so zeigen können, daß sie den frohen deutschen nationalsozialistischen Geist wirklich kennenlernte ... Wir stellen bewußt alle Kräfte in den Dienst unseres Volkstums...«[11]

Persönliche Meinungsäußerungen, könnte man glauben, die nichts über den »Geist in den Schwesternschaften« aussagen – wäre da nicht ein am 15.12.1933 aufgrund des Zusammenschlusses aller Diakonieverbände an Hitler gerichtetes Telegramm folgenden Wortlautes: »Überwältigt von der rettenden Gnade, die Gott... durch Ihre Hand unserem heißgeliebten Volk geschenkt hat, ...geloben die im Lehrvereinshaus versammelten Diakonieverbände, die sich innerhalb der »Reichsfachschaften Deutscher Schwestern« zusammengeschlossen haben, dem uns von Gott gesetzten Führer opferbereiten Dienstwillen und unwandelbare Treue.«[12] Im Organ der »Reichsfachschaften Deutscher Schwestern« schließlich schreibt die Leiterin der »Reichsarbeitsgemeinschaft Deutscher Schwestern«, Amalie Rau: »Wir wollen uns leiten lassen vom Vorbild des Führers, der durch seine heilige, große Menschenliebe, die er uns vorlebt, alltäglich neu zum Führer wird.«[13]

Willig sind sie dem Führer, dem leuchtenden Vorbild, gefolgt. Mehr als bereitwillig haben sie sich eingelassen auf den »frohen deutschen nationalsozialistischen Geist«, der es ihnen ermöglichte, sich selber auf die Seite der Gesunden und Reinen zu stellen, Welten entfernt von jenem »artfremden schmutzigen Geist«, der dem Volk so viel Elend gebracht hatte. Dies ist der Geist, der den Boden bereitete für die Taten, die so von der Mehrheit vielleicht nicht gewollt waren, in der inneren Logik der Überzeugung aber angelegt sind. Dieser Geist, der die Totalitätsansprüche des Nationalsozialismus für rechtens hält, war es, der es den in den Vernichtungsanstalten tätigen Krankenschwestern leichtmachte, auch noch den letzten Schritt zu tun und sich an der Vernichtung »lebensunwerten Lebens« aus freien Stücken zu beteiligen.

1 Aussage Pauline Kneissler im Hadamar-Verfahren:
  Hadamar-Prozeß in 50 Bänden (Hessisches Hauptstaatsarchiv Wiesbaden) 4a Js 3/46 und 4a Kls 7/47, Band 45, S. 1; zit. nach:
  Roer, Dorothea und Henkel, Dieter (Hg.) (1986): Psychiatrie im Faschismus. Die Anstalt Hadamar 1933–1945, Bonn, S. 317

2 ebd., Bd. 46, S. 42
  zit. nach: Roer, D. und Henkel, D. (1986), S. 318

3 Aussage Pauline Kneissler im Grafeneck-Verfahren, StA Tübingen, Ks 6/49, zit. nach:
  Klee, Ernst (1983): »Euthanasie« im NS-Staat, Frankfurt a.M. 1985, S. 109

4 Hadamar-Prozeß in 50 Bänden, Bd. 45, S. 1;
  zit. nach: Roer, D. und Henkel, D. (1986), S. 296

5 Ehlermann-Rüter, A. und Rüter, C.F. (1968–1981): Justiz und NS-Verbrechen. Sammlung deutscher Strafurteile wegen nationalsozialistischer Tötungsverbrechen 1945–1966, Amsterdam, Bd. I., lfd. Nr. 17, Urteil im Hadamar-Prozeß, S. 304 ff., LG Frankfurt a.M. vom 21.3.1947, 4 Kls 7/47

6 Staatsanwalt Willi Dreßen, langjähriger Mitarbeiter der Zentralen Stelle der Landesjustizverwaltungen zur Verfolgung von nationalsozialistischen Gewaltverbrechen in Ludwigsburg in seinem Geleitwort, S. 9, zu: Klee, Ernst (1986): Was sie taten, was sie wurden. Ärzte, Juristen und andere Beteiligte am Kranken- oder Judenmord, Frankfurt a.M.

7 siehe z.B. auch:
-Grafeneck-Urteil, Schwurgericht Tübingen v. 5.7.1949, Ks 6/49; vgl. Klee (1983), S. 274
-Urteil des Volksgerichts Graz, Senat Klagenfurt vom 3.4.1946, 18 Vr 907/45; vgl. Klee (1983), S. 275

8 Koch, Franz (1984): Die Beteiligung von Krankenschwestern und Krankenpflegern an Massenverbrechen im Nationalsozialismus, S. 63, in:
Geschichte der Krankenpflege. Versuch einer kritischen Aufarbeitung. Hg.: Medizinisches Informations- und Kommunikationszentrum Gesundheitsladen e.V., Berlin 1984

9 Aussage der Pflegerin Anna B. am 10.3.1962 vor dem Untersuchungsrichter des LG Frankfurt a.M., Js 18/61, GStA Ffm. Dokument Nr. 91, in: Klee, Ernst (1985): Dokumente zur »Euthanasie«, Frankfurt a.M., S. 245/246

10 »Aus Arbeit und Leben der Schwester«, S. 264 f., in: »Dienst am Leben«, August 1934, Heft 15/16, S. 264–266;
zit. nach: Geschichte der Krankenpflege (1984), a.a.O., S. 69
Der Artikel bezieht sich auf den Artikel von Hildegard Groß: »Um den Geist in der Schwesternschaft«, in: Ziel und Weg (ärztliche Monatsschrift), Heft 14/1934

11 Blätter aus dem Evangelischen Diakonieverein, Heft 9/1934; zit. nach Geschichte der Krankenpflege (1984), S. 71

12 abgedruckt in: »Die Deutsche Schwester«, Nr. 3; zit. nach Geschichte der Krankenpflege (1984), S. 72

13 »Die Deutsche Schwester«, Ausgabe vom 15.10.1933. zit. nach: Geschichte der Krankenpflege (1984), S. 72

Frauen in der Verwaltung des Tötungsprogrammes
Die Handlungen von technischem, Pflege- und Büropersonal sind nach Auffassung des Landgerichtes Frankfurt a.M. »ursächlich für die einzelnen Tötungen gewesen, weil sie alle wohlgeordnete und vorher bestimmte Einzelaktionen eines Gesamtgeschehens waren, das durch Zusammenwirken dieser Einzelakte zwangsmäßig und unausweichlich zu dem vorher bestimmten Tod vieler Menschen geführt hat«.[1]

Überall in den Verwaltungen – ob nun in der Tiergartenstraße 4 in Berlin, in den Vernichtungsanstalten, in den Anstalten, in denen in der zweiten Phase der »Euthanasie« Menschen getötet wurden – waren Frauen als kaufmännische Angestellte tätig. Welche Aufgaben hatten diese Frauen? Wie wurden sie rekrutiert? Wieviel haben sie gewußt? Wieviel Verantwortung trugen sie für das Geschehen?

Die Sekretärin Mayer, bis 1942 für Dr. Hefelmann (Leiter des Amtes II b der Kanzlei des Führers, zuständig für die »Kindereuthanasie«) mit der Korrespondenz bezüglich der »Kindereuthanasie« beschäftigt, kann so unwissend nicht gewesen sein. Dr. Hefelmann sagte von ihr: »Sie war mit Lust und Liebe und großem Interesse bei der Arbeit. Sie war überzeugte Anhängerin des Gedankens des Gnadentodes.«[2]

Auch eine der Schreibkräfte aus Bernburg war bestens informiert: »Ich war vom 15. Juni bis 30. September 1941 in Bernburg ... Ich habe die Urnenzettel geschrieben... Zur Euthanasieanstalt gehörten mehrere Gebäude. Die Büroräume, in denen die Trostbriefe geschrieben wurden, waren im Parterre. Nebenan waren die Untersuchungsräume. Die Kranken wurden bei ihrer Ankunft an unserer Zimmertür vorbeigeführt... Der Tötungsraum war unmittelbar unter uns. Ich habe mir den Tötungsraum gelegentlich angesehen... Daß die Patienten vergast wurden, wußten wir. Nach einer gewissen Zeit setzten Ventilatoren ein und saugten die Luft aus dem Vergasungsraum ab. Dann wußten wir, daß der Transport vergast worden war.

Wir hatten Anweisung, dann die Fenster der über der Gaskammer liegenden Büroräume zu schließen. Die Stimmen der Kranken haben wir von unserem Zimmer aus gehört.«[3]

Zwei ehemalige Sekretärinnen der Anstalt Hadamar wanderten aus – ein Umstand, der nicht gerade dafür spricht, daß sie nichts gewußt und sich unschuldig gefühlt hätten.[4] Daß das Verwaltungspersonal über die Vorgänge informiert war, ist dem Urteil des Landgerichtes Frankfurt a.M. (Hadamar-Prozeß) in eindeutiger Weise zu entnehmen. In dem Verfahren waren u.a. etliche Frauen angeklagt, die in Hadamar als kaufmännische Angestellte tätig gewesen waren. Die Angeklagten, die zum Teil über die Gauleitung, zum Teil über das Arbeitsamt dienstverpflichtet worden waren, wurden sämtlichst über die Art ihrer Tätigkeit informiert. Etliche von ihnen besichtigten vor Dienstantritt den Vergasungsraum und das Krematorium.[5] Die Frauen wußten demnach genau, worum es ging. Trotzdem weigerten sie sich nicht, an der Aktion T4 mitzuwirken. Auch machten sie von der Möglichkeit, sich wenigstens später der Arbeit zu entziehen, kaum Gebrauch, obwohl sie bestand: »So erleidet eine der Trostbriefschreiberinnen von Grafeneck und Hadamar einen Nervenzusammenbruch und wird auf ihren Wunsch entlassen.«[6]

In Hartheim befand sich die Buchhalterin Hintersteiner, der etwa 14 Frauen unterstanden. Frau Hintersteiner, die als fanatische Anhängerin der NSDAP galt, arbeitete für die Tötungsärzte Renno und Lonauer.[7]

Die Verwaltungskräfte hatten u.a. die Aufgabe, sogenannte Trostbriefe zu schreiben – Briefe, in denen den Angehörigen der Tod der Ermordeten unter Angabe fingierter Todesursachen mitgeteilt wurde. Andere Frauen hatten die Urnenbücher zu führen: »In Grafeneck hatte ich das Urnenbuch anzulegen, ein solches bestand bisher nicht. In dasselbe waren alle Getöteten nach laufender Nummer der Grafenecker Krankenakten... einzutragen... Die Endnummer war etwa 10.000 bis 12.000. In dieses Urnenbuch wurden aber nicht nur eingetragen die auf Grafeneck Getöteten, sondern auch die Namen derjenigen

Kranken, die in Wirklichkeit in anderen Vernichtungsanstalten... getötet worden sind, deren Akten aber nach Grafeneck zum Zwecke der Beurkundung des Todesfalles als in Grafeneck geschehen versandt worden sind. Dies geschah aus Tarnungsgründen... Wenn eine Urne angefordert wurde... so wurde von Grafeneck aus eine Urne mit irgendwelcher Asche den Angehörigen an den gewünschten Friedhof übersandt...«[8]

Andere Frauen wie die Kontoristin Hä. in Hadamar erstellten Transportlisten und fertigten über alle Personen, die mit den Transporten kamen, Listen mit den Personalien, dem Todestag und der (falschen) Todesursache an. Wieder andere führten das Verwahrungsbuch, in das das Eigentum der Kranken, u.a. auch Goldzähne, die den Getöteten abgenommen worden waren, eingetragen wurde. Sie schrieben Krankheitsbefunde, Krankengeschichten, Meldungen über die Kinderfachabteilungen und führten Korrespondenz mit der Zentrale in Berlin. Harmlose Arbeiten? Das Gericht ist der Meinung, »daß die Handlungen des angeklagten... Büropersonals als die Tötung fördernde Handlungen anzusehen sind, und die Angeklagten insoweit in objektiver Weise Beihilfe zur Tötung geleistet haben«.[9]

Eine ganze Anzahl der Büroangestellten beteiligte sich auch an Selektionsreisen. In denjenigen Anstalten, die sich weigerten, die Meldungen auszufüllen, oder die infolge des kriegsbedingten Ärztemangels die Meldebögen nicht bearbeiteten, erschienen Ärztekommissionen, die in den Anstalten selbst selektierten. Oft bekamen die Ärzte die Kranken selbst nicht zu Gesicht.[10] Über die Selektion in der Anstalt Neuendettelsau berichtet die Oberin Selma Haffner: »... Am Abend kommt die Kommission an; ... Es sind mit den am nächsten Tag noch nachkommenden Mitgliedern schließlich 16 Personen, acht männliche und acht weibliche, meist ganz junge Mediziner und Medizinerinnen bzw. Schreibfräulein... An jeder Schreibmaschine sitzt ein Schreibfräulein und ein Mediziner; der letztere hat den Akt vor sich und zieht aus demselben die nötigen Angaben heraus. Der ärztliche Befund wird eingetragen, auch wenn er aus viel älterer Zeit stammt... Am Donnerstag trifft ein Eilbrief vom Staatsministerium ein, daß alle jüdischen Pfleglinge (Volljuden) bis zum 13. September nach Eglfing verlegt sein müssen.«[11] Im Verlaufe der nächsten Monate wurden insgesamt 1.911 Patienten aus Neuendettelsau abgeholt.[12]

Auch der KZ-Arzt Dr. Mennecke wird auf seinen Selektionsreisen von Frauen begleitet. Dies ist einem Brief zu entnehmen, den er dem Direktor der Heil- und Pflegeanstalt Lohr (Main) schrieb. In diesem Brief heißt es: »Mit Freuden denken wir zurück an die Tage, die wir bei Ihnen zubrachten, und noch einmal möchte ich Ihnen an dieser Stelle meinen herzlichsten Dank aussprechen für die vielen Freundlichkeiten, die Sie meinen Mitarbeiterinnen sowie mir selbst entgegengebracht haben. Den Abschluß unserer Arbeitstournee bildete Anfang September die Anstalt Hall in Tirol. Wir haben auf dieser Reise viel gesehen und erlebt und behalten schönste Erinnerungen an die einzelnen Stationen...«[13]

Zu den Mitarbeiterinnen, die derartige Reisen in schönster Erinnerung behalten, gehörte z.B. die Stenotypistin Pylka, die u.a. die T4-Ärzte Mennecke und Renno auf Selektionsreisen begleitete, wie auch die schon zuvor erwähnte Sekretärin Mayer.[14]

Sie wußten, was sie taten, die Frauen in der T4-Verwaltung. Sie waren Mitwisserinnen und Mittäterinnen. Sie arbeiteten nicht in eigener Verantwortung, sondern »nur« auf Anweisung. Aber sie waren Handelnde im Rahmen eines Gesamtgeschehens, das ohne ihre Mitwirkung so nicht hätte verwirklicht werden können. Zumindest einige waren offensichtlich Überzeugungstäterinnen – sie stimmten mit der nationalsozialistischen Ideologie vom »lebensunwerten Leben« überein. Sie waren informiert und hatten Einblick in die Abläufe.

Das weibliche Verwaltungspersonal in Hadamar war – von einer Ausnahme abgesehen – für die Arbeit dienstverpflichtet worden. Es handelte sich also nicht etwa um Frauen, die sich danach gedrängt hätten, diese Aufgaben zu übernehmen, son-

dern um »ganz normale« Frauen, die sich problemlos in eine
Mordmaschinerie eingliederten, die ihre Opfer mit beispielloser
Gewalt vernichtete.

1 Urteil des LG Frankfurt a.M. vom 21.3.1947, 4 Kls 7/47, Euthanasie:
   Heil- und Pflegeanstalt Hadamar,
   in: Ehlermann-Rüter, Adelheid und Rüter, C.F. (1968–1981): Justiz
   und NS-Verbrechen. Sammlung deutscher Strafurteile wegen nationalsozialistischer Tötungsverbrechen 1945–1966, Amsterdam, Band
   I, lfd. Nr. 17 (Hadamar)

2 zit. nach Klee (1986): Was sie taten, was sie wurden. Ärzte, Juristen
   und andere Beteiligte am Kranken- oder Judenmord, Frankfurt a.M.,
   S. 153 (siehe auch Anmerkung 42, S. 315)

3 Auszug aus einer Aussage von Anneliese B. am 7.2.72 in einer öffentlichen Sitzung des Schwurgerichtes II/71 Frankfurt a.M. (Ks 1/66)
   Dokument Nr. 146, in: Klee, Ernst (1985): Dokumente zur Euthanasie, Frankfurt a.M., S. 120–122

4 Klee (1986), S. 151

5 alle Angaben über Hadamar nach: Ehlermann-Rüter, A. und Rüter,
   C.F. (1968–1981) Band I, lfd. Nr. 17 (Hadamar-Verfahren)

6 Klee, Ernst (1983): »Euthanasie« im NS-Staat, Frankfurt a. M. 1985,
   S. 172

7 Klee (1986), S. 151 und Anmerkung 29, S. 315

8 Aussage der Angestellten am 10.3.1948, StA Tübingen, Ks 6/49 gegen Angeschuldigte im Grafeneck-Komplex; zit. n. Klee (1983),
   S. 151

9 Ehlermann-Rüter und Rüter (1968–1981), Bd. I, lfd. Nr. 17, S. 342

10 Klee (1983), S. 242 f.

11 Aussage der Oberin Selma Haffner; Anklageschrift im Verfahren gegen Prof. Heyde, S. 324 ff., Verfahren Ks 2/63 GStA Frankfurt a.M.;
   zit. nach: Klee (1983), S. 245/246

12 Klee (1983), S. 247

13 Heyde-Anklageschrift (s. Anm. 11), S. 721; zit. nach: Klee (1983), S. 243

14 Klee (1986), S. 153

Transportbegleitung
»Sie machten alle einen rohen, abstoßenden Eindruck, die Frauen mehr noch als die Männer.«[1] So schildert Schwester Reinhildis aus der Anstalt Jestetten das Begleitpersonal, das die zur Tötung ausgesonderten Patienten abholte.

Wenn auch anfangs der Zweck der »Verlegungen« in den Abgabeanstalten noch nicht allgemein bekannt war, machte doch schon bei Beginn der Transporte stutzig, »daß die Kranken in unwürdiger Weise eine Nummer teils auf den Unterarm, teils in den Nacken gestempelt bekommen. Stutzig macht auch das Begleitpersonal, ›auffallend große Frauenzimmer, brutal und energisch im Ton‹.«[2] »Am vergangenen Freitag, dem 21.2.1941, wurden im Laufe des Tages zweimal mit einem Omnibus aus Erlangen 57 Insassen des Ottilienheims Absberg zu einer angeblichen Untersuchung in die dortige Klinik verbracht. Mit dem Omnibus selbst war ein Arzt sowie drei Krankenschwestern mitgekommen, die diese Leute in den Omnibus verluden und den Transport jedesmal mit überwachten... Es soll hier zu den wildesten Szenen gekommen sein, weil ein Teil dieser Menschen nicht freiwillig in den Omnibus einstiegen und daher mit Gewalt des Begleitpersonals dorthin verbracht wurden.«[3] Auch hier wieder Frauen, Frauen, die als roh, brutal, gewalttätig beschrieben werden.

Für die in der Vernichtungsanstalt Hadamar eingesetzten Schwestern und Pfleger war die Begleitung der Bustransporte von den Durchgangsanstalten in die Tötungsanstalt eine ihrer Hauptaufgaben.[4] Mitunter wurden auch andere Frauen für diese Aufgabe eingesetzt, so z.B. die Frau des Verwaltungsfachmannes Simon, der in Grafeneck, Hadamar, Bernburg und später in der Berliner Zentrale arbeitete.[5]

In anderen Anstalten, beispielsweise Grafeneck, sah es nicht anders aus: »Jedem Omnibus wurden zwei Pflegepersonen beigegeben. Bei männlichen Patienten waren das Krankenpfleger, bei weiblichen Krankenschwestern.«[6] Die Krankenpflegerin A. »wurde in Grafeneck ausschließlich als Transportbegleiterin verwendet. Anschließend wurde die Angeklagte noch in derselben Tätigkeit in der Vernichtungsanstalt Sonnenstein eingesetzt.«[7] Auch die Schwestern Kneissler, Zachow und Korsch waren in Grafeneck als Transportbegleiterinnen tätig.[8]

1 Aussage Schwester Reinhildis am 18.11.48 (StA Freiburg, 1 Ks 5/48 gegen Dr. Schreck, Euthanasie in Baden); zit. nach: Klee, Ernst (1983): Euthanasie im NS-Staat, Frankfurt a.M. 1985, S. 179

2 Klee, Ernst (1983): »Euthanasie« im NS-Staat, Frankfurt a. M. 1985, S. 130

3 Aus dem Bericht des Ortsgruppenleiters von Absberg vom 24.2.41, Anklageschrift im Verfahren gegen Prof. Werner Heyde u.a., StA Tübingen, Ks 6/49 (Grafeneck-Komplex);
zit. nach: Klee (1983), S. 324

4 Wettlaufer, Antje (1986): Die Beteiligung von Schwestern und Pflegern an den Morden in Hadamar, S. 297, in: Roer, Dorothee und Henkel, Dieter (1986): Psychiatrie im Faschismus. Die Anstalt Hadamar 1933–1945, Bonn, S. 283–330

5 Klee, Ernst (1986): Was sie taten, was sie wurden, Frankfurt a.M., S. 153

6 Aussage eines Grafenecker Kraftfahrers am 11.1.48 vor dem AG Berlin-Lichterfelde (2 AR 16/48); zit. nach: Klee (1983), S. 136

7 Rüter-Ehlermann, Adelheid und Rüter, C.F. (1968–1981): Justiz und NS-Verbrechen. Sammlung deutscher Strafurteile wegen nationalsozialistischer Tötungsverbrechen 1945–1966, Amsterdam, Bd. V, lfd. Nr. 155, Euthanasie: Heil- und Pflegeanstalten in Württemberg, S. 97/98

8 ebd., Bd. II, lfd. Nr. 042, Euthanasie: Heil- und Pflegeanstalten Grafeneck, Hadamar, Irsee, S. 190 ff.

Ärztinnen und Krankenschwestern im Tötungsprogramm der Nationalsozialisten

Wenn es zutrifft, daß in der zweiten Phase der »Euthanasie«-Aktion (Medikamententötungen nach dem offiziellen »Stop« des Euthanasieprogramms im August 1941) die Tötungen »nun in fast allen Anstalten Deutschlands durch Einspritzen oder Eingeben überdosierter Betäubungs- und Einschläferungsmittel« erfolgten[1]; wenn zudem richtig ist, »daß es sich bei den Angeklagten... um einen verschwindend geringen Teil des an den einzelnen Verbrechenskomplexen beteiligten Personenkreises handelte«[2] – wie viele Ärztinnen und Krankenschwestern waren dann tatsächlich an den Massentötungen im Rahmen des »Euthanasie«-Programmes beteiligt? Beteiligt war das Personal in den Vergasungsanstalten Grafeneck, Brandenburg, Bernburg, Sonnenstein, Hartheim und Hadamar. Beteiligt war das Personal der »Kinderfachabteilungen«; beteiligt war das Personal der Anstalten, in denen in der zweiten Phase des Tötungsprogramms mit Medikamenten getötet wurde; beteiligt war das Personal in den Tötungsanstalten Meseritz-Obrawalde (Pommern) und Tiegenhof (Stadtgebiet Gnesen). Ausdrücklich möchte ich noch einmal darauf hinweisen, daß Kinder nicht nur im Rahmen der »Kindereuthanasie« (Reichsausschuß) in den Kinderfachabteilungen, sondern auch im Rahmen der Aktion T4 getötet wurden – solche Kinder nämlich, die bereits in Anstalten lebten.[3]

Ich möchte meine Darstellung, die hier notwendigerweise nur in sehr beschränktem Umfang möglich ist, mit der Anstalt Hadamar beginnen. Zu diesem Komplex liegt eine gesonderte Arbeit vor, die einen genaueren Einblick gestattet und insofern exemplarischen Charakter hat.[4]

Die Anstalt Hadamar wurde 1940 als Euthanasieanstalt bestimmt und nach Verlegung der Pfleglinge entsprechend hergerichtet. Bis August 1941 wurden in Hadamar mehr als 10.000 Menschen vergast.[5] Auch in der zweiten Mordphase wurden in Hadamar Tausende von Menschen getötet.

Das Hadamarer Pflegepersonal wurde auf zwei Wegen rekrutiert: Zum einen handelte es sich um Personal, »welches Ende 1939 auf dem Weg der Dienstverpflichtung zur ›Gemeinnützigen Stiftung für Anstaltspflege‹ [Deckorganisation von T4, C.H.] stieß und von Januar bis Dezember 1940 in Grafeneck einschlägige Mordpraxis erwarb«.[6] Zum anderen arbeiteten in Hadamar aber auch Schwestern und Pfleger der Anstalt selbst, »die der Berliner Zentralorganisation vom Bezirksverband Hessen-Nassau zur Verfügung gestellt worden waren«.[7] Als Auswahlkriterium galten langjährige Psychiatrieerfahrung, Anpassungsbereitschaft und politische Loyalität. »Ausdrücklich sei darauf hingewiesen, daß niemand aufgrund sadistischer Persönlichkeitsstrukturen in den Kreis des Tötungspersonals aufgenommen wurde.«[8] Zu den Aufgaben der Schwestern und Pfleger gehörte die Begleitung der Bustransporte von den Durchgangsanstalten in die Tötungsanstalt, die Begleitung der Ankommenden in den Entkleidungsraum, zum Arzt, in den Fotografierraum, den Warteraum und schließlich die Begleitung zur Gaskammer. »Die Vernichtungsmethode«, so eine der Schwestern, »war hier genau wie in Grafeneck. Nur etwas moderner ...«[9] Über den Ablauf in Grafeneck berichtete eine der Schwestern: »Die ankommenden Kranken wurden von dem Schwesternpersonal in Empfang genommen, ausgezogen, gemessen, fotografiert, gewogen und dann zur Untersuchung gebracht. Jeder ankommende Transport wurde ohne Rücksicht auf die Tageszeit sofort untersucht, und die zur Euthanasie Bestimmten wurden sofort vergast.«[10] Ausdrücklich hält Antje Wettlaufer fest, daß es bezüglich der Aufgabenverteilung keine relevanten Unterschiede zwischen männlichem und weiblichem Pflegepersonal gab[11] und daß Patienten nicht nur von Pflegern, sondern auch von Pflegerinnen mißhandelt wurden.[12]

In der zweiten Phase führten die Krankenschwestern die Tötungen in einer Vielzahl von Fällen eigenhändig aus. »Zugleich wurde von nun an eine Auswahl der Kranken getroffen, die nach ihrem jeweiligen Zustand nicht mehr lebensfähig erschienen.

Die Auswahl erfolgte in der Weise, daß die Stationsschwestern die betreffenden Patienten ihrer Abteilung laufend auf Zettel notierten und ich die Zettel sodann an Dr. Wahlmann überbrachte...«[13] Während Schwester Huber den Ablauf so darstellt, als habe nur Dr. Wahlmann die eigentliche Auswahl getroffen, geht aus der Aussage des Oberpflegers Ruoff etwas anderes hervor: »Jeden Morgen war in der Anstalt eine Konferenz, bei welcher Dr. Wahlmann, Oberpflegerin Huber und ich dabei waren ... In diesen Konferenzen unterzeichnete Dr. Wahlmann die Todesurkunden der Polen und Russen und wir stimmten ab, welche deutsche Patienten an diesem Tage die Einspritzung bekommen sollten.«[14] In den Konferenzen mit Wahlmann und Ruoff schrieb Schwester Huber die Namen der zu Tötenden auf, gab die Namen an die Stationsschwestern weiter und teilte mit, was die selektierten PatientInnen erhalten sollten.[15]

Die an den Tötungen beteiligten Krankenschwestern
Pauline Kneissler[16] beteiligte sich als Stationsschwester an Einzeltötungen, indem sie auf Anweisung des Arztes »Einschläferungsmittel« in Form von Tabletten und Spritzen gab. Im Mai 1943 schied sie wegen Krankheit aus, tauchte nach ihrer Gesundung im April 1944 aber wieder in der Anstalt Irsee auf. Dort nahm sie bis Anfang 1945 in gleicher Weise »Einschläferungen« vor. In einer eidesstattlichen Erklärung vom 6.11.1945 sagte Pauline Kneissler aus: »Seit dem Jahre 1940 habe ich in den Krankenanstalten Grafeneck, Hadamar, Kaufbeuren auf Anweisung des Innenministeriums Tausende von geisteskranken Deutschen und Ausländern zu Tode gebracht. Eine genaue Angabe der Anzahl der Getöteten ist mir nicht möglich, da es sich um zu viele Personen handelte.«[17] Für die zweite Phase gab Pauline Kneissler zunächst an, in Hadamar 100 bis 150 Personen getötet zu haben, nahm diese Aussage aber später zurück. In Irsee seien höchstens 100 Menschen umgekommen, einschließlich derjenigen, die eines natürlichen Todes gestorben seien.

Pauline Kneissler war »im täglichen Umgang mit ihnen [den Kranken, C.H.] zu der ehrlichen Überzeugung gelangt, daß das Leben für viele von ihnen nichts mehr bedeutete und daß der Tod für sie eine Erlösung sei. Ich habe deshalb nie das Gefühl gehabt, daß ich mir etwas vorzuwerfen hätte, wenn ich mich für die Durchführung der Euthanasieaktion zur Verfügung stellte.«[18] Sie traute sich ohne weiteres zu, sich ein Urteil darüber zu bilden, ob ein Menschenleben noch etwas wert war oder nicht: »Als die ersten Transporte in Grafeneck einliefen, waren sowohl die Ärzte als auch das Pflegepersonal entsetzt, daß Menschen ankamen, die nach unserer Auffassung nicht unter das Euthanasieprogramm fallen sollten, da sie zu einem guten Teil (man kann 25% sagen) körperlich noch in gutem Zustand, reinlich und auch noch ansprechbar waren...«[19] Die gleiche Krankenschwester, die sich anmaßt, über Leben und Tod zu befinden und die als »lebensunwert« Befundenen zu töten, erklärte am 15.6.1948: »Ich habe die Kranken im allgemeinen sehr rücksichtsvoll behandelt. Es ist natürlich nicht ausgeschlossen, daß sich gelegentlich Kranke gegen die Einnahme eines tödlichen Medikamentes gewehrt haben.«[20] Einmal abgesehen davon, daß es so friedlich bei der Tötung der Kranken durchaus nicht immer zuging (ich komme darauf zurück), scheint es mir doch außerordentlich, den Vorgang der Tötung mit dem Wort »rücksichtsvoll« zu verbinden. Pauline Kneissler berief sich, wie viele der in Euthanasie-Verfahren angeklagten Schwestern und Pfleger, darauf, daß sie nur ärztliche Anweisungen ausgeführt habe: »Schließlich war dies ja auch alles Sache des Arztes. Wenn ich Anweisungen bekam, Kranke einzuschläfern, hatte ich keine Gewissensbisse und hielt es für gut.«[21] Betrachtet man diese Aussage im Zusammenhang mit anderen Aussagen, wird deutlich, daß Pauline Kneissler die ärztlichen Anordnungen nicht etwa nur deshalb befolgte, weil sie gewohnt war zu gehorchen, sondern weil ihre eigenen Überzeugungen sich ohne weiteres mit den ihr erteilten Aufträgen zur Deckung bringen ließen. Pauline Kneissler arbeitete nach Verbüßung ihrer vierjährigen Haftstrafe ab 1950 bis zu ihrer Pensionierung wieder als Pflegerin (Klee, 1986, S. 154).

In bezug auf die zweite Tötungsphase sagte **Minna Zachow** aus: »Ich merkte, daß ich nun unmittelbar töten sollte... Es dauerte lange Zeit, bis ich mich dazu durchgerungen hatte, den bestimmten Kranken die Tabletten zu geben.«[22] Sie rang sich in mindestens 25 Fällen durch, und es hat nicht den Anschein, als sei es ihr schwergefallen: »Nach dem Gesetz habe ich nicht gefragt, es war für mich ein Gesetz des Führers und ich war an Gehorsam gewöhnt. Innerlich habe ich mir keine Vorwürfe gemacht. Die Gewährung des Gnadentodes käme nur für unheilbare Fälle im letzten Stadium in Frage, war mir gesagt worden. Ich habe mir über die Sache wenig Gedanken gemacht, ich dachte, ich muß gehorchen.«[23]

Auch **Edith Korsch**, die in mindestens 20 Fällen tötete, hatte wegen ihrer Tätigkeit keine grundlegenden Bedenken: »Während meiner Tätigkeit in der Heil- und Pflegeanstalt hatte ich auch die schweren Fälle kennengelernt und auch eine ganze Reihe von Endzuständen gesehen, auch Patienten, die ihren eigenen Kot aßen. Ich hatte daher Verständnis dafür, wenn man solche Kranken erlösen wollte. Ich hatte gesehen, daß das Leben für sie doch nur eine Qual war.«[24]

Käthe Gumbmann verabreichte auf Anordnung des Arztes in zwei Fällen tödliche Medikamente.

Die Oberschwester **Irmgard Huber**[25] wurde im März 1932 in der Landesheil- und Pflegeanstalt Hadamar angestellt und war dort ununterbrochen bis Juli 1945 tätig. Von ihren Aufgaben war bereits die Rede. Sie wurde der Beihilfe zum Mord in mindestens 120 Fällen für schuldig befunden.

Die Abteilungspflegerin **Lydia Thomas**, die schon seit 1933 der NSDAP angehörte, tötete 25 Menschen.

Christel Zielke, bereits seit Februar 1932 Mitglied der NSDAP, empfand die ihr übertragenen Aufgaben nicht als problematisch: »Über unsere Tätigkeit haben wir uns in Grafeneck zunächst keine Gedanken gemacht, da wir die Beseitigung [!]

wirklich unheilbarer Geisteskranker für verständlich hielten.«[26] Sie »beseitigte« 25 Menschen.

Agnes Schrankel, bereits seit Mai 1937 in Hadamar beschäftigt, verabreichte in mindestens 20 Fällen tödliche Medikamente.

Maria Borkowski tötete im Auftrag der Stationsschwester Käthe Hackbarth mindestens 50 Patienten.

Isabella W. war die einzige Krankenschwester, die sich der Mitwirkung am Tötungsprogramm durch Vortäuschung einer Schwangerschaft entzog.

Ich möchte, bevor ich mich anderen Verfahren zuwende, einige bereits jetzt ablesbare Beobachtungen zusammenfassen, die an der Darstellung des weiteren Materials überprüft werden mögen.

Aus den Aussagen verschiedener an den Tötungsaktionen beteiligter Krankenschwestern ergibt sich, daß sie dem Gedanken der »Euthanasie« nicht ablehnend gegenüberstanden, sondern ihn für »verständlich« hielten und unterstützten. Die in Hadamar Tätigen wußten aber, daß hier keineswegs nur schwer leidende Menschen getötet wurden. In aller Deutlichkeit stellte z.B. Pauline Kneissler fest, daß nicht nur sie, sondern auch die Ärzte und das gesamte Pflegepersonal darüber entsetzt waren, daß etwa 25% derjenigen, die zur Vernichtung nach Hadamar kamen, gar nicht zur Euthanasie »geeignet« waren. In Hadamar wurden auch Menschen umgebracht, die keine psychiatrische Diagnose hatten (etwa die Tbc-kranken Zwangsarbeiter aus Polen oder der Sowjetunion) oder bei denen die »Diagnose« lediglich der Legitimation des Mordes dienen sollte – so bei den »Mischlingskindern«, in deren Akten sich als Diagnose in der Regel »angeborener Schwachsinn«, bei einigen auch schlicht »Psychopathie«[27] fand. Ferner diejenigen, die nach § 42b RStGB wegen einer Straftat im Zustand der Zurechnungsunfähigkeit oder der verminderten Zurechnungsfähigkeit in die Anstalt eingewiesen worden waren. Darunter befanden sich in Hadamar z.B. Menschen, die kleinere Diebstähle begangen hatten, Homosexuelle und Personen, die wegen Verstoßes gegen das Heimtückegesetz[28] verurteilt worden waren, weil sie beispielsweise Äußerungen getan hatten wie »…euer Hitler ist ein Spitzbub« und deshalb als »entarteter Psychopath« diagnostiziert worden waren.[29]

Die allgemeine und eingestandene Billigung des Euthanasiegedankens (sowie die Umsetzung des Gedankens in die Tat) zeigt m. E., daß zumindest ein Teil der an den Tötungen beteiligten Frauen der Ideologie des Nationalsozialismus nahestand. Nicht umsonst war ja eines der Auswahlkriterien »politische Loyalität«. Einige der Schwestern hatten, obwohl es keineswegs nur um leidende Menschen ging, nach eigenem Bekunden keine Gewissensbisse, während andere aussagten, unter ihrer Tätigkeit gelitten zu haben. Nun ist es sicher fraglich, ob dem tatsächlich so war – ein solches Argument kann schließlich, vor allem, wenn es mit dem Hinweis verbunden wird, man habe »nur« gehorcht, auch aus rein taktischen Erwägungen im Sinne eines Entlastungsversuches vorgetragen werden.

Einmal unterstellt, diese Frauen hätten tatsächlich Gewissensbisse gehabt, so bleibt doch festzuhalten, daß die Gewissensbisse nur eine der Angeklagten dazu bewegte, sich ihrer Tätigkeit zu entziehen. Alle anderen führten aus, was ihnen aufgetragen war, und genau auf diese Bereitschaft setzte das zweite Auswahlkriterium: Anpassungsbereitschaft. Darauf beriefen sich die Angeklagten denn auch in den oben dargestellten und anderen Verfahren: Sie seien zur Unterordnung und Anpassung erzogen worden, hätten nichts anderes gekannt und daher auch keine andere Möglichkeit gesehen, als zu tun, was man von ihnen verlangte. Nun ist diese »Entschuldigung« in mehrfacher Hinsicht widersprüchlich. Zum einen war die Mitwirkung von den Krankenschwestern nicht verlangt, sondern ihnen lediglich angetragen worden. Sie hätten die Mitarbeit verweigern können, ohne daß ihnen daraus Nachteile entstanden wären. Daß sie sich dennoch zur Mitarbeit entschlossen, scheint mir doch eher mit ihrer positiven Einstellung zur »Euthanasie« zusammenzuhängen.

Zum anderen nehme ich an, daß die Schwestern von Hadamar ebensowenig wie die im Zusammenhang mit den Massentötungen in Meseritz-Obrawalde angeklagten Krankenschwestern bereit gewesen wären, *jeder* Anweisung Folge zu leisten. In dem entsprechenden Verfahren[30] antwortete Anna Gastler auf die Standardfrage der vernehmenden Beamtin: »Hätten Sie beispielsweise irgendein anderes Verbrechen wie Diebstahl, Meineid, Raub usw. begangen, wenn man es von Ihnen als Beamtin gefordert hätte?«: »Einen Bankraub oder einen Diebstahl hätte ich nicht ausgeführt, weil man so etwas nicht tut.«[31] Ganz offensichtlich zählt Anna Gastler die massenhafte Tötung von Menschen – sie selber hat mindestens 35 Menschen umgebracht – nicht zu den Dingen, die »man« unter *keinen* Umständen tut, wohingegen sie einen Diebstahl niemals billigen könnte und eine entsprechende Weisung darum auch nicht befolgen würde. Die Bereitschaft und Fähigkeit zur Anpassung stand also in einem bestimmten Verhältnis zu ihren Überzeugungen. Sie existierte nur soweit, wie sie durch ihre Überzeugung abgedeckt war.

Die Beteiligung von Ärztinnen und Krankenschwestern in anderen Anstalten – einige Beispiele
Die Vernichtungsanstalt **Bernburg/Saale** wurde 1940 als Nachfolgeanstalt von Brandenburg installiert. Ab 1942 wurden hier auch Gefangene aus Konzentrationslagern umgebracht.[32] Bis August 1941 wurden in Bernburg 8.601 Menschen getötet.[33]

In der Anstalt **Brandenburg** wurden auch Menschen getötet, die nach § 42b (Zurechnungsunfähigkeit) verurteilt worden waren.[34] Im Juni 1940 kam in Brandenburg der erste Transport mit 200 jüdischen Kindern, Frauen und Männern an, die zur Vergasung bestimmt waren. Weitere Transporte folgten.[35] In Brandenburg wurden 1940 insgesamt 9.772 Menschen ermordet.[36]

Die Anstalt **Eichberg** bei Wiesbaden war Zwischenanstalt für

Hadamar, jedoch wurden auch in Eichberg selbst Menschen umgebracht. Zwischen April 1941 und Juli 1944 wurden 3.474 Patienten in die Anstalt verlegt, von denen 2.722 starben.[37] Seit 1941 gab es in Eichberg auch eine »Kinderfachabteilung«, in der zahlreiche Kinder getötet wurden. In vollem Umfang geständig war die Oberschwester Schürg. Sie gab zu, auf Anordnung des Arztes 30 bis 50 Kinder getötet zu haben.[38]

In **Grafeneck** wurden 1940 9.839 Menschen vergast.[39] Die Anstalt wurde im Dezember 1940 geschlossen, da nach Auskunft einer Pflegerin »die Anstalten, die für unsere Station in Frage kamen, keine Kranken mehr liefern konnten«.[40]

Auch **Großschweidnitz** war eine jener Zwischenanstalten, in denen Hunderte von Menschen getötet wurden.[41] Drei Pflegerinnen der Klinik wurden 1947 in diesem Zusammenhang zu Zuchthausstrafen verurteilt.[42]

In der Vernichtungsanstalt **Hartheim/Linz** wurden bis August 1944 18.269 Menschen umgebracht.[43] In der zweiten Phase der Aktion 14 f 13 wurde Hartheim zur Entlastung des total überfüllten Konzentrationslagers Mauthausen genutzt: Dort ausgesonderte Häftlinge wurden zur Vernichtung nach Hartheim überstellt.[44]

In der Anstalt **Kaufbeuren/Irsee** mit der Zweiganstalt Irsee wurden Hunderte von Menschen umgebracht. Teilweise ließ man sie verhungern.[45] Verurteilt wurden wegen der Tötungen in Kaufbeuren-Irsee u.a. die Schwestern Wörle und Rittler. Schwester Rittler war bei der Aktion T4 schon ausgeschieden, ersuchte jedoch 1944 um erneuten Einsatz – auch dies wieder ein Hinweis darauf, daß keine Rede davon sein kann, die beteiligten Schwestern hätten sich lediglich den Anordnungen von oben gebeugt.[46]

Hunderte von Menschen wurden auch in **Klagenfurt** ermordet.[47] Das Volksgericht Graz fällte in seinem Urteil vom 3.4.46 vier Todesurteile, so gegen die Oberschwester Antonie Pachner und die Oberschwester Ottilie Schellander. Weitere Mitarbeiter wurden zu Zeitstrafen verurteilt.[48]

In der Heil- und Pflegeanstalt **Meseritz-Obrawalde** in Pommern wurden in der zweiten Phase des »Euthanasie«-Programms nach Schätzung der Schwester Ratajczak, die angibt, in drei Jahren selber 2.500 Frauen getötet zu haben, etwa 18.000 Menschen ermordet.[49]

In Meseritz-Obrawalde war seit dem 1.10.27 die Oberärztin Dr. Hilde Wernicke, seit dem 1.5.1933 Mitglied der NSDAP, tätig. Sie war vor Beginn der Massentötungen vom Verwaltungsleiter der Anstalt über das Tötungsprogramm informiert worden, hatte sich eine Bedenkzeit von drei Tagen ausbedungen und sich dann zur Mitwirkung bereit erklärt. Ihre Aufgabe bestand darin, die Liste der Patienten, die mit den jeweiligen Transporten kamen, daraufhin zu überprüfen, wer von den Kranken tatsächlich zu töten sei. Wer noch arbeitsfähig war, wurde zurückgestellt; unter den Selektierten befanden sich auch Kinder. Die von ihr Bestimmten nannte sie der Oberpflegerin Ratajczak mit dem Hinweis, es bestünden keine Bedenken, die Kranken umzubringen.

Auch die Oberpflegerin Helene Wieczorek hatte sich sofort zur Mitwirkung bereit erklärt. Sie assistierte bei mindestens 100 Tötungen und tötete später auch selber.[50] Zu ihrem Verhalten erklärte sie: »Ich habe nur meine Pflicht gelebt und alles auf Anordnung meiner Vorgesetzten getan.«[51] Die ebenfalls an den Tötungen beteiligte Pflegevorsteherin Auguste Jeschke ist verschollen.[52] Die stellvertretende Stationspflegerin von Haus 3, Berta Koslowski, beging Selbstmord. Sie war die einzige, die sich dem, was sie getan hatte, stellte, als sie aussagte: »Selbstverständlich hatte ich die Einsicht, daß in Obrawalde Unrecht getan wurde.«[53]

Auch in Meseritz-Obrawalde waren die Krankenschwestern keinerlei Zwang zur Mitwirkung ausgesetzt gewesen. Wie auch andere äußerte Anna Gastler zu dieser Frage: »Ich erkläre hiermit ausdrücklich, daß ich von niemandem zur Mitwirkung gezwungen worden bin... Wie ich wahrheitsgemäß angegeben habe, habe ich mich nicht geweigert.«[54] Trotzdem führten die

Angeklagten zu ihrer Entlastung an, sie seien nur Befehlsempfängerinnen gewesen, die sich den Anordnungen hätten beugen müssen.

Auch in Meseritz-Obrawalde fanden sich Frauen, die das Töten als gerechtfertigt ansahen. Die Hauptangeklagte, Luise Erdmann, war Mitglied der NSDAP und der NS-Frauenschaft, sie sagte aus: »Es ist mir in jedem Fall klar gewesen, daß ein Mensch getötet wurde, aber ich sah diese Tötung nicht als Mord, sondern als eine Erlösung an.«[55] Seltsamerweise behauptete sie aber dennoch, sie »habe wegen dieser Tötungen schwere Gewissenskonflikte gehabt«.[56] Luise Erdmann war in mindestens 120 Fällen an Tötungen beteiligt und tötete in zwei Drittel der Fälle selbst.[57]

Von Anna Gastler, die in mindestens 20 Fällen an Tötungen beteiligt war, erfahren wir etwas darüber, ob die Patienten die tödlichen Medikamente tatsächlich so willig genommen haben, wie an anderer Stelle behauptet wurde: »... Die Tötungen von Patientinnen wurden nie von einer Pflegerin allein ausgeführt. ... Ich habe es nicht ein einziges Mal erlebt, daß ein Patient eine solche Menge aufgelösten Medikaments freiwillig zu sich genommen hat... Um nun den zu tötenden Patienten das aufgelöste Mittel einzugeben bzw. die Spritze zu verabfolgen, war das Zusammenwirken von mindestens zwei Pflegerinnen nötig.«[58]

Ihr Verhalten bei den Tötungen beschreibt sie folgendermaßen: »Bei dem Eingeben des aufgelösten Mittels ging ich mit großem Mitgefühl vor... Beim Eingeben nahm ich sie liebevoll in die Arme und streichelte sie dabei. Wenn sie beispielsweise den Becher nicht ganz austranken, ... so redete ich ihnen noch gut zu...«[59]

Auch hier findet sich wieder die Kaschierung gewalttätigen Verhaltens mittels typisch weiblicher Attribute wie sanft, liebevoll, voller Mitgefühl.

An den Tötungen in Meseritz-Obrawalde war eine ganze Reihe weiterer Krankenschwestern in z.T. großem Umfang beteiligt:

- Martha W.: Beihilfe in mindestens 150 Fällen, in mindestens 50 Fällen tötete sie selbst;
- Erna E.: Beihilfe in mindestens 100 Fällen, in einem Fall tötete sie selbst;
- Margarethe T.: Beihilfe in mindestens 150 Fällen, in mindestens 10 Fällen tötete sie selbst;
- Martha G.: Beihilfe in mindestens 20 Fällen, in 3 Fällen tötete sie selbst;
- Berta H.: gab in mindestens 35 Fällen Anweisungen zum Töten, in 3 Fällen tötete sie selbst;
- Gertrud F.: Beihilfe in mindestens 3 Fällen;
- Sch.: Beihilfe in 2 Fällen, in einem Fall tötete sie selbst.

In vier weiteren Fällen hatten die Angeklagten in je einem Fall Beihilfe geleistet.[60]

Margarete M., die in mindestens zwei Fällen Beihilfe leistete, meinte: »Hätte ich mich geweigert, ihre Anordnungen durchzuführen, so wäre ich aus der Anstalt geflogen.«[61] Sie war sich also darüber im klaren, daß ihre Weigerung im schlimmsten Fall den Verlust des Arbeitsplatzes bedeutet hätte, beteiligte sich aber lieber an der »Euthanasie«, als dies in Kauf zu nehmen – eine beunruhigende Vorstellung.

Wie brutal es bei den Tötungen zugehen konnte, haben Zeugen und ehemalige Patientinnen bekundet: »...wenn die Kranken die Medizin nicht nehmen wollten, wurden sie zur Einnahme durch Schläge ins Gesicht und gewaltsames Öffnen des Mundes gezwungen.«[62] Eine Patientin schilderte nach dem Krieg, »die Patientinnen seien brutal gezwungen worden, die tödlichen Mittel zu nehmen, man habe sie quer durch die Säle in die Todeszimmer geschleppt«.[63] Wieder eine andere Patientin berichtet: »Nach einem Streit zwischen Patientinnen und Schwestern gibt eine Schwester im Beisein der anderen die Spritze: ›Du Schwein wirst die längste Zeit geschlagen haben.‹«[64]

Schwester Ratajczak hatte bei ihrer Vernehmung am 23. April 1945 angegeben, sie selber habe 2.500 Menschen getötet; in der gesamten Frauenabteilung seien über 6.000 Menschen innerhalb von zwei Jahren getötet worden.[65] Die Fälle, um die es in den Verfahren vor den Landgerichten München und Berlin ging, ergeben in der Summe nur einige Hundert. Wer tötete die verbleibenden 2.900 Frauen?

Im Zusammenhang mit der Tötung von Erwachsenen und Kindern in der Anstalt **Sachsenburg** wurde die Schwester Kamphausen 1946 zum Tode verurteilt.[66] Andere Krankenschwestern wie auch Ärzte hatten sich hingegen geweigert, an den Tötungen mitzuwirken.

Die Vernichtungsanstalt **Sonnenstein** bei Pirna in Sachsen begann im Juni 1940 mit den Tötungen. Im Rahmen der Aktion 14 f 13 wurden auch in Sonnenstein Häftlinge aus Konzentrationslagern umgebracht.[67] Bis August 1941 belief sich die Zahl der in Sonnenstein Ermordeten auf 13.720.[68]

In der auf dem Stadtgebiet von Gnesen gelegenen Heil- und Pflegeanstalt **Tiegenhof** wurden in der Zeit von Dezember 1939 bis Juni/Juli 1941 1.200 Patienten abgeholt und ermordet.[69] Ab Ende 1941 wurden auch Kranke aus dem »Altreich« nach Tiegenhof transportiert und dort getötet.[70] Die Ärztin Astrid Praetorius, die von Juni 1940 bis November 1943 in Tiegenhof tätig war, will von den Tötungen nichts gewußt haben.[71] Auch in Tiegenhof war eine ganze Reihe deutscher Krankenschwestern tätig.[72]

In der Anstalt **Uchtspringe**, Kreis Magdeburg, ließ die Ärztin Dr. Hildegard Wesse 60 Kinder töten und tötete 30 psychisch kranke Frauen selbst. Frau Dr. Wesse war voll geständig, berief sich jedoch darauf, daß ihr Handeln rechtmäßig gewesen sei.[73]

Zwiefalten war eine der Zwischenanstalten, in denen auch Patienten getötet wurden.[74] Seit September 1940 war hier die Medizinalrätin Dr. Martha Fauser, Mitglied der NSDAP und der NS-Frauenschaft, stellvertretende Anstaltsleiterin. Frau Dr. Fauser wurde im Dezember 1942 aufgefordert, sich einen »Tötungsvorgang« in Grafeneck anzusehen. Dieser Aufforderung kam sie sofort nach. Sie müsse, so begründete sie ihr Verhalten, nachdem sie gezwungenermaßen ihre Kranken in den Tod schicke, auch selbst wenigstens den Mut haben, einen solchen Tötungsvorgang zu sehen. Wie schon Frau Dr. Wesse berief sich auch Frau Dr. Fauser darauf, sie habe ihre Stellung behalten, um möglichst viele Patienten zu retten. Erwiesen ist jedoch, daß Frau Dr. Fauser mindestens in drei Fällen Patienten selber tötete.

Die »Kinderfachabteilungen« – einige Beispiele
Die Heil- und Pflegeanstalt **Kalmenhof** im Taunus diente ursprünglich der Erziehung bildungsfähiger Kinder durch Unterricht und Arbeitstherapie.[75] Bereits in der ersten Tötungsphase war der Kalmenhof durch Verlegung einer großen Anzahl von Stamm- und Durchgangspatienten nach Hadamar am »Euthanasie«-Programm beteiligt. 1942 wurde Dr. Mathilde Weber, die bereits seit 1939 im Kalmenhof tätig gewesen war, leitende Ärztin der in diesem Jahr eingerichteten »Kinderfachabteilung«. Frau Dr. Weber erhielt vom Reichsausschuß eine Sondervergütung. Dies war nur für Personen üblich, die am »Euthanasie«-Programm beteiligt waren. Im Mai 1944 schied sie im Kalmenhof aus, nicht ohne zu beteuern, daß sie die Arbeit gerne geleistet habe und auch weniger an ein endgültiges Ausscheiden, als vielmehr an eine längere Beurlaubung gedacht habe.

Zu der Tötungsmethode stellte Schwester Maria Müller kurz und bündig fest: »Die Patienten wurden größtenteils verhungern lassen…«[76] Angeklagt waren im Kalmenhof-Verfahren neben Frau Dr. Mathilde Weber u.a. Schwester Wrona, die zunächst ein Geständnis ablegte, es aber später widerrief, und Schwester Maria Müller, die geständig war, am 30.10.1945 jedoch aus amerikanischer Haft floh und nie mehr gefaßt wurde.

Schwester Wrona war, bevor sie als Oberschwester zum Kalmenhof kam, bereits in der Kinderfachabteilung Waldniel tätig gewesen. Zunächst gab sie zu, mehrere Kinder mittels Injektionen getötet zu haben, später jedoch leugnete sie, je an einer Tötung in irgendeiner Weise beteiligt gewesen zu sein. Sie erhielt jedoch eine Sondervergütung in Höhe von 30.-- RM monatlich.

Zusätzlich erhielt sie aus der Anstaltskasse eine Sondervergütung pro »Pflegefall«. Dies geht aus einem Schreiben des Verwaltungsleiters G. an Schwester Wrona eindeutig hervor: »... Unter Berücksichtigung dieser laufenden Sondervergütungen bin ich ab sofort nicht mehr in der Lage, Ihnen pro Sterbefall RM 5.-- aus der Anstaltskasse zu vergüten, sondern ich muß Sie schon bitten, sich in diesen Betrag mit Schwester Müller zu teilen, so daß Ihnen in Zukunft pro Pflegefall nur noch RM 2.50 vergütet werden.«[77] Trotzdem wurde sie mangels Beweisen freigesprochen.

Ich habe den Weg von Schwester Wrona nach Waldniel zurückverfolgt – vielleicht, weil ich in der Nähe von Waldniel aufgewachsen bin, vielleicht, weil ich, solange ich dort lebte, nie von irgend jemandem gehört habe, daß es dort eine »Kinderfachabteilung« gegeben hat.

In der **Kinderfachabteilung Waldniel** starben 93 Kinder, die als nicht »bildungsfähig« erachtet wurden.[78] Neben Schwester Wrona war Schwester M. angeklagt, an den Tötungen beteiligt gewesen zu sein. Schwester Wrona wurde für diese Stelle bestimmt, »nachdem vorher vier namhaft gemachte Erstpflegerinnen die Übernahme der Stelle abgelehnt hatten«.[79] Sie wurde über die Art der Tätigkeit informiert und erklärte sich ebenso wie Schwester M. sofort und ohne Bedenken bereit, die Stelle zu übernehmen. Schwester Wrona gab zu, 25 Kindern Luminal eingegeben zu haben, Schwester M. gab zu, vier Kinder getötet zu haben. Beide beriefen sich jedoch darauf, daß die Tötungen als gesetzlich geregelte und erlaubte Maßnahmen dargestellt worden seien; sie wurden letztlich freigesprochen.

Wegen Mordes an behinderten Kindern in der **Wiener heilpädagogischen Klinik »Am Spiegelgrund«** verurteilte das Volksgericht Wien 1946 die Ärztin Dr. Marianne Türk zu zehn Jahren schweren Kerkers.[80] In einem Nachfolgeprozeß wurde die Krankenpflegerin Katschenka zu acht Jahren schweren Kerkers verurteilt.[81]

In der **Heil- und Pflegeanstalt Ansbach** wurde 1941 oder 1942 eine Kinderfachabteilung eingerichtet. Leiterin der Kinderfachabteilung war die Oberärztin Dr. Asam-Bruckmüller. Der Direktor, Dr. Hubert Schuch, sagte aus, er habe die Tötungsermächtigung an sie weitergegeben. Frau Dr. Asam-Bruckmüller hingegen stritt ab, mit den Tötungen je etwas zu tun gehabt zu haben.[82]

In der **Kinderfachabteilung in der Anstalt Eglfing-Haar** wurden mindestens 120 Kinder getötet. Verurteilt wurden wegen Verbrechens der gemeinschaftlichen Beihilfe zum Totschlag in mindestens 120 Fällen die Oberpflegerin und Leiterin der Kinderfachabteilung D. sowie Schwester L. und Schwester S.[83] Alle drei Angeklagten waren durch den Arzt über diese »besondere Heilbehandlung« informiert worden und erhielten für ihre Tätigkeit eine monatliche Sonderzuwendung in Höhe von 25.-- RM.

Wie viele Frauen waren am »Euthanasie«-Programm der Nationalsozialisten wirklich beteiligt? Wie viele von denen, die angeklagt wurden, standen wegen der Tötungshandlungen tatsächlich Gewissensqualen aus? Wie viele handelten aus Überzeugung? Und wie viele hätten mitgemacht, wenn man es ihnen angetragen hätte? Das eigentlich Erschütternde ist für mich, daß viele der Beteiligten »ganz normale« Frauen waren, Frauen, die niemand zu dieser Tätigkeit gezwungen hat, die aber dennoch bereit waren, in Kenntnis der Zusammenhänge diese Arbeit zu tun. Frauen, die die Möglichkeit, diese Arbeit zu verweigern, nicht nutzten, sei es, weil sie die Tötungen billigten, sei es, weil sie nicht bereit waren, finanzielle Einbußen oder vergleichsweise geringfügige Nachteile hinzunehmen. Frauen, die sich damit entschuldigten, sie wären an Unterordnung, Disziplin und Gehorsam gewöhnt gewesen, die aber gleichzeitig kundtaten, einen Diebstahl hätten sie auch auf Anordnung nicht begangen, »weil man so etwas nicht tut«. Frauen, die Tausende von Menschen getötet haben, aber keinerlei Gefühl dafür hatten, daß

Worte wie »liebevoll«, »sanft« und »rücksichtsvoll« im Zusammenhang mit der Tötung hilfloser Menschen auf unerträgliche Weise unangemessen sind. Frauen, die sich wenig Gedanken »über die Sache« machten, ihre Arbeit gerne taten oder gar freiwillig in die Tötungsanstalten zurückkehrten. Frauen, die die Tötung von Menschen als »Beseitigung« bezeichneten und ihre Opfer mißhandelten. Frauen, die auch während ihrer Prozesse nur in den seltensten Fällen Reue haben erkennen lassen. Frauen, die in späteren Jahren, als das »Tausendjährige Reich« in Trümmern lag, in die Unauffälligkeit eines normalen Lebens zurückkehrten und in vielen Fällen ihren Beruf wieder ausübten, als wäre nichts gewesen. Frauen, die in einem Gesellschaftssystem, das Gewalt in vielfältiger Form legitimierte und auch ihnen in bestimmten Bereichen den Zugang zu Machtmißbrauch und offener Gewaltanwendung eröffnete, ein Maß an Destruktivität entwickelten, das seinesgleichen sucht. Frauen wie du und ich?

Urteile, die in den Anmerkungen in Abkürzung genannt werden

U1: a) LG Frankfurt a.M. vom 21.3.1947, 4 Kls 7/47
  b) OLG Frankfurt a.M. vom 20.10.1948, Ss 160/48 und Ss 188/48
  Euthanasie: Heil- und Pflegeanstalt Hadamar, u.a. Verwaltungspersonal und Krankenschwestern,
  in: Rüter-Ehlermann, Adelheid und Rüter, C.F. (1968-1981): Justiz und NS-Verbrechen. Sammlung deutscher Strafurteile wegen nationalsozialistischer Tötungsverbrechen 1945–1966, Amsterdam, Band I, lfd. Nr. 17, S. 304 ff.

U2: LG Frankfurt a.M. vom 28.1.1948, PKs 1/47
  Euthanasie: Heil- und Pflegeanstalten Grafeneck, Hadamar, Irsee,
  in: Rüter-Ehlermann und Rüter, a.a.O., Bd. II, lfd. Nr. 42, S. 186 ff.

U3: LG München I vom 12.3.1965, 112 Ks 2/64
  Euthanasie: Meseritz-Obrawalde (Pflegerinnen),
  in: Rüter-Ehlermann und Rüter, a.a.O., Bd. XX, lfd. Nr. 587, S. 694 ff.

U4: LG Augsburg vom 30.7.1949, Ks 1/49
Euthanasie: Heil- und Pflegeanstalt Irsee/Kaufbeuren
in: Rüter-Ehlermann und Rüter, a.a.O., Bd. V, lfd. Nr. 162, S. 176 ff.

U5: Urteil des Volksgerichtes Graz, Senat Klagenfurt vom 3.4.1946, 18 Vr 907/45

U6 a) Urteil des LG Berlin vom 25.3.1946, 11 Ks 8/46
b) KG vom 24.8.1946, 1 Ss 48/46
Euthanasie: Meseritz-Obrawalde, Verfahren gegen die Ärztin Dr. Wernicke und die Oberpflegerin Helene Wieczorek,
in: Rüter-Ehlermann und Rüter, a.a.O., Bd. I, lfd. Nr. 03, S. 33 ff.

U7: a) Urteil des LG Tübingen vom 5.7.1949, Ks 6/49
b) Urteil des OLG Tübingen vom 14.3.1950, Ss 71/49
Euthanasie: Heil- und Pflegeanstalten in Württemberg,
in: Rüter-Ehlermann und Rüter, a.a.O., Bd. V, lfd. Nr. 155, S. 87 ff.

U8: a) LG Frankfurt a.M. vom 30.1.1947, 4 Ks 1/48
b) OLG Frankfurt a.M. vom 16.4.1948, Ss 206/47
Euthanasie: Idstein/Taunus (Kalmenhof),
in: Rüter-Ehlermann und Rüter, Bd. I, lfd. Nr. 14, S. 220 ff.

In Abkürzung genannte Verfahren:

V1: Hadamar-Prozeß in 50 Bänden im Hessischen Hauptstaatsarchiv Wiesbaden, 4a Js 3/46 und 4a Kls 7/47

V2: StA Tübingen, Ks 6/49, Heil- und Pflegeanstalten in Württemberg

V3: StA Augsburg, Ks 1/49, Heil- und Pflegeanstalt Kaufbeuren-Irsee

V4: LG München I, 112 Ks 2/64, Strafsache gegen Erdmann u.a. Meseritz-Obrawalde: Krankenpflegerinnen

1 U1, S. 313

2 Rückerl, Adalbert (1982): NS-Verbrechen vor Gericht – Versuch einer Vergangenheitsbewältigung, Heidelberg 1982, S. 123

3 Scholz, Susanne und Singer, Reinhard (1986): Die Kinder in Hadamar, S. 219 ff., in: Roer, Dorothee und Henkel, Dieter (Hg.) (1986):

Psychiatrie im Faschismus. Die Anstalt Hadamar 1933–1945, Bonn, S. 214–236

4 Wettlaufer, Antje (1986): Die Beteiligung von Schwestern und Pflegern an den Morden in Hadamar, in: Roer, Dorothee und Henkel, Dieter (1986), S. 214–236

5 siehe: Schmidt-v. Blittersdorf, Heidi u.a. (1986): Die Geschichte der Anstalt Hadamar von 1933–1945 und ihre Funktion im Rahmen von T4, S. 98, in: Roer und Henkel (1986), S. 58–120

6 Wettlaufer, Antje (1986), a.a.O., S. 295

7 ebd.

8 ebd., S. 297

9 Aussage einer Krankenpflegerin vom 4.2.1948 vor der Krim.-Außenstelle Nienburg; zit. nach:

Klee, Ernst (1983): »Euthanasie« im NS-Staat. Die »Vernichtung lebensunwerten Lebens«, Frankfurt a.M. 1985, S. 317

10 Aussage einer Schwester am 7.6.1948 vor dem AG Münsingen, V2; zit. nach: Klee (1983), S. 138; vgl. hierzu auch:

Klee, Ernst (1985): Dokumente zur »Euthanasie«, Frankfurt a.M., Dokument Nr. 43, S. 115 f.

11 Wettlaufer (1986), S. 297

12 ebd., S. 305

13 Aussage Schwester Huber, V1, Bd. 6, S. 872; zit. nach:

Wettlaufer (1986), S. 299

14 Aussage Heinrich Ruoff am 29.8.1945 vor einem amerikanischen Offizier (Nürnberger Dokumente No-731); zit. nach:

Klee, Ernst (1986): Was sie taten – Was sie wurden. Ärzte, Juristen und andere Beteiligte am Kranken- oder Judenmord, Frankfurt a.M., S. 190

»Todesurkunden von Polen und Russen«: Hier sind polnische und sowjetische Zwangsarbeiter mit psychiatrischen Diagnosen und körperlich kranke (meist Tbc) sowjetische und polnische Zwangsarbeiter gemeint, die in Hadamar umgebracht wurden. Vgl.: Kaufmann, Holger und Schulmeyer, Klaus: Die polnischen und sowjetischen Zwangsarbeiter in Hadamar, in: Roer und Henkel (1986), S. 256-282

15 U1, S. 303

16 Die Angaben zu Kneissler, Zachow, Gumbmann, Korsch entstammen – soweit nicht anders angegeben – Urteil 2

17 Eidesstattliche Versicherung Pauline Kneissler vom 6.11.1945, Bestandteil des Verfahrens 4a Js 3/46, StA Frankfurt a.M.; zit. nach: Klee (1986), S. 154

18 V 1, Bd. 45, S. 3; zit. nach: Wettlaufer (1986), S. 319

19 Aussage Kneissler, 17.12.48, V 2; zit. nach: Klee (1983), S. 141

20 Aussage Kneissler vom 15.6.1948, V 3; zit. nach: Klee (1983), S. 441

21 V 1, Bd. 45, S. 3; zit. nach: Wettlaufer (1986), S. 320

22 Aussage Minna Zachow, V 1, Bd. 46, S. 39; zit. nach: Wettlaufer (1986), S. 300

23 Aussage Zachow, V 1, Bd. 46, S. 37; zit. nach: Wettlaufer (1986), S. 308

24 Aussage Korsch, V 1, Bd. 45, S. 79 vo.; zit. nach: Wettlaufer (1986), S. 309

25 alle folgenden Angaben aus: U1, a

26 V 1, Zielke, Bd. 44, S. 66; zit. nach: Wettlaufer (1986), S. 310

27 Scholz, Susanne und Singer, Reinhard (1986), a.a.O., S. 234 f., in: Roer, D. und Henkel, D. (1986), S. 214–236

28 »Gesetz gegen heimtückische Angriffe auf Staat und Partei und zum Schutze der Parteiuniform« vom 20.12.1934

29 Scheer, Rainer (1986): Die nach Paragraph 42 b RStGB verurteilten Menschen in Hadamar, S. 245 f., in: Roer, D. und Henkel, D. (1986), a.a.O., S. 237–255

30 U 3

31 zitiert nach: Ebbinghaus, Angelika (Hg.) (1987): Opfer und Täterinnen. Frauenbiographien des Nationalsozialismus, Nördlingen, S. 240

32 Debus, Dieter u.a. (1986): Neuere Überlegungen zur Vorbereitung und Organisation der Verbrechen der Psychiatrie in der NS-Zeit, S. 54, in: Roer, D. und Henkel, D. (1986), S. 38–57

33 Hartheim-Statistik; zit. nach: Klee (1983), S. 340

34 Klee (1983), S. 239 f.

35 ebd., S. 259

36 ebd., S. 340

37 Klee (1986), S. 193/194

38 Urteil des LG Frankfurt a.M. vom 21.12.1946, 4 Kls 15/46 und Urteil des OLG Frankfurt a.M. vom 12.8.1947, Ss 92/47

Euthanasie: Heil- und Pflegeanstalt Eichberg, in: Rüter-Ehlermann und Rüter (1968–1981), Bd. I., lfd. Nr. 11, S. 132 ff.

39 Hartheim-Statistik; zit. nach: Klee (1983), S. 340

40 V 2; zit. nach: Klee (1983), S. 291

41 siehe Klee (1983), S. 418

42 Klee (1986), S. 328, Anmerkung 28

43 Hartheim-Statistik; zit. nach: Klee (1983), S. 340

44 Klee (1983), S. 354

45 vgl. hierzu Klee (1986), S. 198 f.

46 siehe U 4

47 U 5, siehe auch Klee (1983), S. 436

48 U 5, siehe Klee (1986), Anmerkung 3 zu Teil VII, S. 325

49 Klee (1983), S. 405 ff.

50 alle Angaben gem. U 6 a; U 6 a rechtskräftig durch U 6 b

51 Aussage Helene Wieczorek im Verfahren gegen Wernicke und Wieczorek, 11 Js 37/45; zit. nach: Ebbinghaus (1987), S. 219

52 Angaben gem. U 3

53 Aussage Berta Netz geb. Koslowski, V 4; zit. nach:

Koch, Franz (1984): Die Beteiligung von Krankenschwestern und Krankenpflegern an Massenverbrechen im Nationalsozialismus, S. 53, in: Geschichte der Krankenpflege. Versuch einer kritischen Aufarbeitung. Hg. vom Medizinischen Informationszentrum Gesundheitsladen e.V., Berlin 1984, S. 25–68

54 Aussage Anna Gastler, V 4; zit. nach: Koch (1984), S. 45

55 Aussage Erdmann, V 4; zit. nach: Ebbinghaus (1987), S. 236

56 Aussage Erdmann, V 4; zit. nach: Koch (1984), S. 55

57 U 3, S. 702

58 Aussage Gastler, V 4; zit. nach: Koch (1984), S. 42

59 Aussage Gastler, V 4; zit. nach: Koch (1984), S. 41

60 alle Angaben über die Beteiligung siehe U 3

61 V 4, Band 3, 2. Hälfte; zit. nach: Ebbinghaus (1987), S. 245

62 Aussage Maria Tubacka am 24.5.1972 vor der Bezirkskommission zur Untersuchung von NS-Verbrechen in Posen; zit. nach: Klee (1983), S. 409

63 Aussage der Patientin vor der Bezirkskommission Grünberg; zit. nach: Klee (1983), S. 409/410

64 ebd., S. 410

65 V 4; zit. nach: Koch (1984), S. 36

66 Urteil des Schwurgerichts Schwerin vom 16.8.1946, 1 Ks 3/46; vgl. Klee (1986), S. 189

67 Klee (1983), S. 350

68 ebd., S. 340

69 Klee (1986), S. 220

70 ebd., S. 222

71 Aussage Prätorius vom 19.9.1962 (Js 18/61 6 StA Frankfurt a.M.); zit. nach: Klee (1986), S. 223

72 Klee (1983), S. 410 und 413

73 vgl. Urteil des Schwurgerichts beim LG Göttingen vom 2.12.1953, 6 Ks 1/53, zit. nach: Klee (1986), S. 212

74 alle Angaben aus U 7

75 Ich folge bei der weiteren Darstellung dem Urteil U 8. Das Urteil gegen Frau Dr. Weber wurde rechtskräftig durch Urteil des OLG Frankfurt a.M. vom 23.6.1949, Ss 214/49; Rüter-Ehlermann und Rüter, Bd. IV, lfd. Nr. 117b, S. 71 ff.

76 Aussage Maria Müller; zit. nach: Klee (1986), S. 202

77 U 8a, S. 246; siehe auch:

Urteil des LG Frankfurt a.M. vom 9.2.1949, 4 Kls 18/46; Rüter-Ehlermann und Rüter, Bd. IV, lfd. Nr. 117a, S. 46 ff.

78 Ich folge bei der Darstellung dem Urteil des LG Düsseldorf vom 24.11.1948, 8 Kls 8/48; Rüter-Ehlermann und Rüter, Bd. III, lfd. Nr. 102, S. 462 ff.

79 ebd., S. 485; zum weiteren Verlauf siehe:

Urteil des Obersten Gerichtshofes der Britisch Besetzten Zone (OGHBZ) vom 23.7.1949, StS 161/49; Rüter-Ehlermann und Rüter, Bd. III, lfd. Nr. 102b, S. 530 ff.

Freispruch Schwester Wrona:

Urteil des LG Düsseldorf vom 7.2.1953, 8 Ks 2/48; Rüter-Ehlermann und Rüter, Bd. X, lfd. Nr. 339, S. 338 ff.

Freispruch Schwester M.:

LG Düsseldorf vom 31.5.1951, 8 Kls 2/48; Rüter-Ehlermann und Rüter, Bd. VIII, lfd. Nr. 282, S. 452 ff.

80 Urteil des Volksgerichts Wien vom 18.7.1946, GZ.Vg 1 a Vr 2365/45-Hv 1208/46; siehe Klee (1986), Anmerkung 3 zu Teil VII, S. 325/326

81 LG für Strafsachen Wien (als Volksgericht), Urteil vom 9.4.1948, Vg 12 g Vr 5142/46-Hv 301/48; siehe Klee (1986), Anmerkung 3, Teil VII, S. 326

82 siehe Klee (1986), Anmerkung 43, Teil V, S. 311/312

83 Urteil des LG München I vom 21.7.1948, 1 Kls 87-89/48, rechtskräftig durch Urteil des OLG München vom 22.12.1948, 1 Ss 166/48, in: Rüter-Ehlermann und Rüter, Bd. III, lfd. Nr. 075, S. 17 ff.

d) »Von Männern hätte man das eher erwartet«[1] – Frauen als Täterinnen in den Konzentrationslagern

Am 28.2.1933, unmittelbar nach dem Brand des Reichstagsgebäudes, unterzeichnete der damalige Reichspräsident Hindenburg die »Verordnung zum Schutz von Volk und Staat«, die Grundrechte der Verfassung auf unbestimmte Zeit außer Kraft setzte. Die Polizei wurde ermächtigt, politische Gegner ohne gerichtliche Kontrolle unbefristet in »Schutzhaft« zu nehmen. In der Folge kam es zu willkürlichen Verhaftungen zahlreicher politisch Andersdenkender, die in von der SA an vielen Orten eingerichteten Konzentrationslagern interniert wurden.[2]

Im Sommer 1933 wurden die frühen Konzentrationslager aufgelöst. An ihre Stelle traten nun große Lager, die der Aufsicht der »Inspektion der Konzentrationslager« und ab 1942 der Aufsicht des SS-Wirtschaftsverwaltungshauptamtes unterstanden. Eugen Kogon geht davon aus, daß insgesamt mindestens acht bis zehn Millionen Menschen in die Konzentrationslager eingeliefert wurden.[3] In dem Maße, in dem die Industrie zunehmend Arbeitskräfte benötigte, wurden in der näheren und weiteren Umgebung der Konzentrationslager Nebenlager und Außenkommandos eingerichtet. Im Anhang des Bandes »Faschismus« von Renzo Vespignani findet sich eine Zusammenstellung aller Lager, Nebenstellen, Außenkommandos und Gefängnisse, die der Inhaftierung dienten. Ich habe insgesamt 1.077 solcher Einrichtungen gezählt.[4] Angesichts dieser Größenordnung stellt sich die Frage, wie viele Frauen in den Lagern, Nebenstellen und Außenkommandos als Aufseherinnen arbeiteten. Sybil Minton spricht von 3.000 Aufseherinnen.[5] Diese Zahl ist wohl zu niedrig gewählt: Allein in der Zeit von November 1942 bis April 1945 wurden in Ravensbrück 3.500 SS-Aufseherinnen ausgebildet.[6] Da aber auch vor November 1942 bereits zahlreiche Frauen als Aufseherinnen in Konzentrationslagern tätig gewesen waren, muß ihre Gesamtzahl um einiges höher gelegen haben.

Erschreckend ist aber nicht so sehr die Anzahl der Frauen, die als Aufseherinnen tätig waren, sondern der Umstand, daß diese Frauen, die häufig dienstverpflichtet worden waren und insofern eine Zufallsauswahl darstellten, den Wechsel von einem ganz normalen Frauenleben in ein Leben als Gewalttäterin in den meisten Fällen so mühelos vollziehen konnten.

In den letzten Kriegsmonaten wurden die Konzentrationslager vor den heranrückenden alliierten Truppen geräumt. Die Häftlinge wurden zum Teil in die von den Alliierten noch nicht bedrohten Gebiete gebracht. Zahlreiche Häftlinge kamen hierbei ums Leben. Auch an diesen Transporten waren Frauen als Aufseherinnen beteiligt.[7]

Frauen als Aufseherinnen in den Konzentrations- und Vernichtungslagern
In der Dokumentation über das Konzentrations- und Vernichtungslager Lublin-Majdanek für den Nürnberger Militärgerichtshof heißt es über die Aufseherinnen: »Besondere Grausamkeiten wurden von dem weiblichen SS-Personal [verübt]. Die Kommission stellte viele Tatsachen fest, die auf unerhörte, von den weiblichen Henkern des Lagers ausgeführte Grausamkeiten zurückzuführen waren. Es wurden Hunger, unerträgliche Arbeit, Folter, Marterung, Erniedrigung und Mord der Lagerinsassen angewandt.«[8] »All dies«, schreibt Ingrid Müller-Münch, »sollen Frauen getan haben, und zum erstenmal erfuhr jeder, der es wissen wollte, daß Kriege, Foltercamps, Massenmorde nicht nur den Männern zuzuschreiben sind, sondern genausogut von Frauen betrieben werden können... In Majdanek hatten die Frauen das Sagen und im Rahmen des Lagers die Macht zu bestimmen...«[9]

Das Dokument F 321 – Auszüge, die Aufseherinnen betreffend[10]
»Die Zahl der Aufseherinnen nimmt zu; die Mißhandlungen gehen damit Hand in Hand. Sie wetteifern darin, am stärksten zu

hauen, am wildesten zu stoßen. Die jungen Mädchen wurden ausgepeitscht. Sie erhielten 30 Peitschenhiebe auf das nackte Gesäß. Dieser Akt vollzog sich in Gegenwart des Lagerchefs, eines Arztes und der Oberaufseherin« (S. 16). »Brutal stoßen sie uns in einen großen Saal zum Duschen. Wir kommen jeweils zu fünf Frauen herein und jede von uns wird sehr gründlich durchsucht. Ich sage absichtlich ›gründlich‹, denn man untersucht uns hier bis auf den Grund der Vagina. Die SS-Frauen führen die Vagina-Untersuchung von einer zur anderen durch, ohne sich die Hände zu waschen, selbst an den ganz jungen Mädchen, in Gegenwart der SS-Männer und der Hunde, die auf die nackten Gefangenen losspringen, wenn sie sich rühren« (S. 17). »Die Kinder waren beständig von Hunger gequält. Sobald die Verteilung gemacht war, hatten sie nur einen Wunsch: Essen. Es war aber verboten, während des Appells zu essen. Wenn es einem Erwachsenen schon schwer ist, der Versuchung zu widerstehen, zu essen, wenn man ein Stück Brot in der Hand hält und Hunger hat, so ist das schrecklich für ein Kind. Eine SS-Frau überwachte sie, und alle drei oder vier Tage wurden die armen Kleinen beim Essen erwischt. Sofort wurden sie vom Appell weggebracht, ihr Essen wurde ihnen für den ganzen Tag weggenommen, und sie wurden sofort folgendermaßen bestraft: Sie mußten sich in einer Reihe mit dem Gesicht zur Sonne hinknien, mit einem großen Stein auf dem Kopf, die Arme hocherhoben, in jeder Hand einen Ziegel- oder Pflasterstein. Sie blieben in dieser Lage bis zum Ende des Appells, manchmal zwei oder drei Stunden, bis zur Erschöpfung« (S. 23). »Gleich nach dem Frühstück werden alle Barackeninsassen versammelt und in Gruppen zum Abort geführt. Diese Erlaubnis wird einmal pro Tag erteilt. Die Frauen, die beim Urinieren in der Umgebung der Baracke ertappt werden, werden mit 10 bis 25 Knüttelschlägen je nach ihrer Konstitution bestraft. Oft sahen wir, wie diese Unglücklichen durch SS-Frauen aus diesem Grund so heftig geschlagen wurden, daß einige Stunden danach der Tod eintrat. Wenn die Ruhr einen zwang, nachts hinauszugehen, so war es eine unmögliche Expedition, bis zum Abort zu gehen. Das Lager war natürlich bedeckt mit Exkrementen, und wenn eine Frau den Abort nicht mehr erreichen konnte und dabei von einer Wächterin oder Aufseherin überrascht wurde, so bedeutete das furchtbare Stockprügel« (S. 25).

»Wir Frauen unterstanden einer Kommandantin und einem Kommandanten, unterstützt von zahlreichen SS-Frauen ... Bei uns machten zahlreiche junge Aufseherinnen ihre Lagerschule. Sie lernten, wie man weibliche Gefangene behandeln mußte. Einmal fehlten den deutschen Behörden SS-Frauen. Man rekrutierte sie daher zwangweise aus den Fabriken, ohne ihnen auch nur Zeit zu lassen, ihre Familien zu benachrichtigen; sie wurden ins Lager gebracht, wo sie in Gruppen jeweils zu 50 eingeteilt wurden. Eines Tages machte man einen Versuch mit ihnen; man brachte sie vor eine willkürlich ausgesuchte Internierte und befahl den 50 neuen SS-Frauen, sie zu schlagen. Ich erinnere mich, daß von mehreren Gruppen von SS-Frauen nur drei nach dem Grund fragten und nur eine sich weigerte, es zu tun, was ihr übrigens selbst Gefängnis eintrug. Alle anderen gewöhnten sich rasch an diese Beschäftigung, wie wenn sie sie immer ausgeübt hätten« (S. 28). »Außerdem hatten unsere Offizierinnen besondere Neigungen und genierten sich keineswegs, sich auf den benachbarten Bettgestellen mit den Zigeunerinnen zu vergnügen, die deshalb eine Vorzugsbehandlung erhielten« (S. 32).

»Oft amüsierten sich die SS-Frauen damit, sich gegenseitig die brutalste Art zu zeigen, in der sie die internierten Frauen behandelten. Die ›Lageracerca‹ war eine magere, widerwärtige Megäre. Sie zeichnete sich durch ihren Sadismus und ihre sexuelle Perversität aus... Beim Morgen- oder Abendappell suchte sie unter den erschöpften und abgemagerten Frauen die schönste aus, die noch mehr oder weniger einen menschlichen Anblick bot, und peitschte sie ohne jeden Grund auf die Hände. Wenn das Opfer zusammenbrach, so schlug die Lageracerca es zwischen die Beine, zuerst mit ihrer Peitsche, dann mit ihren genagelten Stiefeln. Gewöhnlich ließ die Frau eine blutige Spur hinter sich. Nach ein oder zwei derartigen Mißhandlungen wurde die Frau krank und starb kurz darauf. Eine Frau wurde auf die Denunziation einer deutschen Internierten hin in den Block zum Tode Verurteilter geschickt, weil sie einer Jüdin Wasser gegeben hatte« (S. 38).

»Die kranken Frauen waren von dieser Marter [Appelle] nicht ausgenommen; ich sage: ›dieser Marter‹, weil ich sehr viele Frauen gesehen habe, die vor Kälte ohnmächtig wurden, vom Stehen im Schnee mitten im eisigen Wind. Da man übrigens 40 Grad Fieber haben mußte, um ins Krankenhaus aufgenommen zu werden, so muß man sich vorstellen, was das unerträgliche Warten einer Gefangenen bedeutete, die 39,5 Grad Fieber hat und die man brutal aus einem wenn nicht warmen, so doch lauen Bett reißt. Unsere Wächterinnen, weibliche Soldaten, die tierisch gegen uns waren, gestanden übrigens ohne Scham, daß das zu dem Zweck, uns auszurotten, geschah« (S. 38/39).

»Eine SS-Frau tötete eine kleine Französin, indem sie ihr Wasser zu trinken gab, so lange bis sie keines mehr schlucken konnte. Sie warf sie hin, um sie mit Tritten ihres Stiefelabsatzes dazu zu bringen, das Wasser auszubrechen; sie schlug sie so, bis das Blut herausspritzte« (S. 44).

»Ich sah eine Arbeiterin, deren Stirn durch eine SS-Frau aufgespalten worden war, die sie gegen eine Nähmaschine geschleudert hatte, lediglich weil sie sprach. Ich sah SS-Frauen weibliche Häftlinge mit der Peitsche schlagen, bis der Tod eintrat« (S. 55).

»Zahlreiche deportierte Frauen, die bei den Erdarbeiten für die Gräben vor der eindringenden alliierten Armee gearbeitet hatten, kommen mit völlig erfrorenen Gliedern oder mit Wundbrand zurück. Auf Befehl der deutschen Pflegerinnen waren wir gezwungen, sie alle zusammen in eine Ecke des Saales zu legen und uns nicht um sie zu kümmern. Sie konnten nicht operiert werden... Es waren fast lauter ungarische Jüdinnen und sie starben ausnahmslos« (S. 57).

»Eines Tages kamen deutsche Pflegerinnen ins Lazarett, Block 10, und fragten: Welche unter euch schlafen nicht? Viele junge Frauen hoben die Hand. 18 erhielten eine mehr oder weniger starke Dosis eines weißen Pulvers, dessen Zusammensetzung wir nicht kannten, das wir aber für ein Morphiumprodukt hielten. Von den 18 sind am nächsten Morgen 10 gestorben. Es war zweifellos ein Experiment. In einem anderen Lager machten sie mit ganzen Blöcken Versuche, vor allem an alten Frauen. Die Frauen erhielten ein weißes Pulver und am nächsten Tag gab es 60 bis 70 Leichen« (S. 70).

»Eine meiner Kameradinnen, die mit ihrer Mutter und ihrer Tochter, die sie auf ihrem Arm trug, weggefahren war, wollte beim Aussteigen aus dem Zug ihr Strumpfband befestigen. Sie übergab daher das Kind ihrer Mutter für einige Minuten. Während sie sich das Strumpfband befestigte, waren ihre Mutter und ihr Kind weit von ihr weggetrieben worden. Sie wollte ihnen nachgehen, erhielt aber von der Aufseherin einen solchen Stockschlag, daß sie ohnmächtig wurde und erst im Lager wieder aufwachte, wo sie das Los ihrer Mutter und ihres Kindes erfuhr« (S. 95).

Rekrutierung und Aufgaben der Aufseherinnen

Die Frauen, die in den Konzentrationslagern als Aufseherinnen arbeiteten, wurden in der ersten Zeit über Zeitungsanzeigen rekrutiert.[11] Nach Kriegsausbruch wurde die Tätigkeit als Kriegseinsatz anerkannt. Die Aufseherinnen gehörten daher zum Gefolge der Waffen-SS. Ein Teil der Frauen meldete sich aufgrund der Werbung freiwillig zur SS. Ab 1943/44 wurden aber auch Frauen durch die Arbeitsämter dienstverpflichtet; außerdem wurden ab Sommer/Herbst 1943 Frauen in Kriegsbetrieben angeworben.

Zumindest für diejenigen Frauen, die sich auf die Anzeigen hin gemeldet hatten oder in Kriegsbetrieben angeworben worden waren, gilt also, daß sie ihrer Tätigkeit freiwillig nachkamen. Aber auch diejenigen, die dienstverpflichtet worden waren, gewöhnten sich – wie dem Dokument F 321 zu entnehmen ist – schnell an die ihnen zugedachten Aufgaben. Auch hier findet sich also wieder – ebenso wie bei den am »Euthanasie«-Programm beteiligten Ärztinnen und Krankenschwestern – ein reibungsloser Übergang von einem »ganz normalen« Frauenleben in ein Leben als Gewalttäterin.

Im Frauen-Konzentrationslager Ravensbrück hatte die Oberaufseherin eine Funktion, die der des Schutzhaftlagerführers vergleichbar war. Sie war die eigentliche Vorgesetzte des Häftlingslagers, die die Befehle des Kommandanten durchführte. Ihr unterstanden die SS-Rapportführerinnen und SS-Aufseherinnen, die sie den Arbeitskolonnen zuteilte. Die Oberaufseherin war auch diejenige, die Meldungen über Häftlinge erhielt; von ihr hing es ab, ob die Meldung an den Kommandanten weitergegeben wurde oder nicht, von ihren Formulierungen konnte das Strafmaß abhängen. Die Oberaufseherin urteilte auch über Entlassungen; die endgültige Entscheidung lag allerdings nicht bei ihr.[12]

Die Aufseherinnen waren verantwortlich für die täglichen Appelle, die Aufstellung der Arbeitsgruppen, das Einsetzen der Blockleiterinnen, das Einsetzen der Arbeitsaufseherinnen und die Besetzung verschiedener Häftlingsfunktionen.[13] In Majdanek nahmen die Aufseherinnen nach Zeugenaussagen auch an den Selektionen zur Vergasung teil.[14] Inhaftierte Frauen, die Funktionen erhielten, beteiligten sich an Mißhandlungen und auch Tötungen oft im gleichen Maße wie die Aufseherinnen. In Ravensbrück beispielsweise führte die Häftlingsfrau Vera Salwequart gemeinsam mit zwei SS-Männern die Aufsicht im Krankenrevier. Die Zeugin Lotte S. sagte aus: »Ich wußte von Vera Salwequart, die es mir selbst erzählte, daß die Frauen [im Krankenrevier, C.H.] teilweise durch Vergiftung mit weißem Pulver von ihr getötet wurden...«[15]

Doch nicht nur diejenigen Frauen, die Funktionsträgerinnen waren, beteiligten sich an Mißhandlungen. »Für die auszustehenden Leiden hielten sich die Frauen an ihren Mithäftlingen schadlos. Ich denke jetzt nicht an malträtierende Vorgesetzte, sondern an den ›einfachen‹ Häftling.«[16] Margarete Buber-Neumann berichtet von folgendem Fall: Aus dem Lager Ravensbrück war eine Zigeunerin aus dem Strafblock, in den die Frauen wegen sogenannter Lagervergehen kamen, entflohen. Der ganze Strafblock bekam wegen dieser Flucht drei Tage Kostentzug. Nachdem die Zigeunerin wieder ergriffen worden war, übergab der Lagerkommandant sie den Frauen vom Strafblock und bemerkte dazu, sie könnten mit ihr machen, was sie wollten. Die Zigeunerin wurde daraufhin von den Frauen mit Fäusten und Schemeln geschlagen und mit Füßen getreten. Sie starb nach wenigen Stunden.[17]

Das »Jugendschutzlager« für Mädchen in Uckermark
Grundlage für die Einweisung in ein Jugendschutzlager war der »Erlaß über vorbeugende Verbrechensbekämpfung« vom 14.10.37, in dem es u.a. hieß:»Als asozial gilt, wer durch gemeinschaftswidriges, wenn auch nicht verbrecherisches Verhalten zeigt, daß er sich nicht in die Gemeinschaft einfügen…, sich der in einem nationalsozialistischen Staate selbstverständlichen Ordnung nicht fügen« will.[18] Einer Notiz des Deutschen Gemeindetages vom November 1940 ist zu entnehmen, daß »die Polizei [beabsichtigt], verwahrloste Jugendliche unter polizeilicher Aufsicht in Konzentrations- oder anderen Sammellagern unterzubringen…«[19] Lotte Toberentz, die Lagerleiterin des Mädchenlagers Uckermark, gab an, daß von den ersten 500 eingewiesenen Mädchen 288 ehemalige Fürsorgezöglinge waren. »Die Jugendschutzlager«, schreibt Michael Hepp, »waren zwar eine Erfindung der SS, aber solche Verwahrlager waren von den Praktikern der Fürsorge lange gefordert und wurden – von Ausnahmen abgesehen – freudig begrüßt…«[20] Einweisungsgründe konnten z.B. Verstöße gegen die »Verordnung zum Schutz der Jugend« sein, die Jugendlichen den Aufenthalt in Tanzlokalen, Alkoholgenuß und den Aufenthalt auf öffentlichen Plätzen oder Straßen nach Einbruch der Dunkelheit verbot; Einweisungsgrund konnte aber auch »Geschlechtsverkehr

mit fremdvölkischen Arbeitern«, sexuelle Verwahrlosung oder gar Zugehörigkeit zur »Swing-Jugend« (Liebhaber von Jazz-Musik) sein.[21]

Bis Anfang 1945 hatte das »Jugendschutzlager« Uckermark insgesamt 1.200 Häftlinge. Innerhalb des Lagers wurde eine Blockeinteilung nach kriminalbiologischen »Erkenntnissen« durchgeführt, deren Sinn darin bestand, »die noch Gemeinschaftsfähigen so zu fördern, daß sie ihren Platz in der Volksgemeinschaft ausfüllen, die Unerziehbaren bis zu ihrer endgültigen anderweitigen Unterbringung unter Ausnutzung ihrer Arbeitskraft zu verwahren«.[22] Unter »endgültiger anderweitiger Unterbringung« hat man sich Konzentrationslager oder Psychiatrie vorzustellen: Bis Ende 1944 wurden 22 »pathologisch Abartige« in Heil- und Pflegeanstalten und 71 Personen an Konzentrationslager überstellt.[23] Wesentlich beteiligt an dieser Einteilung waren der Kriminalbiologe Dr. Robert Ritter und seine Assistentin Eva Justin.

Insgesamt waren im Lager Uckermark 80 Frauen eingesetzt, denen die »Erziehung«, die Anleitung bei der Arbeit und die Bewachung der Zöglinge oblag. Als Strafen wurden Kostentzug, Entzug von Vergünstigungen, Arrest, Schläge, Strafexerzieren, Strafestehen zwischen zwei und sechs Stunden und das Hetzen von Hunden auf die zu bestrafenden Mädchen eingesetzt.[24] Trotzdem war die Lagerleiterin Lotte Toberentz der Ansicht, daß »die Behandlung der Zöglinge in meinem Lager… nach meinem Begriff menschlich« war. Keine einzige Angehörige des Lagerpersonals wurde nach dem Krieg verurteilt.[25]

Das Frauen-Konzentrationslager Ravensbrück

Das Frauen-Konzentrationslager Ravensbrück wurde im Mai 1939 in Betrieb genommen. Bis Anfang Februar 1945 waren in Ravensbrück insgesamt 107.753 Frauen inhaftiert.[26] 1943 hatte man mit der Einrichtung von insgesamt 34 Außenlagern und Außenkommandos begonnen.[27]

Die inhaftierten Frauen kamen mit Gefangenenwaggons am

Bahnhof Fürstenberg an und wurden sodann unter Bewachung von SS-Aufseherinnen, die von dressierten Hunden begleitet waren, mit LKWs zum Lager transportiert. »Zwei uniformierte Aufseherinnen hielten große Wolfshunde an der Leine und schienen ein Mordsvergnügen daran zu haben, die Hunde bis dicht an die Beine der ängstlichen Frauen springen zu lassen.«[28] Auch die Arbeitseinsätze wurden von Aufseherinnen mit Hunden bewacht.

Erfüllte eine der Frauen ihr Arbeitssoll nicht, so wurde sie von der Aufseherin gemeldet; dies hatte zur Folge, daß sie in den Strafblock oder den berüchtigten Bunker kam[29], in dem die Frauen bei Kostentzug in Dunkelhaft gehalten wurden. Als Strafe wurde die körperliche Züchtigung bis zu 25 Schlägen mit einer Lederpeitsche angewandt; bei verschärfter Prügelstrafe erfolgten die Schläge auf das nackte Gesäß. Den Vollzug der Prügelstrafe »mußten die ausführenden SS-Aufseherinnen... durch Unterschrift bestätigen«.[30] »Man band die Frauen auf einen Bock, ...und während des ersten Jahres wurde die Exekution persönlich vom Lagerkommandanten Kögel und der Aufseherin Drechsel und anderen SS-Weibern ausgeführt.« Später wurden andere Häftlinge, denen man zur Belohnung zwei bis drei Essensrationen zuteilte, zur Ausführung der Prügelstrafe herangezogen.[31]

Auch im Krankenrevier arbeiteten NS-Schwestern. So berichtet Margarete Buber-Neumann von einer Oberschwester, die Schwerkranke zur Tötung mit Medikamenten selektierte. Die Versorgung der bei den medizinischen Experimenten operierten Frauen oblag ebenfalls NS-Schwestern.[32]

Die Beteiligung der Ärztin Dr. Herta Oberheuser an den kriegschirurgischen Experimenten im Frauen-Konzentrationslager Ravensbrück[33]
Bei den medizinischen Experimenten im Frauen-Konzentrationslager Ravensbrück ging es um die Behandlung von Wundinfektionen und Transplantationsexperimente. Den Ver-

suchspersonen, die Frau Dr. Oberheuser als »unsere Meerschweinchen« bezeichnet haben soll, wurden künstliche Verwundungen zugefügt, die mit Sulfonamiden und kriegschirurgischen Operationen behandelt wurden.

Frau Dr. Oberheuser, die sich freiwillig als Lagerärztin nach Ravensbrück gemeldet hatte, war gemeinsam mit zwei Lagerärzten für die ärztliche Gesamtkontrolle der Experimente zuständig. Sie wählte die Versuchskandidatinnen aus, assistierte bei den Eingriffen und überwachte die Nachversorgung; das heißt in diesem Fall, daß sie »die planvolle Nichtversorgung der gequälten Versuchsopfer [durchsetzte], auch als die männlichen Lagerärzte das Ansehen dieser Qual nicht länger aushielten«.[34]

Frau Dr. Oberheuser war auch dafür bekannt, daß sie inhaftierte Frauen mißhandelte und sich weigerte, ihnen bei Verletzungen ärztliche Hilfe zukommen zu lassen.[35] Außerdem tötete sie mehrere Häftlinge mittels Benzininjektionen. Sie selbst gab dies für fünf bis sechs Fälle zu.[36] Aus den Erklärungen von Zeugen wie auch aus den Untersuchungen ging nach Meinung des Gerichtes jedoch hervor, daß Frau Dr. Oberheuser nicht nur einige wenige Menschen tötete.[37]

Herta Oberheuser erklärte auf Befragen des Gerichtes, daß sie sich für »nicht schuldig« halte, da die Experimente dem Zweck gedient hätten, das Leben Hunderttausender verwundeter Wehrmachtsoldaten zu retten. Nach ihrer Haftentlassung ließ sie sich als Ärztin nieder. Erst öffentliche Proteste erzwangen die Schließung ihrer Praxis.[38]

Das Vernichtungslager Uckermark-Ravensbrück
In den letzten beiden Januarwochen 1945 begann man im Konzentrationslager Ravensbrück mit Selektionen und Massenerschießungen kranker und marschunfähiger Frauen; auch eine Gaskammer wurde eingerichtet und in Betrieb genommen.[39] Schließlich faßte man den Entschluß, alle kranken, nicht mehr leistungsfähigen und über 52 Jahre alten Frauen aus dem Hauptlager Ravensbrück auszusondern und in dem in der Nähe

gelegenen Lager Uckermark umzubringen. Zu diesem Zweck war das Jugendschutzlager Uckermark größtenteils geräumt worden. Ab Januar 1945 diente das Lager der Massenvernichtung der in Ravensbrück ausgesonderten Frauen. Die Häftlingsärztinnen in Uckermark wurden durch zwei SS-Sanitäter ersetzt, die von nun ab die ausgesonderten Frauen mittels Strychnin-Injektionen umbrachten. Beteiligt war an den Tötungen auch die Inhaftierte Vera Salwequart, die gemeinsam mit den beiden Sanitätern die Aufsicht über das Krankenlager führte.[40] Ab Anfang Februar wurden zusätzlich Gaswagen eingesetzt.

»Im Verlauf des Februars geriet die... Bürokratie der Vernichtungsmaschinerie ins Wanken. Die SS-Ärzte kamen nicht mehr regelmäßig, um ihre Nachselektionen vorzunehmen. Es wurden auch keine Selektionslisten mehr erstellt. Das subalterne Personal des Vernichtungslagers machte bis zur Befreiung am 28. April weiter, sozusagen auf eigene Faust. Es bestand aus zwei sadistischen SS-Sanitätern und sechs jungen SS-Aufseherinnen.«[41] Oberaufseherin in Uckermark war die 24jährige Ruth Neudeck, die im Sommer 1944 dienstverpflichtet worden und zuvor in Ravensbrück Blockleiterin gewesen war.

»Die Frauen wurden nach den Selektionen in die Turnhalle gebracht, wo sie manchesmal Stunden oder auch Tage auf den Transport ins Gas warteten. Die Turnhalle war ein großer Raum ohne Betten, Strohsäcke, Decken und ohne Beheizung. Essen bekamen die Frauen fast keines, sogar das Wasser wurde ihnen verweigert. Der Zustand wurde auch dadurch verschärft, daß die Fenster geschlossen waren und es ihnen nicht erlaubt war, auf die Toilette zu gehen... Der Transport ins Gas wurde immer von einer der Aufseherinnen, zum Beispiel Rabe, Mohneke, Neudeck usw., begleitet... Auf diese Art und Weise wurden ca. 5000 bis 6000 Frauen ermordet, abgesehen von denen, die von selbst durch die Mißhandlungen und vom Hunger gestorben sind.«[42] »Besonders schrecklich war, wenn Mütter von ihren Töchtern oder Töchter von ihren Müttern getrennt wurden. Die

SS machten sich lustig darüber, und es war für sie noch mehr Grund, Mütter und Töchter zu trennen und sie obendrein zu mißhandeln. Bei solchen Szenen taten sich Aufseherin Rabe und Naumann besonders hervor.«[43]

Die Aufseherinnen von Majdanek
Am 25.11.1975 begann vor der Schwurgerichtskammer des Düsseldorfer Landgerichtes der Prozeß gegen neun Männer und sechs Frauen aus dem ehemaligen Kommandanturstab des in Polen gelegenen Konzentrationslagers Majdanek. Es war der erste Prozeß, bei dem sich weibliche Lagerbedienstete vor einem westdeutschen Gericht zu verantworten hatten.[44]

Das Konzentrations- und Vernichtungslager war im Spätherbst 1941 in der Nähe von Lublin eingerichtet worden. Im Frühjahr 1942 trafen die ersten größeren Judentransporte in Majdanek ein. Ihnen folgten Transporte von Juden aus der Slowakei und aus allen Teilen des besetzten Europa wie auch Häftlinge aus Konzentrationslagern im Reichsgebiet, polnische Intellektuelle und Bauern aus der Umgebung. In Feld V (später in Feld I) waren weibliche Häftlinge und Kinder untergebracht. Die Höchstzahl der Inhaftierten betrug 35.000 bis 40.000 Personen. In Lublin-Majdanek wurden mehr als 250.000 Menschen ermordet.

Die ehemalige Lagerkommandantin des Frauenteils, Elsa Ehrich, wurde 1948 von einem polnischen Kriegsgericht zum Tode verurteilt. 108 ehemalige Angehörige des Lagerpersonals standen in Polen, weitere sieben im Ausland vor Gericht. In Westdeutschland wurde gegen rund 387 Personen ermittelt, ohne daß Prozesse geführt worden wären. In den 60er Jahren waren noch 350 Aufseher und Aufseherinnen als lebend bekannt; damals wurde die Erlaubnis erteilt, in polnischen Archiven nach Dokumenten und Beweismaterial zu suchen. Nur ein Bruchteil der Täter aber wurde angeklagt. Als die Anklageschrift für den Prozeß fertiggestellt war, waren Quälereien, Folter, Schläge und Fußtritte längst verjährt. Es ging in dem Prozeß daher nur noch um Mordanklage in 16 Fällen. Nach der ersten Etappe des Prozesses (April 1979) wurden drei der Aufseherinnen freigesprochen: Die Anklagevorwürfe gegen Hermine Böttcher, Charlotte Mayer und Rosa Süß konnten »nicht mit der zu einer Verurteilung ausreichenden Sicherheit bestätigt«[45] werden. Die nachgewiesenen Mißhandlungen der Häftlinge waren verjährt, die Hauptbelastungszeugen in der Zwischenzeit verstorben. Verurteilt wurden schließlich Hermine Ryan-Braunsteiner wegen gemeinschaftlichen Mordes in zwei Fällen zu lebenslanger Haft und Hildegard Lächert wegen gemeinschaftlicher Beihilfe zum Mord in zwei Fällen. Eine Angeklagte war verstorben.

Hermine Braunsteiner war in der Anklageschrift zur Last gelegt worden, allein oder zusammen mit anderen mindestens 1.181 KZ-Häftlinge umgebracht sowie an der Ermordung von wenigstens weiteren 705 Menschen mitgewirkt zu haben. Hildegard Lächert war wegen Beihilfe zum Mord in mindestens 1.196 Fällen und wegen der Mittäterschaft bei der Ermordung von 203 weiteren Menschen angeklagt worden.

Die Geschichten der Aufseherinnen und die gegen sie erhobenen Vorwürfe ähneln sich. Stellvertretend für die angeklagten Frauen möchte ich von Hildegard Lächert genauer berichten.

Laut Anklageschrift hatte Hildegard Lächert Häftlinge getreten und zu Tode gepeitscht, Frauen und Kinder für die Gaskammer selektiert, ihren Schäferhund auf eine schwangere Jüdin gehetzt und Frauen in die Latrinen gestoßen und dort ertränkt. Von Überlebenden des Lagers wurde Hildegard Lächert (die blutige Brygida) als Sadistin, Bestie und Schrecken der Gefangenen, als Schlimmste, Grausamste und Schrecklichste unter den Aufseherinnen geschildert.[46]

Die Anklagevertretung hielt Hildegard Lächert für überführt, »ihren Schäferhund auf eine schwangere Polin gehetzt zu haben, der sein Opfer unter Anfeuerungsrufen der Aufseherin zu Tode biß«. Sie glaubte beweisen zu können, »daß sie einen männlichen Häftling mit ihren eisenbeschlagenen Stiefeln und ihrer durch Eisenstücke in den Spitzen verstärkte Peitsche auf grausame Art und aus Mordlust zu Tode gequält, daß sie arbeitsunfähig erscheinende jüdische Frauen teilweise unter Schlägen, teilweise lachend an den Haaren aus den Reihen der angetretenen Häftlinge herausgezogen und zur Vergasung geschickt hatte. Und daß sie aus dem Warschauer Ghetto kommende Kinder ›zum Teil mit der Peitsche, zum Teil mit Fußtritten‹ zum LKW getrieben und sie dann ›wie Gegenstände auf die Ladefläche geworfen hat‹. Dabei soll sie mit der Peitsche die Mütter zurückgejagt haben, die ihre Kinder retten wollten.«[47] Die Richter jedoch hielten sie trotz aller Zeugenaussagen lediglich der Selektion jüdischer Frauen zur Vergasung und der Mitwirkung beim Abtransport jüdischer Kinder und Säuglinge, die anschließend getötet wurden, für überführt.

Hildegard Lächert hatte nach ihrer Entlassung aus der Volksschule in verschiedenen Fabriken gearbeitet. Von ihrem Freund, der im Zweiten Weltkrieg gefallen war, hatte sie zwei Kinder. Zunächst war Hildegard Lächert in Ravensbrück beschäftigt. Im Oktober 1942 kam sie – damals 22 Jahre alt – nach Majdanek. Im September 1943 verließ sie Majdanek, tauchte aber ein halbes Jahr später als SS-Aufseherin in einem Nebenlager von Auschwitz wieder auf und im Januar 1945 schließlich in einem Lager in Südtirol. Nach Kriegsende arbeitete sie in Berlin als Krankenschwester in einem amerikanischen Krankenhaus. Im März 1946 wurde sie bei einem Besuch in Österreich von der dortigen Polizei verhaftet und später nach Polen ausgeliefert. In dem Verfahren in Krakau – es ging hier vor allem um ihre Tätigkeit in Nebenlagern von Auschwitz – wurde sie zu 15 Jahren Haft verurteilt, jedoch bereits 1956 wieder entlassen. Danach schlug sie sich bis zu ihrer erneuten Verhaftung am 24.8.1973 mit Hilfsarbeiten durch.[48]

»Ich bin zwar eine Frau«, meinte die Zeugin Sally Schipper, »aber ich muß es sagen: die weiblichen Aufseher waren die größten Bestien...«[49]

Manche der Frauen, die in den Konzentrationslagern tätig waren, hatten sich auf Zeitungsanzeigen hin gemeldet, manche – wie Hermine Braunsteiner oder auch die Ärztin Dr. Oberheuser – hatten sich von sich aus um diese Arbeit bemüht. Es gab also – daran besteht kein Zweifel – Frauen, die keine persönlichen oder moralischen Bedenken hatten, eine solche Tätigkeit auszuüben. Mögen manche von ihnen auch nicht in vollem Umfang darüber informiert gewesen sein, was es mit den Konzentrationslagern auf sich hatte, so paßten sie sich den Gegebenheiten doch widerstandslos an, nachdem sie aus eigener Anschauung im Bilde waren. Ohne Zweifel gab es unter den Aufseherinnen wirkliche Überzeugungstäterinnen: Alice Orlowski etwa bedauerte noch 1960, daß die Nationalsozialisten »nur die halbe Arbeit« getan hätten[50], und Rosa Süß, die sich im Majdanek-Prozeß so harmlos und unwissend gegeben hatte, war davon überzeugt, daß die Internierung der Häftlinge rechtmäßig war. Welchen Rechtsbegriff muß aber ein Mensch haben, der das, was in Majdanek geschah, für rechtmäßig halten konnte? Welches Maß an Aggression und Vernichtungswillen muß ein Mensch haben, um es für rechtens zu halten, Menschen derart zu quälen?

Ob diese Frauen sich wegen ihrer sadistischen Persönlichkeitszüge für die Arbeit im Konzentrationslager interessierten, muß dahingestellt bleiben – ausschließen läßt es sich nicht. Bei denjenigen Frauen hingegen, die für die Arbeit im Konzentrationslager dienstverpflichtet wurden, handelt es sich um eine Zufallsauswahl – und unter diesen zufällig Ausgewählten fanden sich viele, die unter den Bedingungen des Konzentrationslagers extrem sadistische Neigungen entwickelten. Und sie alle kehrten in den Alltag zurück, arbeiteten womöglich als Krankenschwester oder Ärztin – als sei nichts gewesen.

Nicht selten gehörten die Aufseherinnen – wie die Geschichte der Hildegard Lächert zeigt – zu den Ohnmächtigen und Unterprivilegierten. Aber sie lebten ein normales Frauenleben, vorher und auch nachher. Nur in der Zwischenzeit, in einer Zeit, in der sie einmal nicht auf der Seite der Ohnmächtigen standen, sondern nahezu unbegrenzte Macht über Menschen hatten, die ihrer Willkür ausgeliefert waren, in einer Zeit, in der sie über ihre Taten keine Rechenschaft ablegen mußten, in einer Zeit, in der der Staat, in dem sie lebten, ihr Handeln legitimierte und für rechtens erklärte – in dieser Zwischenzeit setzten sie sich über alle ethischen Normen hinweg, die je für sie Gültigkeit gehabt haben mögen. *Dies* – und nicht die *Zahl* der Frauen, die als Aufseherinnen tätig waren, ist das wirklich Erschreckende, denn es gibt Anlaß zu der Befürchtung, daß ähnliches unter entsprechenden Umständen jederzeit wieder geschehen kann.

Der Fall Ilse Koch (Konzentrationslager Buchenwald)
Ilse Koch, Witwe des ehemaligen SS-Standartenführers und Kommandanten des Konzentrationslagers Buchenwald, Karl Koch, wurde am 15.1.1951 wegen Anstiftung zum Mord, Anstiftung zum versuchten Mord und Anstiftung zu gefährlicher Körperverletzung zu einer lebenslangen Zuchthausstrafe verurteilt.[51]

Das Konzentrationslager Buchenwald, das im Frühjahr 1937 in Betrieb genommen wurde, hatte in der Zeit seines Bestehens insgesamt rund 238.000 Häftlinge. Zehntausende von ihnen fanden in Buchenwald den Tod.

Ilse Koch, die bereits seit dem 1.5.1932 Mitglied der NSDAP war, lernte Karl Koch 1934 kennen und heiratete ihn im Mai 1937. Karl Koch wurde im Juni 1937 von Sachsenhausen nach Buchenwald versetzt und war dort bis Anfang 1943 Kommandant. Ende 1937 zog auch Ilse Koch nach Buchenwald. Das Ehepaar Koch hatte drei Kinder.

Ilse Koch interessierte sich lebhaft für die Vorgänge im Lager. So war sie etwa bei der Hinrichtung zweier flüchtiger, aber wieder ergriffener Häftlinge anwesend. Sie besah sich Appelle und sah des öfteren auch den Auspeitschungen auf dem Bock zu. Einmal wohnte sie in Gesellschaft von SS-Leuten der Auspeitschung von 25 Häftlingen von Anfang bis Ende bei. Auch

Gefangene, die mit »Baumhängen« bestraft wurden (hierbei wurden die Gefangenen an den auf dem Rücken zusammengebundenen Händen so aufgehängt, daß ihre Füße über dem Boden schwebten), besah sie sich. Sie beschimpfte Häftlinge mit Wörtern wie Mistvögel, Verbrecher, Saujuden, Schweinehunde, dreckiges Häftlingspack u.ä. und hetzte ihren Hund gegen Häftlinge. In einer Vielzahl von Fällen veranlaßte sie die Mißhandlung von Häftlingen oder mißhandelte Häftlinge selber. Über fünf Seiten werden im Urteil entsprechende Vorfälle geschildert, die nachgewiesen werden konnten. Ich nenne einige der Beispiele:
– Ein Zeuge, der in Begleitung eines SS-Mannes an der Villa Koch vorbeikam, grüßte die dort stehende Ilse Koch nicht. Frau Koch rief daraufhin den SS-Mann zu sich und besprach sich mit ihm. Dieser schlug danach den Häftling mit einem Knüppel auf Kopf und Körper. Ilse Koch sah lachend zu (S. 83).
– An einem Spätsommervormittag im Jahre 1938 begegnete dem Zeugen Reich ein marschierendes Arbeitskommando auf der Lagerstraße. Einer der Häftlinge konnte das Tempo nicht mehr mithalten und blieb ein wenig zurück. Ilse Koch ging auf ihn zu und schlug mit einem Reitstock oder einer Reitpeitsche auf den Häftling ein. Als der Häftling zu Boden stürzte, trat Frau Koch mit ihren Reitstiefeln auf ihn ein (S. 83).
– Im Sommer 1939 bekam der Zeuge Kla. eines Tages den Auftrag, sich mit vier weiteren Männern von der Arbeitsstelle in die Häftlingsküche zu begeben. In der Nähe der Garage begegnete diese Gruppe Ilse Koch. Kla. kommandierte: »Mützen ab!« Ilse Koch rief den Zeugen zu sich und sagte zu ihm: »Du Mistvogel, komm mal her, du Drecksau wagst mich anzuschauen.« Sie holte ihr Notizbuch hervor und schrieb sich die Nummer des Zeugen auf. Noch am selben Abend ging Kla. über den Bock, weil er, wie es hieß, Ilse Koch angeschaut habe (S. 85).

Nach Meinung des Gerichts steht fest, »daß die Koch entsprechend ihrer Lagerkenntnis oftmals in folgenschwerer Weise selbst eingriff, weil sie gemäß ihrer Einstellung und in Übereinstimmung mit dem im KL Buchenwald herrschenden System das Verhalten der SS und eines Teiles der Kapos nicht nur billigte, sondern auch selbst nach Kräften an den im KL Buchenwald verfolgten Zielen teilnehmen wollte.«[52] Die aufgeführten Vorfälle waren jedoch in das Urteil nicht eingeschlossen. Verurteilt wurde Ilse Koch wegen anderer Vergehen, von denen ich einige nenne:
– Im Sommer 1940 mußte ein Sonderkommando Steine aus dem Steinbruch in das Häftlingslager tragen. Beim Einrücken gegen Mittag kam die Kolonne in der Nähe des Lagertors zum Stehen. In der Nähe des Bunkers stand Ilse Koch mit einigen SS-Leuten zusammen. Plötzlich zeigte sie auf einen Häftling mit rotem Winkel (politischer Häftling), der einige Meter von dem Zeugen Sie. entfernt stand. Der Unterscharführer riß den Mann aus der Reihe und trat ihn mit den Stiefeln wahllos gegen den Bauch und andere Körperteile. Der Häftling stürzte und verlor dabei den schweren Stein, den er getragen hatte. Als der Häftling am Boden lag, hob der SS-Mann den Stein auf, warf ihn mit voller Wucht auf den Kopf des Opfers und tötete ihn so. Ilse Koch hatte die ganze Szene mit angesehen.
– Im Januar 1940 war der Zeuge Scha. bei der Materialannahme beschäftigt. Der Zeuge sah, wie sich auf der Straße unmittelbar vor der Materialannahme Ilse Koch und ein Häftling mit schwarzem Winkel (»Asoziale«) begegneten. Ilse Koch war beritten. Der Häftling sah sich nach Ilse Koch um. Da Ilse Koch sich umgedreht hatte und dies deshalb bemerkte, ritt sie auf den Häftling zu und schlug mit der Reitpeitsche auf ihn ein. Der Häftling ließ sein Werkzeug (Pickel und Schaufel) fallen und hielt die Reitpeitsche mit seinen Händen fest. Daraufhin rief Ilse Koch einige der SS-Männer herbei, die den Vorfall beobachtet hatten. Die SS-Männer eilten herbei

und hielten den Häftling fest, während Ilse Koch weiter auf ihn einschlug. Als sie endlich mit Schlagen aufhörte, machten sich die SS-Männer über den Häftling her. Sie trampelten mit ihren Stiefeln auf Brust und Leib des Mannes herum. Als er kein Lebenszeichen mehr von sich gab, rollten sie ihn mit den Füßen in den Straßengraben. Ilse Koch hatte die ganze Zeit zugesehen.
– Im Frühjahr oder Sommer 1939 erschienen Ilse Koch und ihr Ehemann an der Arbeitsstelle eines Arbeitskommandos, das mit der Errichtung einer Böschung beschäftigt war. Der Zeuge Jel. sah, wie Ilse Koch ihren Mann auf einen ca. 50jährigen Häftling hinwies. Er hörte sie sagen:»Täubchen, laß den Alten mal robben.« Der Häftling mußte die Böschung daraufhin immer wieder hinaufkriechen und sich herunterrollen lassen. Er stellte sich dabei so ungeschickt an, daß die Eheleute Koch in lebhaftes Gelächter ausbrachen. Bald schon verließen den Häftling die Kräfte. Schließlich blieb er reglos am Fuße der Böschung liegen. Mittags trugen ihn zwei Arbeitskameraden ins Häftlingslager. Dort wurde er ins Krankenrevier gebracht. Angeblich verstarb er zwei oder drei Tage später.

Ilse Koch hatte als Frau des Lagerkommandanten sehr viel Macht. Sie, die vor ihrer Heirat eine kleine Stenotypistin gewesen war, mißbrauchte diese Macht in einer Vielzahl von Fällen, indem sie Häftlinge aus nichtigem Anlaß oder ohne erkennbaren Anlaß schwer mißhandelte; darin stand sie den KZ-Aufseherinnen in nichts nach. Sie war eine jener Gafferinnen, die sich an Grausamkeiten wollüstig ergötzen – auch dies ein Phänomen, das bei Frauen des öfteren zu beobachten war.[53]

Darüber hinaus weist ihr Verhalten aber zwei Besonderheiten auf: Ilse Koch, die sich als einzige Frau auch im Lagerbereich bewegte, achtete peinlich darauf, ob einer der Gefangenen es wagte, sie anzuschauen. Kam dies tatsächlich vor – oft unterstellte sie es auch nur –, ließ sie den entsprechenden Gefangenen erbarmungslos bestrafen. Sie verhielt sich in Umkehrung der realen Verhältnisse, als sei sie, die die Würde anderer ständig verletzte und mit Füßen trat, von den Häftlingen durch Blicke entwürdigt und beschmutzt worden. Ilse Koch zeigte sich, so das Gericht, auch vor den Häftlingen gerne und oft in sehr freizügiger Kleidung, etwa in kurzen Hosen und einem Brusttuch. Ich frage mich, ob Ilse Koch sich an der Allmachtsphantasie berauschte, von all diesen Männern begehrt zu sein. Ich frage mich, ob bei dieser Frau, die ausgesprochen sadistische Züge und offensichtlich Lust an der Erniedrigung anderer Menschen hatte, Sexualität, Macht und Gewalt eine Verbindung miteinander eingegangen waren, wie man sie gemeinhin Männern unterstellt.

Die zweite Besonderheit: Da Ilse Koch die Macht des Systems in Person ihres Ehemannes, des Lagerkommandanten, im Rücken hatte, konnte sie, wenn sie dies wollte, die Ausführung von Gewalttaten und das unmittelbare Töten an Männer delegieren. *Sie* war diejenige, die die Häftlinge meldete, wohl wissend, was ihre Meldung bedeutete; *sie* war diejenige, die durch ihr Verhalten und ihre Weisungen SS-Männer dazu veranlaßte, Gefangene zu mißhandeln und zu töten – die *Ausführung* der eigentlichen Gewalttat aber überließ sie in vielen Fällen anderen.

Da Ilse Koch aber auch nicht davor zurückschreckte, Gefangene selber zu mißhandeln, ist in ihrem Fall in besonders augenfälliger Weise ersichtlich, daß sie die Gewalt, die sie als Frau an Männer delegierte, selber guthieß. Daß die letztlich Ausführenden dann Männer waren, besagt daher nicht, daß sie weniger grausam und gewalttätig gewesen wäre als diese Männer; es besagt lediglich, daß sie Gewalt mittels derjenigen, die sie als Werkzeuge ihrer Neigungen benutzte, auf *mittelbare* Weise auslebte.

Ilse Koch war Mutter von drei Kindern. Ich habe in Gesprächen mit Frauen des öfteren sagen hören, wir Frauen seien schon allein deshalb weniger gewalttätig, weil wir die Kinder hätten. Ilse Koch aber hat die Tatsache, Mutter gewesen zu sein, ebensowenig von extremen Grausamkeiten abgehalten wie Hildegard

Lächert, Mutter zweier Kinder – und die gefürchtetste Aufseherin im Konzentrations- und Vernichtungslager Lublin-Majdanek.

1   Staatsanwalt Dieter Ambach im Gespräch mit Ingrid Müller-Münch über den Majdanek-Prozeß, in:

    Müller-Münch, Ingrid (1982): Die Frauen von Majdanek. Vom zerstörten Leben der Opfer und der Mörderinnen, Reinbek bei Hamburg 1982

2   Rückerl, Adalbert (1982): NS-Verbrechen vor Gericht. Versuch einer Vergangenheitsbewältigung, Heidelberg 1982, S. 23 f.
    Ich folge im weiteren dem Kapitel über Konzentrationslager in dem o.a. Buch, S. 23–31

3   Kogon, Eugen (1974): Der SS-Staat. Das System der deutschen Konzentrationslager, München, S. 66

4   Vespignani, Renzo (1976): Faschismus. Hg. von der Neuen Gesellschaft für bildende Kunst und dem Kunstamt Kreuzberg, Berlin, S. 113–130

5   Milton, Sybil (1984): Women and the Holocaust. The Case of German and German-Jewish Women, S. 308; in: Bridenthal, Renate, Grossman, Atina und Kaplan, Marion (Hg.): When Biology Became Destiny. Women in Weimar and Nazi Germany, New York 1984

6   Arndt, Ino (1987): Das Frauenkonzentrationslager Ravensbrück, S. 136; in: Dachauer Hefte, 3. Jg., Heft 3 (Nov. 1987), S. 125-157

7   siehe beispielsweise: Rüter-Ehlermann, Adelheid und Rüter, C.F. (1968-1981): Justiz und NS-Verbrechen. Sammlung deutscher Strafurteile wegen nationalsozialistischer Tötungsverbrechen 1945 – 1966, Amsterdam, Bd. IX, lfd. Nr. 321, S. 744 ff.
    Verbrechen der Endphase:
    Urteil des LG Hamburg vom 3.10.1951 (50) 8/51
    Urteil des BGH vom 21.3.1952, 2 StR 775/51
    Urteil des LG Hamburg vom 5.6.1952 (50) 8/52

8   zitiert nach: Müller-Münch, Ingrid (1982), a.a.O., S. 19

9   ebd., S. 19/20

10 Auszüge aus: Konzentrationslager. Dokument F 321 Für den Internationalen Militärgerichtshof – Nürnberg. Prozeß gegen die Hauptkriegsverbrecher. Hg. von Eugène Aroneanu – Französisches Büro des Informationsdienstes über Kriegsverbrechen, in:
Vespignani, Renzo (1976), a.a.O.; siehe auch: Mamozai, Martha (1990): Komplizinnen, Reinbek bei Hamburg, S. 136–140

Das Dokument ist in Buchform unter gleichem Titel im Buchversand 2001 und in den 2001-Buchläden erhältlich.

11 Arndt (1987), S. 135

12 Buber-Neumann, Margarete (1958): Als Gefangene bei Hitler und Stalin, Stuttgart, S. 232

13 Arndt (1987), S. 134

14 Bericht der überlebenden Krystina Tarasiewicz im Majdanek-Prozeß; zit. nach: Müller-Münch, Ingrid (1987), a.a.O., S. 36

15 Aussage der Zeugin der Anklage Lotte S. vom 17.8.1947. Public Records Office, WO 235, Nr. 516 A, Case No. 326, Exhibit 6; zit. nach:
Ebbinghaus, Angelika und Roth, Karl-Heinz (1987): Dokumentation: Frauen gegen Frauen. Das Vernichtungslager Uckermark-Ravensbrück Januar – April 1945, Dokument Nr. 3, S. 284, in:
Ebbinghaus, Angelika (Hg.) (1987): Opfer und Täterinnen. Frauenbiographien des Nationalsozialismus. Nördlingen, S. 275–300

16 Buber-Neumann (1958), S. 196

17 ebd., S. 194

18 Hepp, Michael (1987): Vorhof zur Hölle. Mädchen im »Jugendschutzlager« Uckermark, S. 192, in: Ebbinghaus (Hg.) (1987), S. 191–216.
Ich folge bei meiner Darstellung dem Beitrag von Michael Hepp

19 ebd., S. 193

20 ebd., S. 192

21 ebd., S. 197 ff.

22 Runderlaß des Reichsführers SS; zit. nach: Hepp (1987), S. 205

23 Hepp (1987), S. 214

24 ebd., S. 210

25 ebd., S. 213

26 Arndt (1987), S. 147

27 ebd., S. 146

28 Buber-Neumann (1958), S. 179

29 ebd., S. 227
zu Aufseherinnen in Außenlagern siehe auch:
Johe, Werner (1987): »Frierend, hungrig und todmüde...« Frauenarbeit im Konzentrationslager Neuengamme, in: Dachauer Hefte, 3. Jg., Heft 3 (Nov. 1987), S. 58–76

30 Arndt (1987), S. 141

31 Buber-Neumann (1958), S. 192

32 ebd., S. 221, siehe auch: Ebbinghaus (1987), S. 259

33 siehe Dokumentation:
Ebbinghaus, A., Roth, K.H. und Hepp, M. (1987): Die Ärztin Herta Oberheuser und die kriegschirurgischen Experimente im Frauenkonzentrationslager Ravensbrück, in: Ebbinghaus (Hg.) (1987), S. 250–273

34 ebd., S. 253

35 ebd., S. 259

36 ebd., S. 256

37 ebd., S. 268

38 ebd., S. 254

39 Ebbinghaus, Angelika in Zusammenarbeit mit Karl-Heinz Roth (1987): Dokumentation: Frauen gegen Frauen. Das Vernichtungslager Uckermark-Ravensbrück, Januar–April 1945, S. 275
in: Ebbinghaus, Angelika (Hg.) (1987), a.a.O., S. 275–300
Ich beziehe mich in meiner weiteren Darstellung auf diese Dokumentation

40 ebd., S. 284, siehe Dokument Nr. 3

41 ebd., S. 279

42 ebd., S. 285

43 Zeugenaussage Barbara H.; siehe Dokument 5 in Ebbinghaus und Roth (1987)

44 Ich folge in meiner Darstellung dem Buch von

   Müller-Münch, Ingrid (1982): Die Frauen von Majdanek. Vom zerstörten Leben der Opfer und der Mörderinnen, Reinbek bei Hamburg

45 ebd., S. 65

46 ebd., S. 74 ff.

47 ebd., S. 84/85

48 ebd., S. 93 ff.

49 ebd., S. 19

50 ebd., S. 120

51 Urteil des LG Augsburg vom 15.1.51, Ks 22/50, rechtskräftig durch Urteil des BGH vom 22.4.1952, 1 StR 622/51; in:
   Rüter-Ehlermann, Adelheid und Rüter, F.C. (1968–1981), a.a.O., Bd. VIII, lfd. Nr. 262, S. 30 ff.
   Ich folge bei meiner Darstellung diesem Urteil

52 ebd., S. 93

53 siehe zu diesem Phänomen z.B.:

   a) Klee, E., Dreßen, W. und Rieß, V. (1988): Schöne Zeiten. Judenmord aus der Sicht der Täter und Gaffer, Frankfurt a.M., S. 35 ff.: Augenzeugen berichten von Frauen, die einem brutalen Massenmord in Kowno, bei dem Menschen zu Tode geprügelt wurden, beifallklatschend zusahen.
   S. 114 ff.: Bericht über Massenerschießungen von Juden in der Nähe von Shitomir, die u.a. von Frauen begafft wurden.

   b) Schmidt, Dorothea (1987): Die peinlichen Verwandtschaften. Frauenforschung zum Nationalsozialismus, S. 61, in: dies. (Hg.) (1987): Normalität oder Normalisierung. Geschichtswerkstätten und Faschismusanalyse, Münster, S. 50–65: Bericht über eine Frau, die ein Liebesverhältnis mit einem Polen gehabt haben soll und der in Heilbronn in einer öffentlichen Zeremonie unter reger Anteilnahme der Bevölkerung – auch von Frauen, die dies ausdrücklich guthießen – der Kopf geschoren wurde.

c) Klee, Ernst (1985): Dokumente zur Euthanasie, a.a.O., S. 117: Der Buchhalter Helmut K. über das Personal in Hartheim: »Viele unserer Mitarbeiter haben sich Vergasungen angesehen. Auch die Frauen machten von der Möglichkeit zum Teil Gebrauch.«

d) Ich erinnere an die Medizinalrätin Fauser, die stellvertretende Anstaltsleiterin von Zwiefalten, die sich im Dezember 1940 einen »Tötungsvorgang« in Grafeneck ansah; vgl. Rüter-Ehlermann und Rüter, C.F. (1968–1981), a.a.O., Bd. V, S. 113

e) Die stille Gewalt der Denunziation

Franziska Mikus, von Geburt an taub, wurde während des Nationalsozialismus zwangssterilisiert. Als sie dennoch schwanger wurde, zwang man sie auf der Grundlage der Ergänzung des »Gesetzes zur Verhütung erbkranken Nachwuchses« vom 26.6.1935 zur Abtreibung. Unmittelbar danach wurde sie ein zweites Mal sterilisiert. »Ein Onkel von mir«, erzählt sie, »ist Bankrevisor. Er hat immer über Hitler geschimpft bei Konferenzen und Tagungen. Die Sekretärinnen haben alles an die Gestapo verraten. Mein Onkel ist oft eingesperrt worden, weil er sich für mich eingesetzt hat. Schließlich ist er in Berlin gehenkt worden.«[1]

»Da hat ein Beinamputierter während seiner Kur 1944 abfällige Bemerkungen über den Nationalsozialismus gemacht. Eine Krankenschwester denunziert ihn« – der Mann wurde wegen »Wehrkraftzersetzung« angeklagt und später hingerichtet.[2]

Bedauerliche Einzelfälle weiblicher Denunziation?

Zwischen 1945 und 1964 wurden allein im Gebiet der ehemaligen DDR und Ostberlins 2.426 Personen verurteilt, die als Denunzianten oder Spitzel (mit Ausnahme der berufsmäßigen Spitzel der Gestapo und des SD) dem Naziregime dienten.[3] Aus den Angaben ist jedoch nicht ersichtlich, bei wie vielen der Verurteilten es sich um Frauen handelte.

In der Sammlung deutscher Strafurteile wegen nationalsozialistischer Tötungsverbrechen findet sich eine ganze Reihe von Fällen, in denen Frauen denunzierten.[4] Auffallend häufig erfolgten die Denunziationen aus rein persönlichen Gründen. Drei dieser Fälle möchte ich dokumentieren.

Denunziation aus Mißgunst und Neid[5]
Frau H., Inhaberin eines Metzgereiartikelgeschäftes in Freiburg i.Br., hatte etwa zur Jahreswende 1940/41 eine Garage an den Tabakwarenhändler Stefan Meier vermietet. Stefan Meier war ein bekannter Sozialdemokrat, der von Dezember 1924 bis Juni 1933 Abgeordneter der badischen Sozialdemokraten im Reichstag gewesen war. Vom 17.3.33 bis zum 9.3.34 hatte er sich in »Schutzhaft« befunden. Nach seiner Entlassung war er politisch nicht mehr in Erscheinung getreten.

Zur Belieferung seiner Kundschaft stand Stefan Meier ein Auto zur Verfügung, das er in der von Frau H. gemieteten Garage untergestellt hatte. Frau H. hatte man die Genehmigung zur weiteren Nutzung ihres Geschäftswagens hingegen entzogen. Als Frau H. am 17.6.1941 im Hof sah, daß der Wagen von Stefan Meier mit Tabakwaren gefüllt war, begann sie ein Gespräch mit ihm.

Frau H. wollte nun von Stefan Meier wissen, ob er denn noch immer so viel Tabakwaren habe, daß er mit dem Wagen herumfahren müsse. Meier entgegnete darauf, er habe noch genug Waren, denn an das Märchen vom Blitzkrieg habe er nie geglaubt. Er habe sich von vornherein auf eine lange Kriegsdauer eingestellt. Frau H. meinte daraufhin, er solle doch nicht so pessimistisch sein. Meier entgegnete, Hitler »habe ja den Größenwahn, ...alle Staaten wolle er einstecken ..., die Generäle seien überhaupt alle gegen ihn [Hitler], und er sei der reinste Dschingis-Chan, der im Blutrausch von einem Land zum anderen ziehe.«[6]

Am folgenden Tag, als der Polizeiwachtmeister E. in ihrem Anwesen zu tun hatte, sprach Frau H. ihn an und machte ihrer

Verärgerung über die behördliche Stillegung ihres Geschäftswagens Luft; sie zeigte sich auch verärgert darüber, daß Stefan Meier trotz seiner regimefeindlichen Einstellung von den Amtsstellen bevorzugt werde und trotz seiner »dummen Äußerungen und gegnerischen Einstellung« seinen Wagen noch fahren dürfe. Sodann erzählte sie dem Polizeiwachtmeister in allen Einzelheiten von dem Gespräch des Vortages.

Der Polizeiwachtmeister E. sah trotz dieser ausführlichen Hinweise von Frau H. von einer Meldung Stefan Meiers ab. Zwei Tage später jedoch sprach Frau H. ihn in dieser Angelegenheit erneut an. Daraufhin berichtete der Polizeimeister den Vorfall seinem Revierführer, der ihn anwies, eine kurze Anzeige aufzusetzen. Wenig später wurde Frau H. zur Gestapo bestellt. Sie wiederholte den Inhalt des Gespräches mit Stefan Meier in allen Einzelheiten, obwohl sie wußte, daß Stefan Meier eine Zuchthaus-, wenn nicht gar die Todesstrafe zu erwarten hatte. Am 24.6.1941 wurde er verhaftet. Auch in der Hauptverhandlung des Sondergerichtes am Landgericht Freiburg sagte Frau H. als Zeugin im Sinne ihrer früheren Angaben aus. Stefan Meier wurde zu drei Jahren Zuchthaus verurteilt. Nach Verbüßung der Haft wurde er in das Konzentrationslager Mauthausen überstellt; am 19.9.1944 verstarb er dort – angeblich an akuter Herzschwäche; aller Wahrscheinlichkeit nach ist er jedoch im Konzentrationslager ermordet worden oder an Erschöpfung gestorben.

Die Hühner im Hof: Denunziation wegen persönlicher Streitigkeiten[7]
Die Schneiderin Gertrud Frieda Schulz wohnte von August 1938 bis November 1945 in Satrup-Mühlenholz im Hause des Kirchendieners J. Anfangs hatte Frau Schulz ein gutes Verhältnis zu J. und seiner Frau. 1943 jedoch kam es zu einem Streit wegen der Hühner im Hof, der sich immer mehr verschärfte. Nach einem solchen Streit ging Frau Schulz im November 1943 in die Sprechstunde des Amtsvorstehers in Satrup und erstattete

Anzeige gegen J. Sie bezichtigte ihn, »in gehässiger Weise den Führer des Deutschen Reiches sowie auch die Regierung beschimpft« zu haben. »Er will uns einreden, gab sie zu Protokoll, daß das Volk verdummt wird und daß es uns genau so ergeht wie 1914/18.«[8] Neben ähnlichen Äußerungen machte Frau Schulz dem J. zum Vorwurf, das Elektrizitätswerk betrogen zu haben, indem er den Zähler abgestellt habe, als er ein Strafgeld bekommen hatte, so lange kein Eintopf- oder Winterhilfswerk bezahlt zu haben, bis er das Strafgeld wieder eingespart hatte, und bei der Viehzählung keine Hühner angegeben zu haben, obwohl er immer 10–15 Stück gehabt habe.

Die Anzeige wurde an den Landrat und die Polizeibehörde weitergeleitet. Frau Schulz wurde daraufhin von einem Gestapo-Mann vernommen. Sie wiederholte sämtliche in der Anzeige gemachten Vorwürfe und nannte weitere Zeugen.

Am 11.2.44 wurde der Kirchendiener J. von der Gestapo festgenommen. Am 6. 6. 1944 fand die Verhandlung vor dem Volksgerichtshof statt. Auch bei dieser Verhandlung wurde Frau Schulz als Zeugin vernommen. Sie belastete den Kirchendiener erneut, indem sie sämtliche Vorwürfe wiederholte. Hermann J. wurde zum Tode verurteilt, da er sich im Sommer 1943 »wiederholt defaitistisch geäußert und hierbei die Person unseres Führers in übelster Weise in Mitleidenschaft gezogen [hat]«.[9] Das Urteil wurde am 17.7.1944 vollstreckt.

Deportation nach Theresienstadt wegen einer Wohnung[10]
Eva Merkelbach, eine 70jährige, schwer zuckerkranke Jüdin, wohnte in einem Haus in Bonn, das ihren Söhnen gehörte. Ihre Söhne waren Halbjuden. Die Parterrewohnung und das Mansardenzimmer waren seit 1941 an Paula Sch. vermietet; Frau P. bewohnte seit 1942 einen möblierten Raum im Kellergeschoß. Sie verrichtete auch Hausarbeiten für Frau Merkelbach und pflegte sie. Frau K. wohnte in einem möblierten Zimmer, das nur durch Schränke abgeteilt war, zur Untermiete. Zwischen den Parteien herrschte gutes Einvernehmen. Frau P. pflegte

Frau Merkelbach sogar weit über das vereinbarte Maß hinaus, so daß Frau Merkelbach ihr die Miete erließ.

Im Frühjahr 1944 untersagte Frau Merkelbach der Frau P., gemeinsam mit ihrem Freund in der von ihr angemieteten Wohnung im Kellergeschoß zu wohnen. Daraufhin vermietete Frau Sch. ihr Mansardenzimmer an den Freund der Frau P., ohne jedoch die Zustimmung von Frau Merkelbach oder ihren Söhnen eingeholt zu haben. Einer dieser Söhne hatte nun durch Fliegerschaden seine Wohnung in Köln verloren und wollte deshalb seine Ehefrau und seine Tochter in dem Mansardenzimmer unterbringen. Die Brüder – Eigentümer des Hauses – klagten daher wegen Eigenbedarfs auf Aufhebung des Mietverhältnisses bezüglich der Mansarde. Die Beklagten ließen hierauf vortragen, die Kläger als Halbjuden sollten ihren Eigenbedarf doch auf Kosten ihrer volljüdischen Mutter befriedigen. Während der Räumungsprozeß noch schwebte, ging bei der Gestapo in Bonn eine Anzeige gegen die Witwe Merkelbach ein. Unter anderem hieß es in dieser Anzeige, es sei nicht länger zumutbar, mit einer Jüdin unter einem Dach zu wohnen. Die Anzeige war von allen drei Frauen unterzeichnet worden. Frau Merkelbach wurde daraufhin am 9.6.1944 verhaftet und in das Arbeitserziehungslager in Bonn eingewiesen. Von dort wurde sie im September 1944 in das Auffanglager Köln-Müngersdorf überstellt und schließlich nach Theresienstadt deportiert. Seitdem ist sie verschollen. Frau Merkelbach war bei der Gestapo Bonn zuvor auf mehrfache Verwendung eines ihrer Söhne von den Listen gestrichen worden, in denen Bürger jüdischer Abstammung erfaßt waren.

Da kommt einer vor den Volksgerichtshof, wird zum Tode verurteilt wegen eines Streits über die Hühner im Hof. Da stirbt einer im Konzentrationslager, weil ihm geneidet wird, daß er seinen Geschäftswagen noch nutzen darf. Da endet eine alte, kranke Jüdin im Konzentrationslager, weil frau den ihr zustehenden Wohnraum selber nutzen will. Da werden Mißgunst und Neid, private Streitigkeiten, persönliche Kränkungen, materielle Interessen zum Anlaß für Denunziationen, die für die Betroffenen tödliche Folgen haben. Da werden Rachegelüste zum Grund für Verrat, wird der Verrat zum Mittel, Machtgelüste zu befriedigen. Da wird der Staat mit seinem geballten Arsenal von Gewalt zum wohlfeilen Mittel, persönliche Konflikte auszutragen.

Die Frauen, die sich dieses Mittels bedienten, waren selber nicht offen gewalttätig. Sie hießen die Gewalt, deren Opfer die Denunzierten infolge ihres Verhaltens wurden, jedoch gut, denn sie wußten, was die von ihnen Verratenen erwartete. Die Denunziantinnen verfügten selber nicht über die Mittel, ihre Opfer so zu schädigen, wie es ihren Wünschen entsprach. Sie lieferten sie deshalb an diejenigen aus, die die von ihnen gewollten Konsequenzen in die Tat umsetzen konnten. Auch hier sehe ich das Prinzip der Delegation von Gewalt am Werke. Auch hier wird ersichtlich, daß ein Verhalten, das für sich genommen und in einem unmittelbaren Sinne nicht als gewalttätig erscheint, leicht als gewalttätig kenntlich wird, wenn man es nicht isoliert betrachtet, sondern es im Rahmen des Systems, in dem es wirksam wird, beurteilt.

1 Mikus, Franziska: Das war eine grausame Zeit, S. 72
   in: Ebbinghaus, Angelika (Hg.) (1987): Opfer und Täterinnen. Frauenbiographien des Nationalsozialismus, Nördlingen, S. 70–72

2 Klee, Ernst (1983): »Euthanasie« im NS-Staat, Frankfurt a.M. 1985, S. 361

3 Rückerl, Adalbert (1982): NS-Verbrechen vor Gericht. Versuch einer Vergangenheitsbewältigung, Heidelberg, S. 209

4 Rüter-Ehlermann, Adelheid und Rüter, C.F. (1968–1981): Justiz und NS-Verbrechen. Sammlung deutscher Strafurteile wegen nationalsozialistischer Tötungsverbrechen 1945–1966, 22 Bände, Amsterdam

Helga Schubert hat einige dieser Fälle in literarischer Form bearbeitet; siehe: Schubert, Helga (1990): Judasfrauen. Zehn Fallgeschichten weiblicher Denunziation im Dritten Reich, Frankfurt a.M.

5   Rüter-Ehlermann und Rüter (1968-1981), Bd. I, lfd. Nr. 31, S. 680 ff.

6   ebd., S. 683

7   dies., Bd. II, lfd. Nr. 51, S. 395 ff.

8   ebd., S. 398

9   ebd., S. 399: aus dem Urteil des Volksgerichtshofes

10 dies., Bd. VIII, lfd. Nr. 272, S. 307 ff. (Urteil nicht rechtskräftig; rechtskräftiges Urteil nach erneuter Verhandlung siehe Bd. XI, lfd. Nr. 391)

Täterinnen im Dritten Reich – Schlußbetrachtungen
Es reiche nicht aus, meint Karin Windaus-Walser, die Handlungen aktiver Teilnahme von Frauen am Nationalsozialismus zu *beschreiben*, es müsse auch nach den Motiven dieses Handelns gefragt werden: »Diese könnten darin gelegen haben, daß Frauen generell mörderische Anteile an die Männer delegieren. Männer hätten dann als Täter nicht nur in eigenem, sondern auch im Auftrag von Frauen gehandelt. Warum soll im Haß der Antisemiten nicht auch der Haß der Antisemitinnen gegenwärtig gewesen sein?«[1]

Auch ich glaube, daß diejenigen Frauen, die den Nationalsozialismus aktiv unterstützten, die Gewalt, die untrennbar mit dieser Ideologie verbunden war, an Männer delegierten, soweit sie Gewalt nicht selber auslebten. Der Fall der Ilse Koch veranschaulicht dies in aller Deutlichkeit.

Die Erfahrung von Ohnmacht und Unterdrückung erzeugt nur zu oft den Wunsch, die Rollen einmal tauschen und den Spieß einmal umdrehen zu können. Vielleicht ist das aus der Erfahrung von tiefer Ohnmacht geborene Bedürfnis nach Macht deshalb so gefährlich, weil Phantasien der Überlegenheit mittels realer Macht so leicht in tödliche Realität umgesetzt werden können. Ohnmacht und Unterdrückung aber sind Erfahrungen, die das Leben vieler Frauen durchziehen. Vielleicht mißbrauchen Frauen – *wenn* sie denn Macht tatsächlich einmal innehaben – ihre Macht aus diesem Grunde manchmal noch brutaler als Männer.

Vielleicht waren viele Frauen für den Nationalsozialismus u.a. deshalb so leicht zu gewinnen, weil er auch ihnen eine Ideologie anbot, die es ihnen ermöglichte, ihre aus der Erfahrung von Ohnmacht resultierenden destruktiven Aggressionen zu kanalisieren: Die Vorstellung von lebens- und fortpflanzungsunwertem bzw. höherwertigem Leben bietet die Möglichkeit massiver Selbsterhöhung – und auch das ist eine Art Überwindung von Ohnmacht – durch radikale Abwertung und damit Ausgrenzung ganzer Bevölkerungsgruppen. Eben hier wird die Grenze zur Gewalt unscharf, wird Gewaltbereitschaft gefördert. Ausgrenzungen bewirken, daß ethische Normen wie etwa die Vorstellung vom Recht auf Leben und körperliche Unversehrtheit für die von der Ausgrenzung Betroffenen außer Kraft gesetzt werden und nur noch für die Gruppe, der man sich selber zurechnet, als bindend betrachtet werden.

Ihren konkreten Niederschlag hat die nationalsozialistische Ideologie der Ausgrenzung darin gefunden, daß Gewalt gegen bestimmte Gruppen von Menschen – Juden, Zigeuner, politisch Andersdenkende, »Asoziale«, psychisch Kranke etc. – legalisiert oder zumindest legitimiert wurde. Wer immer diesen Prozeß innerlich nachvollzog – und dies gilt für Frauen ebenso wie für Männer –, konnte deshalb Schädigungs- und Tötungshemmungen gegenüber diesem Personenkreis mühelos außer Kraft setzen.

Auf indirekte, nicht unmittelbar kenntliche Art geschah dies beispielsweise bei den Frauen, die im Verwaltungsapparat des »Euthanasie«-Programms arbeiteten, aber auch im Zusammenhang mit den Zwangssterilisationen: Nur wer davon überzeugt ist, daß es Menschen gibt, die kein Recht auf Fortpflanzung haben, kann darum bitten, an entsprechenden Selektionen beteiligt zu werden, und in Aussicht stellen, 100% der Hilfsschüler zur Sterilisation vorzuschlagen. Nur wer diese Ausgrenzung innerlich nachvollzogen hat, kann durch das Verfassen überzeugender Berichte zur aktiven Zuträgerin derjenigen werden, die letztlich die Zwangsmaßnahme durchsetzen.

Um indirekte, in den Auswirkungen für die Betroffenen deshalb aber nicht weniger schädigende Gewalt handelt es sich auch bei den von Frauen begangenen Denunziationen. Stehen die Auswirkungen solcher indirekten Formen von Gewalt den Auswirkungen unmittelbarer Gewalt jedoch in nichts nach, so wird diese Unterscheidung hinfällig, sofern sie dazu dienen soll, die Verantwortung für Gewalttaten ausschließlich oder überwiegend denen anzulasten, die am Ende der Kette die letztlich Ausführenden sind.

Bewegten Frauen sich in einem Handlungsfeld, in dem die Ausübung offener Gewalt nicht nur möglich war, sondern von ihnen auch erwartet wurde, so waren sie, wie das Beispiel der am »Euthanasie«-Programm beteiligten Krankenschwestern wie auch das Beispiel der KZ-Aufseherinnen unmißverständlich zeigt, zu jeder nur vorstellbaren Form der Gewaltanwendung fähig. Dies ist doch nur denkbar, wenn an ein bereits vorhandenes Destruktionspotential angeknüpft werden kann.

Die meisten Frauen, die im Dritten Reich zu Täterinnen wurden, konnten die Grenze zwischen einem »ganz normalen« Frauenleben und dem Leben als Gewalttäterin mühelos überschreiten; nach dem Ende der nationalsozialistischen Herrschaft fiel es ihnen ebenso leicht, den gleichen Schritt in umgekehrter Richtung zu tun. Es scheint, als gebe es im Leben so mancher »ganz normalen« Frau einen fest eingekapselten Kern mörderischer Destruktivität, der, wenn die Umstände nur danach sind, freigesetzt wird und zu furchtbarer Entfaltung gelangt.

Manche dieser Frauen hießen die von ihnen begangenen Gewalttaten gut; sie billigten das »Euthanasie«-Programm der Nationalsozialisten, gaben ihre Tätigkeit im Rahmen des »Euthanasie«-Programms nur ungern auf oder kehrten gar auf eigene Initiative zur Aktion T4 zurück. Sie waren der Meinung, daß die Inhaftierung in Konzentrationslagern »rechtmäßig« sei, oder meldeten sich freiwillig als Aufseherinnen. Die meisten von ihnen fühlten sich zu Unrecht beschuldigt, behaupteten, sie hätten nur ihre Pflicht getan, beriefen sich auf übergeordnete ethische Motive oder rechtfertigten sich damit, daß der Zweck die Mittel heilige.

Andere griffen, um die inneren Konflikte, in die ihr Handeln sie stürzte, bewältigen zu können, auf massive Abwehrmechanismen mit Verleugnung und Spaltung zurück. So verbanden beispielsweise einige der »Euthanasie«-Schwestern die von ihnen begangenen Tötungsdelikte mit der Vorstellung, sich sanft, liebevoll und rücksichtsvoll verhalten zu haben. Ich verstehe diesen Vorgang als Versuch, die Ungeheuerlichkeit des eigenen Handelns mit Hilfe von Deckgefühlen, die in bezug auf den tatsächlichen Vorgang außerordentlich unangemessen erscheinen, innerlich umzudefinieren, um es in seiner wahren Dimension nicht realisieren zu müssen. In diesen Fällen erfüllte der emotionale Rückzug in die Sphäre stereotyper Weiblichkeit die Funktion, die mörderische Wirklichkeit mittels der illusionären Selbstwahrnehmung auszulöschen.

Täterschaft und Opferschaft – und auch hier bieten die Frauen, die im Dritten Reich zu Täterinnen wurden, reichliches Anschauungsmaterial – schließen sich nicht aus. Es mag wohl sein, daß viele dieser Frauen Opfer waren, Opfer eines Gesellschaftssystems beispielsweise, das sie in vieler Hinsicht benachteiligte. Es mag auch sein, daß viele von ihnen in Hinblick auf ihre persönliche Lebensgeschichte Opfer waren. Wie ein roter Faden durchzieht das Elend gescheiterter Lebensentwürfe voller Kränkungen und Zurückweisungen beispielsweise die Geschichten der Denunziantinnen. Aber Opferschaft und Täterschaft lassen sich nicht gegeneinander aufrechnen. Dies zu begreifen wäre, so scheint es mir, eine der Voraussetzungen dafür, einen Ausweg aus dem Teufelskreis von Ohnmacht und Gewalt finden zu können.

1 Windaus-Walser, Karin (1988): Gnade der weiblichen Geburt? Zum Umgang der Frauenforschung mit Nationalsozialismus und Antisemitismus, S. 111; in: Feministische Studien: Radikalität und Differenz, 6. Jahrgang, November 1988, Nr. 1, S. 102–115

Teil III:
Die Macht der Mütter –
Macht der Ohnmächtigen

»Die soziologische Gewaltforschung präsentiert eine Gewalt ohne Gewalttäter, und die psychologische Aggressionsforschung eine Gewalt ohne Gewaltverhältnisse« (R. Wolff).

1 Die Mütter: Gesellschaftliche Ohnmacht und persönliche Macht

In den folgenden Kapiteln wird im Zusammenhang mit Kindesmißhandlung, sexuellem Mißbrauch und narzißtischem Mißbrauch von den Müttern die Rede sein – nicht, weil nur (bzw. überwiegend) Mütter ihre Kinder mißhandeln oder mißbrauchen (Väter tun dies selbstverständlich auch), sondern weil *auch Frauen* sich so verhalten, dieser Sachverhalt aber gerade von Frauen gerne verleugnet wird. Es scheint mir keineswegs zufällig, daß Mißbrauch und Gewalt durch Frauen genau dort recht häufig zu finden sind, wo Frauen Macht über andere Menschen haben, die ihnen zumindest in den frühen Jahren auf Gedeih und Verderb ausgeliefert sind: im Verhältnis zu ihren Kindern.

Ich gehe von der Überlegung aus, daß in den westlichen Gesellschaften heutigen Zuschnitts zwischen Müttern und Kindern oft ein extremes Abhängigkeitsverhältnis entsteht, das in einem ursächlichen Zusammenhang mit der in diesen Gesellschaften üblichen Arbeitsteilung zwischen den Geschlechtern und dem sich daraus ergebenden Konzept der »asymmetrischen Elternschaft«[1] steht, das die Betreuung und Erziehung der Kinder in den fast alleinigen Zuständigkeitsbereich der Mütter verweist. Die sozialen Bedingungen, unter denen Mütter und Kinder heute in diesen Gesellschaften leben, tun das Ihre dazu, diese wechselseitige Abhängigkeit zu verstärken. Jessica Benjamin spricht in diesem Zusammenhang davon, daß Mutter und Kind in ein »emotionales Treibhaus« eingesperrt würden.[2]

Ist diese Abhängigkeit auch wechselseitig, so ist das Kind aber – und hier liegt ein wesentlicher Unterschied – im Gegensatz zur Mutter nicht in der Lage, für sich selber zu sorgen; seine Abhängigkeit ist die Folge existentiellen Angewiesenseins und insofern Ausdruck seiner Ohnmacht. Auch der Mutter wird dieses extreme Abhängigkeitsverhältnis durchaus aufgezwungen; gleichzeitig aber (bzw. infolge dieses Zwangs) stattet es sie mit einem Zuviel an Verfügungsgewalt und Macht über das Kind aus.

Ordnet man dieses »Zuviel an Macht« jedoch in den Kontext der sozialen Bedingungen ein, unter denen es zustande kommt, so erweist sich schnell, daß die persönliche Macht der Mütter unmittelbar mit ihrer gesellschaftlichen Ohnmacht korrespondiert: So hoch die Anforderungen und Ansprüche an die Mütter einerseits sind, so sehr werden sie andererseits von der Gesellschaft wie auch von den in der Kindererziehung weitgehend abwesenden Vätern allein gelassen, wenn es um die Sicherstellung all jener Voraussetzungen geht, die notwendig wären, um diese Erwartungen tatsächlich erfüllen zu können. Wollte man das Phänomen der übergroßen Macht der Mütter losgelöst von seinen Entstehungsbedingungen betrachten und beurteilen, so würde dies unweigerlich dazu verleiten, denen, die am Ende der Kette stehen – den Müttern –, die alleinige Verantwortung für die Konsequenzen einer Situation aufzubürden, die mannigfache Vorbedingungen hat.

Die gegebenen gesellschaftlichen Verhältnisse sind es andererseits aber auch, die – z.B. vermittelt über die geschlechtsspezifische Sozialisation – psychische Strukturen von Frauen so prägen, daß sich am Ende der Kette der Niederschlag »der Verhältnisse« in Form von konkretem Verhalten konkreter Mütter in der Beziehung zu konkreten Kindern findet – und das eben nicht nur in positiver, sondern auch in negativer Form, in Form von Machtmißbrauch, destruktiver Aggression und Gewalt.

Während ich in diesem Abschnitt einige Überlegungen über die gesellschaftlichen Rahmenbedingungen der Mutterschaft zusammenfassen möchte, wird es in den folgenden Kapiteln um den negativen Niederschlag dieser Bedingungen im Verhältnis von Müttern zu Kindern gehen. Es wird um den Mißbrauch von Macht gehen, der in der Beziehung zwischen Müttern und Kindern gerade deshalb so wahrscheinlich wird, weil das Leben von Frauen und Müttern so oft von Erfahrungen der Benachteiligung und Ohnmacht durchzogen ist. Es wird erneut und aus einer anderen Perspektive um die »Macht der Ohnmächtigen« gehen, um den Versuch, in einem Bereich, in dem auch Frauen über Macht verfügen, Ohnmacht in Macht zu verwandeln, um das verletzte Selbst zu retten.

Es ist noch nicht allzu lange her, daß eine Frau sich nicht aussuchen konnte, ob sie überhaupt Mutter werden oder ein weiteres Kind zur Welt bringen wollte, und es fällt nicht schwer, sich vorzustellen, mit wieviel Ablehnung und Aggression ein Kind zu rechnen hatte, das unerwünscht in das Leben seiner Mutter trat. Wir sollten uns vielleicht vergegenwärtigen, daß die Mütter vieler heute Erwachsener sich noch in dieser Zwangslage befanden. Glücklicherweise befinden wir uns heutzutage in einer anderen Situation. Aber auch die gewollte und gewünschte Mutterschaft bringt für viele Frauen immer noch ein hohes Maß an Einschränkungen und eine Art der Alleinzuständigkeit für das Wohlergehen des Kindes mit sich, die sie so nicht angestrebt haben und insofern als aufgezwungenen Verzicht erleben. Berechtigte Bedürfnisse bleiben immer noch und allzu leicht auf der Strecke.

Der Versuch beispielsweise, Mutterschaft und Berufstätigkeit miteinander zu vereinbaren, ist bis heute ein kaum zu bewältigender Drahtseilakt geblieben. Die Schwierigkeiten beginnen schon bei der allereinfachsten der Voraussetzungen, der Möglichkeit nämlich, eine angemessene Unterbringung für das Kind zu finden. In den alten Bundesländern stehen Krippenplätze nur für 1–2% der Kinder zur Verfügung, die üblichen Kindergarten-Öffnungszeiten sind selbst bei einer Teilzeitbeschäftigung unzureichend, und nur 6% der deutschen Schüler und Schülerinnen finden einen Platz an einer der Ganztagsschulen.[3]

Die Doppelbelastung durch Beruf und Kindererziehung führt in vielen Fällen zu einem Gefühl hoffnungsloser Überforderung, das – zusammengenommen mit der im Durchschnitt immer noch wesentlich schlechteren Bezahlung von Frauen (in der alten BRD verdienen Frauen nur 76,6% der Gehälter ihrer männlichen Kollegen)[4] – immer noch oft bewirkt, daß Frauen sich dazu entschließen, ihren Beruf zumindest vorübergehend aufzugeben. Eine Entscheidung, die unter heutigen arbeitsmarktpolitischen Bedingungen dem endgültigen Verlust eines qualifizierten Arbeitsplatzes gefährlich nahe kommen kann. 44% der Mütter in der BRD mit Kindern unter zwölf Jahren sind nicht außerhäuslich berufstätig.[5]

Besonders problematisch und in besonders hohem Maße mit Verzicht verbunden ist die Situation der rund 1,25 Millionen Alleinerziehenden (= 16% der 7,9 Mio. Familien in der alten BRD)[6]. Sosehr die Möglichkeit, eine unglückliche Bindung lösen zu können, einerseits auch einen Zugewinn an persönlicher Freiheit darstellt, so sehr führt diese Entwicklung andererseits für diejenigen, bei denen die Kinder nach einer Trennung leben – und das sind in aller Regel die Mütter –, zu zunehmender wirtschaftlicher Verelendung und sozialer Isolation. Die Existenz der Kinder wird in dieser Situation zur Ursache weitreichender Einschränkungen: Eine anspruchsvolle Berufsausübung oder Weiterbildung läßt sich wegen der Kinder meist nicht verwirklichen; die Frauen müssen sich daher mit minderqualifizierter und schlechtbezahlter Arbeit zufriedengeben, leiden unter ständiger Geldnot, stehen unter ständigem Zeitdruck und werden darüber hinaus im Alter in der Regel keine ausreichende Rente beziehen. Ein Szenario, das vielfältigen Anlaß für Frustration über und Aggression gegen das Kind beinhaltet, die Entstehung ambivalenter Gefühle begünstigt und die Sehnsucht nach einem Leben ohne diesen »Klotz am Bein« belebt.

Einem weiteren Aspekt wird im Zusammenhang mit der Situation alleinerziehender Mütter m.E. zuwenig Beachtung geschenkt: Alleinerziehend zu sein bedeutet u.a., hinnehmen zu müssen, daß die Chance, einen (neuen) Partner zu finden, sich stark verringert; dies vor allem dann, wenn eine Frau mehrere Kinder hat. Sind die Kinder klein, so will sich ein potentieller

Partner oft nicht mit ihnen belasten und die vielfältigen Einschränkungen, die ein Leben mit kleinen Kindern mit sich bringt, nicht auf sich nehmen. Sind die Kinder hingegen erwachsen und die Mütter inzwischen Mitte bis Ende Vierzig, so sind sie für etwa gleichaltrige Männer, von denen sich viele gerade in diesem Alter bevorzugt nach einer jüngeren Partnerin umsehen, nicht mehr attraktiv. Nicht selten zahlt die alleinerziehende Mutter für die Existenz der Kinder also mit dem Verlust ihrer Weiblichkeit. Die Kinder trifft daran keine Schuld; dennoch ist es leicht vorstellbar, daß diese Erfahrung heftige Aggressionen gegen das Kind erzeugen kann.

Aber auch die Mütter, die in sogenannten »intakten Familien« leben, zahlen ihren Preis, denn trotz der Lebensgemeinschaft mit dem Vater des Kindes werden sie mit der Fürsorge und Erziehung der Kinder oft allein gelassen. Im Jahr 1991 nahmen zwar 96% der berechtigten Berufstätigen den Erziehungsurlaub in Anspruch, aber es handelte sich fast ausschließlich um Frauen. In der alten BRD waren es gerade einmal 3.458 Männer, die Erziehungsurlaub nahmen.[7] Dieser Tatbestand hat zum Teil ganz praktische Gründe, die mit Böswilligkeit oder Desinteresse wenig zu tun haben. Einer der Gründe ist darin zu suchen, daß unser gesamtes Produktionssystem auf der Arbeitsteilung zwischen den Geschlechtern beruht. Aus diesem Grunde werden Frauen als »zweitklassige Arbeitskräfte« angesehen, aus dem gleichen Grunde werden Männer im Durchschnitt besser bezahlt, und eben deshalb sind es in der Regel die Männer, die im Beruf bleiben, wenn die Entscheidung zu treffen ist, wer wegen der Kinder zu Hause bleiben soll. Aus demselben Grunde ist es auch für Männer, die sich gerne gleichberechtigt an der Erziehung ihrer Kinder beteiligen würden, außerordentlich schwer, wenn nicht unmöglich, eine Teilzeitbeschäftigung zu finden. Vollzeitstellen hingegen fordern, weil die Arbeitsteilung zwischen Mann und Frau vorausgesetzt wird, »den ganzen Mann«: Viele Männer arbeiten weit mehr als 40 Stunden in der Woche. Zwar kann sich hinter den beruflichen Sachzwängen eine Prioritätensetzung verbergen, wie Cheryl Benard und Edit Schlaffer meinen[8], aber die Behauptung, dies sei »fast immer« der Fall, scheint mir zu pauschal. Tatsächlich ist das Vollzeit-Arbeitsleben häufig mit großem Arbeitsdruck und Streß verbunden und entläßt die Männer am Ende des Tages erschöpft und ausgelaugt in den Schoß der Familie.

Historisch gesehen steht die »Abwesenheit der Väter« in Zusammenhang mit der Auflösung des »Ganzen Hauses«, der Lebensform der vorindustriellen Gesellschaft, in der Männer wie Frauen in eine größere Erwerbs- und Lebensgemeinschaft eingebunden waren.[9] Im »Ganzen Haus« hatten auch die Frauen die Funktion von Miternährerinnen; erst die Trennung von Arbeit und Wohnen, die sich im Verlauf der industriellen Revolution durchsetzte, brachte die stark polarisierte Art von Arbeitsteilung mit sich, die für die heutige Kleinfamilie charakteristisch ist. Erst mit dieser Trennung fiel die frühe Erziehung nun fast ausschließlich den Frauen zu, erst jetzt wurde ihre Position als Mutter, die sie mit dem Verlust ihrer Miternährerinnenrolle bezahlten, übermächtig – eine Entwicklung, die für Mütter wie Kinder weitreichende Konsequenzen nach sich zog.

Die Einengung auf die Rolle der Hausfrau und Mutter bringt es fast zwangsläufig mit sich, daß weibliche Identität nun wesentlich über das Kind gewonnen werden muß: Das Kind erhält die Funktion, dem Leben der Mutter Sinn und Inhalt zu geben. Wer aber sein Identitätsgefühl daraus schöpft, daß er für einen anderen, von ihm abhängigen Menschen wichtig und unentbehrlich ist, der kann es aus verständlichen Gründen nicht begrüßen, daß dieser andere irgendwann eigene Wege gehen möchte und sich aus der Abhängigkeit zu lösen sucht. Eine Mutter, die sich ganz in den Dienst des Kindes stellt, weil sie nichts anderes mehr hat, das ihrem Leben Sinn und Inhalt geben könnte, wird daher immer auch die Tendenz haben, ihr Kind zu mißbrauchen, indem sie als Gegenleistung für ihre scheinbare Selbstaufgabe bedingungslose Loyalität und lebenslange Abhängigkeit fordert. Hier, so scheint mir, setzt ein, was Karin Windaus-Walser als »Bemächtigungshaltung« gegenüber der nachfolgenden Generation bezeichnet.[10]

Hinsichtlich der Konsequenzen dieser Entwicklung für die Kinder fragt beispielsweise Harriet Goldhor Lerner: »Ist die pathologische Entwicklung nicht vorprogrammiert, wenn das Kind in einer matriarchalen Welt lebt, in der die machtvollen Gestalten, die seine Bedürfnisse erfüllen oder frustrieren, überwiegend weiblich sind? Und ist die defensive Idealisierung und Abwertung von Frauen nicht eine dieser pathologischen Konsequenzen?«[11]

Und die Macht der Mütter nimmt nicht etwa ab, sondern weiter zu: Es fehlen ja nicht nur die abwesenden Väter; es fehlen zunehmend auch verwandtschaftliche Beziehungen, es fehlen tragfähige soziale Strukturen: »Früher konnte das, was im engen Familienkreis nicht gesagt werden konnte, woanders ausgesprochen werden, bei einem Onkel, einem Cousin, einem Nachbarn. Man fand in der großen Gesellschaft immer ›Hilfs‹-Eltern.«[12] Solche Hilfseltern sind heute rar geworden; für das Kind ist die Mutter oft die einzige noch verbliebene Ansprechpartnerin; in vielen Fällen haben die Kinder nicht einmal mehr Geschwister, die Ansprech- und Spielpartner sein könnten: In mehr als der Hälfte aller Familien (55%) wachsen die Kinder heute als Einzelkinder auf.[13]

Ein übriges tut der Straßenverkehr: Er erzeugt eine übermäßige Abhängigkeit zwischen Mutter und Kind weit über das Alter hinaus, in dem diese Abhängigkeit natürlicherweise gegeben wäre. Ich erinnere mich gut, daß ich mich Anfang der 50er Jahre bereits im Alter von zwei Jahren auf der Straße tummelte – ein heute ganz und gar unvorstellbares Verhalten. Wir Kinder gingen »nach draußen«, wenn wir spielen wollten, und dort, auf der Straße, fanden sich immer Spielkameraden. Undenkbar, daß sich eine Mutter damals stundenlang mit ihren Sprößlingen an einen Sandkasten gesetzt hätte, undenkbar, daß sie Nachmittage lang mit dem Kind »gespielt« hätte – es hätte beide nur gelangweilt.

In den heutigen Stadtwohnungen bewegen sich Mütter und Kinder in gewisser Weise wie aneinandergekettete Gefangene. Jahre vergehen, bis das Kind die Wohnung ohne Begleitung der Mutter verlassen kann. Gespielt wird nach telefonischer Vereinbarung mit einer Mutter in ähnlicher Situation, mit der man dann »etwas unternimmt« oder sich in der Hoffnung, daß die Sprößlinge den verordneten Kontakt zu kreativem Spiel nutzen, zum Kaffee verabredet. Für Mütter wie Kinder bleibt wenig Freiraum – keine unbeobachteten Spiele, keine kleinen Geheimnisse, statt dessen ständige Beaufsichtigung und Kontrolle.

Je enger, abhängiger und ausschließlicher sich die Bindung an die Mutter aber gestaltet, desto dringlicher wird das Kind schließlich darauf angewiesen sein, die eigene Identität zu retten, indem es sich mittels radikaler Abgrenzung, die der Not gehorchend auch die Form radikaler Abwertung annehmen kann, aus dieser vernichtenden Umklammerung zu befreien versucht. Ich glaube, daß sich hier der Kreis schließt, daß hier eine der Wurzeln für das Gewaltverhältnis zwischen den Geschlechtern liegt: Radikale Abgrenzung – und das Bedürfnis nach Herrschaft über die Frau stellt eine radikale Form der Abgrenzung dar – ist keineswegs Ausdruck von Stärke, sondern stellt ganz im Gegenteil den Versuch dar, ein schwaches, gefährdetes und bedrohtes Ich zu schützen. Wer sich seiner selbst und des eigenen Wertes sicher ist, hat es nicht nötig, zu herrschen und abzuwerten.

Mutterschaft, so scheint es mir, ist unter heutigen Bedingungen oft durch die Gleichzeitigkeit von Überforderung und Unterforderung charakterisiert, und genau diese Kombination führt, sofern entsprechende subjektive Voraussetzungen auf seiten der Mutter hinzutreten, nur zu leicht zu Machtmißbrauch und Gewalt im Verhältnis zum Kind.

Überfordert sind die alleinerziehenden Mütter, die von der Gesellschaft mit der ganzen Verantwortung für das Kind allein gelassen werden. Überfordert sind die Frauen, die Berufstätigkeit und Mutterschaft miteinander zu vereinbaren suchen und dabei – sofern sie nicht wirklich wohlhabenden Kreisen angehören, für die Dienstleistungen jeder Art käuflich sind – die Doppelbelastung mit ihrer Persönlichkeitssubstanz bezahlen. Überfordert sind aber auch die Frauen, die sich entschlossen haben, ihren Beruf aufzugeben, um sich ganz dem Kind zu widmen. Die Pflege und Betreuung vor allem kleiner Kinder ist eine außerordentlich anstrengende und kräftezehrende Arbeit. Ist der Vater aber überwiegend abwesend – und das ergibt sich aus dieser Art der Arbeitsteilung –, so ist für die Mutter kein irgendwie gearteter Ausgleich möglich. Rund um die Uhr und ununterbrochen muß sie zur Verfügung stehen – eine Aufgabe, von der jede(r), die sie je übernommen hat, weiß, daß sie im Grunde eine Überforderung darstellt und von einer Person alleine nicht bewältigt werden kann. Aus dem Gefühl der Überforderung heraus aber entstehen schnell Gefühle destruktiver Aggression: »Es, das Kind, hat [der Mutter] einfach deshalb etwas getan, weil es dauernd da ist, weil es keine Möglichkeit gibt, einen Augenblick ohne es zu sein, weil es wie aufgenietet auf seine Mutter lebt. Das ist einfach zuviel für alle Beteiligten...«[14]

Andererseits stellt das dauernde Zusammensein mit Kindern aber auch eine ständige Unterforderung dar. So anstrengend es auch ist, sosehr die Mutter auch gefordert wird – die Betreuung und Erziehung eines Kindes beansprucht in einseitiger Weise bestimmte Fähigkeiten, während viele andere Fähigkeiten – beispielsweise all jene Fähigkeiten, die im Zusammenhang mit der Berufsausübung von Bedeutung waren – ungenutzt bleiben. Dieser Verzicht bringt, ob nun eingestanden oder nicht, ein hohes Maß an Lebensunzufriedenheit hervor. Die Erfahrung, wegen des Kindes in Hinblick auf die eigene Persönlichkeitsentwicklung derart eingeschränkt leben zu müssen, stellt eine schwere narzißtische Kränkung dar, die in irgendeiner Weise kompensiert werden muß: »Je stärker Frauen daran gehindert werden, ihr eigenes Potential zu entwickeln, ...desto exzessiver fixieren sie sich auf ihre Kinder. In dem Maße, in dem sich die emotionale Intensität und Intimität auf die Mutter-Kind-Dyade verlagert, wird die Distanz des Ehemannes/Vaters zu einer festen Einrichtung.«[15]

Es stellt sich also durchaus die Frage, ob Mütter, die ihre Kinder zu ihrem Lebensinhalt erklären, an einer »symmetrischen Elternschaft« überhaupt interessiert sein können. Wenn das Verhältnis zum Kind der einzige Bereich ist, in dem eine Frau über Macht und Einfluß tatsächlich verfügt; wenn das Verhältnis zum Kind den einzigen identitätsstiftenden Bereich im Leben einer Frau darstellt – dann ist es durchaus einleuchtend, daß sie sich diesen Bereich unter keinen Umständen nehmen lassen will und dem Vater folglich den Zugang zu den Kindern verwehrt. Dieser Zusammenhang scheint mir in der oft vorwurfsvoll geführten Diskussion über die »abwesenden Väter« zu wenig berücksichtigt.

Überforderung und gleichzeitige Unterforderung stellen in Verbindung mit der übergroßen persönlichen Macht der Mütter unter ungünstigen persönlichen Voraussetzungen einen idealen Nährboden für die Entstehung von destruktiver Aggression, Gewalt und Machtmißbrauch in offener und versteckter Form dar. Ich glaube, daß gerade versteckte Formen des Machtmißbrauchs, mit denen ich mich in den Abschnitten über »latenten Inzest« und »narzißtischen Mißbrauch« auseinandersetzen werde, auf dem Hintergrund dieser Situation ihre Erklärung finden und sehr viel häufiger vorkommen, als dies gemeinhin angenommen wird. Und ich glaube, daß sich an dieser Problematik, die persönlich von den Müttern, im Gesamtzusammenhang betrachtet aber von Müttern, Vätern und der Gesellschaft, in der sie leben, gleichermaßen zu verantworten ist, erst dann etwas Entscheidendes ändern wird, wenn die heute weitgehend obsolet gewordene Arbeitsteilung zwischen den Geschlechtern überwunden werden kann.

1 Dinnerstein, Dorothy (1976): Das Arrangement der Geschlechter, Stuttgart 1979

2 Benjamin, Jessica (1988): Die Fesseln der Liebe. Psychoanalyse, Feminismus und das Problem der Macht, Basel/Frankfurt 1990, S. 95

3 Studie zur Kinderbetreuung in Deutschland, Hamburger GFM-GETAS-Institut (1992) im Auftrag der Zeitschrift BRIGITTE, in: BRIGITTE, Heft 9/1992, S. 135 ff.

4 Jahresbericht 1991 der Internationalen Arbeitsorganisation (ILO), Badische Zeitung vom 8.9.1992

5 Studie zur Kinderbetreuung in Deutschland, a.a.O.

6 Familie in Zahlen. in: Psychologie Heute 1993: 20 (3), S. 28

7 Entsprechend der von Bundesfamilienministerin Hannelore Rönsch vorgelegten Statistik betr. Beanspruchung von Erziehungsgeld und Erziehungsurlaub im Jahre 1991, Badische Zeitung vom 17.8.1992

8 Benard, Cheryl und Schlaffer, Edit (1992): Papas Alibi. Der abwesende Vater als Täter in der Entwicklung des Kindes, S. 23, in: Psychologie Heute 1992: 19 (2), S. 20–25

9 Zum »Ganzen Haus« vgl. z.B.:

Witzig, Heidi (1992): Historische Dimensionen weiblicher Aggressivität, S. 63 f., in: Camenzind, Elisabeth und Knüsel, Kathrin (Hg.) (1992): Starke Frauen – zänkische Weiber? Frauen und Aggression, Zürich 1992, S. 61–80

Schmidt, Gunter (1988): Die Entstehung der modernen Sexualität (1), S. 20 ff., in: ders., Das Große Der Die Das. Über das Sexuelle, Reinbek bei Hamburg

10 Windaus-Walser, Karin (1988): Gnade der weiblichen Geburt? Zum Umgang der Frauenforschung mit Nationalsozialismus und Antisemitismus, S. 113, in: Feministische Studien. Radikalität und Differenz, Heft 1, November 1988, S. 102–115

Windaus-Walser verweist auf:

Donzelot, Jacques (1980): Die Ordnung der Familie, Frankfurt

11 Goldhor Lerner, Harriet (1974): Ursprünge der Frauenverachtung und des Neides auf Frauen, S. 32, in:

Goldhor Lerner, Harriet (1991): Das mißdeutete Geschlecht. Falsche Bilder der Weiblichkeit in Psychoanalyse und Therapie, Zürich, S. 13–34

12 Olivier, Christiane (1980): Jokastes Kinder. Die Psyche der Frau im Schatten des Mannes, München 1989, S. 156

13 Studie zur Kinderbetreuung in Deutschland, a.a.O.

14 Olivier (1980), S. 157

15 Goldhor Lerner, Harriet (1987): Depression, S. 213, in: dies. (1991), S. 185–216

2 Kindesmißhandlung durch Mütter

Da zum Thema der Kindesmißhandlung umfangreiche Literatur vorliegt, möchte ich mich darauf beschränken, diejenigen Aspekte, die im Zusammenhang mit Frauen als Täterinnen interessieren, zusammenzufassen.

Der Mißhandlungsbegriff, von dem ich ausgehe, umfaßt nicht nur körperliche, sondern auch seelische Schädigungen eines Kindes, die nicht unfallbedingt sind und durch aktives Handeln oder durch Unterlassungen einer erwachsenen Bezugs- oder Betreuungsperson zustande kommen.[1] Legt man diesen weitgefaßten Mißhandlungsbegriff zugrunde, so sind von den verschiedenen Formen der Kindesmißhandlung etwa 5–10% der Kinder, für das Gebiet der alten BRD mithin zwischen 660.000 und 1.320.000 Kinder, betroffen.[2] Der Deutsche Kinderschutzbund schätzt die Zahl der von schwersten Mißhandlungen betroffenen Kinder auf 3–5%.[3] In der Kriminalstatistik der alten Bundesländer wurden dagegen in den Jahren 1986 bis 1991 pro Jahr nur jeweils rund 1.200 Fälle erfaßt. Ganz offensichtlich ist Kindesmißhandlung ein Delikt, bei dem die Dunkelziffer außerordentlich hoch ist.

Die Zahlen über den Anteil von Frauen als Täterinnen schwanken in der Literatur zwischen 40% und 70%.[4] In der Kriminalstatistik der alten BRD wird ihr Anteil für 1990 mit 38,2% angegeben.[5] Interessant erscheint mir ein Vergleich mit dem Anteil weiblicher Tatverdächtiger in bezug auf gefährliche und schwere Körperverletzung, die Erwachsene betrifft: Er liegt bei 11,1%.[6] Ich verstehe die augenfällige Differenz als Hinweis darauf, daß Frauen dort, wo sie sich in der körperlich überlegenen Position befinden, in gleichem Maße wie Männer dazu neigen, Konflikte mittels offener Gewalt auszutragen.

Auch im Zusammenhang mit Kindestötungen, deren Anzahl Trube-Becker für die alte BRD auf 600–1000 Fälle pro Jahr schätzt[7], ist der Anteil der Frauen an der Gesamtzahl der Täter sehr hoch: Bei 65 von Trube-Becker vorgestellten Fällen von Mißhandlung mit Todesfolge waren die Mütter in 48,6%, die Väter in 30% der Fälle die Täter[8]; bei 40 Fällen vorsätzlicher Kindestötung waren Mütter und Väter gleich häufig Täter.[9] Beim erweiterten Suizid ergeben die Zahlen kein so eindeutiges Bild, aber auch hier ist der Anteil der Frauen recht hoch: Während beispielsweise einer von Trube-Becker zitierten Untersuchung (Rasch 1979) zu entnehmen ist, daß bei 49 Fällen in 28 Fällen Männer, in 21 Fällen Frauen die Täter waren, nennt Trube-Becker für 26 eigene Fälle in 21 Fällen die Kindesmutter, in zwei Fällen den Vater und in zwei Fällen beide gemeinsam als Täter.[10]

Das Spektrum der Kindesmißhandlung reicht von weniger ausgeprägten Formen der Vernachlässigung bis hin zu allergröbster körperlicher Gewalt und Kindestötungen. Allen Formen der Kindesmißhandlung ist – vom erweiterten Suizid einmal abgesehen – gemeinsam, daß ihnen ein Gefühl der Ablehnung bzw. stark ambivalente Gefühle von Liebe und Haß dem Kind gegenüber zugrunde liegen. Ablehnung drückt im Unterschied zu manifesten Formen der Vernachlässigung und Mißhandlung zunächst »ein subtileres, vorzugsweise auf subjektiven Einstellungen der Bezugsperson beruhendes Verhalten aus«.[11] Kriterien, an denen ablehnendes Verhalten gemessen werden kann, sind beispielsweise eine strenge Erziehungshaltung, harte erzieherische Praktiken, ein Mangel an Körperkontakt und Zärtlichkeit, ein Mangel an erkennbarer Freude im Umgang mit dem Kind, häufige Kritik am Kind, übermäßige Betonung der Belastungen durch das Kind wie der Opfer, die die Mutter für das Kind erbringt, und häufige Übertragung der Betreuung des Kindes an andere Personen, ohne daß hierfür ein triftiger Grund vorläge.[12] Die zugrundeliegende Ablehnung des Kindes schlägt sich je nach Ausprägungsgrad in unterschiedlichsten Formen von Vernachlässigung und Mißhandlung nieder.

Körperliche Vernachlässigung liegt vor, wenn die Mutter das Kind nicht ausreichend versorgt; Vernachlässigung drückt sich beispielsweise in mangelhafter Ernährung, unzureichender Bekleidung, hygienisch unzureichender Versorgung und dem Vorenthalten notwendiger medizinischer Versorgung aus. Im Extremfall führt körperliche Vernachlässigung zum Tod des Kindes. Trube-Becker stellt aus eigener Praxis 64 Fälle von körperlicher Vernachlässigung mit Todesfolge vor: Die Kinder, in der Regel Säuglinge, waren vollkommen unterernährt, häufig unterkühlt, hochgradig verschmutzt und oft voll schwerer Urinekzeme.[13]

Mit **emotionaler Vernachlässigung** ist gemeint, daß die Mutter dem Kind durch Unterlassung das für eine gesunde emotionale Entwicklung notwendige Klima vorenthält, ihm also beispielsweise keine Aufmerksamkeit, Liebe, Wärme und Zärtlichkeit zuteil werden läßt, dem Kind kein Gefühl von Sicherheit und Geborgenheit geben kann und ihm wenig Anregungen oder Lob zukommen läßt.[14] Auch leichtere Formen emotionaler Vernachlässigung können die Entwicklung des Kindes nachhaltig schädigen.[15]

Die **körperliche Mißhandlung** umfaßt ein breites Spektrum von Verhaltensweisen, die im Extremfall von allergröbster Gewalttätigkeit sind: Die Kinder werden geschlagen, getreten, gekratzt, gebissen, verbrannt, verbrüht, gewürgt, in eiskaltes Wasser getaucht, gefesselt, an den Armen aufgehängt, oder man/frau drückt brennende Zigaretten auf ihrer Haut aus. Derart drastische Formen körperlicher Mißhandlung kommen keineswegs selten, jedoch bei weitem nicht so häufig wie die verschiedensten Formen psychischer Mißhandlung vor.

Psychische Mißhandlung drückt sich in Form emotionaler Feindseligkeiten jeder Art aus wie Einschüchterungen, Strafandrohungen, Bestrafung durch Liebesentzug, Nahrungsentzug, Einsperren im Dunkeln, Demütigungen aller Art oder willkürlichem Entzug von Rechten und Vergünstigungen. Sie kann durch einen verbal-aggressiven Erziehungsstil zum Ausdruck kommen, der das Kind permanent entwertet, bloßstellt oder lächerlich macht – ein solcher Erziehungsstil gilt als besonders destruktiv[16] –, aber auch durch sprachlos-feindselige Ablehnung. Um eine Form psychischer Mißhandlung handelt es sich auch im Falle exzessiver Überbehütung des Kindes oder Überforderung durch perfektionistische Ansprüche an das Kind, die keinen Raum für eine freie Entfaltung seiner Persönlichkeit lassen (siehe Abschnitt »Indirekte Formen der Aggression«); emotionale Mißhandlung liegt schließlich auch dann vor, wenn das Kind aufgrund stark ambivalenter Gefühle der Mutter einer extrem inkonsistenten erzieherischen Haltung ausgesetzt ist, die durch den ständigen Wechsel zwischen aggressiven und verwöhnenden Reaktionen charakterisiert ist. Dieses emotionale Wechselbad bewirkt, daß das Kind nie vorherzusehen vermag, welche Reaktionen auf sein Verhalten von seiten der Mutter voraussichtlich zu erwarten sein werden. Infolgedessen wird sein Vertrauen in die Verläßlichkeit der Umwelt wie auch sein Selbstvertrauen schwer geschädigt.[17] Die Leiden körperlich und seelisch mißhandelter Kinder sind in erschütternden Zeugnissen autobiographisch-literarischer Natur immer wieder dargestellt worden.[18]

Ich verstehe Kindesmißhandlung als vielschichtig bedingten destruktiven Versuch der Konfliktbewältigung: Nur zu oft greifen die mißhandelten Mütter, so mächtig sie in der Mißhandlungssituation selbst dem ihnen ausgelieferten Kind gegenüber auch sind, aus einem Gefühl grenzenloser Überforderung und Hilflosigkeit heraus auf das Mittel der Gewalt zurück. In diesem Sinne erscheint mir Kindesmißhandlung als eine Form »ohnmächtiger Gewalt«.

Kindesmißhandlung hat viele ineinander verwobene, sich gegenseitig bedingende und beeinflussende Ursachen und Voraussetzungen. Sie hat mit der noch immer weit verbreiteten gesellschaftlichen Akzeptanz von Gewalt im Verhältnis zum

Kind zu tun, sie entsteht auf dem Hintergrund struktureller Gewalt (z.B. kinderfeindlicher Städte- und Wohnungsbau, Straßenverkehr, unzureichende Möglichkeiten der Kinderbetreuung etc.), und sie steht in einem klar erkennbaren Zusammenhang mit ökonomischen und sozialen Belastungen (z.B. Arbeitslosigkeit, chronische Armut, akute materielle Notlagen, beengte Wohnverhältnisse, ungewollte Schwangerschaften, Situation Alleinerziehender, problematische Ehen und Partnerschaften, chronische Erkrankungen eines Elternteils, soziale Isolation). Je ausgeprägter derartige Belastungen sind, desto höher ist die Wahrscheinlichkeit, daß es im Verhältnis zum Kind zu Mißhandlungen kommt. Der Schluß jedoch, daß die psychosozialen Lebensbedingungen den alleinigen oder auch nur den Hauptgrund für Kindesmißhandlungen darstellen, scheint nicht gerechtfertigt: Bei weitem nicht alle Eltern, die unter derartigen Problemen leiden, mißhandeln ihre Kinder.

Gewalt im Verhältnis zum Kind muß auch auf dem Hintergrund der mütterlichen Lebensgeschichte und ihrer daraus resultierenden Persönlichkeitsstruktur verstanden werden. Häufig finden sich bei mißhandelnden Eltern im Vergleich zu nicht mißhandelnden Eltern »eine durch Gewaltanwendung geprägte Kindheit, vergleichsweise hohe Ängstlichkeit, Depressivität und Rigidität, erhöhte Impulsivität und Aggressivität bzw. verminderte Aggressionskontrolle und Frustrationstoleranz, geringeres Selbstwertgefühl, erhöhte Streß- und Konfliktanfälligkeit aufgrund mangelnder Bewältigungsmechanismen, weniger (positive) Interaktionen und verzerrte, unsachgemäße Wahrnehmung der und überhöhte Erwartungen an die Kinder«.[19] Aber auch diese Faktoren haben keinen zwingend determinierenden Charakter; nicht alle Menschen, die als Kinder selbst Gewalt erfahren haben, werden automatisch zu Gewalttätern, und nicht alle Menschen, die diese Persönlichkeitsmerkmale aufweisen, mißhandeln ihre Kinder.

»Die soziologische Gewaltforschung«, meinte Reinhart Wolff einmal, »präsentiert eine Gewalt ohne Gewalttäter, und die psychologische Aggressionsforschung eine Gewalt ohne Gewaltverhältnisse.«[20] Im ersten Fall löst sich das Handeln des einzelnen in »den Verhältnissen« auf und entbindet ihn so von jeder persönlichen Verantwortung, im zweiten wird der Handelnde persönlich und ausschließlich für die Konsequenzen von Verhältnissen haftbar gemacht, die er so nicht zu verantworten hat und deren Opfer er gleichzeitig ist. Beides scheint mir falsch. Mütter, die ihre Kinder mißhandeln, sind – so würde ich es in dem Versuch, die beiden Positionen miteinander zu verbinden, sehen – Menschen, die auf dem Hintergrund der sie umgebenden und beeinflussenden Gewaltverhältnisse zu Täterinnen werden, die ihr Handeln nicht nur, aber immer auch persönlich zu verantworten haben.

1 vgl. Frank, Reiner (1989): Definitionen und Epidemiologie, S. 18, in: Olbing, H., Bachmann, K.D., Gross, R. (1989): Kindesmißhandlung. Eine Orientierung für Ärzte, Juristen, Sozial- und Erzieherberufe, Köln, S. 18–25

2 vgl. Engfer, A. (1986): Kindesmißhandlung: Ursachen, Auswirkungen, Hilfen, Stuttgart

3 Deutscher Kinderschutzbund (1989): Hilfe statt Gewalt, Hannover, S. 13

4 Strunk, Peter (1989): Pathologische Familiendynamik bei Kindesmißhandlung, S. 41, in: Olbing u.a. (1989), S. 41–48

5 Polizeiliche Kriminalstatistik für das Jahr 1990, Wiesbaden 1991

6 ebd.

7 Trube-Becker, Elisabeth (1987): Gewalt gegen das Kind. Vernachlässigung, Mißhandlung, sexueller Mißbrauch und Tötung von Kindern. 2. überarbeitete Auflage, Heidelberg, S. 7

8 ebd., S. 41

9 ebd., S. 60 ff.

10 ebd., S. 67 und 69

hinsichtlich »erweiterter Suizid« Bezug auf:

Rasch, W. (1979): Erscheinungsbild, Dynamik und Beurteilung des erweiterten Selbstmordes, in: Zeitschr. f. d. gesamte Vers.-Wissenschaft 1979: 3, S. 417–426

11 Schmidt, M. H. (1990): Die Untersuchung abgelehnter und/oder vernachlässigter Säuglinge aus der Kohorte von 362 Kindern der Mannheim-Studie, S. 19, in:

Martinius, Joest und Frank, Reiner (Hg.) (1990): Vernachlässigung, Mißbrauch und Mißhandlung von Kindern. Erkennen, Bewußtmachen, Helfen, Bern–Stuttgart–Toronto, S. 15–21

12 vgl. ebd., S. 19/20

13 Trube-Becker (1987), S. 84 ff.

14 vgl. Olbing u.a. (1989), S. 19

15 vgl. hierzu Schmidt (1990), S. 19

16 vgl. Strunk (1989), S. 42

17 vgl. ebd.

18 siehe beispielsweise:
 – Novak, Helga M. (1989): Die Eisheiligen, Frankfurt a.M.
 – Goll, Claire (1941/1988): Der gestohlene Himmel, Frankfurt a.M.
 – Bieler, Manfred (1989): Still wie die Nacht. Memoiren eines Kindes, Hamburg

19 Ziegler, Franz (1990): Kinder als Opfer von Gewalt. Ursachen und Interventionsmöglichkeiten, Freiburg/Schweiz, S. 20

20 Wolff, Reinhart (1981): Gewalt gegen Kinder ist nicht zu verbieten, S. 41, in: päd. extra sozialarbeit 1981:9 (5), S. 40–44

3 Sexueller Mißbrauch an Kindern: Frauen als Täterinnen

»Plötzlich fragt die Mutter: Willst du mir keinen Gute-Nacht-Kuß geben? Nur wenn du ein Schlafliedchen singst, fordere ich mürrisch. Edith lacht und drückt mir einen Schmatz auf beide Backen. Das ist kein richtiger Kuß, beschwere ich mich. Soll ich dich etwa wie einen Erwachsenen küssen? fragt sie schmeichelnd. Ja, sage ich... Ediths Zunge gleitet zwischen meine Lippen, dringt voran... Bist du nun zufrieden? fragt sie... Aber jetzt kommt das Lied! bitte ich. Bei dieser Affenhitze bringe ich sowieso keinen Ton heraus, stöhnt Edith, und an ihren Verrenkungen merke ich, daß sie den Büstenhalter aufknöpft. Was du nicht alles verlangst, sagt sie seufzend und schiebt die Hand unter meinen Nacken... Edith zieht mir das Nachthemd aus, während sie die letzte Strophe singt... Noch ein Lied, bitte ich und spüre ihren Busen auf meiner Haut. ›Du hast mein Herz gefangen mit deiner weißen Hand...‹ singt die Mutter und schiebt meine Hand in ihren Schlüpfer... Laß das! fahre ich sie an und presse die Hand um meinen Schniepel... Komm, flüstert sie mir ins Ohr. Das ist so heiß, stammele ich und spüre, wie mir der Schweiß ausbricht. Sag irgendetwas! bettelt sie. Sag, daß ich die Schönste bin! keucht die Mutter... Du bist die Schönste, jaule ich und stoße zu, bis ich in mir selber überlaufe. Dann trennen wir uns. Ich zittere vor Angst. Ich brenne lichterloh. Ich sehne mich nach einem Wort, einem einzigen Wort. Die Mutter bleibt stumm. Nach einer Weile fängt sie an zu schnarchen... Mein Herz pocht gegen die Rippen. Durch meinen Kopf heult eine Lokomotive... Ich weine, ohne zu schluchzen. Ich will zu Luise. Ich will sie fragen, warum mir Edith das angetan hat... Ach, mein Jun-

ge, sagt die Großmutter, darüber brauchst du dir keine Gedanken zu machen, es gibt viele Dinge im Leben, die man vergessen muß.«[1]

Mütter, die ihre Kinder mißbrauchen – diese Vorstellung scheint ungeheuerlich. Sexuelle Gewalt gegen Kinder, lange tabuisiert und hierzulande erst mit Beginn der 80er Jahre Thema öffentlicher Diskussion, wurde und wird traditionell als von Männern begangenes Delikt betrachtet, dessen Opfer in aller Regel Mädchen sind. Zögernd nur setzt eine Auseinandersetzung mit der Tatsache ein, daß auch Jungen in nicht geringem Ausmaß Opfer sexueller Gewalt werden. Frauen als Täterinnen wurden und werden jedoch bestenfalls als Ausnahme angesehen, und erst in allerjüngster Zeit wird in der wissenschaftlichen Literatur wie auch in der Öffentlichkeit die Frage aufgeworfen, ob sexueller Mißbrauch an Kindern nicht in weit höherem Maße als bisher angenommen auch von Frauen begangen wird.[2]

Daß Frauen beispielsweise an dem »geheimen Geschäft mit der schmutzigen Pornographie«, dem Geschäft mit der Kinderpornographie, beteiligt sind, ist einem 1990 erschienenen Buch[3] zu entnehmen. Berichtet wird hier u.a. von einer Mutter, die für ein »Honorar« von DM 1.000.-- ihre 1 1/2jährige Tochter für Sexspiele zur Verfügung stellt, und in der Wochenzeitung »Die Zeit« (August 91) setzt sich der Verfasser eines Artikels zum Thema Kinderpornographie mit einem ihm persönlich bekannten Fall auseinander: Ein Freund seines Sohnes wird für pornographische Videoaufnahmen in einer Sauna mißbraucht. Zum »Herstellerteam« gehört auch die Mutter dieses Jungen. Sie filmt, wie ihr Sohn gemeinsam mit einem anderen Jungen über ein achtjähriges Mädchen herfällt. Als der Autor dieses Artikels interveniert, meint die Mutter: »Was geht das Sie an, was ich mit meinem Kind mache? Es gehört mir.«[4]

Für einige Aufregung sorgte auch ein »Zwischen Angst und Lust« betitelter Beitrag aus dem »Autonomen Frauenkalender«

1989 (Tag für Tag, S. 155), in dem eine Mutter ihre inzestuöse Beziehung zu ihrer vierjährigen Tochter, die Zungenküsse und Masturbation mit einschließt, beschreibt: »Ich nehme sie in den Arm, reibe meine Nase an ihrer, küsse sie vom Nacken bis zum Po. Sie liegt und genießt, küßt mich auf den Mund, leckt mir durchs Gesicht, lutscht an meiner Zunge. Ich schmelze dahin... Ach leckt mich doch alle am Arsch! Meine Tochter und ich, wir machen, was wir schön finden!«

Dieser Beitrag ist kein Einzelfall. »Weibliche Pädophile«, schreibt Sabine Braun[5], »treten in letzter Zeit immer mehr an die Öffentlichkeit und fordern das Recht auf Sexualität mit Mädchen. Sie verstehen sich als fortschrittlichen Teil der Linken, der Frauen- und Lesbenbewegung« – so etwa eine Gruppe mit dem schmuddelig anmutenden Namen »Kanalratten«.[6]

Derartige Positionen werden beispielsweise auch in dem Anfang der 80er Jahre in den USA und 1989 in deutscher Übersetzung erschienenen Buch »Sapphistrie. Das Buch der lesbischen Sexualität« vertreten: »Als Lesben haben wir eine einzigartige Gelegenheit, traditionelle Ansichten über Sexualität in Frage zu stellen... Manchmal können sich sexuelle Handlungen zwischen Kindern und Erwachsenen ergeben... Manche Lesben sind der Ansicht, jede Art von Sexualität zwischen einem Kind und einem erwachsenen Menschen habe Zwangscharakter... Andere Lesben halten es nicht für abwegig, daß eine liebevolle Beziehung zwischen einer/m Erwachsenen und einem Kind auch eine erotische Komponente enthalten kann. Sie glauben, daß es ohne weiteres möglich ist, diese Erotik auf eine für das Kind angenehme und lustvolle Weise zum Ausdruck zu bringen. Sie sind auch der Meinung, daß Kinder in der Lage sind, sexuelle Beziehungen (mit Erwachsenen...) einzuleiten, da sexuelles Verlangen sowohl bei Kindern als auch bei Erwachsenen bestehen kann.«[7]

Es gibt sie also: Frauen, die Kinder sexuell mißbrauchen, nicht nur Mütter übrigens. Wie viele es aber sind und wie hoch ihr prozentualer Anteil an Fällen von Kindesmißbrauch tatsächlich ist, darüber gehen die Meinungen weit auseinander. Lange ist allein der Gedanke, daß auch Frauen und Mütter sexuell mißbrauchen können, verleugnet worden. So bemerkte etwa Mathis (1972): »Daß sie [die Mutter, C.H.] ein hilfloses Kind zu sexuellen Spielen verführen sollte, ist undenkbar, und selbst wenn sie es täte – welcher Schaden kann ohne Penis schon angerichtet werden.«[8]

Sofern die Tatsache des sexuellen Mißbrauchs durch Frauen jedoch eingestanden wird und nicht von vornherein der Verleugnung anheimfällt, läßt sich des öfteren die Tendenz ausmachen, das Verhalten der Frauen zu bagatellisieren, als »anders« (im Unterschied zum Mißbrauch durch Männer) und damit weniger schädigend anzusehen oder lediglich mildere Formen des Mißbrauchs zur Kenntnis zu nehmen. »In der letzten Zeit«, schreiben z.B. Nele Gloer und Irmgard Schmiederskamp-Böhler, zwei der wenigen AutorInnen im deutschsprachigen Raum, die überhaupt auf das Problem weiblicher Täterschaft eingehen, »hören wir auf Fortbildungen und in der therapeutischen Praxis häufiger von Frauen, die ihre Kinder sexuell ausbeuten. Es handelt sich dabei aber eher um nicht so offensichtliche Formen der Mißhandlung, sondern um eine Art sexualisiertes Sorgeverhalten.«[9]

In anderen Veröffentlichungen ist davon die Rede, sexuell mißbrauchende Frauen seien weniger gewalttätig als Männer, der Machtfaktor sei im Unterschied zu mißbrauchenden Männern nicht zentral, und die Frauen zeigten sich zudem sehr häufig selber an.[10] Wieder andere AutorInnen sind der Auffassung, es handele sich bei sexuell mißbrauchenden Frauen um schwer gestörte und häufig psychotische Menschen.[11] Doch so einfach liegen die Dinge nicht, und viele dieser Vorstellungen scheinen eher in liebgewordenen Vorurteilen zu gründen, als daß sie der Realität entsprächen. Dies gilt auch für die Vorstellung, Frauen könnten nicht mißbrauchen, weil sich eine Erektion beim Opfer nicht erzwingen lasse und sexuelle Befriedigung daher nicht möglich sei. Einmal abgesehen davon, daß Frauen nicht nur

Jungen, sondern auch Mädchen mißbrauchen, und abgesehen davon, daß sich, wie Untersuchungen über sexuell mißbrauchte Jungen und Opfer homosexueller Vergewaltigung zeigen[12], Erektionen im Sinne eines quasi automatischen Körpergeschehens sehr wohl erzwingen lassen, geht eine solche Vorstellung am Wesen des sexuellen Mißbrauchs vorbei. Zum einen gelingt es vielen Mißbrauchern, die Kinder auf die eine oder andere Art bis zu einem Grad zum »Mitmachen« zu bewegen und auf diese Weise auch sexuelle Erregung im Kind zu erzeugen. Zum anderen gibt es viele Möglichkeiten, ein Kind zu mißbrauchen. Der Geschlechtsverkehr ist nur eine Möglichkeit unter vielen und wird in der überwiegenden Zahl der Fälle nicht vollzogen. Häufig besteht der Mißbrauch darin, die Genitalien des Kindes zu manipulieren und etwa dabei zu masturbieren, oder das Kind dazu zu bringen, die Genitalien des Mißbrauchenden zu stimulieren. Dies können Frauen ebensogut wie Männer, und es ist auch nicht notwendig, daß das Kind bei derartigen Vorgängen sexuell erregt ist.[13]

Bevor ich mich den Fakten und Zahlen zum Thema zuwende, möchte ich klären, wie ich den Begriff des sexuellen Mißbrauchs verwende. Ich verstehe darunter Kontakte, die darauf angelegt sind, im Kind, im Erwachsenen oder in beiden sexuelle Wünsche zu wecken und/oder zu befriedigen. Dabei nutzt der Erwachsene mittels des ausgeprägten Machtgefälles zwischen ihm und dem Kind die emotionale und existentielle Abhängigkeit des Kindes aus, um eigene Bedürfnisse (Bedürfnisse sexueller Natur, Bedürfnisse nach Macht und Kontrolle, Bedürfnisse nach emotionaler Nähe) ohne Rücksicht auf die Bedürfnisse des Kindes zu befriedigen.

Diese Definition scheint zunächst sehr weit. Anhand des konkreten Materials wird sich aber zeigen lassen, daß auch Situationen, in denen lediglich sexuelle Bedürfnisse geweckt werden, ohne daß sie je in direkte Handlungen umgesetzt würden, außerordentlich problematisch und folgenschwer sein können. Der Paragraph 176 Strafgesetzbuch (BRD) (sexueller Miß-

brauch von Kindern) umfaßt folgerichtig nicht nur direkte sexuelle Handlungen als Strafbestand. Strafbar macht sich, wer
- eine sexuelle Handlung an einer Person unter vierzehn Jahren vornimmt oder an sich vornehmen läßt
- ein Kind dazu bestimmt, daß es sexuelle Handlungen an einem Dritten vornimmt oder von einem Dritten an sich vornehmen läßt
- sexuelle Handlungen vor einem Kind vornimmt
- ein Kind dazu bestimmt, daß es sexuelle Handlungen vor ihm oder einem Dritten vornimmt
- auf ein Kind durch Vorzeigen pornographischer Abbildungen oder Darstellungen, durch Abspielen von Tonträgern pornographischen Inhalts oder durch entsprechende Reden einwirkt, um sich, das Kind oder einen anderen hierdurch sexuell zu erregen.

Neben diesen faßbaren Straftatbeständen beziehe ich mich mit der Formulierung »im Kind, im Erwachsenen oder in beiden sexuelle Wünsche zu wecken und/oder zu befriedigen« vor allem auf jene Grauzone, in der die mißbräuchliche Beziehung einer Mutter zu ihrem Kind weniger von manifesten Handlungen als vielmehr von einer emotional hochgradig verstrickten und zugleich stark erotisierten Atmosphäre geprägt ist, die außerordentlich schwer lösbare Abhängigkeiten erzeugt. Gerade in diesem Bereich, auf den ich später genauer eingehen möchte (siehe: Latenter Inzest), kommt es zu subtilen Formen des Mißbrauchs, die nicht ohne weiteres zu identifizieren sind, in den Folgen jedoch denen offensichtlicher sexueller Mißhandlungen in nichts nachstehen.

Zahlen über das Ausmaß sexuellen Mißbrauchs von Kindern durch Frauen
Offizielle Kriminalstatistiken geben nur wenig Auskunft darüber, in welchem Ausmaß Frauen am sexuellen Mißbrauch von Kindern beteiligt sind. Das Wesen des Mißbrauchs selbst – die Heimlichkeit, in der er stattfindet, die Gefühle von Schuld und

Scham, die sich mit der Tat verbinden, das niedrige Alter und die große Abhängigkeit der Opfer und schließlich die strafrechtlichen Sanktionen – bewirkt, daß der Mißbrauch nicht ohne weiteres aufgedeckt oder gar von den TäterInnen selbst zur Anzeige gebracht wird. Die Kriminalstatistik gibt daher lediglich über einen verschwindend geringen Teil der Fälle Auskunft, über diejenigen Fälle nämlich, die nicht nur aufgedeckt, sondern auch noch angezeigt wurden. Die Polizeiliche Kriminalstatistik 1990 (hrsg. vom Bundeskriminalamt, Juli 1991) nennt insgesamt 5.428 Tatverdächtige, von denen 98,3% männlichen und gerade einmal 1,7% weiblichen Geschlechts sind. Die tatsächliche Zahl der Opfer wird auf 250.000 bis 300.000 Mädchen und 50.000 Jungen geschätzt.[14] Ein ähnlich niedriger Anteil – 3% – wird für Großbritannien genannt.[15] Diese Zahlen scheinen von der Realität weit entfernt zu sein.

Der Kinderschutzbund Frankfurt beispielsweise nennt in seinem Jahresbericht 1990 folgende Zahlen: In 10,7% der Fälle wurden die Kinder von Frauen mißbraucht; auf die Mütter entfielen 6,8%, auf Pflegemütter 1,5%, auf Stiefmütter 0,8%, auf Bekannte und Nachbarn sowie auf Professionelle jeweils 0,8%; im Jahresbericht 1991 wird der Anteil der Frauen mit 9,27% beziffert; 7,2% der TäterInnen waren Mütter der mißbrauchten Kinder.[16]

Für die Niederlande nennt van den Broek zwei Untersuchungen: »Aus der Untersuchung von Vennix (1984) geht hervor, daß in... 20 Prozent der Fälle [der] Täter eine Frau [war]. Dem Bericht des Vertrauensärztebüros (1989) zufolge wird sexueller Mißbrauch... in 12% [der Fälle] von Frauen« verübt.[17]

Wesentlich höher fällt die Zahl aus, die der Bremer Sexualwissenschaftler Prof. Dr. G. Amendt nennt: Seiner Studie zufolge gaben von rund 1.000 befragten Müttern 35% sexuelle Gewalt an ihren Söhnen zu. (Bericht der Badischen Zeitung vom 11.6.1992 – die Studie selbst war zum Zeitpunkt der Manuskriptabfassung leider noch nicht veröffentlicht.)

Im Unterschied zum europäischen Raum liegen aus den USA

inzwischen etliche Untersuchungen vor, die trotz aller Unvollständigkeit einen genaueren Einblick gewähren. So stellte sich bei einer Umfrage unter 1.566 lesbischen Frauen heraus, daß von den Frauen, die angaben, als Kind sexuell mißbraucht worden zu sein (38%), 14% Frauen als Täterinnen benannten.[18] Die American Human Association Study[19] beziffert den Anteil der Täterinnen bei männlichen Opfern auf 14%, bei weiblichen Opfern auf 6%, die National Incidence Study of Child Abuse and Neglect[20] kommt zu dem Ergebnis, daß 13% der Mädchen und 24% der Jungen von Frauen mißbraucht wurden. Eine Untersuchung des University of Michigan Interdisciplinary Project on Child Abuse and Neglect beziffert den Anteil der Täterinnen auf 13,8%[21], und Finkelhor und Russel nennen nach einem Vergleich verschiedener Studien eine Zahl von maximal 25% Täterinnen bei männlichen sowie maximal 10% bei weiblichen Opfern.[22]

Als Quellen für genauere Zahlenangaben stehen Studien über männliche Opfer sexueller Gewalt, klinische Studien über Täterinnen, Studien über jugendliche Sexualstraftäter und Studien über erwachsene Sexualstraftäter zur Verfügung. In den klinischen Studien und Studien über Sexualstraftäter wurde u.a. danach gefragt, ob die StraftäterInnen/an Therapien Teilnehmenden in ihrer Kindheit selbst mißbraucht wurden und ob es sich bei den Tätern um Männer oder Frauen gehandelt habe. Hierbei ergaben sich in verschiedenen Studien hohe Anteile von Frauen als Täterinnen:

Quelle	Stichprobe	sexuell mißbraucht	Täter männl.	weibl.
Groth (1983)	inhaftierte Sexualstraftäter	51%	75%	25%
MacFarlane (1982)	Inzest-Täter	51%	66%	33%
Burgess u.a., (1987)	Vergewaltiger (Mehrfachtäter) N = 41	56%	48,4%	32,2%

Quelle	Stichprobe	sexuell mißbraucht	Täter männl.	Täter weibl.
Petrovich & Templer (1984)	inhaftierte Vergewaltiger N = 83	49 = 59% von 83 von Frauen mißbraucht, keine Angaben über Mißbrauch durch Männer		
Johnson & Shrier (1987)	Jugendliche (m), die in einem Gesundheitszentrum behandelt wurden N = 1.000	2,5%	56%	44%
Fritz, Stoll & Wagner (1981)	412 Studenten (m)	4,8%	40%	60%
Risen & Kross (1987)	nationale Stichprobe männlicher Studenten im Alter von 18–24 N = 2.972	7,3%	52,9%	47,1%

zitiert nach: Hanks & Saradjian (1991);
alle genannten Untersuchungen siehe Literaturverzeichnis

In einer Untersuchung von Allen, deren Stichprobe 75 Männer und 65 Frauen umfaßt, die wegen nachgewiesenen sexuellen Mißbrauchs von Kindern behördlicherseits registriert worden waren (die Stichprobe umfaßt jedoch nur einige wenige verurteilte Straftäter und Personen, die an einem speziellen Therapieprogramm teilnahmen), gaben diejenigen Täterinnen, die in ihrer Kindheit selber mißbraucht worden waren, an, daß 94% der Täter Männer und 6% Frauen waren. Hingegen gaben diejenigen Täter, die in ihrer Kindheit selber mißbraucht worden waren, an, daß es sich bei 55% der Täter um Männer und bei 45% um Frauen gehandelt habe.[23] Diese Zahlen entsprechen den Ergebnissen der in der Tabelle genannten Untersuchungen. Es ergibt sich also ein Hinweis darauf, daß ähnliche Zahlen zumindest für die Gesamtheit sexuell mißbrauchender Männer und Frauen – und nicht nur für jene Stichproben, die sich auf besonders gravierende Fälle beziehen (Sexualstraftäter) – Gültigkeit haben könnten.

Sofern es sich um klinische Studien und Studien über verurteilte Sexualstraftäter handelt, stellt sich das Problem, daß die Stichproben nicht repräsentativ sind und daher die Ergebnisse nicht einfach auf die Gesamtbevölkerung übertragen werden können. Da aber auch bei anderen Untersuchungen der prozentuale Anteil von Frauen als Täterinnen vergleichbar hoch oder sogar höher ist, ergibt sich hier zumindest ein Hinweis darauf, daß der Anteil der Frauen an der Gesamtzahl mißbrauchender Erwachsener höher sein dürfte, als dies bisher angenommen wurde.

Auffallend hoch ist übrigens auch die Zahl der Mehrfachtäterinnen: 60% der in der Studie von Faller[24] befragten Frauen hatten zwei oder mehr Kinder mißbraucht (zum Vergleich: 59,8% der Männer waren Mehrfachtäter); in der (kleinen) Studie von Mathews u.a. gaben 16 Frauen an, 44 Kinder mißbraucht zu haben[25], und Knopp und Lackey[26] berichten von 476 Frauen, die insgesamt 911 Übergriffe begangen hatten.

Einige Überlegungen zu der Frage, warum die Zahlen bezüglich der Täterschaft von Frauen möglicherweise niedriger ausfallen, als es der Realität entspricht, und warum das Problem des sexuellen Mißbrauchs durch Frauen mitunter bagatellisiert wird

Es soll hier nicht darum gehen, zu beweisen, daß Frauen im gleichen Maße sexuell mißbrauchen wie Männer. Über die der Realität entsprechenden Zahlen läßt sich m.E. bisher nur wenig Verläßliches sagen. Es dürfte aber deutlich geworden sein, daß der Anteil der Täterinnen am sexuellen Mißbrauch von Kindern erheblich größer zu sein scheint, als bisher vielfach angenommen. Warum aber ist dies so lange nicht zur Kenntnis genommen worden?

Einer der Gründe ist wohl darin zu suchen, daß die Mutterrolle immer noch ungemein ideologiebeladen ist: Mütter tun so etwas einfach nicht. Mütter sind asexuelle Wesen, die sich dem Kind selbstlos zuwenden. Mütter wollen nur das Beste für ihre Kinder. Mütter sind nur »gut«... Auch wenn wir es eigentlich besser wissen: Die Sehnsucht nach der »guten« Mutter ist – gerade weil die realen Erfahrungen so oft enttäuschend waren – in vielen von uns so virulent, daß wir lieber an idealisierten Bildern festhalten als schmerzhafte Realitäten zur Kenntnis zu nehmen. Wir wollen gar nicht erst in Erwägung ziehen, daß auch Mütter ihre Kinder sexuell mißbrauchen könnten. Dieses Verhalten wird als derart inakzeptabel empfunden und steht in so krassem Widerspruch zu tief verinnerlichten Wertvorstellungen, daß eine Art Denk- und Wahrnehmungsverbot dafür zu sorgen scheint, uns vor unliebsamen Erkenntnissen wirkungsvoll zu schützen.

Aber es sind nicht nur die überfrachteten Vorstellungen von Mütterlichkeit, die der Wahrnehmung des Problems im Wege stehen: Auch starre Vorstellungen vom Wesen »der Frau« und »des Mannes«, all jene Theorien und Denkmuster also, in denen Frauen als fügsam, friedliebend, wenig aggressiv und sexuell harmlos, Männer hingegen als dominant, aktiv, potentiell gewalttätig und sexuell aggressiv erscheinen, tragen dazu bei, daß Frauen als mögliche Täterinnen von vornherein nicht in Betracht gezogen werden. Da sexueller Mißbrauch von Kindern im Zusammenhang mit Begriffen wie Macht, Kontrolle, Nötigung, Drohung, Zwang, Demütigung und Überwältigung umschrieben wird, fallen Frauen aus dem Wahrnehmungsspektrum heraus, sofern sie auf eine Art und Weise definiert werden, bei der ausgeschlossen wird, daß sie zu derartigen Verhaltensweisen überhaupt fähig wären.

Auch feministische Erklärungsansätze, die ja nicht selten von einer wesensmäßigen oder sozial bedingten Andersartigkeit der Frau im Sinne größerer Friedfertigkeit ausgehen, scheinen mir von diesem Mangel behaftet zu sein: Sexueller Mißbrauch von

Kindern wird in dieser Lesart als Phänomen verstanden, das sich dadurch auszeichnet, daß Männer in einer männlich dominierten Gesellschaft ihre Macht und Autorität über (meist weibliche) Kinder ausnutzen. So richtig es ist, das Problem der sexuellen Ausbeutung von Kindern (auch) auf das gesellschaftliche Machtgefälle zwischen den Geschlechtern zu beziehen – also etwa einen Zusammenhang herzustellen zwischen männlicher (Vor-)Herrschaft und dem daraus resultierenden bemächtigenden und unterwerfenden Zugriff auf Frauen und Mädchen –, so unbefriedigend wird dieser Ansatz, wenn er als *einzige* Erklärung dienen soll. Wie wäre so zu verstehen, daß etwa die Hälfte der mißbrauchenden Frauen *allein* und aus eigenem Antrieb – also ohne irgendeinen Einfluß oder gar Zwang durch Männer – handelt? Solche eindimensionalen Erklärungen können leicht bewirken, daß die in ihnen enthaltenen Vorannahmen und Vorurteile den Blick für die Realitäten verstellen. So mutet es beispielsweise seltsam an, daß Finkelhor und Russel[27] feststellen, daß bei etwa 20% der mißbrauchten Jungen und 5% der mißbrauchten Mädchen Frauen die Täterinnen waren, gleichzeitig jedoch zu dem Ergebnis kommen, daß Frauen nur eine »kleine Minderheit der Kind-Erwachsener-Beziehung« darstellen[28], die – so legt es die Formulierung nahe – somit als vernachlässigbar erscheint. In absoluten Zahlen ausgedrückt bedeuten diese Prozentzahlen – auf die USA bezogen – aber, daß rd. 1,6 Mio. Jungen und 1,5 Mio. Mädchen, insgesamt also rd. 3,1 Mio. Kinder Opfer sexueller Übergriffe durch Frauen werden. Selbst wenn man davon ausginge, daß die Zahl der Mißbrauchsfälle nur 10% der auch von Finkelhor und Russel angenommenen Fälle ausmachten, blieben für die USA 310.000 Kinder als Opfer sexueller Gewalt durch Frauen.[29] Analog gäbe es in Deutschland demnach – bezogen auf eine angenommene Zahl von 300.000 jährlich mißbrauchten Kindern[30] und einem Anteil von 10% durch Frauen mißbrauchter Kinder – jährlich insgesamt 30.000 Opfer sexueller Gewalt durch Frauen. Selbst wenn diese Zahlen viel zu hoch gegriffen sein sollten und in Wirklichkeit nur ca.

80.000 Kinder pro Jahr Opfer sexueller Gewalt werden (nach Schätzungen des Deutschen Kinderschutzbundes; siehe »Psychologie heute« 1993: 20(2), S. 10), blieben 8.000 Kinder jährlich, deren Leben durch die Täterschaft von Frauen schwer belastet, wenn nicht zerstört wird. Niedrige Prozentzahlen bedeuten eben nicht, daß das reale Ausmaß des Problems ohne größere Bedeutung wäre.

Ein weiterer Grund für die niedrig ausfallenden Zahlen scheint darin begründet zu sein, daß Jungen häufiger als Mädchen sexuelle Übergriffe verschweigen. »Jungen können sich nur schwer als ›Opfer‹, d.h. in einer passiven Rolle, definieren, da dies dem Bild der aktiven Männlichkeit widerspricht.«[31] Auch kommt der sexuelle Mißbrauch durch Frauen häufig erst in längerdauernden Psychotherapien zur Sprache, sei es, daß die Opfer darüber berichten[32], sei es, daß die Täterinnen ihn eingestehen.[33] Oft werden die Hinweise von KlientInnen in ihrer Bedeutung aber nicht erkannt. Da sexueller Mißbrauch ein stark traumatisierendes Ereignis ist, das nicht selten der Verdrängung anheimfällt, können KlientInnen oft nicht unmittelbar auf diese Ereignisse Bezug nehmen. Zieht der Therapeut aber die Möglichkeit, daß der aktuellen Problematik die Erfahrung sexuellen Mißbrauchs zugrunde liegen könnte, gar nicht erst in Betracht, können die Hinweise auch nicht entschlüsselt werden. Aus der in psychoanalytisch orientierten Kreisen immer noch anzutreffenden Vorannahme, daß es sich bei Berichten über sexuelle Übergriffe in aller Regel um phantasierte Ereignisse handele, folgt dann allzu leicht, daß ein realer Mißbrauch nicht erkannt werden kann.

Schließlich ist sexueller Mißbrauch durch Frauen/Mütter manchmal auch deshalb nur schwer zu erkennen, weil zur Mutterrolle die Wahrnehmung pflegerischer Aufgaben gehört und Mütter unangemessene sexuelle Handlungen in diesem Zusammenhang – beim Wickeln und Baden etwa – leichter als Männer kaschieren können. Auch wird das konkrete Verhalten von Müttern, denen im Sinne des ihnen zugeordneten Rollenverhaltens ein intensiverer Körperkontakt mit dem Kind zugestanden wird, u.U. anders wahrgenommen und beurteilt als das gleiche Verhalten eines Mannes gegenüber einem Kind. Diesen Mechanismus demonstriert Anne Banning[34] eindrucksvoll an einer Fallgeschichte, die sie zunächst entsprechend der Realität als sexualisierte Beziehung zwischen einer Mutter und ihrem vierjährigen Sohn darstellt. Der den Behörden bekannte Fall wurde nicht als sexueller Mißbrauch registriert und würde in keiner Statistik auftauchen. Anschließend erzählt Banning die gleiche Geschichte unter umgekehrtem Vorzeichen als Beziehung zwischen einem Vater und seiner vierjährigen Tochter. Das verblüffende Ergebnis: der mißbräuchliche Charakter dieser Beziehung wird unzweifelhaft offenkundig.

Es lassen sich derzeit wohl keine gesicherten Aussagen darüber machen, wie viele Frauen am sexuellen Kindesmißbrauch beteiligt sind. Hingegen läßt sich sagen, daß ihre Zahl um einiges höher ausfallen dürfte, als es bisher den Anschein hatte. Wenn wir etwas darüber erfahren wollen, in welchem Umfang Frauen tatsächlich an der sexuellen Ausbeutung von Kindern beteiligt sind, scheint es unumgänglich, auf Ideologien und verkrusteten Theorien basierende Denk- und Wahrnehmungsverbote außer Kraft zu setzen und den unvoreingenommenen Blick auf die Problematik zu wagen. Entsprechende Untersuchungen stehen aus, wären aber allein schon deshalb dringend erforderlich, damit Opfern wie Täterinnen Hilfe zuteil werden kann.

Sind Frauen nur Mittäterinnen von Männern?
In der einschlägigen Literatur wie auch in Diskussionen findet man immer wieder das Argument, Frauen seien, wenn sie denn überhaupt sexuell mißbrauchen, in der ganz überwiegenden Zahl der Fälle von Männern zu diesen Aktivitäten genötigt oder gezwungen worden und in diesem Sinne weniger verantwortliche Mittäterinnen. So meint etwa von den Broek: »Die meisten Frauen verüben den sexuellen Mißbrauch offenbar gemeinsam mit einem Mann ... Dabei initiiert der Mann den sexuellen

Mißbrauch, und die Frau erfüllte eine Nebenrolle. Meistens versuchte sie, es dem männlichen Täter recht zu machen, um dergestalt ihre Ehe oder Beziehung zu retten.«[35]

Ich möchte dieser Auffassung widersprechen. Zunächst besteht das Problem, daß die Datenbasis unzureichend ist, da systematische Untersuchungen über Arten des Mißbrauchs durch Frauen bisher nur vereinzelt vorliegen. Aber auch mittels des vorhandenen Materials läßt sich die These von van den Broek m.E. nicht belegen.

Knopp und Lackey etwa werteten die Daten von 44 Behandlungsstellen aus, die spezielle Therapien für sexuell mißbrauchende Frauen anbieten. Nur in 13,5% der Fälle (123 von 911) war eine zweite Person an den Übergriffen beteiligt. Diese zweite Person war in den meisten Fällen (83%) männlichen, in 17% der Fälle weiblichen Geschlechts.[36] Elliott bemerkt zur Frage der Mittäterschaft von Frauen: »In den wenigen Untersuchungen über Frauen, die sexuell mißbrauchen, wird normalerweise festgestellt, daß Frauen entweder gemeinsam mit oder unter dem Einfluß von Männern mißbrauchen. Meine Fälle zeigen, daß dem nicht so ist ... Mehr als die Hälfte derjenigen, die Kontakt zu mir aufgenommen haben [100 Fälle, C.H.], geben an, daß die weiblichen Mißbraucher alleine mißbrauchten – oft gab es in der Familie keinen Mann...«[37] Auch in den Fällen, von denen Krug berichtet[38], handelt es sich um Mütter, die alleine mißbrauchen, ebenso in den drei Fällen sexuellen Mißbrauchs von Säuglingen, von denen Chasnoff u.a.[39] berichten. Faller hingegen berichtet, daß in 29 ihrer 40 Fälle (= 72,5%) die Täterinnen gemeinsam mit einer oder mehreren anderen Personen mißbrauchten. In diesen Fällen ging die Initiative jedoch nicht immer von den Männern aus: In drei Fällen waren Mann und Frau gleichermaßen initiativ, in zwei Fällen ging die Initiative von den Frauen aus. Der Anteil der Frauen, die aus sich heraus initiativ waren, erhöht sich demzufolge auf 40%.[40] Faller warnt zudem davor, den Mißbrauch durch Frauen in den Fällen, in denen sie auf Initiative von Männern zu Mittäterinnen wurden, als weniger schwerwiegend einzuschätzen, da die Opfer unter dem sexuellen Mißbrauch stärker gelitten hätten, wenn Frauen beteiligt waren, zumal es sich in den meisten dieser Fälle (75,6%) um die Mutter des Opfers gehandelt habe.

Häufig wird in diesem Zusammenhang die Studie von Mathews u.a. genannt.[41] Doch auch hier sind die Verhältnisse komplizierter, als es auf den ersten Blick erscheint. Es handelt sich um eine qualitativ ausgezeichnete Studie, deren Sample jedoch nur 16 Frauen umfaßt – eine Zahl, die so gering ist, daß die gewonnenen Erkenntnisse wirklich nicht ohne weiteres verallgemeinerbar sind. Zudem mißbrauchten auch von diesen 16 Frauen acht alleine, mithin 50%. Allein diese Zahl zeigt ja nun, daß nicht etwa »die meisten«, sondern nur 50% der Frauen in dieser kleinen Studie auf die Initiative von Männern hin mißbrauchten. Die übrigen acht Fälle stellen sich folgendermaßen dar: In allen Fällen ging die Initiative zunächst von den Männern aus, während die Frauen – bis auf einen Fall – von ihnen hineingezogen wurden. In diesem einen Fall handelte es sich um eine Frau, die sich, als sie entdeckte, daß ihr Mann die gemeinsamen Kinder mißbrauchte, ohne Druck und Zwang seitens des Mannes bereitwillig an dem Mißbrauch beteiligte. Hier scheint mir der Begriff »Nebenrolle« sachlich unzutreffend. Darüber hinaus wurden drei weitere Frauen zwar ursprünglich von ihren Männern in sexuell mißbrauchende Aktivitäten hineingezogen; zu einem späteren Zeitpunkt waren sie jedoch auch von sich aus initiativ. Diese Frauen machten also eine Entwicklung durch, in deren Verlauf sie von ursprünglichen Mittäterinnen zu Initiatorinnen des Mißbrauchs wurden. Lediglich für die verbleibenden vier Frauen trifft zu, daß sie zu einer Beteiligung an dem mißbräuchlichen Geschehen genötigt bzw. gezwungen wurden. Der Begriff »Nebenrolle« erscheint mir dennoch nicht sinnvoll. Hier entsteht fälschlicherweise die Vorstellung, die derart genötigten Frauen seien an den eigentlichen Akten sexuellen Mißbrauchs weniger bzw. nur nebensächlich beteiligt. Dies kann zwar (bei Mathews u.a. in einem [!] Fall) zutreffen, muß aber nicht so sein. Ich nenne hierfür das Beispiel einer Frau, die von ihrem Mann in den Mißbrauch der 13jährigen Tochter des Mannes verwickelt wurde. Auf Initiative des Mannes kam es dazu, daß sie und ihr Mann die (Stief-)Tochter gemeinsam mißbrauchten. Sie manipulierte die Genitalien des Mädchens, zwang ihm oralen Sex auf und zwang es dazu, ihre Genitalien zu manipulieren – ein Verhalten, das ich nicht als »nebensächlich« bezeichnen würde.[42] Der Begriff »Nebenrolle« scheint mir nur gerechtfertigt, sofern er unmittelbar auf die Frage bezogen wird, wer die Initiative ergriffen hat, nicht jedoch in Hinblick auf das mißbräuchliche Geschehen selbst.

Das bisher vorliegende Material ist widersprüchlich und keineswegs so eindeutig, wie z.B. von den Broek meint. Ich habe deshalb Zweifel daran, ob die oft vertretene Meinung, die Initiative zum sexuellen Mißbrauch gehe in aller Regel von den Männern aus, während die Frauen nur eine Nebenrolle spielen, ohne weiteres haltbar ist.

Mißbrauchen Frauen eher Jungen als Mädchen?
Auch in dieser Hinsicht sind die Ergebnisse bisheriger Untersuchungen widersprüchlich. Knopp und Lackey berichten von 911 Übergriffen, von denen 646 (= 71%) als sogenannte »hands-on«-Übergriffe bezeichnet werden. (Damit sind zum einen sexuelle Praktiken ohne Penetration gemeint, etwa Manipulation der Genitalien, Oralsex etc., zum anderen sexuelle Praktiken mit analer oder vaginaler Penetration durch Penis, Finger oder andere Objekte. Mit »hands-off«-Übergriffen werden obszöne Anrufe, Exhibitionismus, Voyeurismus und Fetischismus bezeichnet; hinzu kommen Kinderprostitution und Kinderpornographie.) In 51% der Fälle waren die Opfer männlichen, in 49% der Fälle weiblichen Geschlechts. Während in der Altersgruppe bis einschließlich 17 Jahren (bezogen auf das Alter der Täterinnen) mehr Mädchen (55,7%) als Jungen (44,3%) mißbraucht wurden, dreht sich diese Relation in der Altersgruppe der über 18jährigen Täterinnen um: hier sind 54,3% der Opfer

männlich und 45,7% der Opfer weiblich.[43] Allen berichtet von 22 Täterinnen, die 36 Fälle angeben. Von den Opfern waren 69,4% Jungen und 30,6% Mädchen.[44] Dem Eindruck, daß Frauen eher Jungen als Mädchen mißbrauchen, stehen jedoch die Ergebnisse anderer Untersuchungen entgegen. Faller berichtet, daß von 86 Opfern 2/3 Mädchen und 1/3 Jungen waren[45], und in der Untersuchung von Mathews u.a. waren 64% der Opfer weiblich, 36% männlich.[46] Russel und Finkelhor schließlich weisen darauf hin, daß gemäß der National Incidence Study (24% der männlichen und 13% der weiblichen Opfer von Frauen mißbraucht) und American Humane Association Study (14% der männlichen und 6% der weiblichen Opfer von Frauen mißbraucht) der prozentuale Anteil der männlichen Opfer zwar weitaus höher ist, in absoluten Zahlen ausgedrückt jedoch wesentlich mehr Mädchen als Jungen von Frauen mißbraucht werden: Für die National Incidence Study mit 44.700 Fällen beträgt die Zahl der von Frauen mißbrauchten Mädchen 4.823, die der Jungen hingegen nur 1.824.[47]

Beziehungen zwischen Täterinnen und Opfern
Ganz überwiegend scheinen die Opfer zur Familie der Täterin zu gehören, und in den meisten Fällen ist die mißbrauchende Frau die Mutter des Opfers. In der Studie von Faller (40 Täterinnen/86 Opfer) waren 85% der Frauen Mutter mindestens eines ihrer Opfer. 55% mißbrauchten nur ihre eigenen Kinder, 30% eigene und andere Kinder. Bei diesen anderen Kindern handelte es sich um Nichten und Neffen (drei Fälle), Enkel (zwei Fälle) sowie Nachbarskinder oder Kinder von Freunden (drei Fälle). Nur in sechs Fällen waren die Täterinnen nicht Mutter mindestens eines der Opfer (Enkelin ein Fall, Schwester zwei Fälle, Tochter des Freundes zwei Fälle, Babysitting ein Fall).[48]

Die Untersuchung von Allen kommt zu dem Ergebnis, daß 70% der Opfer zur engeren Familie gehören (zum Vergleich: 59% der Opfer männlicher Mißbraucher). In 59% der Fälle handelt es sich um eigene Kinder, Stiefkinder, adoptierte Kinder oder Pflegekinder und in 11% der Fälle um Geschwister, Stief- und Halbgeschwister. Zur weiteren Familie gehören 8% der Opfer von Frauen (2% Neffen, 6% Cousins; bei männlichen Tätern: 19% in dieser Kategorie). Nur 22% der Opfer von Frauen gehören nicht zur Familie. Aber auch hier handelt es sich nicht um fremde Kinder, sondern um Nachbarskinder, Kinder von Freunden und Bekannten und Freunde der Geschwister.[49] Zehn der acht Täterinnen in der kleinen Studie von Wolfers mißbrauchten ihre eigenen Kinder.[50] Bei Mathews u.a. schließlich gehören 79,6% der Opfer zur Familie: 61,4% der Kinder wurden von ihren Müttern mißbraucht, 2,3% von der Stiefmutter, bei 15,9% der Opfer handelte es sich um Neffen (fünf Fälle), Nichten und Cousinen (je ein Fall). Die übrigen 20,4% verteilen sich auf Nachbarskinder oder Freunde der eigenen Kinder (18,1%) sowie einen Fall, bei dem ein Kind von der Babysitterin mißbraucht wurde.[51]

In der Studie von Knopp und Lackey[52] sieht die Verteilung anders aus: Bei den 646 Opfern von Hands-on-Delikten handelte es sich in 50,8% der Fälle um Inzestdelikte, bei 45,5% der Fälle um eine Frau/ein Mädchen aus dem Bekanntenkreis und bei 3,7% der Fälle um eine fremde Täterin. Diese – abweichende – Verteilung scheint jedoch damit zusammenzuhängen, daß die Altersstruktur der Täterinnengruppe sich von der in anderen Studien unterscheidet: Die Daten sind Ergebnis einer Befragung von Beratungs- und Behandlungsstellen, die um Auskunft darüber gebeten worden waren, ob sie spezielle Therapieangebote für mißbrauchende Frauen bzw. für mißbrauchende weibliche Jugendliche anbieten. Von den 646 Hands-on-Übergriffen wurden 30 von Mädchen unter 11 Jahren, 189 von weiblichen Jugendlichen von 11–17 Jahren und 427 von Frauen über 18 Jahren begangen; auf die Gruppe der unter 18jährigen entfallen also 34% aller Übergriffe. In Übereinstimmung mit diesem Ergebnis betont Scavo[53] aufgrund ihrer klinischen Erfahrung mit mißbrauchenden weiblichen Jugendlichen, daß jugendliche Täterinnen den sexuellen Mißbrauch häufig in einer Situation begehen, in der ihnen ein Kind zum Babysitten anvertraut ist.

Alter der mißbrauchten Kinder
Angaben über das Alter der Opfer finden sich nur vereinzelt. In manchen Fällen beginnt der Mißbrauch nur wenige Tage nach der Geburt.[54] Faller (1987) gibt das Durchschnittsalter der 86 in ihrer Studie erfaßten Kinder mit 6,4 Jahren an. 19% der Kinder waren jünger als vier, 41,3% zwischen vier und sechs, 30,2% zwischen sieben und zehn und nur 9,5% älter als zehn Jahre. In den von Krug (1989) vorgestellten Fällen beginnen die mißbräuchlichen Beziehungen teils im Alter von ca. sieben Jahren, teils in der frühen Pubertät. Bei den 83 Männern aus der Studie von Petrovich und Templer lag das Alter zum Zeitpunkt des Mißbrauchs zwischen vier und sechzehn Jahren, der Altersdurchschnitt bei 10,81 Jahren.[55] Aus der Studie von Mathews u.a. (1989) ergibt sich, daß der Mißbrauch der 44 genannten Kinder oft sehr früh begann. Zwei Kinder waren nicht einmal ein Jahr alt; die Altersgruppe der unter 6jährigen ist stark vertreten, während der Anteil der Kinder, die in der frühen Pubertät erstmals mißbraucht wurden, nur ein knappes Viertel ausmacht.

Es scheint, als mißbrauchten Frauen häufig sehr junge Kinder. Die zur Verfügung stehenden Daten sind aber so unzureichend, daß diese Aussage nur im Sinne eines Hinweises gewertet werden kann.

Mißbrauchen Frauen »anders« als Männer?
Immer wieder wird in der Diskussion um sexuellen Mißbrauch durch Frauen die Meinung vertreten, der Mißbrauch, den Frauen begehen, sei »anders« als der von Männern begangene – subtiler, weniger schwerwiegend und vor allem weit weniger gewalttätig. So kommt etwa Marvasti (die Studie umfaßte allerdings nur fünf Fälle) zu der Überzeugung, daß sexueller Mißbrauch durch Frauen in der Regel nicht gewalttätig sei und das zentrale Problem von Macht und Autorität anders als bei Män-

nern keine wesentliche Bedeutung habe[56]; Gloer beurteilt den Mißbrauch durch Frauen folgendermaßen: »Sie sind in der Mehrzahl wesentlich weniger brutal, weniger gewalttätig als Männer. Und das nicht nur, weil Penetration praktisch nicht stattfinden kann. Sie wenden auch seltener Drohung und Erpressung an... Der Mißbrauch durch Frauen ist viel subtiler und deshalb oft nur schwer festzumachen.«[57] Wolfers (1992) stellt dagegen fest, daß in ihrer kleinen Studie sieben der zehn Frauen im Zusammenhang mit dem Mißbrauch gewalttätig waren und daß hinsichtlich der Arten des Mißbrauchs einschließlich sadistischer Grausamkeiten im Vergleich zu mißbrauchenden Männern keine Unterschiede festzustellen gewesen seien: »Gewalt mag benutzt werden, um Furcht einzuflößen und Aufdeckung zu verhindern, aber in manchen Fällen ging es eindeutig um die Gewalt selbst als Mittel der Degradierung und Demütigung der Opfer; zugleich erlaubte die Gewalt der Täterin, ein Maximum an Kontrolle und Macht auszuüben.«[58] Hanks und Saradjian, die im Rahmen der Abteilung für Psychologie am St. James's Universitäts-Krankenhaus in Leeds Studien über Lebensumstände und Persönlichkeitsmerkmale sexuell mißbrauchender Frauen/Mütter betreiben, stellen zu der Frage bezüglich Ähnlichkeiten und Unterschieden zwischen mißbrauchenden Männern und Frauen fest: »Derzeit lassen sich keine Aussagen darüber machen, ob sich die Verhaltensmuster zwischen Männern und Frauen in diesem Bereich voneinander unterscheiden, aber man kann annehmen, daß die Frage der Macht bei Männern wie bei Frauen eine zentrale Bedeutung hat.«[59] Saradjian verglich in einer Studie eine Gruppe sexuell mißbrauchender Mütter mit einer Gruppe nicht mißbrauchender Mütter.[60] Sie kam zu dem Ergebnis, »daß das mißbräuchliche Verhalten der Frauen in einem starken Zusammenhang mit dem Bedürfnis zu sehen ist, den sexuellen Mißbrauch, den sie in ihrer Kindheit selber erfahren hatten, zu reinszenieren. Wenn sie selber zum ›mächtigen, kontrollierenden Täter‹ wurden, empfanden sie ein Gefühl von Kontrolle und scheinen eine körperliche Befreiung von Spannungszuständen zu erreichen. Hierdurch entsteht eine starke Motivation, das mißbräuchliche Verhalten zu wiederholen.«[61] Auch in anderen Untersuchungen und Falldarstellungen finden sich immer wieder Beispiele für eine Art des Mißbrauchs, die ausgesprochen gewalttätige Züge trägt.[62] Die Frage, ob der Machtfaktor einerseits, Gewalttätigkeit andererseits bei mißbrauchenden Frauen tatsächlich weniger bedeutsam ist, ist also nicht ohne weiteres zu beantworten. Mir drängt sich der Verdacht auf, daß die Betonung fehlender oder geringerer Gewalttätigkeit im Verhalten mißbrauchender Frauen dem Wunsch entspringt, mißbräuchliches Verhalten von Frauen zu verharmlosen. Einmal dahingestellt, ob Frauen weniger körperliche Gewalt anwenden als Männer, scheint mir diese Betrachtungsweise auch gefährlich: Hier gerät leicht aus dem Blick, daß die Frage *körperlicher* Gewalttätigkeit in bezug auf die Folgen des Mißbrauchs für das Opfer nicht unbedingt zentral ist. Ein kleines Kind ist in seiner gesamten Existenz von Vater und/oder Mutter in einem solchen Maße abhängig, daß es der körperlichen Gewalt im Zusammenhang mit dem sexuellen Mißbrauch gar nicht bedarf, um dem Kind ein Gefühl größten Ausgeliefertseins zu vermitteln. Allein das Machtgefälle zwischen einem Kind und seiner erwachsenen Mißbraucherin dürfte ausreichen, um eine Situation *psychischer* Gewalt zu konstituieren, die in ihren Folgen ebenso verheerend ist/sein kann wie die Erfahrung körperlicher Gewalt und die die Persönlichkeit des Kindes unter Umständen zerstört.

Faller nennt als Arten des Mißbrauchs (Mehrfachnennungen): 37,5% der Frauen stimulieren den Körper des Kindes, 27,5% übten Oralsex aus, 25% penetrierten mit dem Finger, 20% übten Geschlechtsverkehr aus, 55% waren an Gruppensex mit Kindern beteiligt, 12,5% stellten pornographische Fotos von Kindern her, 20% ließen Kinder dabei zuschauen, wenn sie mit einem Mann Geschlechtsverkehr hatten, 15% stifteten Kinder dazu an, miteinander sexuell aktiv zu sein.[63] Knopp und Lackey zählen bei den 911 von ihnen erfaßten Fällen als Mißbrauchsarten auf: 62,5% Mißbrauch ohne Penetration (Stimulieren des Körpers und der Genitalien des Kindes, sich vom Kind stimulieren lassen, sich am Kind reiben, oraler Sex), 8,5% mit Penetration, Hands-off-Übergriffe (obszöne Anrufe, Voyeurismus, Exhibitionismus, Fetischismus) 10,8%, sadistische Grausamkeiten 2,8%, Kinderprostitution 10,2%, Kinderpornographie 3,0%, Pornographie mit Erwachsenen 2,1%.[64] Die 16 Frauen aus der Studie von Mathews u.a. gaben als Mißbrauchsarten (Mehrfachnennungen) an: 87,5% Mißbrauch ohne Penetration (Körper und Genitalien des Kindes stimulieren, eigene Genitalien vom Kind stimulieren lassen, sich am Kind reiben), 37,5% oraler Sex, 43,75% Penetration mit Zunge, Finger oder Objekt, 18,75% Geschlechtsverkehr bzw. Penetration mit Penis des Kindes.[65]

Die einzige mir bekannte vergleichende Studie nennt folgende Arten des Mißbrauchs[66] (die Prozentzahlen beziehen sich auf die Anzahl der Opfer, mit denen das entsprechende Verhalten praktiziert wurde, die Frage zielte auf das weitestgehende mißbräuchliche Verhalten ab) für Frauen bzw. Männer:

weitestgehendes mißbräuchliches Verhalten	Frauen	Männer
vaginaler oder analer GV	30%	9%
berühren, stimulieren	30,5%	57%
oraler Sex	11,5%	25%
Exhibitionismus und Voyeurismus	28%	9%

In der Studie von Petrovich und Templer gaben 49 von Frauen mißbrauchte Männer insgesamt 73 Mißbrauchsfälle an. In 82% dieser Fälle (60 von 73) schloß der Mißbrauch Geschlechtsverkehr mit ein (Alter der Opfer zum Zeitpunkt des Mißbrauchs zwischen 4 und 16 Jahren, Altersdurchschnitt 10,81 Jahre).[67]

Aus den hier zusammengetragenen Zahlen, die natürlich nur einen kleinen Einblick gewähren, läßt sich m. E. nicht schließen, daß Frauen »anders« mißbrauchen als Männer. Bestenfalls können wir konstatieren, daß vaginaler oder analer Geschlechtsverkehr, den ein erwachsener Mann mit einem Jungen oder Mädchen ausübt, körperlich schmerzhafter ist als vaginaler oder analer Geschlechtsverkehr, den eine Frau mit einem männlichen Kind vollzieht. Führt eine Frau aber beim Kind ein fremdes Objekt vaginal oder anal ein, so kann dies genauso schmerzhaft sein – diese Fälle tauchen jedoch, außer in der Untersuchung von Knopp und Lackey, in der unter »Vergewaltigung« sowohl analer und vaginaler Geschlechtsverkehr als auch Penetration mit Fingern oder Gegenständen verstanden wird, in »harmloseren« Kategorien auf.

Wir wissen zu wenig über den sexuellen Mißbrauch durch Frauen. Wir wissen aber, daß es ihn in allen denkbaren Varianten einschließlich sadistischer Grausamkeiten gibt. Ich meine, wir sollten darauf verzichten, Antworten auf Fragen geben zu wollen (wie etwa die nach der »Andersartigkeit« des sexuellen Mißbrauchs durch Frauen), die wir bis auf weiteres und solange entsprechende Untersuchungen nicht in größerer Zahl vorliegen, nicht wirklich beantworten können. Wir sollten hingegen nicht darauf verzichten, die nötigen Fragen zu stellen – auch dann nicht, wenn die Antworten möglicherweise schmerzhaft sind und es mit sich bringen könnten, daß wir Frauen die Unschuld des Opferstatus aufgeben müssen.

Sexueller Mißbrauch in der Kindheit der Täterinnen
Soweit dies den vorliegenden Arbeiten zu entnehmen ist, scheint ein hoher Prozentsatz der Frauen, die sexuell mißbrauchen, in ihrer Kindheit selber Opfer sexuellen Mißbrauchs gewesen zu sein. So waren von den 256 Frauen, die zum Zeitpunkt der Erhebung von Knopp und Lackey wegen sexuellen Mißbrauchs von Kindern in Behandlung waren, 93% in ihrer Kindheit mißbraucht worden.[68] Die Täterinnen in der Untersuchung von Allen waren zu 72% Opfer sexuellen Mißbrauchs in ihrer Kindheit (zum Vergleich: 36% der Männer).[69] Von den 16

Frauen aus der Studie von Mathews u.a. waren alle mißbraucht worden, 15 von ihnen in der Kindheit und eine Frau als Jugendliche.[70] Wolfers (1992) berichtet, daß vier der zehn Frauen ihrer Studie mißbraucht worden waren. Von den 40 Frauen aus der Studie von Faller waren 19 (47,5%) in der Kindheit Opfer sexueller Ausbeutung gewesen[71], ebenso wie viele der Frauen in der Studie von Saradjian.[72] Zwei der drei ihre Säuglinge mißbrauchenden Frauen schließlich, die Chasnoff u.a. (1986) vorstellen, waren als junge Frauen vergewaltigt worden. Wenn diese Zahlen auch hoch sind, so besteht doch kein zwingender Zusammenhang zwischen früher erlittenem Mißbrauch und später aktiv mißbrauchendem Verhalten: Bei weitem nicht jedes mißbrauchte Kind wird später zum Täter/zur Täterin. Allerdings ist die Wahrscheinlichkeit, zur Täterin zu werden, bei denjenigen Frauen, die als Kind mißbraucht wurden, größer. Wichtig scheint mir der Hinweis von Scavo bezüglich der therapeutischen Arbeit mit sexuell mißbrauchenden Frauen, die in ihrer Kindheit selber Opfer waren: »Unter keinen Umständen darf der frühere sexuelle Mißbrauch der jetzigen Mißbraucherin ein Grund dafür sein, den aktiven Mißbrauch nicht zum Gegenstand der Auseinandersetzung in der Therapie zu machen. Die Wiederbelebung ihrer eigenen Gefühle von Angst, Hilflosigkeit und Wut in bezug auf den früher erlittenen Mißbrauch wird dazu beitragen, daß die heutige Täterin Empathie für ihre Opfer entwickeln kann. Zudem hilft ihr diese Auseinandersetzung, den Zusammenhang zwischen dem eigenen Mißbrauch und dem selbst aktiv mißbrauchenden Verhalten anderen gegenüber zu verstehen.«[73]

Formen des Mißbrauchs
Bevor ich mich den verschiedenen Formen des sexuellen Mißbrauchs durch Frauen zuwende, möchte ich noch einmal betonen, daß sexueller Mißbrauch nur selten Geschlechtsverkehr mit einschließt. Andere Formen des Mißbrauchs, die indirekt und weniger massiv erscheinen, können ebenso negative Kon-

sequenzen haben. So schildern Susan Forward und Craig Buck in bezug auf den Mutter-Sohn-Inzest drei verschiedene Szenarien, deren Folgen sie für gleichermaßen schädlich halten:
1. Szenario: Mutter und Sohn schlafen im gleichen Bett, ziehen sich zusammen an und aus und/oder baden gemeinsam. Die durch übermäßige Intimität sexualisierte Beziehung hat zur Folge, daß zwischen Mutter und Sohn eine exzessive Bindung mit erotischer Färbung entsteht. Oft leben Mutter und Sohn sozial isoliert. Der Sohn nimmt den Platz des Vaters ein, wird jedoch sexuell frustriert, da ihm ein Angebot gemacht wird, das nicht eingelöst wird.[74] Ich komme auf dieses Szenario im Zusammenhang mit dem »latenten Inzest« zurück. Einige der von Krug (1989) dargestellten Fälle entsprechen diesem Muster. Seine Klienten litten als Folge der inzestuösen Mutterbeziehung unter Depressionen, sie hatten Probleme mit Alkohol und Drogen, und sie waren unfähig, längerdauernde Bindungen einzugehen.
2. Szenario: Im Unterschied zum ersten Szenario kommt es hier zu klareren sexuellen Handlungen. Beispielsweise stimuliert die Mutter den Penis des Sohnes beim Wickeln oder Baden bis zur Erektion, badet ihn weit über die Zeit hinaus, in der er noch Hilfe gebraucht hätte, schläft mit ihm in einem Bett und manipuliert seinen Penis bis zur Ejakulation, wenn er die Pubertät erreicht hat.[75]

Erst das dritte Szenario schließt den Geschlechtsverkehr mit ein.

Ich möchte für folgende Formen des sexuellen Mißbrauchs durch Frauen Fallbeispiele darstellen:

Manifeste Formen sexuellen Mißbrauchs

1. Frauen, die alleine mißbrauchen
– Mutter-Sohn-Inzest
– Mutter-Tochter-Inzest (gleichzeitig: Schwester/Schwester)
– Großmutter-Enkelin-Inzest
– Mißbrauch von Säuglingen

- Mißbrauch nicht verwandter Kinder
- a) Teacher/Lover: erwachsene Frau, heranwachsender Junge
- b) Mißbrauch durch Babysitterin
- sadistischer Mißbrauch

2. Frauen, die zusammen mit einem Mann mißbrauchen
- Mißbrauch in gemeinsamer Übereinkunft und Täterschaft
- durch Mann initiierter Mißbrauch, aus dem eigene aktive Täterschaft hervorgeht
- durch Mann erzwungene Beteiligung am sexuellen Mißbrauch

Latenter Inzest: Hochemotionale Verstrickungen in Verbindung mit sexualisierter Beziehung zwischen Mutter und Kind

1. Frauen, die alleine mißbrauchen

Mutter-Sohn-Inzest
Forward und Buck berichten von einem 38jährigen Klienten, der seit seinem dreißigsten Lebensjahr unter heftigen Kopfschmerzen ohne körperliche Ursache litt. Die Kopfschmerzen tauchten immer dann auf, wenn er auf seine Frau, den Sohn oder die Tochter wütend war oder Kontakt zu seiner Mutter hatte. Außerdem litt er unter Erektionsschwierigkeiten. Heimlich konsumierte er Pornofilme und masturbierte dabei. Wegen dieses Verhaltens bzw. wegen der Angst vor Entdeckung stand er unter starkem Druck. Er hatte sadistische sexuelle Phantasien, in deren Mittelpunkt Manipulation und Macht standen. Er war einziges Kind, und seine Eltern hatten sich scheiden lassen, als er elf Jahre alt war. Nach und nach stellte sich heraus, daß die Mutter ihn systematisch zum Partnerersatz gemacht hatte. So ging sie beispielsweise mit ihm zum Essen oder ins Kino aus, ganz so, als wäre er ihr Mann. Sechs Monate nach der Scheidung hatte sie ihn zum erstenmal gebeten, bei ihr im Bett zu schlafen, weil sie »Angst im Dunkeln« habe. Der Junge wachte häufiger mit Erektionen auf und masturbierte dann. Eines

Nachts wurde er wach, weil seine Mutter seinen Penis in der Hand hielt und ihn stimulierte. In der Folge kam es über eine Dauer von zwei Jahren immer wieder zum Geschlechtsverkehr. Als die Mutter erneut heiratete, stellte sie die sexuellen Beziehungen zu ihrem Sohn ein. Der Junge verließ das Elternhaus mit 16 Jahren und hatte seitdem kaum noch Kontakt zur Mutter. Seine Schwierigkeiten begannen, als die Mutter mit dem Stiefvater in seine Nähe zog.[76]

Ähnliche Fälle schildert Krug, so etwa den Fall eines Mannes, dessen Eltern eine sehr schlechte Beziehung zueinander gehabt hatten. Seit seiner frühesten Kindheit schlief er im Bett der Mutter. Auf ihre Initiative hin kam es seit der frühen Pubertät regelmäßig zum Geschlechtsverkehr. Die Mutter, die Alkoholikerin war, machte den Sohn für ihren Alkoholismus verantwortlich. Der Geschlechtsverkehr erzeugte in dem Jungen heftige Angstgefühle. Wegen der Schuldgefühle im Zusammenhang mit dem Alkoholismus der Mutter machte er aber teilweise »freiwillig« mit. In der Familie übernahm er die Elternrolle, da die Mutter nicht in der Lage war, für sich oder andere zu sorgen. Seine Beziehung zum Vater war – ebenso wie die der Eltern zueinander – sehr distanziert. Als erwachsener Mann heiratete er zwar, doch hatte er weder zu seiner Frau noch zu seinen beiden Kindern eine echte innere Beziehung. Er war drogen- und medikamentenabhängig, verausgabte sich in zahlreichen Affären mit Männern und Frauen und starb schließlich an einer Geschlechtskrankheit.[77] (Zum Mutter-Sohn-Inzest s.a. Literaturverzeichnis Nr. 8, 34, 54, 56, 71, 72, 74.)

Mutter-Tochter-Inzest (auch: Schwester-Schwester)
Ebenfalls bei Forward und Buck findet sich die ausführliche Darstellung eines Falls von Mutter-Tochter-Inzest: Eine 34jährige Frau suchte nach mehreren Selbstmordversuchen therapeutische Hilfe. Sie befand sich zum Zeitpunkt des Therapiebeginns in chaotischer emotionaler Verfassung, die durch rapide Stimmungsumschwünge von fordernd und wütend zu niedergeschla-

gen und hilflos gekennzeichnet war. Die Klientin war die jüngere von zwei Töchtern. Ihre Eltern hatten zwar nie Streit, es waren aber auch keine Gefühle positiver Art sichtbar. Schon in der frühen Kindheit wurde die Klientin von ihrer Mutter am ganzen Körper betatscht und befummelt, wenn sie auf ihrem Schoß saß. Die Mutter trug keine Unterwäsche und zeigte dem Kind ihre Brüste und Genitalien. Sie wusch das Kind vor allem im Genitalbereich überaus gründlich, steckte ihm Finger in die Vagina und rieb die Genitalien des Kindes unter dem Vorwand, es zu waschen. Als das Kind neun Jahre alt war, ging die Mutter dazu über, die Genitalien des Kindes zu manipulieren und dabei zu masturbieren. Auch verlangte sie von ihrer Tochter, daß diese ihre Brüste berühren solle. Die ältere Schwester der Klientin wurde von der Mutter ebenfalls mißbraucht und unterhielt mit Einverständnis der Eltern bereits im Alter von zwölf Jahren eine sexuelle Beziehung zu einem 26jährigen Mann. Diese Schwester mißbrauchte nun ihrerseits die Klientin: Gemeinsam mit drei Freundinnen bedrohte sie die Klientin mit einem Messer; die vier Mädchen zwangen sie, sich auf den Boden zu legen, und mißbrauchten sie oral. Die Schwester wiederholte den Mißbrauch unter Drohung mit dem Messer, wenn die Eltern außer Haus waren. Bei mehreren Gelegenheiten penetrierte sie ihre Schwester mit Stöcken und anderen Gegenständen. Die Klientin, die Nähe nur in sexualisierter Form kennengelernt hatte, entwickelte Männern gegenüber ein stark verführerisches Verhalten, weil dies die einzige ihr bekannte Art war, in Kontakt zu treten. In Männerbeziehungen suchte sie auf diesem Wege Halt und Zärtlichkeit, fand aber nur die Wiederholung ihrer Erfahrung in Form einer ganzen Reihe menschlich und sexuell ausbeuterischer Beziehungen. Die Sexualität selber bedeutete ihr nichts: Sie war Mittel zum Zweck und verschaffte ihr kein lustvolles Erleben. Mit 25 Jahren war sie zum fünften Mal verheiratet. Über den sexuellen Mißbrauch durch ihre Mutter sagte sie: »Wenn meine Mutter mich berührte, war es, als wenn sie sich selber masturbiert, weil ich ein Teil von ihr war.«[78]

Auch in der Studie von Mathews u.a. werden mehrere Fälle von Mutter-Tochter-Inzest beschrieben, u.a. der der Frau D., die erst während der Therapie eingestand, ihre vier Töchter in der frühen Kindheit (Säuglingsalter bis drei Jahre) sexuell mißbraucht zu haben. Dies sei dann vorgekommen, so Frau D., wenn sie sich schlecht gefühlt habe. Zu den Übergriffen kam es während des Windelwechselns. Zunächst handelte es sich um harmlose Spiele wie die Füße der Kinder kitzeln oder den Kindern auf den nackten Bauch blasen. Nach und nach ging Frau D. dazu über, die Genitalien der Kinder zu reiben, ihnen einen Finger in die Vagina zu stecken und ihre Genitalien zu küssen.[79] (Zum Mutter-Tochter-Inzest s.a. Literaturverzeichnis Nr. 12, 30, 32, 46, 48, 54, 73.)

Inzest zwischen Mutter, Tochter und Sohn
Der sexuelle Mißbrauch muß sich nicht auf ein Kind oder Kinder eines Geschlechts beschränken – oft sind mehrere oder gar alle Kinder einbezogen. Dies scheint meist dann der Fall zu sein, wenn eine Frau zusammen mit einem oder mehreren anderen Erwachsenen mißbraucht, kann aber auch bei einer Frau, die alleine mißbraucht, vorkommen. Mathews u.a. berichten von einem solchen Fall: Frau F. lebte allein mit ihrer Tochter und den zwei Söhnen. Sie initiierte den sexuellen Kontakt, als ihre Kinder zwischen vier und sechs Jahre alt waren. Da die Tochter sich gegen den Mißbrauch wehrte, hielt sie sich später nur noch an die beiden Söhne. Sie rieb den Penis der Söhne an ihren Genitalien auf und ab; während dieser Handlungen kam es mit beiden Söhnen auch zur Penetration. Der Mißbrauch dauerte insgesamt sieben Jahre. Als Begründung für ihr Verhalten gab sie an, ihr Freund habe ihr nicht genug Sex gegeben. Außerdem fühle sie sich von ihm mißachtet und sei sozial isoliert.[80]

Inzest zwischen Großmutter und Enkelin
In einigen wenigen Fällen wird auch von sexuellen Beziehungen zwischen Großmüttern und ihren Enkelkindern berichtet

(der umgekehrte Fall – Großvater/Enkelkind – kommt sehr viel häufiger vor). So beschreiben etwa Barry und Johnson den Fall einer Frau, die mit Beginn der Pubertät von ihrer Großmutter zu gegenseitiger Masturbation genötigt wurde und erst im Alter von 15 Jahren in der Lage war, diese Beziehung zu beenden.[81] Auch Cabanis und Phillip berichten von einer 74jährigen Frau, die ihre achtjährige Enkeltochter dazu veranlaßte, ihre Genitalien zu stimulieren, »um ihren Unterleib zu stärken«.[82]

Sexueller Mißbrauch von Säuglingen

Sehr wenig ist darüber bekannt, in welchem Ausmaß sexueller Mißbrauch – insbesondere, wenn er im Rahmen des Pflegeverhaltens kaschiert wird – bereits im Säuglingsalter beginnt. Chasnoff u.a. (1986) berichten von drei Fällen, in denen Mütter ihre gerade erst geborenen Kinder mißbrauchten. Diese Fälle wurden im Laufe eines aus Gruppen- und Einzeltherapie bestehenden Behandlungsprogrammes für drogenabhängige Frauen, die während ihrer Schwangerschaft um Hilfe gebeten hatten, von den Täterinnen offengelegt. In allen drei Fällen ging es um den Mißbrauch männlicher Säuglinge.

Im ersten Fall schliefen Mutter und Sohn seit der Geburt in einem Bett. Zwei Wochen nach der Geburt begann die Mutter, das Kind sexuell zu stimulieren. Sie nahm seinen Penis in den Mund und benutzte den Säugling zum Masturbieren, indem sie ihn gegen ihre Genitalien rieb. Dies führte sie fort, bis das Kind 18 Monate alt war. Zu dem Zeitpunkt, zu dem die Mutter den Mißbrauch offenlegte, zeigte das inzwischen dreijährige Kind auffällige Verhaltensstörungen. Sprachentwicklung und soziales Verhalten waren verzögert. Der Junge verhielt sich körperlich und sexuell aggressiv. So griff er etwa anderen Mädchen unter den Rock und versuchte, ihre Genitalien zu stimulieren. Die Mutter war zwar selber in der Kindheit nicht mißbraucht, mit 19 Jahren jedoch vergewaltigt worden.

Der zweite Fall betrifft eine 30jährige alleinlebende Frau, die seit mehr als zehn Jahren alkoholabhängig war. Nach der Geburt ihres Kindes lebte sie sehr isoliert und vermied auch den Kontakt mit früheren Freunden. Als der Junge noch nicht einen Monat alt war, begann sie, den Penis des Sohnes zu stimulieren und in den Mund zu nehmen, während sie masturbierte. Dieses Verhalten setzte sie drei Monate lang fort.

Im dritten Fall schließlich ging es um eine 36jährige alleinlebende Frau. Auch sie war als junge Frau vergewaltigt worden. Mutter und Sohn lebten allein und schliefen im gleichen Bett. Bereits eine Woche nach der Geburt begann die Mutter damit, die Genitalien des Kindes zu stimulieren und dabei zu masturbieren. Dieses Verhalten setzte sie fort, bis das Kind neun Monate alt war. Zu diesem Zeitpunkt lernte sie einen Mann kennen, zu dem sie eine sexuelle Beziehung aufnahm. Das Kind zeigte ähnliche Verhaltensauffälligkeiten wie im ersten Fall beschrieben. Alle drei Frauen stellten den sexuellen Mißbrauch erst zu einem Zeitpunkt ein, zu dem es ihnen gelungen war, eine tragfähige Beziehung zu ihrem Therapeuten herzustellen.[83]

Sexueller Mißbrauch von Kindern durch weibliche Jugendliche

Wenig ist auch über weibliche Jugendliche bekannt, die sexuell mißbrauchen. Bei den in den Untersuchungen erfaßten Frauen handelt es sich – von Ausnahmen abgesehen – um erwachsene Frauen. Die Studie von Knopp und Lackey gibt allerdings Aufschluß darüber, daß es wahrscheinlich einen nicht geringen Prozentsatz sexuell mißbrauchender weiblicher Jugendlicher gibt: In dieser Studie war speziell nach Behandlungsangeboten für weibliche Jugendliche gefragt worden. Von den 476 in den Jahren 1985/86 in den antwortenden Beratungsstellen behandelten Frauen fielen immerhin 163 (=34,2%) in die Altersgruppe bis 17 Jahre. 219 (= 33,9%) der insgesamt 646 Hands-on-Delikte wurden von dieser Altersgruppe begangen. Der größte Teil der Opfer, nämlich 142, findet sich in der Gruppe der »Bekannten«, ein kleinerer Teil – 67 – gehörte zur Familie, und nur in zehn Fällen handelte es sich um völlig fremde Opfer.[84] Rebecca R.

Scavo (1989) spricht daher in bezug auf sexuell mißbrauchende weibliche Jugendliche von einer Gruppe, die wenig zur Kenntnis genommen und in Hinblick auf Hilfsangebote vernachlässigt worden sei. Soweit überhaupt über sexuell mißbrauchende weibliche Jugendliche berichtet wird, geht es um Mädchen, die sich wesentlich jüngeren Kindern (sechs Jahre und abwärts) nähern, und zwar in vielen Fällen im Zusammenhang mit dem Babysitten.[85] So verhielt es sich beispielsweise bei einem 13jährigen Mädchen, das das ihr anvertraute dreijährige Mädchen mißbrauchte, indem es während des Badens die Genitalien des Kindes auf aggressive Weise rieb und ihm während des Anziehens in die Genitalien griff.[86] Von einem solchen Fall berichten auch Mathews u.a.: Frau H. wurde in ihrer Kindheit von einer Babysitterin und einem Nachbarn mißbraucht. Als sie selber 15 Jahre alt war, mißbrauchte sie einen drei- bis vierjährigen Jungen, den sie beaufsichtigte. Sie stieß ihn auf das Bett und rieb sich auf ihm sitzend an ihm. Später lebte sie bei einer Tante, die eine neunjährige Tochter hatte. Wenn Frau H. sich schlecht fühlte, mißbrauchte sie ihre Cousine, indem sie Brüste und Genitalien des Kindes manipulierte und auch verlangte, daß das Kind dies umgekehrt mit ihr tue. Kam das Kind der Aufforderung nicht nach, schlug sie es. Über einen Zeitraum von ca. zwei Jahren zwang sie das Kind etwa dreimal wöchentlich zu sexuellen Aktivitäten, zu denen Küssen, Saugen an den Brüsten und Penetration mit dem Finger gehörten.[87]

Auch die 18jährige Frau G. mißbrauchte ihren neunjährigen Neffen, wenn sie mit ihm allein war. Der Mißbrauch begann, nachdem sie vergewaltigt worden war: »Wir spielten normalerweise Karten oder Lego oder hörten uns Musik an... Ich reichte dann zu ihm herüber, steckte meine Hand in seine Hose und forderte ihn auf, die Hose auszuziehen. Er tat das. Ich forderte ihn auf, sich hinzulegen. Er tat auch das. Ich saugte dann an seinem Penis. Er hatte Angst und war ganz angespannt. Er bekam eine Erektion, hatte aber keine Ejakulation und auch keinen Orgasmus.«[88]

Das mißbräuchliche Verhalten von Frau H. und Frau G. enthielt Elemente von Rache, Macht und Kontrolle. Beide gaben an, daß sie ihre Opfer auf die gleiche Weise verletzen wollten, wie sie selber verletzt worden waren.[89]

Teacher/Lover: Mißbrauch eines heranwachsenden Jungen/Mädchens durch eine erwachsene Frau
Als »Teacher-Lover«-Verhältnis bezeichnen Mathews u.a. sexuelle Beziehungen zwischen einer erwachsenen Frau und heranwachsenden Jugendlichen. Die Täterin bringt in der Rolle der Lehrerin Kindern/Jugendlichen Sexualität bei. Es fällt ihr schwer, einzusehen, daß ihr Verhalten mißbräuchlich ist, da sie keine »bösen Absichten« hat: Sie verliebt sich in den Jugendlichen, sieht ihn als gleichberechtigten Partner an und glaubt, daß die sexuelle Erfahrung für ihn positiv ist. Die sexuelle Beziehung empfindet sie als »Akt der Nächstenliebe und Freundlichkeit«.[90]

In diese Kategorie fällt beispielsweise Frau A. Sie lebte mit ihren beiden vorpubertären Söhnen alleine. Im Alter von 38 Jahren begann sie eine zwei Jahre dauernde Affäre mit dem 14jährigen Freund eines ihrer beiden Söhne. Einige Monate nach dem Ende dieser Beziehung verwickelte sie zwei 13jährige Jungen und ein 14jähriges Mädchen in sexuell mißbräuchliche Handlungen, an denen sich später auch ein Nachbar beteiligte. Nachdem einer der Jugendlichen den Mißbrauch aufgedeckt hatte, wurde Frau A. angeklagt und zur Teilnahme an einem Therapieprogramm verpflichtet. Während dieser Zeit nahm sie erneut sexuelle Beziehungen zu zwei 13- und 14jährigen Jungen auf. Sie spielte mit ihnen Sexspiele, ließ sich von ihnen küssen und bewegte sie dazu, an ihren Brüsten zu saugen. Nachdem einer der beiden Jungen sich zurückgezogen hatte, nahm sie zu dem anderen eine regelrechte »Liebesbeziehung« auf. Frau A. betonte immer wieder, daß sie keinen Zwang angewendet hätte und der Junge freiwillig mit ihr geschlafen habe. Ihre mißbräuchlichen Beziehungen zu Heranwachsenden legte sie erst im Rahmen des Therapieprogramms offen.[91]

Mißbrauch in Verbindung mit Sadismus und Gewalt
In manchen Fällen kommt es entgegen der landläufigen Vorstellung von der »sanften« Verführung durch Frauen zu außerordentlich gewalttätigen und/oder sadistischen Formen sexuellen Mißbrauchs. So berichten etwa Cabanis und Phillip (1969) von einer Mutter, die ihren sechsjährigen Sohn und die fünfjährige Tochter körperlich mißhandelte, nachdem sie die Kinder mit Exkrementen beschmiert hatte. Während sie die Tochter schlug, masturbierte sie das Mädchen gleichzeitig mit der Hand oder einem Schuhanzieher. Der Vater der Kinder war an diesen Handlungen als Zuschauer beteiligt.[92] Lidz und Lidz (1969) schildern den Fall einer psychotischen jungen Frau, die von ihrer Mutter seit Beginn der Pubertät immer wieder dazu gezwungen worden war, in ihrer Gegenwart einen Striptease vorzuführen. Während dieses Rituals gab die Mutter laufend Kommentare über die Häßlichkeit des Körpers ihrer Tochter ab.[93]

Hirsch berichtet unter Bezug auf Silber (1979) von der Mutter eines Patienten, die im Vorschulalter über mehrere Jahre hinweg täglich sexuell aggressive Mißhandlungen an ihm vorgenommen hatte. Die Mutter nahm bei diesen Gelegenheiten die Hand des Jungen, legte sie auf die von einem Kaiserschnitt verursachte Narbe und sagte dazu, da er diese Narbe verursacht habe, dürfe er sie auch anfassen. Dann führte sie die Hand des Jungen, sein Bein oder seine Hüfte und schließlich seinen ganzen Körper rhythmisch über ihre Genitalien, bis sie zum Orgasmus kam. Manchmal sang sie ihm dabei ein Schlaflied vor. Als der Junge älter wurde und mehr Widerstand leistete, wurden die Handlungen der Mutter immer aggressiver. Manchmal erschreckte sie den Jungen, indem sie plötzlich ihre Schamlippen spreizte und dabei fauchende Geräusche von sich gab. Dann packte sie das Kind bei den Haaren und bewegte sein Gesicht so lange über ihre Genitalien, bis sie zum Orgasmus kam.[94]

Wie hoch der Anteil der Frauen ist, bei denen sich der sexuelle Mißbrauch (der für sich betrachtet ja bereits eine zumindest emotionale Grausamkeit darstellt) mit Sadismus und Grausamkeit verbindet, ist aufgrund des vorliegenden Materials nicht zu beantworten. Einen Hinweis gibt die Studie von Knopp und Lackey: Von den 911 Fällen zeichneten sich 26 (= 2,85%) durch besondere Grausamkeit aus.[95] Ob dieser Anteil in irgendeiner Weise repräsentativ ist, muß offenbleiben. In der Studie von Allen gab von den 140 befragten MißbraucherInnen lediglich ein Mann an, auf besonders sadistische Weise mißbraucht worden zu sein.[96]

Auch die Frage, ob der Anteil der Männer, die auf sadistische und grausame Art mißbrauchen, höher ist als der entsprechende Anteil bei Frauen, kann aufgrund des mir bekannten Materials nicht beantwortet werden.

2. *Frauen, die zusammen mit einem Mann mißbrauchen*

Erinnert sei in diesem Zusammenhang daran, daß gemeinsamer Mißbrauch durch Mann und Frau nicht von vornherein einen Rückschluß darauf zuläßt, daß die Initiative von dem Mann ausging. So zeigte die Studie von Faller (1987), daß bei 29 Fällen gemeinsamen Mißbrauchs die Initiative in zwei Fällen von den Frauen ausging und in weiteren drei Fällen Mann und Frau gleichermaßen initiativ waren. Mißbraucht eine Frau gemeinsam mit einer anderen Person, so handelt es sich nicht in jedem Fall um einen Mann. So zeigte die Studie von Knopp und Lackey (1987), daß es sich bei 17% der mit einer Frau gemeinsam mißbrauchenden Personen um eine Frau handelte.

Mißbrauch in gemeinsamer Übereinkunft und Täterschaft
Mathews u.a. beschreiben den Fall der Frau I.: Ihr Mann hatte sich von ihr zurückgezogen und begann einen Flirt mit einer jungen Frau, die mit dem Ehepaar zusammenlebte. Durch ihren Ehemann hörte Frau I., daß er die junge Frau dabei erwischt habe, wie sie mit den Kindern des Ehepaares Sexspiele gespielt habe; daraufhin habe er sich daran beteiligt. Als Frau I. von diesen Aktivitäten erfuhr, beteiligte sie sich von sich aus ebenfalls

daran. Anfangs, sagte sie, habe es sich gut angefühlt, da viele der Bedürfnisse, die ihr Ehemann nicht habe befriedigen können, gestillt worden seien. Frau I. und ihr Ehemann stimulierten die Genitalien ihrer beiden Töchter und des Sohnes (die Kinder waren zwischen zwei und fünf Jahren alt), penetrierten die Töchter mit den Fingern, masturbierten sie und hatten oralen Sex mit ihnen. Der Mißbrauch ereignete sich über einen Zeitraum von sechs Monaten zwei- bis dreimal wöchentlich, bis er entdeckt und gemeldet wurde. Frau I. gab an, sie habe den Mißbrauch als Erweiterung ihrer Liebe zu ihrem Mann angesehen.[97]

Durch den Mann initiierter Mißbrauch, der später zur aktiven Täterschaft der Frau führt

Frau K. war mit einem Mann verheiratet, der schon in der Vergangenheit Kinder mißbraucht hatte. Sie selbst wurde von ihm emotional und körperlich mißhandelt. Frau K. hatte den Verdacht, daß ihr Mann die beiden Söhne und die Tochter mißbrauchte, und stellte ihn deswegen zur Rede. Er stritt dies zwar ab, machte aber wenig später den Vorschlag, ein Familien-Sex-Spiel zu spielen. Als Frau K. sich weigerte, sich daran zu beteiligen, drohte er, sie zu schlagen, und zwang sie so zur Mittäterschaft. Anfangs spielten Herr und Frau K. mit den Kindern »Spiele«, bei denen sie gezwungen waren, sich auszuziehen. Beide faßten die Kinder dann an und zwangen die Kinder auch dazu, die Eltern anzufassen. Weigerten die Kinder sich mitzuspielen, wurden sie geschlagen. Die sexuell mißbräuchlichen Verhaltensweisen umfaßten später oralen Sex, Berühren und Stimulieren und Penetration. Zudem wurden die Kinder gezwungen, miteinander sexuell aktiv zu sein und die Eltern beim Geschlechtsverkehr zu beobachten. Während Frau K. angibt, sich zu Beginn nur wegen der Drohungen ihres Mannes an den mißbräuchlichen Handlungen beteiligt zu haben, gestand sie ein, daß sie nach einiger Zeit selber Gefallen daran gefunden habe.

Ähnlich verhielt es sich bei Frau L., deren Mann sexuelle Aktivitäten mit den drei Töchtern und zwei Neffen initiierte und sie aufforderte, sich zu beteiligen. Als Frau L. sich weigerte, schlug er sie und drohte, sie zu töten. Daraufhin fügte sie sich und beteiligte sich an dem Mißbrauch, der Küsse, Stimulation der Kinder, oralen Sex und das Einführen von Objekten beinhaltete. Zu einem späteren Zeitpunkt ging Frau L. dazu über, ihre Töchter aus eigenem Antrieb heraus zu mißbrauchen. Sie stimulierte die Genitalien der Mädchen, verlangte von ihnen, daß sie dies auch bei ihr täten, und penetrierte sie mit Objekten. Außerdem veranlaßte sie die Mädchen dazu, bei ihr einen Vibrator einzuführen. Als Begründung für ihr Verhalten gab sie an, sie hasse ihren Mann und sei mit der sexuellen Beziehung zu ihm nicht zufrieden. In beiden Fällen erstreckte sich der Mißbrauch über einen Zeitraum von zwei Jahren und fand dreimal pro Woche statt.[98]

Durch einen Mann erzwungene Beteiligung am Mißbrauch
In einem Teil der Fälle wird die Beteiligung der Frauen am Mißbrauch durch Drohungen wie körperliche und psychische Gewalt erzwungen, ohne daß die Frauen je selber Gefallen an den mißbräuchlichen Handlungen fanden und sich dadurch sexuell erregt fühlten. So verhielt es sich beispielsweise bei Frau O., die mit ihrem Mann, ihren beiden Töchtern und einer Stieftochter lebte. Frau O. war von Valium wie auch von Alkohol abhängig. Ihr Mann, der sie und die Kinder körperlich mißhandelte, verhielt sich ihr gegenüber mißbräuchlich. So nahm er sie etwa mit in Pornoläden und zwang sie dort zu sexuellen Aktivitäten. Auch zwang er sie zur Prostitution, indem er manchmal Männer mit nach Hause brachte und sie nötigte, mit ihnen zu schlafen. Ihr Mann zwang sie auch dazu, ihn in Gegenwart der Kinder oral zu befriedigen. Gemeinsam mit einem Freund veranstaltete Herr O. Parties, bei denen mit den Kindern Sexspiele gespielt wurden. Frau O., die sich unfähig fühlte, die Kinder zu schützen, zog sich bei solchen Gelegenheiten mit dem jüngsten Kind in das Schlafzimmer zurück und bemühte sich darum, zu

verdrängen, was vorging. Eines Abends befanden sich ihr Mann, sein Freund, ihre Stieftochter und deren Freundin im Wohnzimmer. Frau O. hatte sich wie üblich ins Schlafzimmer zurückgezogen. Sie hörte jedoch, wie die beiden Mädchen schrien, sie wollten nicht, daß die Männer in sie eindrängen. Diese Situation veranlaßte Frau O., zu intervenieren. Sie konnte die beiden Männer davon abhalten, die Mädchen zu vergewaltigen. Da sie selber nicht den Mut fand, die Vorfälle zu melden, veranlaßte sie die Mädchen, sich einem Lehrer anzuvertrauen. Wenig später wurden sie und ihr Mann in Haft genommen.[99]

Latenter Inzest: Hochemotionale Verstrickungen in Verbindung mit einer sexualisierten Mutter-Kind-Beziehung
Mir scheint, daß indirekte Formen inzestuöser Beziehungen zwischen Mutter und Sohn häufig vorkommen, selten wahrgenommen und in ihren zerstörerischen Konsequenzen vielfach unterschätzt werden. Ich möchte diesem Aspekt deshalb meine besondere Aufmerksamkeit widmen.

Im Rahmen einer wissenschaftlichen Studie über den Entstehungszusammenhang schizophrener Erkrankungen bei Jugendlichen im Zusammenhang mit Beziehungen und Strukturen in den Herkunftsfamilien der Erkrankten stieß die Leiterin des Jugendpsychiatrischen Dienstes der Hansestadt Hamburg, Frau Dr. Charlotte Köttgen, überraschend auf eine ganze Reihe von Fällen, in denen zwischen Müttern und Söhnen bzw. Vätern und Töchtern inzestuöse Beziehungen (meist in der Kindheit) bestanden hatten. Auf ähnliche Fälle war sie bereits zuvor im Rahmen ihrer Tätigkeit in einer psychiatrischen Klinik gestoßen.

In einigen Fällen handelte es sich um manifesten Inzest, in anderen Fällen hingegen eher um latente Formen. Zwischen Müttern und Söhnen bestanden stark verflochtene emotionale Beziehungen, die sich durch eine erotisierte Atmosphäre auszeichneten. »Ich weiß gar nicht«, so Frau Dr. Köttgen, »ob die Fälle, in denen wirklich etwas passiert, die schlimmeren Fälle sind. Wenn die Atmosphäre stark erotisiert ist, aber nichts passiert, hat der Sohn das Problem, daß er nicht weiß, ob seine Wahrnehmung zutreffend ist. Diese Situation macht verrückt, weil man die Wirklichkeit nicht mehr identifizieren kann.« (Soweit ich Frau Dr. Köttgen zu Wort kommen lasse, entstammen die Zitate einem persönlichen Gespräch mit ihr.) Die Beziehung zwischen Müttern und Söhnen hat in Fällen manifester wie latenter Inzestformen ausgeprägt symbiotischen Charakter, die Grenzen zwischen Mutter und Sohn sind verwischt. Die Mütter sind offenbar in ihrer Entwicklung auf einer narzißtischen Stufe stehengeblieben, eine Differenzierung von Selbst und Objekt hat nicht oder nicht in ausreichendem Maße stattgefunden; infolgedessen erleben die Mütter ihre Kinder als unabgegrenzten Teil ihrer selbst. Da sie kein klares Gefühl für die eigenen Grenzen und damit auch kein klares Gefühl für die Grenzen anderer haben, sind auch die Übergänge zwischen Zärtlichkeit und Sexualität fließend. Im Sohn suchen diese Mütter einen Partner, denn typischerweise ist der Vater tatsächlich oder emotional abwesend. Ein solcher Vater kann dem Sohn keinen Weg aus der symbiotischen Beziehung zur Mutter zeigen und bietet insgesamt wenig Identifikationsmöglichkeiten.

Das Verhältnis der Mutter zu ihrem Sohn ist jedoch ambivalent: Er soll zwar die Rolle eines Erwachsenen übernehmen, gleichzeitig aber abhängig, klein und kindlich bleiben. Die Autonomiebestrebungen des Sohnes werden unterdrückt, Ablösungsversuche mit dem Wecken von Schuldgefühlen beantwortet. (»Du mußt mich doch verstehen/unterstützen. Du weißt doch, wie schwer ich es habe/wie sehr ich auf dich angewiesen bin« etc.) »Auf diese Weise entsteht eine starke Loyalitätsbindung: Die Kinder übernehmen die ihnen angetragene Verantwortung, ohne daß sie dies leisten könnten« (Frau Dr. Köttgen). Derart vereinnamt, entwickeln sich die Kinder zu ausgeprägt abhängigen, unselbständigen und sozial häufig isolierten Menschen.

»Solche Mütter fallen nicht auf und funktionieren äußerlich gut. Sie brauchen aber einen Menschen, den sie ganz an sich binden können, damit sie sich selber vollständig fühlen. Versucht das Kind, sich aus dieser Symbiose zu befreien, so erleben sie dies als außerordentlich bedrohlich« (Frau Dr. Köttgen). So reagiert die Mutter auf Ablösungsversuche etwa mit Selbstmorddrohungen, und das betreffende Kind weiß, daß diese Drohung ernst gemeint ist. Letztlich steht ein solches Kind vor der Entscheidung, sich von der Mutter zu lösen und damit deren Untergang zu riskieren, oder in der symbiotischen Abhängigkeit zu verharren, dafür aber mit dem Verlust der eigenen Identität zu bezahlen. In jedem Fall geht es also um eine existentielle Bedrohung. Auf diesem Hintergrund läßt sich der Ausbruch der Psychose als Versuch verstehen, sich der identitätszerstörenden Symbiose mit der Mutter zu entziehen. »Es handelt sich um einen paradoxen Lösungsversuch. Das Kind geht in die Krankheit und beläßt die Mutter auf diese Art in der Fürsorge. Im Sinne eines Kompromisses geht das Kind nicht wirklich weg, verletzt die Mutter also auch nicht, ist aber trotzdem nicht mehr erreichbar« (Frau Dr. Köttgen).

Im Zusammenhang mit latenten Formen des Inzestes hat die Sexualisierung der Atmosphäre in erster Linie die Funktion, den Sohn über die sowieso schon bestehende symbiotische Bindung hinaus enger an die Mutter zu ketten und seine Abhängigkeit zu verstärken; sie dient somit der Konsolidierung von Macht, Kontrolle und Herrschaft. Die Mutter beispielsweise, die ihren pubertierenden Sohn beim Lesen eines »unanständigen« Briefes ertappt und ihm empörte Vorhaltungen macht, unmittelbar danach aber darauf besteht, daß er sich vor ihr auszieht, damit sie seine Genitalien beschauen und betasten kann, um festzustellen »ob auch alles in Ordnung ist« – diese Mutter beansprucht die erwachende Sexualität ihres Sohnes eifersüchtig für sich. Indem sie ihre Hand auf ihn legt, dehnt sie ihre Herrschaft ausdrücklich auf den Bereich der Erotik aus und verbietet ihm unmißverständlich, sie zu verlassen und sich anderen Frauen zuzuwenden. Der Sohn, der die Botschaft wohl verstand, war für die nächsten Jahre nicht in der Lage, sich auch nur selber zu befriedigen, geschweige denn, eine sexuelle Beziehung zu einer Frau aufzunehmen. Dies geschah erst, als er bereits Mitte Zwanzig war, und für weitere 18 Jahre – bis zu dem Zeitpunkt, zu dem er sich auch innerlich von seiner Mutter zu lösen begann – war es ihm nicht möglich, eine echte Bindung einzugehen und eine menschlich wie sexuell befriedigende Beziehung zu einer Frau herzustellen. (Dieser Fall ist mir persönlich bekannt.)

Von einer ganz anderen Warte nähert sich Ursula Keller-Husemann (1983) der gleichen Problematik. Sie versteht die Entwicklung sexueller Perversionen auf dem Hintergrund einer »pervers machenden Mutter-Kind-Symbiose«, die dadurch gekennzeichnet ist, daß die Mutter

»aufgrund ihrer eigenen narzißtisch-defizitären Struktur dem Kind Interesse und Fürsorge nur in Teilaspekten entgegenbringen [kann]. Die partielle Zuwendung in einer insgesamt unstrukturierten und unpersönlich bleibenden Symbiose findet statt im Bereich einer intensiven Beschäftigung mit dem Körper, seiner häufig pedantischen, überfürsorglichen Pflege und einem für die Mutter lustvollen omnipotenten Spiel ihrer bewußten und unbewußten Phantasien, die sie dem Kind überstülpt ... Unbewußte narzißtische Bedürfnisse und Defizite der Mutter, die ihr Kind als ein von ihr ›geschaffenes Ding‹ erlebt und vereinnahmt, sind vorrangig. In einer symbiotischen Verschmelzung mit dem Kind erlebt sie dieses als Teil des eigenen Körpers, der sie vollkommen machen kann und ihr eine Bestätigung ihrer sexuellen Identität als Frau garantieren muß. Der Körper des Kindes oder bestimmte Körperteile und -funktionen werden zu diesem Zweck idolisiert und damit einer traumatischen Überstimulation preisgegeben. Ihre Zuwendung ist getragen von eigenen unbewußten Wünschen. Insofern beutet sie das Kind narzißtisch aus.«[100]

Diese narzißtische Ausbeutung bringt es mit sich, daß die Autonomie des Kindes beschnitten wird und das Kind nur insoweit Zuwendung erfährt, als es sich der mütterlichen Erwartungshaltung anpaßt und ihre Bedürfnisse erfüllt. Das Kind bleibt unabgegrenzt und macht die Erfahrung, verfügbar sein zu müssen. »Daraus folgt, daß die Ich-Funktion der Abgrenzung nach innen und außen arretiert bleibt, da eigene Impulse abgewiesen werden.«[101]

Die Mutter kontrolliert also nicht nur das Verhalten, sondern auch die Gedanken und Gefühle des Kindes. Auch sexuelle Empfindungen sind daher nur insoweit zugelassen, als sie der Erfüllung der Bedürfnisse und Erwartungen der Mutter dienen. Wirkliche Nähe entsteht so wenig wie wirkliche Zuneigung, die Beziehung zwischen Mutter und Kind ist gerade durch ihre Beziehungslosigkeit charakterisiert. Keller-Husemann spricht hier von »pseudointimer Verschmelzung mit der Mutter«, die das Kind in seinem späteren Leben als »einzigen Garanten seiner Existenz« einem unbewußten Wiederholungszwang folgend immer wieder aufsuchen muß. Das heranwachsende Kind dient der Mutter unbewußt als Partnerersatz. Es ist dabei »Teilhaber einer Realität, die es nicht verstehen kann, in der es keine Rechte hat und die es folglich auch nicht bewältigen kann« (S. 140). Gleichzeitig stellen die mit der Pubertät einsetzenden körperlichen Veränderungen jedoch eine Bedrohung dar, da sie sichtbare Zeichen wachsender Eigenständigkeit sind. Infolgedessen blockiert die Mutter diesen »entscheidenden Prozeß geistiger und sexueller Identitätsfindung«:

»Nicht nur, daß die Mutter sich weiterhin – ohne jede Distanz – für alle körperlichen Belange des Kindes zuständig fühlt, es anfaßt, badet etc., sondern auch in umgekehrter Richtung wird das heranwachsende Kind häufig gezwungenermaßen Zeuge, wenn die Mutter sich an- oder auszieht, sich wäscht und das Kind, unter dem Vorwand irgendwelcher Hilfeleistungen, auffordert, ihren Körper zu berühren... Das heranwachsende Kind ist... einer permanent sexualisierten Überreizung ausgesetzt ... Gleichzeitig besteht ein Tabu, eigene sexuelle Wünsche zu erkennen und ohne Schuldgefühle eigenständige altersgemäße Erfahrungen

machen zu können. Das bereits in der frühen Kindheit verinnerlichte emotionale Wahrnehmungs- und Denkverbot wird massiv verstärkt.«[102]

Es kommt in der Beziehung zur Mutter zu abrupten Wechseln zwischen sexualisierter Pseudonähe und plötzlichem Fallengelassenwerden, beispielsweise dann, wenn die Mutter ein lohnenderes »Objekt« findet. (Dies wurde in einigen Falldarstellungen sexuellen Mißbrauchs deutlich: Die Kinder schieden als Sexualpartner aus, sobald die Mutter ein geeigneteres Objekt in Form eines erwachsenen Partners gefunden hatte.)

Indem die Mutter den Sohn nicht aus der sexualisierten Symbiose entläßt, installiert sie gleichzeitig ein Verbot, sexuelle Beziehungen zu einer anderen Frau aufzunehmen. Sie nimmt ihm damit das Recht auf ein eigenes Leben wie auch das Recht auf seinen Körper und seine Sexualität: »Jede eigene sexuelle Erfahrung würde eine Trennung von der Mutter bedeuten. Sie scheitert aufgrund der nicht bewältigten Trennungsangst« (S. 144). Beziehungsversuche des Sohnes sind auf diesem Hintergrund immer mit der Gefahr verbunden, daß sich die frühe Erfahrung identitätszerstörender Vereinnahmung wiederholt. Gleichzeitig muß aber der »unerträgliche Zustand der Einsamkeit und Ich-Losigkeit« abgewehrt werden. Hier nun erfüllt das »perverse Ritual« seinen Sinn: Das sexualisierte Agieren unterliegt festen Regeln, deren Funktion sowohl darin besteht,

»die fehlende Abgrenzungsfähigkeit ersetzen zu müssen als auch narzißtische Wünsche psychodramatisch zu wiederholen. Der Komplize als Partner darf keine eigenständigen Gefühle haben oder autonome Entscheidungen treffen. Er muß sich in das Schema der Beziehung einfügen – analog dem abhängigen, hilflosen Kind, das in der Symbiose als von der Mutter geschaffenes ›Ding‹ sich ihren Bedürfnissen und Phantasien anpassen mußte und in seinem Ungetrenntsein keinen inneren Raum hatte, um einen Konflikt erleben und lösen zu können« (S. 144).

Unbewußt reinszeniert der pervers Agierende so »die traumatische Frustration der Beziehungslosigkeit seiner Kindheit«, das perverse Ritual wird zur »Beziehungssuche ohne Perspektive«. (Auch dieser Aspekt findet sich in den Lebensgeschichten der von ihren Müttern mißbrauchten Männer und Frauen in Form weitverbreiteter Promiskuität wie in der Unfähigkeit, dauerhafte Bindungen zu anderen Menschen herzustellen.) Auf den Zusammenhang zwischen sexuellem Mißbrauch und der Entstehung sexueller Perversionen macht auch Hirsch (1990) ausdrücklich aufmerksam.

Keller-Husemann gibt hier eine genaue Beschreibung jener Beziehungskonstellation, für die mir der Begriff »latenter Inzest« sinnvoll erscheint. Dieser Problematik, in der sich der Begriff des latenten Inzestes im Sinne des von Forward und Buck beschriebenen ersten Szenarios wiederfindet, scheint in der Entstehungsgeschichte psychotischer Erkrankungen wie auch sexueller Perversionen einige Bedeutung zuzukommen. (Ein weiterer Hinweis findet sich bei Lidz und Lidz [1969]: In dieser Arbeit ging es um an Schizophrenie erkrankte Frauen, die in ihrer Kindheit von der Mutter sexuell mißbraucht worden waren.) Hier lassen sich denn auch jene Fälle einordnen, von denen beispielsweise Krug (1989) berichtet – Fälle, in denen die Söhne jahrelang im Bett der Mutter schliefen, ohne daß je etwas »Handgreifliches« passiert wäre, deren Folgen aber dennoch katastrophal waren – wie auch all jene Beispiele übergriffigen Verhaltens, die im Rahmen pflegerischer Aufgaben und angeblicher Gesundheitsfürsorge erfolgen, auf den ersten Blick harmlos wirken mögen und nichtsdestoweniger schwerwiegende Konsequenzen nach sich ziehen: »Das heißt, verführerisches Verhalten, eine inzestuöse Atmosphäre, verlängerte übertriebene Körperpflege durch die Mutter, übermäßiges Interesse für die körperliche Entwicklung und für beginnende Kontakte des Jungen zu gleichaltrigen Mädchen sind symptomatisch für eine ubiquitär vorkommende Mutter-Sohn-Beziehung, in der sexuelle Verführung von seiten der Mutter in verschieden offener

Form eingesetzt wird, um den Sohn an sich zu binden. Die Anzeichen für die sexuelle Qualität der Beziehung können so verborgen sein, daß sie der Umgebung gar nicht auffallen und auch in einer späteren Psychotherapie nur schwer erinnert oder rekonstruiert werden können.«[103]

Auf dem Hintergrund dieser Problematik läßt sich auch ermessen, wie wenig die Aussage, es sei ja kein Zwang angewendet worden und das Kind habe »freiwillig« mitgemacht, der Situation gerecht wird. Da der sexuelle Mißbrauch in die narzißtische Problematik der Mutter eingebettet ist, besteht das Problem gerade darin, daß das Kind unabgegrenzt geblieben ist, sich den Bedürfnissen und Erwartungen der Mutter anpaßt und aufgrund des »emotionalen Denk- und Wahrnehmungsverbotes« gar nicht in der Lage ist, eigene Gefühle zur Kenntnis zu nehmen und zum Ausdruck zu bringen. Die als Rechtfertigung gedachte Äußerung mißbrauchender Erwachsener, sie hätten keinen Zwang angewendet, spiegelt m.E. die narzißtische Problematik des Mißbrauchenden wider:

Weil er/sie das Kind als Teil des eigenen Selbst erlebt, geht er/sie davon aus, daß die eigenen Bedürfnisse und Gefühle mit denen des Kindes identisch sind. Er/sie ist nicht in der Lage, abweichende Bedürfnisse und Gefühle im anderen wahrzunehmen und zu respektieren – ein Mangel, der an anderer Stelle auch als »Empathiedefekt« bezeichnet wird.

Sexualisiertes Sorgeverhalten kann sich z.B. ausdrücken in
– häufigen oder besonders »gründlichen« Waschungen im Genitalbereich, die weit über die hygienischen Notwendigkeiten hinausgehen,
– häufigen Untersuchungen von Vagina, Penis oder Anus unter allen möglichen »gesundheitlichen« Vorwänden (mal sehen, ob bei dir alles in Ordnung ist… mal sehen, ob du dich gründlich gewaschen hast…),
– Waschen und Baden weit über das Alter hinaus, in dem Kinder diese Hilfe brauchen,

– Stimulieren der kindlichen Genitalien unter dem Vorwand der Reinigung beim Windelnwechseln.

Gloer und Schmiedeskamp-Böhler berichten beispielsweise von einem Jungen, der von seiner Mutter immer wieder gezwungen wurde, sich vor ihr auszuziehen und sich an den Genitalien anfassen zu lassen. Die Mutter begründete ihr Verhalten damit, daß sie um die Gesundheit des Sohnes besorgt sei.[104] Hirsch berichtet von einer Mutter, die den Penis ihres Sohnes regelmäßig inspizierte, um zu sehen, »ob er auch richtig wächst«, während eine andere Mutter das Stimulieren der Genitalien ihres Sohnes folgendermaßen begründet: »Der Hausarzt hat empfohlen, mit deinem Penis zu spielen, damit er nicht krank wird.«[105]

Aus eigener Praxis führt Hirsch einen Fall an, der die Verschränkung von Symbiose und sexualisiertem Sorgeverhalten deutlich macht:

»Ein 18jähriger Junge war akut psychotisch desintegriert in eine psychiatrische Klinik aufgenommen worden, nachdem er im Dezember nackt durch die Straßen zum Friedhof gelaufen war, um sich auf das Grab der Großeltern zu werfen und sich mit ihnen wieder zu vereinigen. Nach der relativ kurzen Klinikbehandlung begann er eine analytische Gruppenpsychotherapie, in deren Verlauf die Lösung aus einer engen Bindung an die Mutter möglich wurde. Die Mutter hatte ihn noch bis nach dem Klinikaufenthalt regelmäßig gebadet, ihm die Haare gewaschen, die Nägel geschnitten und sich mit Hilfe eines Schwammes auch intensiv um die Reinlichkeit der Genitalgegend des Sohnes gekümmert. Alle sozialen und schulischen Aktivitäten des Sohnes begleitete die aktive, dominierende Mutter ständig mit Interesse oder auch Sorge; zu Kontakt mit Mädchen war es bisher nicht gekommen. Der Vater war ein zurückgezogener ›Bastler‹, der wenig Identifikationsmöglichkeit für den Jugendlichen zur Verfügung stellte.«[106]

Zwei weitere Beispiele aus der Arbeit von Krug mögen demonstrieren, wie destruktiv sich eine distanzlose, sexualisierte und narzißtisch ausbeutende Beziehung zwischen Mutter und Sohn auch dann auswirken kann, wenn es zu keinerlei direkten sexuellen Handlungen kommt:

»**Ein 31jähriger Klient, dessen Eltern ständig zerstritten waren, hatte in seiner Kindheit bei Streitigkeiten zwischen den Eltern die Aufgabe, seine Mutter zu beschützen, indem er durch Vermittlung den Streit beendete. Von frühester Kindheit an schlief die Mutter mit ihm in einem Bett, um den Vater zu bestrafen oder sich von den dauernden Streitereien zu erholen. Dieses Verhalten setzte sie auch fort, nachdem ihr Sohn in die Pubertät gekommen war. Die Mutter war in dieser Zeit Nacht für Nacht körperlich anwesend. Infolgedessen verband sich für den Sohn die Vorstellung von Sexualität auf das engste mit seiner Mutter. Als Erwachsener litt der Mann unter Depressionen; er war unfähig, längerdauernde Bindungen herzustellen und seit 15 Jahren Alkoholiker.**«[107]

»**Ein 24jähriger Klient, der seit Jahren unter Depressionen und emotionaler Labilität litt, hatte im Alter von 7 bis 12 Jahren mit der Mutter regelmäßig im selben Bett schlafen müssen, obwohl er dies ausdrücklich nicht wünschte und sich bei beiden Eltern darüber beschwerte. Die Mutter benutzte den Sohn, um zwischen sich und ihren Ehemann eine sichere Distanz zu legen. Ihr Verhalten gegenüber dem Sohn war verführerisch und kontrollierend. Der Klient war in seiner Jugend drogenabhängig gewesen. Er war unfähig, längerdauernde Beziehungen einzugehen: Sobald es zu einer sexuellen Beziehung zu einer Frau kam, brach er die Beziehung ab; wenig später ging er dann nach dem gleichen Muster eine neue Affäre ein.**«[108]

Im Zusammenhang mit dem Begriff des »latenten Inzestes« möchte ich abschließend darauf aufmerksam machen, daß das Problem nicht unbedingt im äußeren Verhalten der Mutter liegt. Wie Hirsch feststellt, kommt es vielmehr auf die Funktion und die unbewußte Bedeutung des oberflächlich sichtbaren Verhaltens an: »Das Verhalten muß als Ausdruck einer bestimmten Haltung der Mutter und als Symptom ihrer Beziehung zum Kind verstanden werden.«[109]

So kann das Baden des Sohnes und (gelegentliches) gemeinsames Schlafen in einem Bett zumindest bis zu einem gewissen Alter in dem einen Fall völlig angemessenes Sorgeverhalten sein, während es im anderen Fall von der Mutter mit einer sexuellen Bedeutung besetzt wird und im Kontext einer unabgegrenzten symbiotischen Beziehung zu sehen ist, in der die Mutter sich das Verfügungsrecht über den Körper des Sohnes anmaßt. Da dieser Unterschied jedoch rein atmosphärischer Natur ist, kann er nur aus dem jeweils konkreten Zusammenhang erschlossen werden.

Darüber hinaus muß das Verhalten einer Mutter auch auf ihr Verhältnis zur Sexualität und ihre Moralvorstellungen bezogen werden: Die Vorstellungen über Sexualität und Moral haben sich in den letzten Jahrzehnten gravierend verändert. Nacktheit der Eltern vor ihren Kindern ist heute für viele Menschen kein Tabu mehr. In einer sittenstrengen Familie hingegen hat das gleiche Verhalten eine andere Bedeutung: Zeigt sich eine Mutter, die sich auf eine entsprechend rigide Moral beruft, ihrem pubertierenden Sohn in Unterwäsche oder gar nackt, so kann ihr Verhalten nur als eine die Beziehung sexualisierende Geste interpretiert werden.

Lebensumstände und Persönlichkeitsmerkmale sexuell mißbrauchender Frauen

Fehlende Partner, schlechte Ehen, Gewalttätigkeit
Viele der Frauen leben mit ihren Kindern alleine (alleinerziehende, geschiedene oder verwitwete Frauen) und haben keinen

erwachsenen Sexualpartner; andere sind zwar verheiratet/haben einen Lebenspartner, leben aber in sehr schlechten Beziehungen/Ehen (siehe Literaturverzeichnis Nr. 15, 27, 32, 34, 42, 54). In diesen Fällen ist der Partner häufig emotional abwesend: »Er steht entweder außerhalb und ist emotional desinteressiert, oder er befindet sich in einer ambivalenten Abhängigkeitsbeziehung zu der dominierenden Ehefrau und Mutter, die ihn als Versager erlebt und somit als eigenständiges Gegenüber nicht zuläßt.«[110] Im Unterschied zu dieser Konstellation beschreiben Mathews u.a. einige Fälle, in denen der Partner eine aggressiv-dominierende Position innehatte, während die Frauen sich ausgesprochen passiv verhielten. Eine solche Konstellation scheint in den Fällen gegeben zu sein, in denen die Initiative zum sexuellen Mißbrauch eindeutig von den Männern ausging und die Männer auch nicht vor Gewalttätigkeiten zurückschreckten, um ihr Ziel zu erreichen.

Nicht in jedem Fall gehen jedoch die Gewalttätigkeiten (nur) von den Männern aus. Ganz unerwartet und konträr zu gängigen Vorstellungen stellte sich in der vergleichenden Studie von Allen heraus, daß mißbrauchende Frauen sehr viel häufiger als mißbrauchende Männer angaben, ihrem Partner gegenüber gewalttätig gewesen zu sein. Dies gilt insbesondere für schwerwiegende Gewalttätigkciten wie den Partner verprügeln (w=8%, m=6%), dem Partner Verbrennungen oder Verbrühungen zufügen (w=2%, m=0), den Partner mit einem Messer oder Gewehr bedrohen (w=6%, m=4%) und den Partner mit einem Messer oder Gewehr verletzen (w=2%, m=0). 16% der Frauen gaben an, ihren Partner getreten, gebissen und geschlagen zu haben (m=5%), und 20% der Frauen hatten ihren Partner auch mit einem Gegenstand geschlagen (m=7%). Selbst wenn man davon ausgeht, daß Frauen eher als Männer bereit sind, gewalttätiges Verhalten zuzugeben, bleibt als überraschendes Ergebnis, daß ein relativ hoher Prozentsatz der Frauen in dieser Studie nicht nur Opfer körperlicher Gewalt war, sondern sich auch selber gewalttätig verhielt.[111]

Soziale Isolation, traumatisierende Herkunftsfamilien
Sexuell mißbrauchende Frauen leben häufig sozial isoliert und erhalten wenig Unterstützung durch Verwandte oder Freunde. Dies scheint insbesondere für die alleinlebenden Mütter zu gelten.[112]

Die Lebensgeschichte der Frauen ist gekennzeichnet durch emotionale und soziale Instabilität. Auch die Herkunftsfamilien waren häufig sozial isoliert und zeichneten sich durch einen Mangel an Stabilität aus.[113] Das Verhalten der Eltern gegenüber dem Kind war in den Herkunftsfamilien oft widersprüchlich: Einerseits wurde das Kind mißbraucht, seine emotionalen Bedürfnisse wurden nicht erfüllt, andererseits wurde es immer wieder als »etwas Besonderes« behandelt. Körperliche Mißhandlungen und harte Strafen waren an der Tagesordnung, nicht selten nahm das Mädchen in seiner Familie eine Sündenbockposition ein. Kindheit und Jugend waren von emotionaler Vernachlässigung und Gefühlen der Einsamkeit geprägt. Als Kinder und Jugendliche hatten die späteren Täterinnen keine guten Beziehungen zu Gleichaltrigen. Sie waren nicht konfliktfähig, und Verhaltensweisen wie Lügen, Stehlen und Wegrennen von zu Hause kamen häufig vor. Das schlechte Klima in der Familie trug auch dazu bei, daß manche von ihnen ihrerseits jüngere Geschwister mißhandelten oder sexuell mißbrauchten.[114]

Alter der Täterinnen zum Zeitpunkt des aktiven Mißbrauchs
Das Durchschnittsalter der 40 Frauen aus der Studie von Faller (1987) betrug 26,1 Jahre. 75% der Frauen waren zum Zeitpunkt des Mißbrauchs zwischen 20 und 30 Jahre alt. Von den 476 Täterinnen der Studie von Knopp und Lackey (1987) gehörten 33 in die Altersgruppe bis elf Jahre, 130 in die Altersgruppe 11 bis 17 Jahre und 313 in die Gruppe der über 18jährigen. Allen gibt ein Durchschnittsalter von 32,8 Jahren an. Das Alter der 65 Täterinnen schwankte zwischen 18 und 49 Jahren, und 80% der Frauen waren zum Zeitpunkt des Mißbrauchs zwischen 20 und 39 Jahre alt. (Zum Vergleich: Durchschnittsalter der Männer 41,5 Jahre, 70% zwischen 30 und 49 Jahre alt.)[115]

Bildung und sozialer Status
Die Täterinnen in Fallers Studie waren eher arm, wenig gebildet und gehörten der Unter- und Mittelschicht an. Faller warnt jedoch davor, hieraus zu schließen, daß ein direkter Zusammenhang zwischen Armut und Mangel an Bildung einerseits und der Neigung zu sexuell mißbräuchlichem Verhalten andererseits bestünde, da Angehörige der Unterschicht eher mit Sozialbehörden zu tun hätten und daher sexueller Kindesmißbrauch auch eher bemerkt und gemeldet werde.[116] Allen gibt an, daß 75% der Täterinnen Highschool Graduates waren und ca. 30% ein College oder eine andere Hochschule besucht hatten. 43% der Frauen waren ohne Berufstätigkeit, und von denen, die berufstätig waren, arbeiteten 79% in eher untergeordneten Positionen. 75% der Frauen verfügten nur über ein sehr niedriges Einkommen (weniger als 10.000 $ pro Jahr).[117]

Alkohol- und Drogenproblematik
Soweit sich dies den vorliegenden Arbeiten entnehmen läßt, haben viele der mißbrauchenden Frauen Probleme mit Alkohol-, Drogen- und Medikamentenabhängigkeit. So waren 55% der Frauen aus Fallers Studie (1987) alkohol- und/oder drogenabhängig. Selbstzerstörerisches Verhalten in Form von Alkohol- und Drogenkonsum oder Eßstörungen fanden sich auch bei den meisten der Frauen der Studie von Mathews u.a. (1989); bei Krug (1989) trifft dies auf 25% der mißbrauchenden Mütter zu. Relativ niedrig fallen die Zahlen in der Studie von Allen (1991) aus: hier gaben 17% der Frauen an, Alkoholikerinnen zu sein, und 16% beantworteten die Frage, ob sie jemals Drogen konsumiert hätten, mit ja.

Psychotische Erkrankungen und Borderline-Syndrom
In einigen Arbeiten werden sexuell mißbrauchende Frauen als psychotisch angesehen (siehe Literaturverzeichnis Nr. 36, 55, 58, 72). Chasnoff u.a. bezeichnen die drei in ihrer Arbeit vorgestellten, ihre Säuglinge mißbrauchenden Mütter als Menschen

mit einer Borderline-Persönlichkeitsstörung. Demgegenüber stellt Krug fest, daß keine der acht Frauen seiner Studie psychotisch gewesen sei, und Faller beziffert den Anteil psychotischer Frauen in ihrem Sample mit 7,5%. Hirsch bemerkt hierzu, daß die Vorstellung, sexuell mißbrauchende Frauen litten in der Regel unter einer Psychose, wohl dem Wunschdenken entspricht, auf diese Weise das sexuell mißbräuchliche Verhalten von Frauen aus dem Bereich der Normalität auszugrenzen.[118]

Negative Beziehungen zu Männern
Die Frauen scheinen unfähig zu sein, enge Beziehungen einzugehen und echte Bindungen zu anderen Menschen herzustellen. Hanks und Saradjian (1991) berichten, daß keine der Frauen aus ihrer Untersuchung je eine positive Beziehung zu einem erwachsenen Mann habe herstellen können. Vielmehr seien sie Beziehungen eingegangen, in denen sie körperlich, emotional und/oder sexuell ausgebeutet und mißbraucht wurden. Die Frauen waren zwar nicht in der Lage, gute Beziehungen zu Gleichaltrigen herzustellen, hingegen war ihnen Nähe und Ausüben von Macht Schwächeren, also z.B. ihren Kindern gegenüber, möglich. Oft heirateten die Frauen auch Männer, die sie nicht liebten, weil sie das Gefühl hatten, es sei besser, irgendeinen als gar keinen Mann zu haben. Die Sexualität mit erwachsenen Männern erlebten die Frauen als unerfreulich und negativ.[119]

Promiskuität und Prostitution
Trotz ihrer negativen Einstellung zur Sexualität sind viele der mißbrauchenden Frauen promiskuitiv.[120] So hatten 43% der Frauen in Allens Studie in den letzten fünf Jahren mehr als drei Partner, 14% davon mehr als sieben Partner.[121] Dies liegt zum einen daran, daß die Frauen Sexualität als Mittel zum Zweck einsetzen, als Mittel nämlich, Aufmerksamkeit und Zuwendung zu erhalten; zum anderen ist Sexualität für viele dieser Frauen, die ja häufig in ihrer Kindheit selber mißbraucht wurden, der

ihnen vertraute Preis für Akzeptanz und menschliche Nähe. Die Sexualisierung der Beziehung zum Kind durch einen mißbrauchenden Elternteil bedeutet »eine ungeheure Überbewertung [der Sexualität, C.H.] ..., die das Spektrum der Wahrnehmungen von unterschiedlichen Gefühlen und Bedürfnissen extrem einengt bzw. überlagert«[122], und hieraus, so scheint es mir, ergibt sich die Eindimensionalität in der Kontaktsuche, die zwanghafte Sexualisierung von Beziehungen. Es ist das einzige Muster der Kontaktaufnahme, das diesen Frauen zur Verfügung steht. Die Promiskuität hat aber, so glaube ich, eine zweite Quelle: Der jeweilige Partner soll auch die Funktion erfüllen, das »Loch im Ich« (Keller-Husemann) der Frauen zu füllen, ihnen narzißtische Selbstbestätigung zukommen zu lassen. (Insofern »dürfen« die Frauen Nähe gar nicht zulassen: Würden sie jemandem, der an ihnen tatsächlich interessiert ist, Einblick in ihr Inneres gewähren, so könnte dieser Mensch sehen, wie schlecht es ihnen in Wirklichkeit geht. Mitleid als Folge dieser Erkenntnis kann aber nicht aufwerten. Ganz im Gegenteil ist die narzißtische Aufwertung daran gebunden, vom anderen bewundert zu werden.) Erfüllt der Partner die an ihn gestellten Erwartungen nicht, so wird dies als Kränkung erlebt; daher kommt es zu einem plötzlichen Rückzug und einem Abzug aller Gefühle, sobald ein lohnendes »Objekt« greifbar ist. Wenn also die Promiskuität einerseits Folge des früher erfahrenen Mißbrauchs und der daraus folgenden Bindungsunfähigkeit ist – insofern also Ausdruck der »Opfererfahrung« und Signal des verzweifelten Bedürfnisses nach Nähe –, so ist sie auf der anderen Seite doch auch Ausdruck einer selbstbezogenen und ausbeuterischen Einstellung, die den anderen in den Dienst am eigenen Ego stellt – ganz so, wie die Frauen dies in ihrer Kindheit selber erlebt haben – und insofern funktionalisiert. Es handelt sich bei dem sexuellen Angebot um ein Scheinangebot, um ein Versprechen, das nicht eingelöst werden kann, denn Sexualität ist diesen Frauen im Grunde zuwider, und wirkliche Sinnlichkeit ist ihnen fremd; und auch die Nähe, nach der sie sich sehnen, können sie nur Schwächeren gegenüber zulassen, dann nämlich, wenn sie allein das Maß an Nähe zu kontrollieren imstande sind, weil die Macht in ihren Händen liegt – ihren Kindern gegenüber. Das Funktionalisieren der Partner zeigt sich m.E. auch darin, daß etliche der Frauen angaben, einen Mann geheiratet zu haben, den sie nicht liebten: Der Mann hatte in diesem Falle lediglich die Funktion, ihnen den Status der verheirateten Frau zu sichern.

Emotionale Probleme
Charakteristisch für die Frauen ist ihr niedriges Selbstwertgefühl, ihr Mangel an Selbstvertrauen und ein ausgeprägtes Erleben von Hilflosigkeit. Die Frauen haben das Gefühl, wenig Einfluß auf ihre Lebensumstände und ihr Schicksal nehmen zu können, und verhalten sich oft passiv; sie sind geprägt von Mißtrauen und Ängstlichkeit.[123] Gleichzeitig zeichnen sie sich durch ein hohes Maß an Aggressivität aus, ohne daß sie in der Lage wären, ihre Wut auszudrücken. Die »extreme Wut« (Mathews u.a.) wird statt dessen ausagiert.[124]

Gründe, die für den Mißbrauch genannt werden
Forward und Buck (1979) sprechen von sexuellen Bedürfnissen wie von dem Bedürfnis nach Nähe, Zärtlichkeit und Körperkontakt, Mathews u.a. (1989) nennen den Wunsch nach emotionalem Kontakt, den die Frauen zu Erwachsenen nicht herstellen konnten, als Hauptmotiv für den Mißbrauch. Allen (1991) hingegen kommt zu dem Schluß, es sei unzutreffend, daß Frauen in ihren intimen Beziehungen eher nach Gefühlen und Nähe, Männer dagegen eher nach der Befriedigung sexueller Bedürfnisse suchten. Auf einer Skala von 0 – 100 erreichten die Frauen im Durchschnitt 49.3 Punkte in Hinblick auf die Stärke ihres Bedürfnisses nach emotionaler Zuwendung und Nähe (zum Vergleich: Männer im Durchschnitt 35.1 Punkte) und 39.3 Punkte in Hinblick auf die Stärke ihres Bedürfnisses nach sexueller Befriedigung (zum Vergleich: Männer im Durchschnitt

26.5). Das Bedürfnis nach emotionaler Zuwendung und Nähe ist bei den Frauen zwar höher als das nach der Befriedigung sexueller Bedürfnisse, doch gilt diese Relation auch für die Männer – dies widerspricht gängigen Vorstellungen. Außerdem haben die sexuell mißbrauchenden Frauen dieser Studie im Vergleich zu den Männern nicht nur ein größeres Bedürfnis nach emotionaler Zuwendung und Nähe, sondern auch ein (wesentlich) größeres Bedürfnis nach der Befriedigung sexueller Bedürfnisse als die Männer dieser Studie.[125] Hanks und Saradjian (1991) betonen die zentrale Rolle der Macht beim Mißbrauch auch durch Frauen, und Saradjian (1990) stellt fest, daß das Bedürfnis nach Reinszenierung des früher selbst erlittenen Mißbrauchs mit nun umgekehrten Vorzeichen ein starkes Motiv für das mißbräuchliche Verhalten der Frauen darstellte. In der Studie von Mathews u.a. (1989) schließlich gaben die Frauen selber folgende Gründe für den Mißbrauch an (Mehrfachnennungen): bin genötigt/gezwungen worden, bin früher selber mißbraucht worden, hatte Angst; war bedürftig, war in schlechter Verfassung, brauchte Aufmerksamkeit, Bestätigung und Nähe, fühlte mich einsam, hatte ein niedriges Selbstwertgefühl (neun Frauen). Fühlte mich vom Partner zurückgewiesen, hatte Gefühle von Wut, Eifersucht und Rache dem Partner oder anderen Personen gegenüber, hatte ein Gefühl von Kontrolle/Macht (sieben Frauen). Drei Frauen gaben an, der sexuelle Kontakt sei Ausdruck ihrer Liebe zu den Kindern gewesen, zwei Frauen nannten als Grund, ihr Partner/Mann habe ihnen nicht genügend sexuelle Befriedigung verschafft.

Allen Begründungen (außer Zwang) ist m.E. gemeinsam, daß die mißbrauchten Kinder nicht als »Person im eigenen Recht« (Keller-Husemann) wahrgenommen wurden. Aufgrund der Gefühle oder der schlechten Verfassung der mißbrauchenden Frauen gerieten sie aus dem Blickfeld und wurden in ihren Bedürfnissen aus der Wahrnehmung der mißbrauchenden Erwachsenen ausgeblendet; in einigen Fällen wurden sie benutzt, um eine dritte Person zu kränken. Die Kinder wurden – aber dieser

Mangel an Empathie ist wohl die Voraussetzung jeden Mißbrauches – zum verfügbaren und benutzbaren Objekt gemacht. Als besonders bestürzend empfinde ich die Begründung, der Partner/Mann habe die sexuellen Bedürfnisse nicht ausreichend befriedigt. In dieser Begründung zeigt sich für mein Gefühl das ganze Ausmaß der Beziehungslosigkeit und Selbstbezogenheit, unter der diese Frauen leiden.

Verleugnung der Realität
Sowohl Mathews u.a. (1989) als auch Marvasti (1986) erwecken den Eindruck, sexuell mißbrauchende Frauen seien – im Unterschied zu Männern – in der Regel bereit, die Verantwortung für ihr Handeln zu übernehmen. Bei Mathews u.a. übernahmen sechs der acht alleine mißbrauchenden Frauen die ganze Verantwortung, zwei der Frauen schoben die Verantwortung anderen Personen zu, eine leugnete ihr mißbräuchliches Verhalten anfangs ab; von den Frauen, die gemeinsam mit einem Mann mißbrauchten, übernahmen alle bis auf eine einen Teil der Verantwortung. Die meisten der Frauen hatten sich selber angezeigt, ebenso wie vier der fünf Frauen aus der Studie von Marvasti. Ich meine, daß hier möglicherweise ein falscher Eindruck entsteht. Wenn eine Frau ihr mißbräuchliches Verhalten selber anzeigt, bedeutet dies ja, daß sie bereits ein Unrechtsbewußtsein hat. Unter dieser Voraussetzung ist nicht zu erwarten, daß sie die Verantwortung für ihr Handeln auf eine dritte Person abwälzt. Die beiden Arbeiten zeigen m.E. daher nur, daß Frauen, die sich selber anzeigen, auch in hohem Maße bereit sind, die Verantwortung für ihr Handeln zu übernehmen. Hingegen kann man ihnen nicht entnehmen, ob dies auch für diejenigen Frauen zutrifft, die den Mißbrauch nicht selber zur Anzeige bringen. Scavo meint denn auch im Gegensatz zu Mathews und Marvasti: »Typischerweise sucht die Täterin nicht von sich aus Hilfe und Behandlung; sie fürchtet sich vor den sozialen und legalen Konsequenzen und hat Angst davor, mit der Möglichkeit konfrontiert zu werden, daß sie psychisch krank sein

könnte.«[126] Typisch sei zudem der Mangel an Einsicht bezüglich des Schweregrades des mißbräuchlichen Verhaltens. Auch Wolfers (1992) bemerkt, daß sechs der zehn Frauen ihrer Studie den sexuellen Mißbrauch verleugneten. Besonders aufschlußreich sind in diesem Zusammenhang die Ergebnisse der Studie von Allen: Die 65 Frauen und 75 Männer des Samples hatten alle nachweislich sexuell mißbraucht; nur 27% der Frauen aber gaben an, sich schuldig zu fühlen, während 73% behaupteten, daß sie unschuldig seien; hingegen gestanden immerhin 49% der männlichen Täter ihre Schuld ein. Nicht nur, daß in dieser Studie der überwiegende Teil der Frauen den von ihnen begangenen Mißbrauch leugnete – der Anteil der Frauen, die ihre Schuld verleugnen, ist auch wesentlich höher als der entsprechende Anteil bei den Männern.[127]

Hirsch (1990) spricht in diesem Zusammenhang von »Realitätsausblendungen«, so etwa, wenn die sexuelle Beziehung einer Mutter zu ihrem Sohn mit »besonderer Liebe« begründet wird oder gar mit dem Argument, der Sohn solle nicht homosexuell werden. Ein bedrückendes Beispiel derartiger Verleugnung gibt jene Mutter, »die ihrem Freund nacheinander ihre drei Töchter im Alter zwischen fünf und zwölf Jahren zuführte. Später betonte sie im Gespräch mit einer Psychologin, daß sie die Mädchen immer im Arm hielt – damit sie ›es schön kuschelig hatten‹ – während der Freund sich an ihnen verging«.[128] Ich fühle mich hier an die Verleugnungsstrategien jener am Euthanasie-Programm der Nationalsozialisten aktiv beteiligten Krankenschwestern erinnert, die von sich sagten, sie hätten ihre Opfer während des Tötungsvorganges »liebevoll in die Arme genommen« – ein Versuch, das eigene Verhalten gedanklich und gefühlsmäßig in sein Gegenteil umzuinterpretieren, um die Ungeheuerlichkeit des wirklichen Vorgangs vor sich und dem Opfer zu verschleiern.

Unabgegrenztheit und Verharren in symbiotischen Beziehungen
Viele der mißbrauchenden Frauen scheinen von einer ausge-

prägt abhängigen Persönlichkeitsstruktur gekennzeichnet zu sein. Sie gehen stark abhängige Beziehungen zu Männern ein, sind unfähig, sich abzugrenzen, und können nicht »nein« sagen.[129] Die mangelnde Abgrenzungsfähigkeit scheint ein Erbe der Vergangenheit und Folge des früher selber erlittenen Mißbrauchs zu sein, der für diese Frauen die Erfahrung bedeutete, ein für andere verfügbares Objekt zu sein, dessen Grenzen von anderen permanent überschritten und mißachtet wurden.

Der Mangel an Abgrenzungsfähigkeit hat nun aber nicht nur zur Folge, daß die Frauen unfähig sind, ihre eigenen Grenzen anderen gegenüber zu schützen – demzufolge also in Gefahr sind, immer wieder zum Opfer zu werden –, sondern auch, daß sie ihrerseits unfähig sind, die Grenzen anderer zu erkennen und zu respektieren; ihre Beziehungen zu ihren Kindern zeichnen sich daher durch eben die Unabgegrenztheit aus, unter der sie ehemals selber zu leiden hatten. Die Frauen betrachten ihre Kinder als Teil ihres Selbst, die inzestuöse Beziehung zu Tochter oder Sohn ist »eine direkte Fortsetzung der Symbiose – die Trennung auf der Körperebene hat nie stattgefunden«.[130]

Für einen Menschen, dessen Ich unabgegrenzt geblieben ist, verwischen sich nicht nur die Grenzen zwischen dem Selbst und dem anderen, sondern auch die Grenzen zwischen den Generationen und die Grenze zwischen Zärtlichkeit und Sexualität. Das Kind als unabgegrenzter Teil der Mutter wird daher als verfügbares Objekt ohne eigene Gefühle und Bedürfnisse erlebt. Auch der weiter oben beschriebene Mangel an Empathie hat hier eine seiner Wurzeln: Wenn die Bedürfnisse, Wünsche und Gefühle eines anderen Menschen als identisch mit den eigenen vorausgesetzt und empfunden werden – wenn also innerlich gar keine Vorstellung davon existiert, daß die Gefühle eines anderen Menschen möglicherweise *nicht* mit den eigenen übereinstimmen –, wie sollte man dann erkennen können, daß diese »Identität der Interessen und Bedürfnisse« reine Fiktion ist?

Ambivalenz im Verhältnis zum Kind
Das Verhältnis mißbrauchender Mütter zu den von ihnen mißbrauchten Kindern erscheint in vielerlei Hinsicht als hochgradig ambivalent. Angelegt ist die Ambivalenz in der zugrundeliegenden narzißtischen Problematik der Mutter: Sie braucht das »Objekt« Kind, um sich selber vollständig fühlen zu können; das Kind soll ihre diffusen Ich-Grenzen schließen und im Sinne der Befriedigung ihrer Bedürfnisse zur Verfügung stehen. Da das Kind diesem Anspruch nicht gerecht werden kann, kommt es zwangsläufig zu einem Gefühl der Enttäuschung über die Unvollkommenheit des Kindes. Dies führt dazu, daß die Mutter ihr Kind fallenläßt, sobald ein »lohnenderes Objekt« greifbar ist. Das Kind macht also einerseits die Erfahrung allzu großer (Pseudo-)Nähe, andererseits die Erfahrung des abrupten Verlassenwerdens. Einerseits sexualisiert die Mutter die Beziehung zu ihrem Kind, um das Kind enger an sich zu binden und sich in ihrer eigenen Weiblichkeit bestätigt zu fühlen, so daß es zu einer Überbewertung der Sexualität des Kindes im Rahmen einer sexualisierten Pseudo-Nähe kommt. Andererseits darf das Kind – und später der Jugendliche – keine eigenen sexuellen Wünsche und Gefühle haben (weil eigene Wünsche und deren Realisierung die symbiotische Qualität der Beziehung in Frage stellen würden), so daß die Verleugnung der Sexualität des Kindes – und später des Jugendlichen – der Zerstörung seiner Sexualität gleichkommt. Einerseits ist das Kind – insbesondere der Sohn – also Objekt der sexualisierten Abhängigkeit, andererseits ist es Ziel einer Aggression, die einer negativen Einstellung zur Sexualität selber entspringt und sich insofern generell gegen alles Männliche richtet.

Einerseits soll das Kind als Partnerersatz fungieren, mithin die Rolle eines Erwachsenen einnehmen; andererseits muß es in Abhängigkeit und Unselbständigkeit gehalten werden – also auf immer die Rolle eines Kleinkindes einnehmen –, weil jeder Schritt hin zu mehr Autonomie die Gefahr mit sich brächte, daß das Kind sich aus der symbiotischen Umklammerung löst und als Partnerersatz nicht mehr nutzbar ist. Infolgedessen müssen die Autonomiebestrebungen des Kindes rigoros beschnitten werden. Ein derart manipulierter Mensch aber, der nicht aus freien Stücken, sondern lediglich aufgrund von (erzeugter) Abhängigkeit zur Verfügung steht, kann die erhoffte Aufwertung nicht geben und fällt daher früher oder später der Verachtung anheim. Ist die Erzeugung von Abhängigkeit also einerseits notwendig, um das Kind überhaupt für die Aufwertung der eigenen Person nutzbar machen zu können, so bringt eben diese Abhängigkeit paradoxerweise die Enttäuschung zwangsläufig hervor und wird so zum Grund für den abrupten Wechsel von der Idealisierung zur Abwertung.

Einerseits soll sich das Kind in seiner Rolle als Partnerersatz wie ein gleichberechtigter Erwachsener verhalten, andererseits kommt es typischerweise zu einer Rollenumkehr: Die Mutter wird zum bedürftigen Kleinkind, das der Sohn/die Tochter nähren und bemuttern muß. Dem Kind werden verschiedene und einander widersprechende Rollen abverlangt: die des abhängigen Kleinkindes, die des gleichwertigen Partners und die der nährenden Mutter. Analog nimmt die Mutter wechselweise die Rolle der Mutter, die der Partnerin und die des bedürftigen Kleinkindes ein – aber sie ist im Unterschied zum Kind diejenige, die die Macht hat, die Regeln dieses verwirrenden Spiels zu diktieren. Das Kind hingegen ist diesem nicht vorhersehbaren Wechselbad von Verhaltensweisen, Erwartungen und Gefühlen hilflos ausgeliefert. Die Wirklichkeit ist weder verstehbar noch einschätzbar, sie besitzt weder klar umrissene Konturen noch Eindeutigkeit; die Entwicklung einer gesicherten Identität ist unter solchen Umständen blockiert, die Folge die Entstehung eines »falschen Selbst«, einer Pseudo-Identität, die sich durch das Bemühen ihres Trägers auszeichnet, jederzeit und unter allen Umständen den tatsächlichen oder vermuteten Erwartungen anderer Menschen zu entsprechen, Stärkeren gegenüber alle eigenen Wünsche, Gefühle und Bedürfnisse zugunsten der erhofften Anerkennung zu verleugnen, Schwächeren gegenüber aber den Versuch zu machen, nun seinerseits Macht auszuüben und die Situation zu kontrollieren – der Kreis schließt sich.

Wenn mißbrauchende Mütter sich ihren Kindern gegenüber also einerseits überbehütend, besitzergreifend und kontrollierend verhalten (Forward und Buck, 1979), so neigen sie andererseits zu plötzlichem Rückzug, Vernachlässigung und Mißhandlung der Kinder (Hirsch). Dies bestätigt sich beispielsweise in der Studie von Faller: 72,5% der Mütter mißbrauchten ihre Kinder nicht nur, sondern vernachlässigten und mißhandelten sie auch auf vielerlei Art und Weise.[131]

Folgen des Mißbrauchs für die Opfer
Zwischen den Zeilen ist über die Folgen des sexuellen Mißbrauchs für die Betroffenen bereits einiges gesagt worden. Ich habe den Eindruck gewonnen, daß die Folgen des Mißbrauchs durch Frauen sich im wesentlichen mit den durch zahlreiche AutorInnen an anderer Stelle dargestellten Folgen des sexuellen Mißbrauchs durch Männer decken. Besonders problematisch in Hinblick auf die Differenzierung zwischen Selbst und Objekt ist möglicherweise der manifeste wie latente Inzest zwischen Mutter und Sohn. Hierauf weist vor allem Hirsch hin.[132] In Übereinstimmung mit Keller-Husemann glaube ich jedoch, »daß sowohl Jungen als auch Mädchen in einer solchen pathogenen Symbiose schwere Schäden in ihrer sexuellen Identitätsfindung sowie in ihrer Persönlichkeit insgesamt erleiden«.[133] Über sexuelle Beziehungen zwischen Müttern und Töchtern ist bisher jedoch nur sehr wenig bekannt, obwohl sie so selten, wie es den Anschein hat, offensichtlich nicht vorkommen.

Mir ist keine Untersuchung bekannt, die es sich zur Aufgabe gemacht hätte, der Frage nachzugehen, ob die Folgen sexuellen Mißbrauchs sich anders darstellen, wenn es sich bei der mißbrauchenden Person um eine Frau handelt, und ob der von einer Frau begangene Mißbrauch sich in Abhängigkeit vom Geschlecht des Opfers auf Jungen und Mädchen verschieden auswirkt. Um Spekulationen auszuschließen, möchte ich mich an dieser Stelle deshalb darauf beschränken, diejenigen Folgen des sexuellen Mißbrauchs durch *Frauen*, die ich aus der hier vorgestellten Literatur unmittelbar entnehmen konnte, ohne Differenzierung nach Geschlecht der Opfer zusammenzustellen. (Die Zahlen in den Klammern beziehen sich auf die Arbeiten, die im Literaturverzeichnis unter dieser Ziffer aufgeführt werden.)

- Störung der Identitätsbildung im Zusammenhang mit der pathogenen symbiotischen Beziehung zur Mutter (Bossi in 71; siehe Literatur 27, 34, 39)
- ausgeprägte Selbstwertproblematik (siehe Literatur 27)
- Schwanken zwischen Gefühlen der Omnipotenz und Gefühlen der Nichtigkeit im Sinne eines verinnerlichten Abbildes des mütterlichen Verhaltens von Idealisieren und Fallenlassen (siehe Literatur 34, 39)
- Depressionen (siehe Literatur 30, 34, 42)
- massive Beziehungsstörungen, Unfähigkeit, echte Bindungen einzugehen, Ambivalenz im Verhältnis zu Frauen (siehe Literatur 27, 34, 39, 42, Bossi in 71)
- soziale Isolation (siehe Literatur 27, 39, 71)
- unsichere Geschlechtsidentität (siehe Literatur 34, 39, 42, Bossi in 71)
- sexuelle Schwierigkeiten: Impotenz, Ejaculatio praecox, Asexualität, Zweifel an sexueller Zulänglichkeit (siehe Literatur 27, 39, Bossi in 71)
- Promiskuität als Flucht in die suchtartig ausgelebte Sexualität, in der die Sexualität die Funktion einer Droge erhält (siehe Literatur 27, 39, 42)
- Sexualität als Mittel der Rache und Machtausübung (siehe Literatur 27, 54)
- sexuell aggressives Verhalten und Mißbrauch anderer (siehe Literatur 15, 27)
- Schwierigkeiten im emotionalen Bereich: Ängste, Mißtrauen, Gefühle der Ohnmacht, Aggression (siehe Literatur 15, 71, Bossi in 71)

- starke Schuldgefühle und Tendenzen zur Selbstbestrafung (siehe Literatur 27, 34, 42)
- bei sehr jungen Kindern, die mißbraucht wurden: aggressives Sozialverhalten, aggressives Sexualverhalten, massives sexuelles Ausagieren, verzögerte Sprachentwicklung, verzögerte Entwicklung sozialer Fähigkeiten (siehe Literatur 15)
- psychosomatische Reaktionen (siehe Literatur 27, 30, 71)
- Alkohol- und Drogenproblematik (siehe Literatur 34, 42)
- Selbstmordgefährdung (siehe Literatur 27, 30, 39)
- Entstehung sexueller Perversionen (siehe Literatur 34, 39)
- Entstehung von psychotischen Erkrankungen (siehe Literatur 34, 46, 71; siehe auch: Frau Dr. Köttgen im Abschnitt »Latenter Inzest«)

Sexueller Mißbrauch von Kindern ist ein Delikt, dessen Folgen das Leben der davon Betroffenen für immer schädigen oder zerstören kann. Was wir zum Aufbau unserer Identität und im Zusammenleben brauchen wie die Luft zum Atmen – die Fähigkeit, anderen Menschen und uns selber zu vertrauen –, wird im Kern geschädigt. Beziehungsunfähigkeit, Beziehungslosigkeit und Destruktivität sich selbst und anderen gegenüber sind nur zu oft die Folgen. Was eine Quelle tiefer Befriedigung sein kann – die Begegnung in der Sexualität –, wird zum Fluch. Der Preis, den die Opfer zahlen, ist hoch, gleich, ob die Täter nun Männer oder Frauen sind.

Die Zahlen, die im folgenden unter den einzelnen Anmerkungen angeführt sind, bezeichnen die jeweilige Ziffer der entsprechenden Arbeit im Literaturverzeichnis. Das Literaturverzeichnis ist alphabetisch geordnet.

1	siehe Literaturverzeichnis Nr. 8, S. 345	4	60; weitere Fälle, an denen Frauen beteiligt waren, siehe 70, S. 81 f.
2	siehe 1, 2, 4, 6, 18, 19, 29, 32, 33, 40, 42, 66, 71	5	9, S. 195
3	69	6	9, 38

7	13, S. 185 ff.	33	15
8	53, S. 54	34	4
9	29, S. 159	35	71, S. 38
10	51, 54	36	41, S. 5
11	36, 37, 55, 58, 72	37	19
12	26, S. 182	38	42; Krug stellt acht Fälle vor, hat aber Kenntnis von einer ganzen Reihe ähnlicher Fälle
13	vgl. 26, S. 182		
14	vgl. 29, S. 16		
15	58	39	15
16	40	40	20, S. 266 f.
17	71, S. 32	41	54
18	47	42	54, S. 23
19	3	43	41, S. 5
20	57	44	1, S. 49
21	20	45	20
22	26	46	54
23	1, S. 58	47	26, S. 174
24	20	48	20
25	54	49	1, S. 49
26	41	50	76
27	26, S. 177	51	54
28	26, S. 175	52	41
29	vgl. 1, S. 19 f.	53	66
30	vgl. 29, S. 16	54	15
31	18, S. 7; siehe auch: 29, 33, 42, 56, 71	55	59
		56	51
32	42	57	zit. n. 33

58	76	83	15; siehe auch 78
59	32, S. 260	84	41, S. 11
60	64	85	21, 66
61	32, S. 252	86	66, S. 115
62	12, 29, 34, 41, 54	87	54, S. 18
63	20, S. 268	88	54, S. 17
64	41, S. 11	89	54, S. 40
65	54, S. 25	90	54, S. 32 f.
66	1, S. 51/52	91	54, S. 14
67	59	92	12, zit. n. Goodwin und DiVasto 1979
68	41, S. 4 und S. 10	93	46, zit. n. Goodwin und DiVasto 1979
69	1, S. 52	94	34, S. 155
70	54, S. 28	95	41, S. 11
71	20, S. 273	96	1, S. 57
72	64, S. 252	97	54, S. 18 f.
73	66, S. 117	98	54, S. 20/21
74	27, S. 76	99	54, S. 22/23
75	27, S. 76	100	39, S. 136 f.
76	27, S. 77 ff.	101	39, S. 138
77	42, S. 115	102	39, S. 140
78	27, S. 119 ff.	103	34, S. 158
79	54, S. 15/16	104	29, S. 159
80	54, S. 16	105	34, S. 150
81	5	106	34, S. 158
82	12, zit. nach Goodwin und DiVasto 1979; einen Fall nennt auch Faller 1987	107	42, S. 113 f.

108 42, S. 113
109 34, S. 159
110 39, S. 141
111 1, S. 47
112 15, 32, 54
113 1, 54
114 54, S. 28 f.; 1, S. 38
115 1, S. 27
116 20, S. 270
117 1, S. 28/29
118 34, S. 150
119 32, 54
120 1, 32, 54
121 1, S. 44
122 39, S. 140
123 32, 54, 66
124 30, 54, 66
125 1, S. 45
126 66, S. 115
127 1, S. 59
128 33, S. 60
129 27, 32, 34, 54
130 34, S. 155
131 20, S. 272
132 34, S. 149 und S. 156
133 39, S. 136

Literatur

1 Allen, Craig M. (1991): Women and Men who sexually abuse Children: A comparative study, Safer Society Program, Orwell/VT 1991

2 Amendt, Gerhard: Untersuchung über sexuell mißbrauchende Mütter, Bericht in der »Badischen Zeitung« vom 11.6.1992:
Amendt Gerhard (1993): Wie Mütter ihre Söhne sehen. Bremen

3 American Humane Association Study (1981): National Study on child neglect and abuse, Denver 1981

4 Banning, A. (1989): Mother-Son Incest: Confronting a Prejudice. Child Abuse and Neglect, 1989:13, S. 563 – 567

5 Barry, HJ & Johnson, A. (1958): The incest barrier. Psychoanal. Quart. 1958:27, S. 785 ff.

6 Bauernfeind, Yasmina & Schäfer, Marlies (1992): Die gestohlene Kindheit. Sexueller Mißbrauch an Kindern/Die Tatsachen und Wege zur Bewältigung, München 1992

7 Bentovim, A. & Boston, F. (1988): Sexual Abuse: Basic issues. Characteristics of children and families, in: Bentovim, A., Elton, A., Hildebrand, J., Tranter, M. & Vizard, E. (1988): Child sexual abuse within the family: Assessment and treatment, London 1988

8 Bieler, Manfred (1989): Still wie die Nacht. Memoiren eines Kindes, Hamburg 1989

9 Braun, Sabine (1990): Feministische Erotik? in: Beiträge zur feministischen Theorie und Praxis 25/26, 2. Auflage 1990, S. 193 – 197

10 Brown, ME, Hull, LA & Panesis, SK (1984): Women who rape, Boston, MA: Massachusetts Trial Court

11 Burgess, AW u.a. (1987): Sexual Assault of Children and Adolescents, Toronto 1987

12 Cabanis, D. & Phillip, E. (1969): Der pädophile homosexuelle Inzest vor Gericht. Deutsche Zeitschrift Gesamte Gerichtliche Medizin, 1969:66, S. 46 ff.

13 Califia, Pat (1981): Sapphistrie. Das Buch der lesbischen Sexualität, Berlin 1989

14 Catanzarite, VA & Combs, S. (1980): Mother-son incest. Journal of the American Medical Society, 1980:243, S. 1807 – 1808

15 Chasnoff, IJ, Burns, WJ, Sidney, H. u.a. (1986): Maternal-Neonatal Incest. American Journal of Orthopsychiatry, 1986:56(4), S. 577 – 580

16 Condy, SR, Templer, DI, Brown, R. & Veaco, L. (1987): Parameters of sexual contact of boys with women, in: Archives of Sexual Behaviour, 1987:16 (5), S. 379 – 395

17 Deutscher Kinderschutzbund (1987): Sexuelle Gewalt gegen Kinder. Ursachen, Vorurteile, Sichtweisen, Hilfsangebote

18 Deutscher Kinderschutzbund (1989): Das ist unser Geheimnis. Sexuelle Ausbeutung von Kindern. Bedingungen, Familiendynamik, Handlungsfelder

19 Elliott, Michele (1992): Tip of the Iceberg? Social Work Today, Ausgabe vom 12.3.1992

20 Faller, K. (1987): Women who sexually abuse children. Violence and Victims, 1989:2 (4), S. 264 – 276

21 Fehrenbach, P. u.a. (1986): Adolescent Sexual Offenders: Offenders and Offense Characteristics. American Journal of Orthopsychiatry, 1986:56 (2), S. 225 – 233

22 Fehrenbach, P. & Monastersky, C. (1988): Characteristics of female adolescent sexual offenders. American Journal of Orthopsychiatry, 1988:58 (1), S. 147 – 151

23 Fillmore, Ann (1987): Treatment of the Juvenile Sex Offender. Health Visitor, 1987:60 (March), S. 97/98

24 Finch, SM (1973): Sexual abuse by mothers. Med. Aspects Human Sexuality, 1973:7, S. 191 – 197

25 Finkelhor, D., Williams, LM, Burns, N. & Kalinowski, M. (1988): Sexual abuse in day care: A national study. Family Research Laboratory, University of New Hampshire 1988

26 Finkelhor, David & Russel, Diana (1984): Women as perpetrators: Review of the evidence, in: Finkelhor, David (1984): Child sexual abuse: New theory and research, New York 1984

27 Forward, Susan & Buck, Craig (1979): Betrayal of Innocence: Incest and its devastation, New York 1979

28 Fritz, G., Stoll, K. & Wagner, N. (1981): A comparison of males and females who were sexually molested as children. Journal of Sex and Marital Therapy, 1981:7, S. 54 – 58

29 Gloer, Nele & Schmiederskamp-Böhler, I. (1990): Die verlorene Kindheit. Jungen als Opfer sexueller Gewalt, München 1990

30 Goodwin, J. & DiVasto, P. (1979): Mother-daughter incest, in: Child Abuse & Neglect. The International Journal, 1979:3, S. 953 – 957

31 Groth (1983): Diese Untersuchung wird von Finkelhor und Russel (1984), S. 176, erwähnt. Finkelhor und Russel haben diese Information in einem persönlichen Gespräch von Groth erhalten

32 Hanks, Helga & Saradjian, Jacqui (1991): Women Who Abuse Children Sexually: Characteristics of Sexual Abuse of Children By Women. Human Systems: The Journal of Systematic Consultation & Management 1991:2, S. 247 – 262

33 Hoffmann, Florentine (1991): Wenn Frauen ihre Kinder mißbrauchen. Cosmopolitan, Heft 9 (September) 1991

34 Hirsch, Mathias (1990): Realer Inzest. Psychodynamik des sexuellen Mißbrauchs in der Familie, Berlin – Heidelberg – New York 1990

35 Johnson, RL & Shrier, D. (1987): Past sexual victimization by females in an adolescent medicine clinic population, in: American Journal of Psychiatry, 1987:144 (5), S. 650 – 652

36 Jones, KL, Shainberg, LW & Byer, CO (1985): Dimension of Human Sexuality, Dubuque, IA 1985

37 Justice, B. & Justice, R. (1979): The broken taboo, New York 1979

38 Kavemann, Barbara (1989): Was heißt hier radikal? Die Lesben und die Pädophilie, in: Blattgold 1989, Heft 3 (Berlin)

39 Keller-Husemann, Ursula (1983): Destruktive Sexualität. Krankheitsverständnis und Behandlung der sexuellen Perversion, München – Basel 1983

40 Kinderschutzbund Frankfurt, Jahresberichte 1990 und 1991

41 Knopp, FH & Lackey, LB (1987): Female sexual abuser: A summary of data from 44 treatment providers, Safer Society Program, Orwell/VT 1987

42 Krug, R. (1989): Adult Male Report Of Childhood Sexual Abuse By Mothers: Case Descriptions And Long-Term Consequences. Child Abuse & Neglect. The International Journal, 1989:13, S. 111 – 119

43 Krugmann, R. (1986): Recognition of sexual abuse in children. Pediatrics in Review, 1986: (1), S. 25 – 39

44 Lew, M. (1988): Victims no longer. Men recovering from Incest and other sexual Child Abuse, New York 1988

45 Lieske, AM (1981): Incest: An overview. Perspect. Psychiat. Care, 1981:19, S. 59 – 63

46 Lidz, RW & Lidz, T. (1969): Homosexual tendencies in mothers of schizophrenic women. Journal Nerv. Ment. Disease, 1969:149, S. 229 ff.

47 Loulan, Jo Ann (1992): Sexueller Mißbrauch und die Folgen, in: Lesben, Liebe, Leidenschaft, Berlin 1992

48 McCarty, LM (1986): Mother-Child Incest: Characteristics of the Offender. Child Welfare 1986:65 (5), S. 447 – 458

49 MacFarlane, K. (1982): Diese Untersuchung wird von Finkelhor und Russel (1984), S. 176 erwähnt. Finkelhor und Russel haben diese Information in einem persönlichen Gespräch von MacFarlane erhalten

50 Maisch, HS (1973): Incest, New York 1973

51 Marvasti, J. (1986): Incestuous mothers. American Journal of Forensic Psychiatry, 1986:7 (4), S. 63 – 69

52 Masters, WH (1986): Sexual dysfunction as an aftermath of sexual assault of men by women. Journal of Sex & Marital Therapy, 1986: 12 (1), S. 35 – 45

53 Mathis, J. (1972): Clear thinking about sexual deviations: A new look at old problems, Chicago 1972

54 Mathews, Ruth, Kinder Mathews, Jane & Speltz, Kathleen (1989): Female sexual offenders. An exploratory study. Safer Society Program, Orwell/VT 1989

55 Mayer, A. (1983): Incest: A treatment manual for therapy with victims, spouses, and offenders, Holmes Beach/FL 1983

56 Nasjleti, M. (1980): Suffering in silence: The male incest victim. Child Welfare, 1980:LIX (5), S. 269 – 275

57 National Center for Child Abuse and Neglect (NCCAN) (1981): Study findings: National study of incidence and severety of child abuse and neglect (National Incidence Study), Washington DC 1981

58 O'Connor, AA (1987): Female Sex Offenders, in: British Journal of Psychiatry, 1987:150, S. 615 – 620

59 Petrovich, M. & Templer, DI (1984): Heterosexual Molestation Of Children Who Later Became Rapists. Psychological Reports, 1984:54, S. 810

60 Reiner, Joachim (1991): Bedarf ist da und wird befriedigt. Hinter der Fassade der Wohlanständigkeit: Das Geschäft mit der Kinderpornographie. Die Zeit Nr. 35, August 1991

61 Risen & Kross (1987): zit. n. Hanks & Saradjian (1991) (s. Anm. 32)

62 Russel, Diana (1983): The incidence and prevalence of intrafamilial and extrafamilial sexual abuse of female children. Child Abuse and Neglect. The International Journal, 1983:8, S. 15 – 22

63 Russel, Diana (1984): Sexual exploitation: Rape, child sexual abuse, and workplace harrassment. Beverly Hills/CA 1984
darin: Russel, DE & Finkelhor, D.: The gender gap among perpetrators of child sexual abuse, S. 215 – 231

64 Saradjian, Jacqui (1990): Probing the Antecedents of Mother-Child-Sexual Abuse – A Controlled Study, Undergraduate Project, Dept. of Psychology, Leeds University

65 Sarel, PM & Masters, WH (1982): Sexual molestation of men by women. Archives of Sexual Behaviour, 1982: II, S. 117 – 131

66 Scavo, RR (1989): Female adolescent sex offenders: A neglected treatment group. Social Casework, 1989:70 (Febr.), S. 114 – 117

67 Silber, A. (1979): Childhood seduction, parental pathology and hysterical symptomatology: The genesis of an altered state of consciousness. Int. J. Psychoanal, 1979:60, S. 109 – 116

68 Spiegel, Heft 33/1991: »Er war der perfekte Geliebte«

69 Thönissen, Ann & Meyer-Andersen, Klaus (1990): Dunkelziffer. Das geheime Geschäft mit der schmutzigen Pornographie

70 Trube-Becker, Elisabeth (1992): Mißbrauchte Kinder. Sexuelle Gewalt und wirtschaftliche Ausbeutung, Heidelberg 1992

71 van den Broek, Jos (1993): Verschwiegene Not. Sexueller Mißbrauch an Jungen, Zürich 1993
darin: Bossi, Jeannette: Nachtrag zur deutschen Ausgabe

72 Wahl, CW (1960): The psychodynamics of consummated maternal incest. Arch. Gen. Psychiat. 1960:3, S. 188 – 193

73 Weiner, IB (1964): On incest: A survey. Excerpt. Criminol., 1964:4, S. 137 ff.

74 Weinberg, SK (1955): Incest Behaviour, New York 1955

75 Wolfe FA (1985): Twelve female sexual offenders. Presented at: Next Steps in Research on the Assessment and Treatment of Sexually Aggressive Persons (Paraphiliacs), St. Louis, MO, 3.–5.3.1985

76 Wolfers, Olive (1992): Same Abuse, Different Parent. Social Work Today, Ausgabe vom 12.3.1992

77 Wyatt, G. (1985): The sexual abuse of Afro-American and white women in childhood. Child Abuse and Neglect. The International Journal, 1985:10, S. 231 – 240

78 Yates, A. (1982): Children eroticized by incest. American Journal of Psychiatry, 1982:139, S. 482 – 485

4 Die sanfte Gewalt: Narzißtischer Mißbrauch

Vorüberlegungen
Abhängigkeit und Passivität sind Eigenschaften, die allgemein als eher weiblich gelten und insofern als Ergebnis geschlechtsspezifischer Sozialisation interpretiert werden, als es dem Mädchen weit weniger als dem Jungen erlaubt ist, sich aus der frühen symbiotischen Beziehung mit der Mutter zu lösen und eine klar von ihr abgegrenzte autonome Persönlichkeit zu entwickeln. Entgegen diesem landläufigen Stereotyp beobachte ich, daß es nicht wenige Männer gibt, die sämtliche Kennzeichen einer in diesem Sinne weiblichen Persönlichkeitsstruktur aufweisen. Sie fallen durch Überanpassung, Konflikt- und Abgrenzungsunfähigkeit auf, »unternehmen nichts, um ihre eigenen Probleme zu lösen, sagen aus Angst vor Konflikten und Mißbilligung nicht klar ihre Meinung und beziehen keinen eindeutigen Standpunkt, weichen den Anforderungen der Außenwelt ängstlich aus und vermeiden es mit allen Mitteln, autonom und erfolgreich zu sein«.[1] Männer, so scheint es, sind bei weitem nicht immer so unabhängig, wie es ihnen nachgesagt wird, und nicht wenige von ihnen leiden unter eben den Konsequenzen mangelhafter Abgrenzung, die gemeinhin als Folge der ungelösten symbiotischen Beziehung zur frühen Mutter für das weibliche Geschlecht beschrieben werden.

Aber auch jener Typus des »autonomen« Mannes, der sich durch seine ausgeprägte Angst vor Nähe auszeichnet, Bindungen scheut, einen ständigen Kampf gegen Vereinnahmungen aller Art ausficht und sich seiner Autonomie durch dauernde und u.U. radikale Abgrenzung versichern muß, zeigt im Grunde gerade durch dieses Verhalten, daß er sich seiner Identität keineswegs sicher ist, sondern sie ganz im Gegenteil als derart brüchig und gefährdet erlebt, daß er sie immerzu in Frage gestellt sieht und sich daher genötigt fühlt, sie ununterbrochen zu verteidigen.

Während Frauen sich trotz der ihnen nachgesagten Abhängigkeit gerne als bindungsfähig, liebesfähig und auf andere bezogen ansehen, gilt der »autonome« Mann aufgrund seiner dauernden Abgrenzungsmanöver als eher bindungs-, liebes- und beziehungsunfähig.

Diesem Verständnis möchte ich entgegenhalten, daß Bindung, die auf dem Hintergrund zwanghafter Selbstaufgabe und Abhängigkeit entsteht, eine ebenso verzerrte und unzuträgliche Art der Bindung darstellt, wie jene Autonomie, die lediglich der zwanghaften Angst vor Vereinnahmung entspringt, eine verzerrte und unzuträgliche Form der Autonomie ist. Bindung ohne die Fähigkeit zur Abgrenzung würde ich daher als Pseudo-Bindung, Autonomie ohne Bindungsfähigkeit als Pseudo-Autonomie bezeichnen wollen, denn Abhängigkeit ist ebensowenig identisch mit Bindungsfähigkeit wie Bindungsunfähigkeit mit Autonomie. Ganz im Gegenteil befähigt erst eine gesicherte und in diesem Sinne autonome Identität zu echter Bindung und Bezogenheit; erst die Existenz einer gesicherten Identität macht es dem Individuum möglich, ohne Angst vor Selbstverlust und Selbstaufgabe jene Art von Abhängigkeit einzugehen, die mit jeder engen zwischenmenschlichen Beziehung unlösbar verbunden ist.

Pseudo-Bindung wie Pseudo-Autonomie sind nach meinem Verständnis Ausdruck des gleichen Problems: Beide wurzeln in der gescheiterten Trennung aus der frühen Symbiose. Zudem glaube ich, daß Männer weit häufiger, als wir dies wahrzunehmen gewöhnt sind, in gleicher Weise wie Frauen unabgegrenzt und abhängig bleiben und infolgedessen auch in gleicher Weise mit all den mit dieser Verfassung verbundenen und gemeinhin als »weiblich« verstandenen Schwierigkeiten zu kämpfen haben. Mit Karin Windaus-Walser vertrete ich darüber hinaus die These, daß beide Ausprägungsformen dieses nicht gelösten

Konfliktes – Pseudo-Bindung und Pseudo-Autonomie – in ursächlichem Zusammenhang mit dem Bemächtigungsverhalten von Müttern gegenüber ihren Kindern, mit dem, was ich im nachfolgenden »narzißtischer Mißbrauch« nennen werde, zu sehen sind: »Zum weiblichen Schauplatz von Verdinglichung ist... die allmähliche Herausbildung einer Bemächtigungshaltung gegenüber der nachfolgenden Generation geraten. Ohne Berücksichtigung dieser Seite des Verdinglichungsprozesses ist m.E. weder das seit der Aufklärung währende Drama der männlichen Auseinandersetzung mit der Mutterimago, noch die typische, symbiotische Einfärbung des Mutter-Tochter-Verhältnisses verstehbar.«[2]

Um der Gefahr einer rein individualistischen Betrachtungsweise zu entgehen, möchte ich die Voraussetzungen, unter denen es zu dieser Bemächtigungshaltung seitens der Mütter kommt, noch einmal – wenn auch stark vereinfacht – zusammenfassen. Frau zu sein bedeutet auch in unserem Kulturkreis bis heute, mit mannigfachen Entwertungen wie auch Rollenstereotypen konfrontiert zu sein, die die Entfaltung des Persönlichkeitspotentials von Frauen empfindlich einengen. Die Entwicklung eines stabilen Selbstwertgefühls ist unter diesen Voraussetzungen grundsätzlich problematisch.

Diese Selbstwertproblematik wird durch die auf diesem Hintergrund gegebenen Bedingungen weiblicher Sozialisation weiter verstärkt. Bedingt durch die Abwesenheit des Vaters im Erziehungsprozeß ist die Tochter einer übermächtigen Mutter ausgeliefert; die Beziehungsqualität zwischen Mutter und Tochter ist oft und eindrücklich als symbiotisch beschrieben worden. Konstruktive Aggression wird der Tochter nicht zugestanden, Autonomiebestrebungen werden nicht hinreichend gefördert. Ein ausgeprägter Mangel an Selbstwertgefühl, Minderwertigkeitsgefühle und die Problematik, die ein im zwischenmenschlichen Bereich unabgegrenzt gebliebenes Ich mit sich bringt, sind die sattsam bekannten Folgen, die weitere Konsequenzen nach sich ziehen, etwa das starke Angewiesensein auf Anerkennung, Liebe und Bestätigung durch andere sowie die Bereitschaft, diese Anerkennung durch Anpassungsleistungen zu erkaufen.

Das unabgegrenzt gebliebene und deshalb als unvollständig empfundene Ich muß durch einen anderen Menschen komplettiert werden; deshalb ist der Wunsch nach symbiotischer Nähe ausgeprägt, und Alleinsein wie Trennung werden als unerträglich empfunden. So groß die Sehnsucht nach Nähe einerseits auch ist, so sehr löst Nähe andererseits aber auch Gefühle der Angst aus, weil sie mit der Gefahr einer Wiederholung der frühen Vereinnahmungserfahrung verbunden ist: »Wo kein eigenes Selbst entwickelt ist, kann auch kein Gegenüber ertragen werden.«[3] Ist die eigene Identität nicht gesichert, wird die Eigenständigkeit des Gegenübers zur Bedrohung. Sie muß deshalb in irgendeiner Weise, etwa durch totale Vereinnahmung, vernichtet, zumindest aber entschärft werden. Nähe ist daher nur in kontrollierter Form möglich, z.B. indem eine solche Frau einen Partner wählt, der die Komplementärproblematik mitbringt, jede Nähe im (scheinbaren) Unterschied zu ihr flieht und es ihr deshalb möglich macht, Nähe, die unter diesen Bedingungen nicht zustande kommen *kann*, gefahrlos einzuklagen, die eigene Angst vor Nähe aber abzuspalten und im Partner zu bekämpfen. Eine andere Möglichkeit, eine kontrollierte und damit gefahrlose Art der Nähe herzustellen, liegt in der Beziehung zum Kind.

Die Übernahme der Mutterrolle bedeutet auf dem Hintergrund der gegebenen gesellschaftlichen Bedingungen wie auch der väterlichen Abwesenheit im Erziehungsprozeß einerseits für viele Frauen eine weitere Einengung ihrer Möglichkeiten. Andererseits bietet diese Rolle gerade infolge der Abwesenheit der Väter und der daraus resultierenden Monopolstellung der Mutter die Möglichkeit der Aufwertung der eigenen Person: Das Kind ist von der Mutter unmittelbar abhängig, auf sie angewiesen und bedürftig. Ihm gegenüber hat sie Bedeutung und Macht. Es ist daher das ideale Objekt, mit dem sich das »Loch im Ich« der Mutter füllen läßt. Soll das Kind dies aber dauerhaft tun, so muß es in bleibender Abhängigkeit gehalten werden; nur dann kann es diese Funktion für die Mutter erfüllen.

Natürlich beuten nicht alle Mütter ihre Kinder narzißtisch aus, es gibt hier keinen Automatismus. Jedoch stellt die Summe der äußeren Bedingungen eine Gefährdung dar, sofern eine Mutter aufgrund ihrer persönlichen Problemlage die innere Bereitschaft zu ausbeuterischem Verhalten mitbringt – und die entsprechende narzißtische Problematik ist m.E. tendenziell und mehr oder weniger ausgeprägt in der Sozialisation des Mädchens angelegt.

Narzißtischer Mißbrauch: Definition und Erscheinungsformen
Unter »narzißtischem Mißbrauch« verstehe ich Beziehungskonstellationen zwischen Mutter und Kind, in denen die Befriedigung der narzißtischen Bedürfnisse der Mutter unter Ausnutzung der Abhängigkeit des Kindes im Vordergrund steht. Narzißtisch ausbeuterische Beziehungen zeichnen sich durch ihren symbiotischen Charakter aus: Das Kind ist sozusagen ein von der Mutter geschaffenes »Ding«, das sie wie einen unabgegrenzten Teil ihrer selbst erlebt, über den sie beliebig verfügen kann. Sie kann das Kind nicht als eigenständiges Wesen wahrnehmen und in seiner Eigenart anerkennen; statt dessen stülpt sie ihm narzißtische Bedeutungen über, die auf ihre eigene Person bezogen sind; sie idealisiert das Kind und spricht ihm Eigenschaften und Verhaltensweisen zu, die allein ihren Vorstellungen darüber, wie das Kind sein sollte, entspringen.

Das Kind hat in einer solchen Beziehung die Aufgabe, das als mangelhaft empfundene Ich der Mutter zu vervollständigen und das »Loch im Ich« der Mutter wie eine Plombe zu füllen. Zuwendung erfährt es nur, insoweit es den Erwartungen der Mutter entspricht. Autonomiebestrebungen des Kindes werden unterbunden, bestraft und mit der Erzeugung von Schuldgefühlen belastet bzw. nur soweit zugelassen, wie sie im Dienste der mütterlichen Bedürfnisbefriedigung narzißtisch ausbeutbar sind. Jedes Abweichen von den Erwartungen der Mutter wird von ihr als verletzender oder aggressiver Akt, als Ausdruck der Illoyalität und des Verrats empfunden. Innere wie äußere Trennungen aber müssen um jeden Preis vermieden werden. Daher entbrennt ein Machtkampf nicht nur hinsichtlich des Verhaltens des Kindes, sondern auch hinsichtlich der Kontrolle seiner Wahrnehmungen, Gefühle und Gedanken. Die Mutter ist davon überzeugt, das Kind besser zu kennen, als es sich selber kennt. Besser als das Kind meint sie zu wissen, was es wirklich denkt, fühlt, will und braucht und was es demzufolge zu denken, zu fühlen, zu wollen und zu tun hat. Es reicht ihr aber nicht aus, daß das Kind sich ihren Erwartungen lediglich beugt: Es soll selber wollen, was es soll, sich also ganz und gar mit dem Bild, das sie von ihm entworfen hat, identifizieren, und sei es ihm auch noch so wesensfremd.

Negative Gefühle wie Verletztheit, Ärger, Wut und Haß sind dem Kind nicht bzw. nur insoweit, als sie auch für die Mutter einen Zweck erfüllen, gestattet, da sie eine Art von Abgrenzung darstellen, die Konflikt und damit zumindest vorübergehend innere Trennung mit sich bringt. Hinsichtlich eigener Gefühle und Bedürfnisse unterliegt das Kind einem regelrechten Denk- und Wahrnehmungsverbot, und da es sie weder wahrnimmt noch zum Ausdruck bringen darf, erlebt es diese Gefühle als nicht zu sich gehörig und insofern als unwirklich. Irgendwann wird es sie schließlich gar nicht mehr identifizieren können; statt dessen wird es fühlen, was es meint fühlen zu müssen, und diese fremdbestimmten Regungen wird es mit authentischen Gefühlen verwechseln.

Um die Wünsche und Erwartungen der Mutter erfüllen und befriedigen zu können, muß das Kind unter Verzicht auf innere und äußere Abgrenzung sein Selbst verraten und sich für die Mutter verfügbar halten, zumal sie dem Kind vermittelt, daß sie es dringend braucht. Im Zusammenhang mit derartigen Loyalitätsbindungen entstehen stark verflochtene emotionale Beziehungen, die schwer bis kaum noch lösbare Abhängigkeiten erzeugen (siehe Kapitel »Latenter Inzest«).

Die Beziehung der Mutter zu ihrem Kind ist dabei notwendig ambivalent; sie hat dem Kind gegenüber eine ausgesprochene Anspruchshaltung, von der es in jedem Falle überfordert ist, und sie idealisiert es auf eine Art und Weise, die aufgrund der tatsächlichen Unvollkommenheit des Kindes zwangsläufig zu Enttäuschungen führen muß. Während der Idealisierung des Kindes im Verhalten der Mutter Pseudo-Nähe entspricht, die nicht das wirkliche Kind, sondern das auf das Kind projizierte Ideal der Mutter meint, entspricht der unausbleiblichen Enttäuschung über die Unvollkommenheit des Kindes ein Verhalten, das durch plötzlichen Rückzug und kühle Distanz gekennzeichnet ist. Die Wechsel zwischen Pseudo-Nähe und Rückzug sind abrupt, das Verhalten der Mutter ist in hohem Maße inkonsistent und für das Kind nicht vorhersehbar. Infolgedessen wird sein Vertrauen in die Verläßlichkeit der Umwelt und damit auch sein Selbstvertrauen empfindlich geschädigt.

Trotz aller gegenteiligen Beteuerungen spürt das Kind, daß es nicht um seiner selbst willen geliebt wird; es spürt die feindseligen Impulse, und es spürt, daß es für fremde Zwecke benutzt wird. Die Wirklichkeit erscheint ihm unzuverlässig und doppelbödig: Hinter der von der Mutter behaupteten liebevollen Qualität der Beziehung verbirgt sich eine andere Wahrheit, eine zweite Wirklichkeit. Die Realität gewinnt für das Kind keine klar umrissenen Konturen, und die Existenz dieser »doppelten Wirklichkeit« erzeugt in ihm tiefe Unsicherheit in bezug auf die eigenen Wahrnehmungen und Gefühle, da diese den Interpretationen der Mutter zuwiderlaufen. Letztendlich wird das auf das Wohlwollen der Mutter angewiesene Kind gezwungen sein, ihre Interpretationen zu übernehmen, um bedrohliche Konflikte zu vermeiden: Zu der emotionalen Verlassenheit durch die Mutter tritt die dem Kind aufgenötigte Selbstverlassenheit und Selbstentfremdung.

In der Summe unterliegt das Kind dem Diktum eines Individuationsverbotes. Das Recht auf ein eigenes Selbst wird ihm abgesprochen; an dessen Stelle tritt im Laufe der Zeit ein unter enormem Anpassungs- und Loyalitätsdruck entstandenes »falsches Selbst«. Authentische ethisch-moralische Maßstäbe haben in diesem »falschen Selbst« keinen Platz, weil Werte und Normen nicht in Selbstverantwortung und Freiheit erworben werden konnten, sondern immer nur als fremdbestimmt und aufgezwungen erlebt wurden.

Da die Grunderfahrung eines narzißtisch mißbrauchten Kindes darin besteht, daß in einer Beziehung zu einem anderen Menschen immer nur Platz für *ein Ich* ist, kann es sich Beziehungen zu anderen Menschen nur in der Polarität von Unterwerfung und Herrschaft vorstellen. Liebe und Bindung sind auf diesem Hintergrund nicht oder nur in verzerrten und destruktiven Ausprägungen lebbar. Da die Erfahrung besagt, daß sowohl Liebe als auch Bindung Mittel zum Zwecke der Ausbeutung, Manipulation und Kontrolle sind, ist jeder Versuch, Nähe und Intimität zuzulassen, zum Scheitern verurteilt, weil er mit der Angst vor erneuter identitätsvernichtender Vereinnahmung unlösbar verbunden ist.

Sosehr der narzißtische Mißbrauch eines Kindes, der im übrigen natürlich keinen bewußten Vorgang darstellt, für die Mutter auch kompensatorischen Charakter hat und ihrer eigenen Ohnmacht entspringt – und insofern ist er nicht mit einer Schädigungs*absicht* verbunden –, so sehr ist er doch gleichzeitig auch ein Akt der Aggression und Gewalt, der gerade deshalb so schwer zu identifizieren ist, weil er im Gewande der Liebe daherkommt. Die Funktionalisierung des Kindes bringt ständige Grenzüberschreitungen und Verletzungen seiner Persönlichkeitsrechte mit sich; das narzißtische Bemächtigungsverhalten, die Manipulation und Kontrolle seiner Gedanken, seiner Gefühle, seiner Bedürfnisse und seines Verhaltens beschneiden seine Autonomie. Im Ergebnis und je nach Ausprägungsgrad der narzißtischen Ausbeutung ist die Persönlichkeit des Kindes mindestens geschädigt und schlimmstenfalls vernichtet.

Obwohl Töchter wie Söhne sicherlich gleichermaßen narzißtisch ausgebeutet werden, glaube ich, daß die Art des Mißbrauchs auf die Geschlechter verschieden verteilt ist. Die Tochter, die von der Mutter als »gleich« angesehen wird, wird eher als der Sohn zu einer unmittelbaren Erweiterung des eigenen Selbst im Sinne einer »Kopie« gemacht werden; sie hätte demgemäß die Aufgabe, das brüchige Selbst- und Weltbild der Mutter durch möglichst weitgehende Identität zu spiegeln, zu bestätigen und zu stabilisieren; in diesem Fall würde die Tochter u.a. darauf verpflichtet, nicht erfolgreicher bzw. glücklicher als die Mutter zu sein, weil dies den Lebenszuschnitt der Mutter unmittelbar in Frage stellen würde. Die Mutter setzt so gesehen die Abwertung des weiblichen Geschlechts, unter der sie selber zu leiden hatte, aktiv fort.

Der Sohn hingegen scheint mir eher dazu auserkoren, das ideale Selbst der Mutter stellvertretend für sie zu leben. Er, dem der Zugang zu der Welt, auf die die Mutter verzichten mußte, möglich ist, soll verwirklichen, was ihr verwehrt war, und es ihr ermöglichen, über den Weg der projektiven Identifikation an seinem Triumph teilzuhaben. Der Sohn befindet sich insofern in einer von Doppelbotschaften charakterisierten Situation: Er soll einerseits so unabhängig sein, daß es ihm möglich ist, die Mutter für ihr eigenes Scheitern und/oder den ihr auferlegten Verzicht zu entschädigen, andererseits aber so abhängig bleiben, daß sie mittels der nach wie vor eingeklagten Loyalität an seinen Erfolgen partizipieren kann. Während die Tochter also nicht erfolgreicher sein *darf* als die Mutter, wird der Sohn auf Erfolg *verpflichtet*. Die dem Sohn im Unterschied zur Tochter zugestandene Autonomie wäre dann aber keineswegs eine Anerkennung seiner Andersartigkeit und Eigenständigkeit, sondern lediglich notwendige Voraussetzung dafür, daß er narzißtisch ausbeutbar bleibt.

Selbstverständlich sind beide Ausprägungen narzißtischer Ausbeutung sowohl Söhnen als auch Töchtern gegenüber möglich und vorfindbar; dem Sohn kann es ebenso wie der Tochter zugedacht sein, eine bestätigende Kopie des mütterlichen Selbst abgeben zu müssen, die Tochter kann ebenso wie der Sohn als Substitut des idealen mütterlichen Selbst in Dienst genommen werden. Mir scheint aber, daß ein Zusammenhang zwischen starren Geschlechterrollen einerseits und der geschlechtsspezifischen Art narzißtischer Ausbeutung andererseits besteht: Je ausgeprägter die Arbeitsteilung zwischen den Geschlechtern und je eingeschränkter demzufolge die Möglichkeiten der Frauen, desto weniger ist die Tochter dazu geeignet, den idealen Aspekt des mütterlichen Selbst stellvertretend zu realisieren. Umgekehrt würde die allmähliche Lockerung in den Rollenzuweisungen an die Geschlechter dann erklären können, warum in – wie mir scheint – zunehmendem Maße auch Männer eine Charakterstruktur aufweisen, die traditionell als typisch weiblich galt: Stehen den Töchtern und Frauen mehr Möglichkeiten offen, so eignen nun auch sie sich dafür, eine Stellvertreterfunktion für die Mutter zu übernehmen. Sind die Söhne von dieser Funktion aber entlastet, so sind auch sie endlich dem mütterlichen Zugriff ohne Einschränkung und lästige Zugeständnisse an notwendige Pseudo-Autonomie, die die Gefahr der tatsächlichen Ablösung ja immer in sich birgt, preisgegeben.

Beide Formen der narzißtischen Ausbeutung bewirken, sofern sie nicht bewußt verarbeitet und integriert werden, bleibende Abhängigkeit und den lebenslangen Versuch, sich aus der frühen Umklammerung durch defensive Umkehr der Abhängigkeits- und Ohnmachtserfahrung zu befreien. Während Männer sich der Umklammerung traditionell durch radikale Abgrenzung und Abwertung der Mutter und mit ihr aller Frauen zu entziehen trachteten, war für Frauen die Stunde des Triumphes gekommen, wenn sie ihrerseits Mutter wurden und im Verhältnis zum Kind nun endlich die mächtige Position einnehmen konnten. Während der radikalen, traditionell männlichen Form der Abgrenzung und Pseudo-Autonomie der narzißtisch-omnipotente Traum vollkommener Unabhängigkeit zugrunde liegt, liegt der Unterwerfung, der traditionell weiblichen Antwort, die narzißtische Omnipotenz-Phantasie grenzenlosen Einsseins zugrunde. Keine der beiden Antworten aber stellt eine wirkliche Lösung dar; in keinem der beiden Entwürfe ist der Respekt vor dem anderen als eigenständigem Individuum mit berechtigten Wünschen nach Abgrenzung *und* Bezogenheit enthalten. Beide Antworten, die sich komplementär ergänzen, sind vielmehr Ausdruck des gleichen zugrundeliegenden Problems: Sowohl Pseudo-Autonomie als auch Pseudo-Bezogenheit sind Folge der als Erbe der gescheiterten Lösung aus der Symbiose gegebenen Abgrenzungsunfähigkeit.

Rollenerwartungen an das narzißtisch mißbrauchte Kind
Drei Rollen, die dem narzißtisch mißbrauchten Kind häufig übergestülpt werden, möchte ich ein wenig genauer betrachten: die Rolle des ewigen Kleinkindes, das Kind als Mutterersatz und das Kind als Partnerersatz. Problematisch scheint mir vor allem, daß diese Rollen eher selten in ihrer Reinform zu finden sein dürften; häufiger scheint es in Abhängigkeit von den jeweiligen Bedürfnissen der Mutter zu einem ständigen Wechsel der Rollen und Ebenen zu kommen: Soll das Kind sich das eine Mal als abhängiges Wesen gebärden, über das die Mutter nach Belieben verfügen kann, so soll es zu einem anderen Zeitpunkt die Mutterrolle übernehmen, sich der Mutter also überlegen zeigen und die hierfür erforderliche Tüchtigkeit und Selbständigkeit an den Tag legen, und wieder zu einem anderen Zeitpunkt die Rolle des scheinbar gleichberechtigten Partners spielen, der Abhängigkeit und Selbständigkeit gleichermaßen demonstrieren muß. Der ständige Wechsel zwischen diesen Rollen und den mit ihnen verbundenen widersprüchlichen Anforderungen und Erwartungen an das Kind wurde bereits im Kapitel über sexuellen Mißbrauch deutlich, und dies nicht zufällig, denn der sexuelle Mißbrauch eines Kindes stellt nach meinem Verständnis eine Sonderform des narzißtischen Mißbrauchs dar.

Die Widersprüchlichkeit der sich gegenseitig ausschließenden Rollenerwartungen wie auch der abrupte, nie vorhersehbare Wechsel von einer Rolle in die andere erzeugen im Kind ein hohes Maß an Verwirrung und Unsicherheit. Weder ist die Realität für das Kind zuverlässig einschätzbar, noch kann es sicher wissen, wer es selber eigentlich ist, da es je nach Bedarf Partner, Mutter oder Kleinkind zu sein hat. Das Kind befindet sich in einer typischen Double-bind-Situation: Die paradoxe Aufforderung, die die Mutter an das Kind richtet, lautet: Sei selbständig, wenn und soweit ich es will. Hier wird deutlich, daß auch ein Verhalten, das äußerlich wie Selbständigkeit und Autonomie erscheinen mag, Ausdruck der Unselbständigkeit sein kann; ein Kind, das sich nur selbständig gebärdet, wenn und soweit seine Mutter dies von ihm erwartet, bezeugt mit seiner »Selbständigkeit« lediglich, daß es sich auch in dieser Hinsicht ihren Erwartungen anpaßt; es bezeugt mit seiner scheinbaren Autonomie also ein weiteres Mal nur seine tatsächliche Abhängigkeit.

Das Kind als ewiges Kleinkind – die Mutter als Herrscherin
Ganz offensichtlich ist die Macht der Mutter um so größer, je abhängiger und unselbständiger das Kind ist, je mehr es also unmittelbar auf seine Mutter angewiesen bleibt. Die Fixierung des Kindes auf die Kleinkindstufe stellt daher für eine narzißtisch ausbeutende Mutter eine gute Möglichkeit der Herrschaftssicherung dar. Eine solche Mutter tut alles für ihr Kind, nimmt ihm alles ab und steht ihm ganz und gar zur Verfügung. Weit über das angemessene Alter hinaus hält sie an nun unangemessenem Pflegeverhalten fest; sie läßt das Kind nicht die kleinste Entscheidung selbständig treffen, kontrolliert es in jeder Hinsicht einschließlich seiner Körperfunktionen, bewacht es auf Schritt und Tritt und isoliert es von gleichaltrigen Spielkameraden. Ihr Kontakt zum Kind ist exzessiv und von übertriebenen, von seiten des Kindes unerwünschten Zärtlichkeiten durchzogen. Die sexuellen Regungen des Kindes werden hingegen rigoros unterdrückt, da sie ebenso wie aggressive Regungen Abgrenzung zum Ausdruck bringen.

Die Mutter vermittelt dem Kind ein Gefühl tiefer Unzulänglichkeit, indem sie ihm permanent demonstriert, daß es ohne sie nicht zurechtkommen kann. Die Botschaft lautet: Du brauchst mich, ohne mich bist du nichts. Die Aufopferung und Selbstaufgabe, die diesen Müttern zu eigen ist, hat letztlich die Funktion, bleibende Abhängigkeit zu schaffen; sie ist Mittel zur Unterwerfung des Kindes und steht im Dienste der Machtausübung und Herrschaftssicherung.

Das Kind wird aufgrund dieser Erfahrungen zwangsläufig Minderwertigkeitsgefühle entwickeln, wenig Selbstvertrauen besitzen und sich passiv und hilflos verhalten; die Erfahrung ausgeprägter Abhängigkeit, Ohnmacht und Vereinnahmung wird gleichzeitig destruktive Aggressionen erzeugen, die es jedoch nicht in offener, sondern nur in verdeckter Form wird äußern können, da jede offen aggressive Abgrenzung ihm verboten ist. Es wird voraussichtlich die Neigung haben, sich Stärkeren zu unterwerfen, Schwächeren gegenüber jedoch auf die gleiche Art zu herrschen, wie die Mutter dies ihm gegenüber seinerzeit tat; dabei wird es in Verkennung seines verdeckt aggressiven Verhaltens sich selber nur als Opfer wahrnehmen können, das von seiner eigenen Friedfertigkeit zutiefst überzeugt ist.

Trotz ihrer gesicherten Herrschaftsposition steht aber auch die Mutter vor einem Dilemma, das Ambivalenz und destruktive Aggression dem Kind gegenüber mit sich bringt: Sie muß einerseits Abhängigkeit erzeugen, um sich die Bewunderung und Anerkennung des Kindes bleibend zu sichern, steht andererseits aber vor dem Problem, daß die restlose Unterwerfung des Kindes dessen Persönlichkeit auf eine Art und Weise vernichtet, die Anerkennung unmöglich macht: Echte Anerkennung kann nur geben, wer sich in Freiheit dazu entschließt, und gerade diese Freiheit hat das Kind nicht. Manipulierte und erzwungene Anerkennung aber ermöglicht letztlich keine Aufwertung.

Das Kind als Mutterersatz – die Mutter als Kleinkind
Wird das Kind zum Mutterersatz, so kommt es zu einer direkten Rollenumkehr: Während die Mutter dem »ewigen Kleinkind«

demonstriert, daß es ohne sie nicht existenzfähig ist, vermittelt die Mutter, die sich von ihrem Kind bemuttern läßt, daß sie selber ohne das Kind nicht lebensfähig ist. Das Kind, das zum Mutterersatz gemacht wird, hat die Aufgabe, als nährender »Liebesquell« zur Verfügung zu stehen und das Bedürfnis der Mutter nach Abhängigkeit und Versorgtwerden zu befriedigen. Es soll schützen, helfen, Verantwortung übernehmen und die Probleme der Mutter lösen, kurz, es soll Erwartungen erfüllen, denen es nicht gerecht werden kann und die in jedem Fall eine Überforderung darstellen. Demzufolge wird es, auch wenn es sich noch so sehr abmüht, seine Rolle auszufüllen, die Erfahrung tiefer Unzulänglichkeit machen und auf diese Erfahrung mit einem Gefühl der Minderwertigkeit reagieren. Gleichzeitig wird das Kind jedoch mit einer Macht ausgestattet, die ihm nicht zukommt. Kindliche Allmachtsphantasien, die sich normalerweise im Laufe der Entwicklung zugunsten einer realitätsgerechteren Einschätzung der eigenen Möglichkeiten korrigieren würden, werden so verstärkt und fixiert; dem Gefühl der Minderwertigkeit steht das Gefühl der Grandiosität unverbunden gegenüber. Das Kind wird zukünftig Schwierigkeiten haben, seine Möglichkeiten realistisch einzuschätzen: Aus dem Gefühl der Unzulänglichkeit heraus wird es dazu neigen, seine Fähigkeiten zu unterschätzen, aus dem Gefühl der Grandiosität heraus wird es sie überschätzen. Übernimmt es sich aus diesem Gefühl heraus, überfordert es sich also selber, ist sein Scheitern und damit der Rückfall in das Gefühl der Minderwertigkeit und Unzulänglichkeit vorprogrammiert. Vor diesem Gefühl wird es sich wiederum zu retten versuchen, indem es erneut auf Phantasien grandioser Omnipotenz zurückgreift – ein circulus vitiosus. Minderwertigkeitsgefühle und Allmachtsphantasien – dies wird hier ersichtlich – sind zwei Seiten derselben Medaille.

Ein Kind, dem allzu früh allzu große Verantwortung aufgebürdet worden ist, wird darüber hinaus dazu neigen, sich für andere unentbehrlich zu machen, sie in jeder Hinsicht zu kontrollieren und ihnen das Gefühl zu vermitteln, alleine im Grunde nicht existenzfähig zu sein. Als Erwachsener wird ein Mensch mit dieser Vorgeschichte voraussichtlich unterfunktionierende Partner wählen, die seine Vorannahme entsprechend bestätigen und ihn in seinem kontrollierenden Verhalten bestärken werden. Derart kontrollierendes Verhalten ist, das wird hier deutlich, nicht aus böswilliger Herrschsucht, sondern aus der Not der frühen Jahre geboren.

Das Kind als Partnerersatz – die Mutter als mächtige Partnerin
Über diese Konstellation ist im Zusammenhang mit dem Thema »latenter Inzest« im Grunde bereits alles Wesentliche gesagt. Für die Rolle als Partnerersatz bieten sich Söhne eher als Töchter an. Als Voraussetzung dieser Art von Beziehung findet sich in der Regel die äußere Abwesenheit des Partners – sei es durch Tod oder Scheidung, sei es, weil die Mutter von vornherein ohne den Vater des Kindes lebt – bzw. die emotionale Abwesenheit des Partners in einer unglücklichen Partnerschaft. Diese äußeren Bedingungen sind für sich genommen jedoch keineswegs hinreichend. Es gibt genügend Mütter, die sich in einer entsprechenden Situation befinden, ohne daß sie ihr Kind deshalb als Partnerersatz mißbrauchen würden.

Kennzeichnend für die Mutter, die ihr Kind zum Partnerersatz macht, ist die Angst vor einem erwachsenen Partner. Mit dem Kind ist angstfreie Nähe möglich, weil sie sich dem Kind überlegen fühlt und das Maß der Nähe kontrollieren kann. Lebt die Mutter in einer unglücklichen Partnerschaft, wird das Kind als Bundesgenosse im Konflikt mit dem Partner mißbraucht und außerdem dazu benutzt, den Partner zu demütigen, indem ihm vermittelt wird, daß er sogar durch ein Kind ohne weiteres zu ersetzen ist. In jedem Fall soll das Kind all das geben, was der Partner vorenthält. Es wird mit Problemen behelligt, die es nicht lösen kann, und muß Verantwortung übernehmen, die es nicht tragen kann.

Der Kontakt der Mutter zum Kind ist meist exzessiv und

nimmt eine mehr oder weniger ausgeprägte erotische Färbung an. Die erwachende Sexualität des älteren Kindes wird von der Mutter in zweifacher und in sich widersprüchlicher Hinsicht kontrolliert: Einerseits müssen die sexuellen Impulse beschnitten werden, da sie deutlicher Ausdruck zunehmender Selbständigkeit sind und eine Orientierung auf andere Menschen und damit Trennung mit sich bringen würden. Andererseits müssen die sexuellen Impulse gefördert und auf die Mutter gelenkt werden, weil sie sich mittels des sexuellen Interesses des Kindes als Frau aufzuwerten gedenkt und seine Sexualität zudem als zusätzliches Mittel nutzt, seine Abhängigkeit zu verstärken.

Das Kind steht auch in dieser Konstellation vor einem nicht zu lösenden Dilemma: Soll es sich einerseits unabhängig und »erwachsen« gebärden, um die Rolle des Partners überhaupt ausfüllen zu können, so soll es andererseits und gleichzeitig in künstlicher Abhängigkeit verharren, weil ihm die Bereitschaft, diese Rolle zu übernehmen, ansonsten verlorenginge. Scheitert es also einerseits an der Überforderung, die die Rolle beinhaltet, so werden andererseits durch die unangemessenen Bedeutungsübertragungen (Ich bin zwar ein Kind, bin aber so besonders, daß ich die Rolle eines Erwachsenen in jeder Hinsicht ausfüllen kann) grandiose Allmachtsphantasien gefördert. Ebensowenig wie das Kind, das die Rolle der Mutter übernehmen muß, wird ein Kind, das als Partnerersatz mißbraucht wird, seine Möglichkeiten zukünftig noch realistisch einschätzen können.

Folgen der narzißtischen Ausbeutung für das Kind
Ungelöste Symbiosekomplexe, so Ursula Keller-Husemann, stellen den pathologischen Kern der archaischen Ich-Krankheiten dar, deren Spektrum von psychotischen Erkrankungen über das Borderline-Syndrom, Depressionen und sexuelle Perversionen bis hin zu Suchterkrankungen und psychosomatischen Erkrankungen reicht. Auch dem sexuellen Kindesmißbrauch liegt, so scheint es mir, im Kern eine narzißtische Problematik zugrunde. In diesem Spektrum sind denn auch die Folgen des nar-

zißtischen Kindesmißbrauchs in schwerwiegenden Fällen anzusiedeln. In weniger gravierenden Fällen werden die Folgen eher alltäglich und unauffällig, dennoch aber mehr oder weniger beeinträchtigend in Erscheinung treten.

Das niedrige Selbstwertgefühl und die geringe Selbstachtung bringen wechselweise Minderwertigkeitsgefühle und Omnipotenzgefühle mit sich. Im Zusammenhang mit dem Gefühl der Minderwertigkeit wird sich ein starkes Bedürfnis nach Bestätigung und Bewunderung einstellen. Menschen, die entsprechende Gratifikationen zu geben bereit sind, werden bereitwillig idealisiert, jedoch entwertet und fallengelassen, wenn von ihnen nichts mehr zu erwarten ist. Die Beziehungen zu anderen Menschen werden wechselweise von unterwürfigem, verdeckt ausbeuterischem bzw. offen ausbeuterischem Verhalten geprägt sein. Die infolge der nicht vollzogenen Ablösung aus der frühen Symbiose unklaren Grenzen im zwischenmenschlichen Bereich werden es einerseits mit sich bringen, daß ein solcher Mensch leicht von anderen verletzt und ausgebeutet wird, andererseits aber auch selber die Grenzen anderer überschreitet und sie ausbeutet, ohne sich dessen bewußt zu sein.

Das früh verinnerlichte Verbot, eigene Gefühle wahrzunehmen, in dessen Folge unerlaubte Gefühle abgespalten wurden, wird bewirken, daß das Gefühlsleben flach oder von schnell vergänglichen Pseudo-Gefühlen geprägt ist und der entsprechende Mensch sich oft nicht darüber im klaren ist, was er selber eigentlich wirklich fühlt; andererseits wird er von den abgespaltenen Gefühlen u.U. in bestimmten Situationen auf eine Art überwältigt werden, die sich seiner Kontrolle entzieht.

Der aus der ungelösten Symbiose resultierende Wunsch nach grenzenloser Verschmelzung kann ein Verhalten hervorbringen, das durch ein Übermaß an distanzloser Nähe gekennzeichnet ist; aus der gleichen Quelle speist sich aber auch die Angst vor Nähe, weil Nähe mit der Gefahr der identitätsvernichtenden Vereinnahmung assoziiert wird. So kommt es in Abwehr der gefährlichen Verschmelzungswünsche zu einem abrupten Wechsel von allzu großer Nähe zu allzu großer Distanz bzw. zum abrupten Abbruch von Beziehungen, sobald sich Nähe tatsächlich einstellt, oder aber zu einer Partnerwahl, die sicherstellt, daß Nähe nicht entstehen kann.

Die Unfähigkeit zur Abgrenzung bringt einerseits die Tendenz zur Unterwerfung mit sich – in diesem Fall sind die Grenzen starr offen – andererseits und als Gegenstück die Tendenz zu Herrschaft und rigiden Abgrenzungen bei starr geschlossenen Grenzen. Identitätsproblematik und Selbstunsicherheit – die unbeantwortete Frage also: Wer bin ich wirklich, was denke, fühle und will ich wirklich – machen einerseits dafür anfällig, das eigene Selbstbild von der Meinung anderer abhängig zu machen und deren Interpretationen mit der eigenen Realität zu verwechseln; andererseits erzeugen sie die Tendenz, andere Menschen derart zu funktionalisieren, daß sie diese Fragen beantworten, indem sie manipulativ dahin gebracht werden, das gewünschte Selbstbildnis widerzuspiegeln und zu bestätigen. Mit der Selbstunsicherheit kann aber auch eine Anfälligkeit für radikale Ideologien einhergehen, die das schwache Ich durch rigide äußere Strukturen und stark polarisierte Denkmuster, mit deren Hilfe die Welt in schwarz und weiß, gut und böse eingeteilt wird, zu stabilisieren vermögen.

Vor allem aber bringt eine brüchige Identität eine ausgeprägte Konfliktunfähigkeit mit sich, die sich regressiv in dem Versuch, Konflikten mittels Rückzug, Manipulation und Kontrolle aus dem Wege zu gehen, niederschlagen kann, aber auch bewirken kann, daß im Falle der Bedrohung zum Mittel der Gewalt gegriffen wird, um die gefährdete Identität zu schützen und zu sichern.

Wichtig scheint mir die Erkenntnis, daß ein und dieselbe Person sämtliche Positionen und Lösungen je nach Situation und Beziehung wechselweise wählen und besetzen oder auch gleichzeitig in verschiedenen Situationen und Beziehungen realisieren kann. Das in diesem Buch zusammengetragene Material dokumentiert m.E., daß dieser Gedanke nicht nur einer theoretischen Vermutung entspringt, sondern in der Realität menschlicher Beziehungen vielfältige Bestätigung findet.

1 Goldhor Lerner, Harriet (1983): Weibliche Abhängigkeit, S. 139, in: dies. (1991): Das mißdeutete Geschlecht. Falsche Bilder der Weiblichkeit in Psychoanalyse und Therapie, S. 139–152
   Harriet Goldhor Lerner charakterisiert mit diesen Worten die typische passiv-abhängige Frau.

2 Windaus-Walser, Karin (1988): Gnade der weiblichen Geburt? Zum Umgang der Frauenforschung mit Nationalsozialismus und Antisemitismus, S. 113, in: Feministische Studien. Radikalität und Differenz, 1988:6 (1), November 1988, S. 102–115

3 Barwinski-Fäh, Rosemarie (1992): Schwangerschaft hinter der Couch. Von der Feindseligkeit der Töchter ihren Müttern gegenüber am Beispiel der Reaktion von Patientinnen auf die Schwangerschaft ihrer Psychoanalytikerin, S. 216 in:
   Camenzind, Elisabeth und Knüsel, Kathrin (Hg.) (1992): Starke Frauen – zänkische Weiber? Frauen und Aggression, Zürich, S. 203–219

4 Rauchfleisch, Udo (1992): Allgegenwart von Gewalt, Göttingen, S. 33

Literatur

Asper, Kathrin (1987): Verlassenheit und Selbstentfremdung. Neue Zugänge zum therapeutischen Verständnis, Olten; TB-Ausgabe München 1990

Chodorow, Nancy (1978): Das Erbe der Mütter. Psychoanalyse und Soziologie der Geschlechter. München 1985

Goldhor-Lerner, Harriet (1991): Das mißdeutete Geschlecht. Falsche Bilder der Weiblichkeit in Psychoanalyse und Therapie, Zürich

Keller-Husemann, Ursula (1983): Destruktive Sexualität. Krankheitsverständnis und Behandlung der sexuellen Perversion, München–Basel

Kernberg, Otto F. (1975): Borderline-Störungen und pathologischer Narzißmus, New York; deutsch Frankfurt 1978

Kohut, Heinz (1971): Narzißmus. Eine Theorie der psychoanalytischen Behandlung narzißtischer Persönlichkeitsstörungen, New York; deutsch Frankfurt 1973

Miller, Alice (1979): Das Drama des begabten Kindes und die Suche nach dem wahren Selbst, Frankfurt

Olivier, Christiane (1980): Jokastes Kinder. Die Psyche der Frau im Schatten der Mutter; deutsch Düsseldorf 1987

Richter, Horst E. (1963): Eltern, Kind und Neurose. Die Rolle des Kindes in der Familie, Stuttgart

Willi, Jürg (1975): Die Zweierbeziehung. Spannungsursachen, Störungsmuster, Klärungsprozesse, Lösungsmodelle, Reinbek bei Hamburg; hier insbesondere: Das Thema »Liebe als Einssein« in der narzißtischen Kollusion, S. 65–88 und: Das unbewußte Zusammenspiel der Partner (Kollusion), S. 162–178

Quellennachweis

Aus folgenden Werken wurde mit freundlicher Genehmigung der genannten Verlage zitiert:

Gioconda Belli, Bewohnte Frau. Peter Hammer Verlag, Wuppertal 1988

Jessica Benjamin, Die Fesseln der Liebe. Psychoanalyse, Feminismus und das Problem der Macht. Stroemfeld/Verlag Roter Stern, Frankfurt/Main 1990

Manfred Bieler, Still wie die Nacht. Memoiren eines Kindes. © Hoffmann und Campe Verlag, Hamburg 1989

Margarete Buber-Neumann, Als Gefangene bei Stalin und Hitler. Busse und Seewald, Herford 1985

Pat Califia, Sapphistrie. Das Buch der lesbischen Sexualität. Orlanda Frauenverlag GmbH, Berlin 1989

Angelika Ebbinghaus, Opfer und Täterinnen. Greno Verlag, Nördlingen 1987/Hamburger Stiftung für Sozialforschung, Hamburg

Edith Havelock-Ellis, Neue Horizonte für Liebe und Leben. Manz'sche-Verlagsbuchhandlung, Wien 1922

Mathias Hirsch, Realer Inzest. Psychodynamik des sexuellen Mißbrauchs in der Familie. Springer Verlag, Berlin 1990

Ann Jones, Frauen, die töten. Ü: Ebba D. Drolshagen. © Suhrkamp Verlag, Frankfurt/Main 1986

Ursula Keller-Husemann, Destruktive Sexualität. Krankheitsverständnis und Behandlung der sexuellen Perversion. Ernst Reinhardt Verlag, München 1983

Ernst Klee, Dokumente zur »Euthanasie«. © Fischer Taschenbuch Verlag GmbH, Frankfurt/Main 1985

Sally Miller Gaerhart, zitiert nach: Sam Keen, Feuer im Bauch. © Sam Keen 1991, © Gustav Lübbe Verlag, Bergisch Gladbach 1992

Ingrid Müller-Münch, Die Frauen von Majdanek. Vom zerstörten Leben der Opfer und der Mörderinnen. Rowohlt Taschenbuch Verlag GmbH, Reinbek 1982

Sara Paretsky, Schadenersatz. © R. Piper GmbH & Co. KG, München 1986

Yann Queffélec, Barbarische Hochzeit. Ü: Andrea Springler. © Suhrkamp Verlag, Frankfurt/Main 1987

Dagmar Reese/Carola Sachse, Frauenforschung zum Nationalsozialismus. Eine Bilanz. Aus: TöchterFragen, hrsg. von Lerke Gravenhorst/Carmen Tatschmurat. Kore Verlag, Traute Hensch, Freiburg 1990

Christiane Schmerl, »Geschlechterunterschiede«, aus: Rexelius/Grubitzsch, Handbuch psychologischer Grundbegriffe, roro 6273. © Rowohlt Taschenbuch Verlag GmbH, Reinbek 1981

Christina Thürmer-Rohr, Vagabundinnen. Feministische Essays. Orlanda Frauenverlag, Berlin 1987

Renzo Vespignani, Faschismus. Hrsg. von der neuen Gesellschaft für bildende Kunst und dem Kunstamt Kreuzberg. Auszüge aus: Konzentrationslager. Dokument F 321. Elefanten Press, Berlin 1976

Elke Wandel, Witwen und Töchter an der Macht. Politikerinnen der Dritten Welt, roro Sachbuch 8874. © Rowohlt Taschenbuch Verlag GmbH, Reinbek 1991

Karin Windaus-Walser, Frauen im Nationalsozialismus. Eine Herausforderung für die feministische Theoriebildung. Aus: TöchterFragen, hrsg. von Lerke Gravenhorst/Carmen Tatschmurat. Kore Verlag, Traute Hensch, Freiburg 1990

Die Schuldgefühle der Frauen

Die meisten Frauen fühlen sich täglich wegen irgend etwas schuldig: Symptom einer Gesellschaft, die männliche Schuld tabuisiert. Die bekannte Feministin Christa Mulack untersucht in diesem Buch die mythischen und sozialen Ursprünge der Schuldzuweisung an die Frau. Sie verteidigt die Frauen gegen den Vorwurf der Mitschuld am Patriarchat und fordert eine ganz neue weibliche Gewissensbildung.

Christa Mulack
... und wieder fühle ich mich schuldig
Ursachen und Lösung eines weiblichen Problems
400 Seiten, Hardcover mit Schutzumschlag

KREUZ: Was Menschen bewegt.

NEUE WEGE
NEUE CHANCEN

John Bradshaw
Wenn Scham krank macht
Ein Ratgeber zur Überwindung von Schamgefühlen
LEBENSHILFE PSYCHOLOGIE
(84003)

Sidney B. / Suzanne Simon
Verstehen Verzeihen Versöhnen
Wie man sich selbst und anderen vergeben lernt
LEBENSHILFE PSYCHOLOGIE
(84005)

Claude Bonnafont
Die Botschaft der Körpersprache
Körpersignale erkennen und deuten
LEBENSHILFE PSYCHOLOGIE
(84029)

Sue Patton Thoele
Bis hierhin und nicht weiter
Wie Frauen lernen, sich selbst zu behaupten
LEBENSHILFE PSYCHOLOGIE
(84020)

Walter Kindermann
Drogen
ABHÄNGIGKEIT, MISSBRAUCH THERAPIE
Ein Handbuch für Eltern
LEBENSHILFE PSYCHOLOGIE
(84013)

Robert Bly
EISEN HANS
Ein Buch über Männer
LEBENSHILFE PSYCHOLOGIE
(84017)

Knaur

In der Mitte des Lebens

Anne Rose Katz — Die Freiheit der späten Jahre (65095)

Unsere ersten hundert Jahre
Die Delany-Schwestern erzählen
Sarah und A. Elizabeth Delany, Amy Hill Hearth
(60442)

Anny Duperey — Der schwarze Schleier des Vergessens
Eine Frau auf der Suche nach ihrer Vergangenheit
(75053)

Joyce Wadler — Einschnitt
Mein Leben mit Brustkrebs
(75057)

Steven J. Bock, Michael Boyette — Wunderhormon Melatonin
Die Quelle von Jugend und Gesundheit
(77220)

Gail Sheehy — Wechseljahre – na und?
NEUE WEGE NEUE CHANCEN
(84026)

Eva Marie Solheim — Älter werden wir später
Frauen um 50
NEUE WEGE NEUE CHANCEN
(84045)

Knaur®

Wege aus der Sackgasse

Dorothee L. Mella
WAS FARBEN VERRATEN
FARBPSYCHOLOGIE IM ALLTAG
(7859)

Gail Sheehy
In der Mitte des Lebens
Die Bewältigung vorhersehbarer Krisen
(3964)

Linda Hunt Anton
Abschied vom Kinderwunsch
Ein Ratgeber für Frauen, die nie Mutter geworden sind
(84041)

Susanna Kubelka
Endlich über vierzig
Der reifen Frau gehört die Welt
(3826)

John M. Oldham / Lois B. Morris
Ihr Persönlichkeitsporträt
Warum Sie genau so denken, lieben und sich verhalten, wie Sie es tun
NEUE WEGE NEUE CHANCEN
(84034)

Stephanie Covington / Liana Beckett
Immer wieder glaubst du, es ist Liebe
Wege aus der Beziehungssucht
(82013)